Émergence des « Créatifs Culturels », un changement de société

Enquête sur une population croissante tournée vers l'écologie, les valeurs féminines, le social et le développement psychospirituel

Paul H. Ray
Sherry Ruth Anderson

éditions Yves Michel

Titres parus en français pour compléter votre lecture :

•

• *L'écologie de marché*, PAUL HAWKEN

Pour une économie plus juste et plus respectueuse de l'environnement, l'auteur propose un système réparateur, visant le long terme en se battant sur le terrain de l'économie et de la politique. Un livre visionnaire ***et*** pratique au quotidien.

• *Fritz Schumacher, précurseur d'une économie non violente*, **Barbara** WOOD

Biographie de l'économiste auteur de 'Small is beautiful', qui prêchait en avance sur son temps la nécessité de respecter l'homme et son environnement, notamment dans la gestion des énergies non renouvelables. Préface d'Albert Jacquard

•

Editions Le Souffle d'Or

Traduction : N. Chemla
Couverture : Epymaque (05)
Photocomposition : A'Prim / Serres (05)
Impression : B.C.I. / St-Amand-Montrond (18)

Dépôt légal : février 2001
ISBN 2 913492 10 X

éditions Yves Michel
BP 3 - 05300 Barret-le-Bas

Table des matières

Note de l'éditeur

Les résultats de l'enquête sociologique réalisée par Paul Ray et Sherry Ruth Anderson marqueront, j'en suis convaincu, un jalon d'une véritable mutation de notre culture occidentale. Le système « moderniste «, décrit dans le cours de l'ouvrage, est en effet clairement incapable de parer aux impasses humaines et écologiques qu'il a générées.

Par contre, la sensibilité et les valeurs des Créatifs Culturels, au carrefour de l'écologie, de l'implication sociale solidaire, de la féminité et du développement personnel et spirituel, répondent aux aspirations d'un nombre croissant de femmes et d'hommes. Cette nouvelle culture propose une vision positive de l'avenir - au prix d'une remise en question profonde des valeurs dominantes. Il semble que les Créatifs Culturels aient décidé de prendre leur vie en mains.

En tant que citoyen qui essaie de mettre en pratique cette sensibilité, j'ai observé depuis 1972 les balbutiements et les errements des mouvements significatifs. De mon point de vue, nous arrivons à une phase de maturité, de masse critique, de prise de conscience. Nous pouvons désormais poser les bases d'une nouvelle culture si nous acceptons d'agir et de cesser de nous chamailler. Si les chiffres et les références de cet ouvrage sont nord-américains, l'analyse qu'en font les auteurs concerne tout autant l'Europe, et les questions soulevées sont bien planétaires. Je m'emploie à faire réaliser une enquête similaire en France, dont la publication suivra.

Je rends hommage aux auteurs, car ils nous apportent des éléments uniques et de grande valeur dans le débat social. Je publie ce livre avec enthousiasme, en vous souhaitant, chère lectrice ou lecteur, de sentir poindre en vous une nouvelle assurance pour incarner ces valeurs, un espoir de réel changement.

Yves Michel

Remerciements

Plusieurs personnes ont eu la gentillesse de se libérer de leurs nombreuses obligations et de nous accorder quelques heures de leur temps précieux, dans le simple but de nous faire part de leurs réflexions et bénéficier des enseignements de leur engagement : activistes sociaux, artistes, enseignants, agents du changement, mais aussi hommes d'affaires, journalistes, thérapeutes, et bien d'autres encore. Toutes les personnes à qui nous avons parlé ne sont pas citées directement dans les pages qui suivent, mais chacune nous a aidé à approfondir et enrichir notre compréhension de ce nouveau phénomène que représentent les Créatifs Culturels.

Catherine Allport, Ray C. Anderson, Spike Anderson, Doug Burck, Margery Anderson Clive, Mark Clive, Carol Collopy, Raymond Davi, Dixon T. De Lena, Vicki et Romeo Di Benedetto, Abbe Don, William Drayton, Mary Ford, Tracy Gary, Marilyn Ginsberg, Andrew Gold, Dr Iris Gold, Rabbi Shefa Gold, Vijali Hamilton, Molly Hanchey, Professor Vincent G. Harding, Willis Harman, Jane Helsey, Franck C. Hider, Laure Katz, Dr. Steven Katz, Will Keepin, Kevin W. Kelley, Fran Korten, Barbara Kresse, Joseph Kresse, Peter Levine, Bernard Lietaer, Ann Kerr Linden, Marc Luykcx, Sr Miriam Therese McGillis, Joanna Macy, Sandra Mardigian, Dominique Mazeaud, Paul E. Milne, Patte B. Mitchell, David Mueller, Wayne Mueller, Anne Firth Murray, Ruben F. W. Nelson, Richard Rathbun, Maureen Redl, Elisabet Sahtouris, Glen Schneider, Robert Stilger, Don Thompson, Celia Thompson-Taupin, Dirk Velten, Marion Weber, Dr Mariquita West, et Mark D. Youngblood sont quelques-unes des personnes que nous avons interrogées.

Alison Stevens et Brooke Warrick, de American Lives, nous ont fourni un précieux soutien moral et financier tout au long de notre travail, ainsi que le réconfort de leurs joyeuses présences lors des longues absences de Paul. Bon nombre des informations sur les modes cognitifs, les habitudes de consommation et les comportements d'achat des Créatifs Culturels nous viennent des études qualitatives effectuées par Brooke depuis des années et il a également joué un rôle important dans l'élaboration des questionnaires d'enquête qui nous ont lancés sur la voie de l'identification des Créatifs Culturels.

Une première étude de fond sur les Créatifs Culturels fut financée en grande partie par l'Institut Fetzer de Kalamazoo, dans le Michigan, avec le soutien de l'Institut des Sciences Noétiques. Nous tenons à remercier Rob Lehman et Tom Callanan de l'Institut Fetzer, ainsi que Wink Franklin et Tom Hurley de l'Institut des Sciences Noétiques pour le soutien qu'ils nous ont apporté.

On n'écrit jamais un livre seul, et nous fûmes particulièrement chanceux de pouvoir bénéficier des suggestions, ressources et constant soutien de très bons amis : Palden Alioto, Rosanne Anonni et Richard Hunt, Joan Bielder, Jalaja Bonheim, Wilma Cliff, Patricia Hopkins, Jeanine Mamary, Gay Luce et David Patten, Sara et Tom Hurley et notre Salon du Jeudi — Philip et Manuela Dunn, Noelle et Claude Poncelet, Leonard Joy, Bernard Lietaer, Barbara et Maurice Zielber.

Betty Karr a tapé nos manuscrits, nous a encouragés chaleureusement, et son soutien inconditionnel nous a accompagné tout au long de cette aventure souvent mouvementée. Sara Van Gelder et Robert Stilger ont lu les premières versions du manuscrit, et Bernard Lietaer l'a relu dans son intégralité, nous faisant part de ses précieux commentaires. Notre agent, Ned Leavitt, fut le grand ordonnateur très exigeant dont nous avions tant besoin, et nous lui en sommes infiniment reconnaissants. Philip et Manuela Dunn du Book Laboratory nous ont donné l'impulsion nécessaire au départ de notre aventure. Et finalement, nos éditeurs, Patty Gift et Linda Loewenthal, Camille Smith, ainsi que toute l'équipe de soutien chez Harmony Books, furent les aides les plus douces dont on pouvait rêver pour accompagner l'accouchement de cet ouvrage.

Préface

Ecrire ce livre ensemble fut un véritable plaisir — à la grande surprise de tous ceux qui nous connaissent. On nous demandait en permanence : vous êtes encore ensemble ? Vous vous parlez encore ? En fait, nous aussi étions inquiets. Comment allait-on faire pour réconcilier nos deux voix si distinctes, nos parcours professionnels si différents pour raconter l'histoire de l'apparition de ce nouveau phénomène sur la scène culturelle ? A priori, il n'était pas évident que le parcours de macrosociologue de Paul, préoccupé d'évolutions culturelles à l'échelle de sociétés entières, pourrait s'accorder avec les manières de voir d'une psychologue comme Sherry, nettement plus focalisée sur les richesses des expériences individuelles. Mais il nous est vite apparu que l'histoire que nous voulions raconter demandait, précisément, à la fois la perspective 'grand angle' d'une vision d'ensemble et les 'gros plans' sur les détails intimes de la vie des gens — et qu'elle nécessitait aussi le mariage d'autres opposés : le masculin et le féminin, le scientifique et le spirituel, la conscience et l'action sociale. Et à chaque fois que l'on pensait ainsi en termes de ces paires dichotomiques, on se retrouvait coincés. Pour écrire ce livre, il fallait que nos esprits se rencontrent au-delà des vieilles catégories, au-delà des murs qui divisent et restreignent les nouvelles formes de pensée. La convergence entre les mouvements sociaux et la spiritualité, la rencontre étrange mais ô combien fructueuse entre le monde des affaires et celui de l'épanouissement personnel, entre le développement durable, le féminisme et la santé — toutes ces nouvelles solutions à de vieux problèmes, et bien d'autres encore, tout cela exigeait que nous aussi nous soyons capables de nous ouvrir à des possibilités radicalement nouvelles.

Face à tant d'ouvertures, tant de possibilités, il y avait une chose sur laquelle on savait que l'on pouvait compter : c'était les treize années de recherche sur les valeurs et les styles de vie que Paul avait effectuées au sein de son entreprise, American Lives. Sur cette période, il apparaissait clairement, au vu des résultats des enquêtes et des groupes échantillons, année après année, mois par mois, qu'un nouveau sous-groupe culturel était en train d'apparaître. Au début des années 90, après des années d'enquêtes réalisées par American Lives, Paul décida d'appeler cette nouvelle population les Créatifs Culturels, parce qu'elle est composée d'individus qui, littéralement, sont en train de créer une nouvelle culture aux Etats-Unis. Nous avons ainsi pu nous appuyer sur les résultats fiables de recherches basées sur plus de 100.000 réponses à différents questionnaires, et des centaines de groupes échantillons. Nous nous sommes également appuyés sur les résultats de deux importantes études de référence sur le rôle des valeurs dans la vie des Américains. En janvier 1995, Paul dirigea et analysa les résultats d'une enquête nationale sur les rôles des valeurs liées à la transformation de soi dans la société américaine, sponsorisée par l'Institut Fetzer et l'Institut des Sciences Noétiques. En janvier 1999, il aida à concevoir, diriger et analyser les résultats d'une étude sur le rôle des valeurs et préoccupations centrées sur la durabilité écologique dans la société américaine, sponsorisée par l'Environmental Protection Agency (EPA) et le Conseil Présidentiel pour le Développement Durable.

Une fois qu'on eut sous les yeux les données de ces enquêtes et groupes échantillons, les contours de cette nouvelle population commencèrent à se dessiner clairement sous nos yeux. Mais qui étaient ces gens ? D'où venaient-ils, et dans quelles directions pouvaient-ils aller ? C'est là que Sherry, avec son expérience de la dimension personnelle et des perspectives féminines, nous permit d'envisager les choses sous un nouveau jour. Son livre, écrit avec Patricia Hopkins, sur le développement spirituel des femmes, *La féminité cachée de Dieu (The Feminine Face of God)*, a fourni les bases de notre plongée au cœur des histoires personnelles des Créatifs Culturels. Nous avons décidé d'avoir recours aux entretiens individuels approfondis précisément parce qu'ils procurent un savoir et une connaissance intimes au sujet des valeurs qui comptent dans la vie des gens, et leurs significations. Ensemble nous avons interrogé une soixantaine de personnes — des artistes, des activistes, des anciens, des hommes d'affaire, des professeurs — quiconque nous semblait appartenir à cet imposant groupe que nous tâchions de décrire. Et, comme la plupart des personnes que nous rencontrions, nous avons lu des centaines de livres qui nous ont aidés à tracer les contours de ce nouveau territoire, cette terre inconnue que les Créatifs Culturels sont en train de traverser.

Nous n'avions pas prévu jusqu'à quel point l'histoire des Créatifs Culturels aller commencer à prendre forme sous nos yeux une fois qu'on aurait mis ces histoires personnelles à côté des résultats des études à grande échelle et des groupes échantillons. Et c'est là que c'est devenu vraiment excitant. Ce que nous espérons, c'est que ce que l'on a initié, grâce à la générosité et la patience des personnes interrogées, va provoquer chez les Créatifs Culturels un intérêt pour eux-mêmes en tant que groupe. Nous les voyons déjà, dans un futur proche, se rencontrer les uns les autres et se raconter leurs aventures, rire et débattre, et très certainement ne pas être d'accord avec ce que l'on a écrit sur eux. Et nous avons la conviction que cette prise de conscience collective de leur identité en tant que groupe culturel représente un espoir pour chacun d'entre nous, et qu'elle permettra à notre civilisation de mettre au point les solutions nouvelles dont nous avons tous besoin de toute urgence. Dans ce livre, nous sommes enfin en mesure de présenter des preuves empiriques convaincantes de ce changement majeur de notre société, que des centaines d'auteurs prédisent depuis une cinquantaine d'années. Qui plus est, au cours des dernières années, plusieurs autres recherches ont abouti à des résultats très proches de ceux que nous publions ici. Ces études ont toutes été initiées indépendamment les unes des autres, dans des endroits différents et sur la base de données différentes, et pourtant toutes arrivent aux mêmes conclusions. Et ces conclusions correspondent les unes aux autres précisément parce que nous nous sommes tous intéressés aux valeurs et à la culture.

Les lecteurs qui souhaitent en savoir plus sur le sujet peuvent comparer notre description des valeurs personnelles des Créatifs Culturels avec l'ouvrage passionnant de Don Edward

Beck et Christopher C. Cowan, *Spiral Dynamics : Mastering Values, Leadership and Change* (1996) qui établit des liens tout à fait intéressants entre les changements de valeurs et les étapes successives du développement culturel et personnel, ainsi qu'aux brillantes analyses des valeurs aux différents stades du développement personnel et organisationnel dans l'ouvrage de Brian P. Hall, *Values Shift : A Guide to Personal and Organisational Transformation* (1995). Notre description du rôle des valeurs dans les problèmes écologiques correspond étroitement aux résultats présentés dans l'étude de Willet Kempton, James S. Boster et Jennifer A. Hartley, *Environmental Values in American Culture* (1997). De même, ce que nous présentons comme un changement majeur dans les visions du monde et les valeurs de la population américaine est également illustré par l'étude de Ronald Inglehart, qui identifie des changements à peu près similaires tout autour du monde dans *Culture Shift in Advanced Industrial Society* (1990) et *Modernization and Postmodernization : Cultural, Economic and Political Change in 43 Societies* (1997), ainsi que dans son ouvrage écrit en collaboration avec Paul R. Abramson, *Value Change in Global Perspective* (1995). Enfin, notre intuition de l'importance fondamentale de tous les nouveaux mouvements sociaux dans l'apparition des valeurs de cette nouvelle ère planétaire est également fortement confirmée par les preuves et théories présentées par Alberto Melucci dans *Challenging Codes : Collective Action in the Information Age* (1996) et Manuel Castells dans *The Power of Identity, Vol. II de The Information Age : Economy, Society and Culture* (1997). [1]

Nous espérons que les récits et les preuves présentés ici permettront aux Créatifs Culturels de réaliser cette promesse qu'ils portent en eux — et ce, non pas seulement pour eux-mêmes, mais aussi dans l'intérêt de chacun d'entre nous, et celui de la septième génération.

Paul H. RAY et Sherry Ruth ANDERSON
San Rafael, Californie
www.culturalcreatives.org

1. Don Edward Beck et Christopher C. Cowan, *Spiral Dynamics : Mastering Values, Leadership and Change* (Cambridge, MA, : Blackwell, 1996). Brian P. Hall *Values Shift : A Guide to personal and Organisational Transformation* (Rockport, MA : Twin Lights Publishers, 1995). Willett Kampton, James S. Boster, et Jennifer A. Hartley, *Environmental Values in American Culture* (Cambridge, MA : MIT Press, 1997). Ronald Ingelhart, *Culture Shift in Advanced Industrial Society* (Princeton, NJ : Princeton University Press, 1990) et *Modernization and Postmodernization : Cultural, Economic and Political Change in 43 Societies* (Princeton, NJ : Princeton University Press, 1997). Paul R. Abramson et Ronal Ingelhart, *Value Change in Global Perspectives* (Ann Arbor, MI : University of Michigan Press, 1995). Alberto Melucci, *Challenging Codes : Collective Action in the Information Age* (New York : Cambridge University Press, 1996). Manuel Castells, *The Power of Identity, Vol. II of The Information Age : Economy, Society and Culture* (Cambridge, MA : Blackwell, 1997).

Etes-vous un Créatif Culturel ?

Cochez les cases qui correspondent aux déclarations avec lesquelles vous êtes d'accord.

- ❑ Vous aimez la nature et sa destruction vous inquiète.
- ❑ Le sort global de la planète vous touche (réchauffement climatique, destruction des forêts tropicales, surpopulation, prise en compte insuffisante des impératifs de la durabilité écologique dans le système en place, exploitation des populations des pays pauvres) et vous souhaitez que l'on fasse plus pour l'améliorer, même si ceci implique de limiter la croissance économique.
- ❑ Vous seriez prêt à payer plus d'impôts ou de taxes, ou à payer des biens de consommation plus cher si vous aviez la preuve que l'argent récolté est bien utilisé pour la protection de l'environnement.
- ❑ Vous attachez beaucoup d'importance à la qualité des relations humaines
- ❑ Vous considérez qu'il est important d'encourager et d'aider chacun à mettre en valeur les dons, talents et richesses uniques de sa personnalité.
- ❑ Vous faites du bénévolat pour une ou plusieurs causes.
- ❑ Le développement spirituel et psychologique est un domaine qui vous est familier.
- ❑ La spiritualité et la religion sont des aspects importants de votre vie, mais vous vous inquiétez de l'influence des intégrismes religieux.
- ❑ Vous souhaitez que les femmes soient traitées à l'égal des hommes, notamment dans le monde professionnel, voir plus de femmes à la tête des entreprises et des partis politiques.
- ❑ Vous êtes alarmés par les violences et les mauvais traitements que subissent les femmes et les enfants dans le monde entier.
- ❑ Vous souhaitez que les dépenses publiques et la politique en général soient plus orientées vers l'éducation et le bien-être des enfants, vers la réhabilitation des quartiers et des communautés, vers la création d'un système écologiquement stable et durable permettant de préserver l'avenir.
- ❑ En politique, vous n'êtes satisfait ni par la droite ni par la gauche, ni même par un centre mitigé.
- ❑ Votre vision de l'avenir est plutôt optimiste et vous vous méfiez du pessimisme et du cynisme que véhiculent les médias.
- ❑ Vous souhaitez vous impliquer activement dans la transformation de la société.
- ❑ Vous désapprouvez les méfaits des entreprises accomplis au nom du seul profit (licenciements, dégradation de l'environnement, exploitation des pays pauvres et de leurs populations).
- ❑ Vous surveillez vos dépenses et évitez de “ surconsommer ”.
- ❑ Vous désapprouvez la manière qu'a la culture moderne de toujours mettre l'accent sur la compétition, le succès et la réussite, sur l'acquisition et l'accumulation de nouveaux produits, et sur les signes extérieurs de richesse et le luxe.
- ❑ Vous êtes ouvert à ce qui vous est étranger : personnes, lieux et modes de vie.

Si vous êtes d'accord avec au moins dix déclarations de la liste, vous êtes probablement un Créatif Culturel.

Première Partie

Les Créatifs Culturels : présentation

Imaginez qu'au milieu des Etats-Unis apparaisse soudainement un pays grand comme la France. Un pays qui aurait sa propre culture, riche et variée, ses propres modes de vie, valeurs et conceptions du monde — le tout résolument nouveau. Un pays qui aurait ses propres héros et sa propre vision de l'avenir. Imaginez alors notre curiosité à tous, comme nous serions tous impatients de découvrir ces gens, qui ils sont, et d'où ils viennent. A Washington et dans les shows télévisés, les politiciens de tous bords auraient sans aucun doute des opinions bien tranchées sur la question, et tout un tas d'experts se pencheraient sur cet étrange phénomène, l'examinant du haut de leurs certitudes habituelles. Les entreprises se lanceraient à la conquête de ce nouveau marché, tandis que les partis politiques rechercheraient d'éventuelles alliances. Les médias, sur le pied de guerre, laisseraient de côté pour un temps les derniers scandales politiques et proposeraient à tout va reportages en direct et interviews-fleuve de ces nouveaux venus.

Maintenant imaginez autre chose : il y a bien un nouveau pays, tout aussi grand et riche culturellement, mais personne ne le voit. Il prend forme d'une manière différente et presque invisible — apparition furtive dans l'écho d'un radar au cœur de la nuit. Mais il ne vient pas d'un ailleurs quelconque ou lointain. Ce nouveau pays est résolument américain. Et contrairement au cas précédent, il n'émerge pas seulement au beau milieu des champs de maïs de l'Iowa, mais aussi au cœur du Bronx, et partout ailleurs, d'un bout à l'autre du pays, de Seattle à Saint-Augustine. Il se manifeste là où vous l'attendiez le moins : dans le salon de votre frère et dans le jardin de votre sœur, dans les associations de femmes et les manifestations pour protéger les forêts, dans les bureaux, les églises et les communautés on-line, les cafés et les librairies, sur les sentiers de randonnée et dans les bureaux des grandes entreprises.

Façonner une nouvelle culture

Ce nouveau pays et ses citoyens sont l'objet de ce livre. Nous rapportons ici les résultats de 12 années d'enquête auprès de 100.000 Américains, complétées des centaines de groupes échantillons et des douzaines d'entretiens individuels - des résultats qui révèlent l'émergence de tout un sous-groupe culturel. Leurs convictions et leurs valeurs particulières sont exposées dans le questionnaire en début de livre. En toile de fond des thèmes principaux, on trouve la prise en compte permanente de perspectives planétaires et écologiques, ainsi que du point de vue des femmes, une attention particulière aux aspects relationnels, un souci réel de développement spirituel et psychologique, une prise de distance très critique vis-à-vis des principales institutions de la vie moderne, y compris des notions de droite et de gauche en politique, et un rejet du matérialisme et des signes extérieurs de richesse.

Depuis les années soixante, 26% des adultes américains — 50 millions de personnes — ont en effet profondément modifié leur vision du monde, leurs valeurs et leur mode de vie — en bref, leur culture. Ces millions de personnes, créatives et optimistes, sont à la pointe et à l'origine de plusieurs types de changements culturels, modifiant en profondeur non seulement leur propre vie mais aussi la société en général. Nous décidons de les appeler les Créatifs Culturels car, d'innovation en innovation, ils sont en train de créer une nouvelle culture pour le 21e siècle.

Une bonne manière de comprendre l'idée de 'culture' est de la représenter comme un large répertoire de solutions aux problèmes et passions qui animent les gens à différentes époques. Les Créatifs Culturels sont donc celles et ceux qui, sans cesse, mettent au point des solutions culturelles nouvelles et surprenantes — des solutions qui, à l'avenir, seront sans doute considérées comme tellement nécessaires qu'elles feront partie intégrante de notre culture. Dans les chapitres suivants, nous avons voulu raconter les histoires de ces personnes, et la manière dont elles sont en train de transformer en profondeur notre civilisation.

Un moment longtemps attendu

Notre idée, en nous intéressant à ce quart de la population américaine qui a adopté une vision du monde résolument nouvelle, c'est de révéler au grand jour ce qui nous paraît être un développement majeur dans l'histoire de notre civilisation. Changer de manière de voir le monde, cela signifie littéralement changer de perception de la réalité. Et cela entraîne aussi des changements étroitement corrélés : changer de valeurs, c'est-à-dire l'ordre de priorités fondamentales dans la vie ; changer de style de vie, c'est-à-dire aussi la manière de dépenser son temps et son argent ; et changer de mode de vie — comment, tout d'abord, on gagne cet argent.

Il y a seulement quelques années, au début des années 60, celles et ceux qui initiaient dans leur propre vie des changements aussi radicaux représentaient moins de 5% de la population — pas assez pour intéresser la plupart des enquêteurs. En à peine une génération, cette proportion a atteint les 26%. Cela peut paraître un peu lent à notre époque de nano-secondes, mais à l'échelle d'une civilisation, où les principaux développements se mesurent en siècles, c'est incroyablement rapide. Mais ce n'est pas seulement la rapidité de cette expansion qui est frappante. C'est aussi son ampleur, qui surprend même les observateurs les plus avertis. Des dirigeants de l'Union Européenne, ayant eu connaissance du nombre croissant de Créatifs Culturels aux Etats-Unis, ont lancé en septembre 1997 une étude sur le sujet dans les quinze pays de l'Union. A leur plus grand étonnement, ces études ont semblé révéler l'existence d'au moins autant de Créatifs Culturels en Europe qu'aux Etats-Unis.

Il y a plus de vingt ans, certains visionnaires et futurologues prévoyaient déjà un tel changement dans notre civilisation. Il semblerait, au vu des résultats de notre étude, que le moment tant attendu soit enfin arrivé. Et la preuve n'en est pas seulement dans les résultats chiffrés des questionnaires, mais surtout dans la vie quotidienne des personnes derrière ces chiffres, comme nous l'ont révélé les groupes échantillons et les entretiens individuels.

La population des Créatifs Culturels, ne serait-ce que par sa taille, est déjà en train de modifier la manière dont les Américains font des affaires et de la politique. Ce sont eux qui les premiers exigent que l'on aille au-delà des réglementations environnementales pour mettre en place un système de fonctionnement écologiquement viable et durable, et que l'on adapte toute notre manière de vivre en conséquence. Ce sont eux qui exigent de l'authenticité — à la maison, dans les boutiques, au travail, en politique. Ce sont eux qui soutiennent fortement les femmes et leur point de vue dans de nombreux domaines. Ils insistent aussi pour avoir accès à une information transparente et complète, dans les journaux et les publicités. Les marchés économiques et la vie publique s'en ressentent déjà. Mais parce que les Créatifs Culturels n'ont pas encore développé de véritable sentiment identitaire en tant que groupe ou communauté, ils n'ont pas encore conscience du pouvoir qu'ils peuvent exercer. Et si les autres — c'est à dire nous-mêmes — ne sont pas capables de réaliser tout ce que cet éveil peut leur offrir, tout ce que cela peut représenter pour leur propre vie, alors on pourrait bien passer complètement à côté de ces changements, et ne rien voir de leur genèse.

Avec ce livre, notre but est d'éviter, grâce à une étude en profondeur, un tel aveuglement collectif. Qui sont vraiment les Créatifs Culturels ? Que signifie leur apparition, pour eux et pour nous-mêmes ? Que vous soyez vous-même un Créatif Culturel ou que vous partagiez votre bureau, votre maison ou votre lit avec l'un d'entre eux, ou bien que vous désiriez tout simplement mettre en place de nouveaux projets ou faire des affaires avec eux, ce livre vous propose de découvrir comment leur existence va changer votre vie.

Chapitre 1.

Qui sont les Créatifs Culturels ?

Pour repérer un changement du type de celui qui nous intéresse, un changement profond et général de la culture, il faut aller bien au-delà des 'opinions' et des 'attitudes' - car ce sont là des éléments qui changent aussi vite que les vents d'été. Il faut au contraire plonger beaucoup plus profond, au niveau des valeurs et des visions du monde qui façonnent la vie des gens - les structures fondamentales qui, elles, changent beaucoup plus lentement, à l'échelle des décennies et des générations. Une fois que l'on a réussi à évaluer ces éléments fondamentaux, on peut savoir non seulement ce qui compte le plus pour les gens, mais aussi ce qu'ils vont faire concrètement — parce que les valeurs fondamentales de quelqu'un sont le meilleur indicateur de son comportement réel.

Ce sont ces éléments de la structure fondamentale que les Créatifs Culturels sont en train de modifier, et ce faisant, il se pourrait bien qu'ils soient en train de transformer la société dans son ensemble. Parce que, dans notre étude, nous nous sommes intéressés aux valeurs américaines depuis les années 80, nous avons pu remarquer l'émergence de ce nouveau sous-groupe culturel, incroyablement grand - et jusqu'alors resté inaperçu. Nous avons pu ainsi apprendre et comprendre qui ils sont et ce à quoi ils se sentent rattachés ; ce qui a de l'importance dans leur vie et ce qui n'en a pas ; les choses pour lesquelles ils décident d'agir, et celles à quoi ils refusent de consacrer leur temps, leur énergie ou leur argent.

Voyons maintenant ce qui, dans l'ensemble, est prioritaire dans la vie des Créatifs Culturels, une fois, bien entendu, qu'ils sont assurés de subvenir à leurs besoins fondamentaux et à ceux de leurs proches.

Authenticité

Les Créatifs Culturels sont à l'origine de l'engouement actuel pour 'l'authenticité personnelle' aux Etats-Unis. Ce qu'on appelle ici l'authenticité, c'est la concordance entre les actes d'une personne et ce qu'elle dit et croit. Pour les Créatifs Culturels, ce qui compte le plus, c'est d'apprendre et agir toujours de la manière qui leur semble la plus authentique. Presque systématiquement, cela implique la mise en avant des expériences personnelles dans le processus d'apprentissage, suivant des méthodes particulières. Cette préférence se manifeste également dans leur manière de recevoir l'information, de former leurs opinions et impressions, et de décider de ce qui est réel et important. Ils se méfient par exemple des exposés 'en trois points' qui s'appuient sur des artifices de présentation pour arriver à leur conclusion, en grande partie parce que les exposés de ce type sont souvent manipulateurs et empêchent l'auditeur de tirer ses propres conclusions. Ils préfèrent les comptes-rendus subjectifs, à l'opposé du style journalistique qui prétend être complètement objectif et qui ne s'intéresse souvent qu'aux faits 'externes', à la surface des choses et des événements. Et ce qui les agace tout particulièrement, ce sont les tapages publicitaires, les 'gonflages' médiatiques et l'agitation régulière des médias pour des phénomènes de mode passagers, qui, à leurs yeux, sont dépourvus de sens et envahissants.

Brooke Warrick, de l'organisation American Lives, a réalisé plus de groupes échantillons avec les Créatifs Culturels que quiconque, et il compare cette recherche de l'authenticité à « un balayage radar cherchant à détecter les signes du réel ». Selon lui, il s'agit d'un mode cognitif particulier, qui s'appuie sur deux modes de perception apparemment contradictoires. D'un côté, les Créatifs Culturels cherchent à comprendre les choses 'en profondeur', en mettant l'accent sur les expériences de chacun, du type « dis-moi comment ça c'est passé pour toi ». Et ils adorent en effet se raconter leurs expériences, et souvent même toute l'histoire de leur vie ! D'un autre côté, ils adoptent une vision d'ensemble large et synoptique, et n'hésitent pas à donner à cette vision 'grand angle' une échelle planétaire. C'est donc une façon de faire la synthèse de plusieurs morceaux, détails et fragments d'information recueillis dans les médias (une vision parcellaire) afin de créer leur propre vue d'ensemble (la vision 'grand angle') — ils adoptent ensuite souvent une perspective systémique, où ces différents éléments sont resitués dans leurs interactions avec leur environnement. Et ils sont tout autant passionnés par le détail de ces histoires personnelles que par le sort de la planète en général.

Voici un exemple de ce qu'on entend quand on demande à un groupe échantillon de Créatifs Culturels de commenter des annonces publicitaires. Dans le cas suivant, il s'agit d'un groupe échantillon de la région de Seattle et de publicités pour des grands groupes pétroliers. Face à plusieurs story-boards exposés au mur, les 'voyants' du 'détecteur de mensonges' d'une jeune femme de l'assistance se sont tout de suite mis à clignoter. « Je suis désolée, a-t-elle objecté, mais ces pubs qui parlent de sauver les tortues et les élans, c'est vraiment n'importe quoi. Ça fait un siècle que les entreprises pétrolières font tout pour empêcher le développement de formes d'énergies nouvelles et plus propres. Dès qu'on s'intéresse un tant soit peu à la question des énergies alternatives, par exemple à la manière dont on pourrait optimiser la consommation d'essence des voitures et éviter le gaspillage, on trouve toujours dans les journaux des histoires qui racontent en fait comment telle entreprise pétrolière a tout fait pour retarder l'avancée de la recherche, ou telle autre s'est opposé au développement de technologies qui ne nuisent pas à la qualité de l'air. »

L'homme assis à ses côtés acquiesce : « C'est bien joli de raconter qu'elles financent des parcs ou des réserves naturelles, mais si vous regardez un peu leurs comptes, et notamment leurs dépenses dans le domaine juridique, vous verrez vite qu'à côté de tout ce qu'elles dépensent en lobbying, tout ce qu'elles payent à leurs avocats pour ralentir et combattre les législations sur la propreté de l'air, ce parc naturel ne représente rien du tout, à peine un centime face à un million de dollars. Sans parler de tout ce qu'elles dépensent pour nous en parler ! »

Action engagée et apprentissage intégré

Les Créatifs Culturels aiment apprendre de manière intime et personnelle — ils recherchent ainsi un mode de connaissance et de savoir engagé et engageant, taillé dans la matière riche, viscérale et sensuelle de la vie. Ce qu'ils apprécient tout particulièrement, ce sont les actions du type 'processus global' pour reprendre l'expression de Margaret Mead — quand on peut suivre et participer à la création d'un projet d'un bout à l'autre, ou plutôt d'un commencement à l'autre, du processus. Ils seraient sans doute d'accord avec Jean Houston, une éducatrice qui fut parmi les premiers Créatifs Culturels, qui disait que « le monde est trop complexe désormais pour la pensée analytique linéaire. Dans le village mondial, l'intelligence c'est de penser avec ses tripes, de penser en rythme, de manière organique, en se comprenant soi-même comme faisant partie de la nature, intimement liée à elle. » [1]

Quand il s'agit de donner son temps et son argent, les Créatifs Culturels veulent être impliqués dans l'intégralité d'un projet, et ils veulent que cette implication soit personnelle et 'personnalisée'. 'The Sacred Grove' (la Futaie Sacrée), un projet dans lequel 600 femmes ont racheté une très ancienne forêt de séquoias dans le Comté de Humboldt en Californie, et sur lequel nous reviendrons au chapitre 5, est un exemple intéressant de cette manière particulière de s'engager. Nous avons parlé avec Catherine Allport, l'une des fondatrices du projet, alors que le processus de protection de la forêt sous forme de multipropriété foncière était bien déjà engagé. « Ce que nous avons créé, nous l'avons créé pour le bénéfice de la septième génération », nous a-t-elle dit. « Ce n'est pas grand chose, mais il y a quelque chose de très puissant dans l'idée de savoir qu'on

1. Jean Houston, citée dans 'Changing Our Minds', *Ideas*, CBC (1984).

l'a fait. Ce n'est pas une idée, ce n'est pas une théorie. On l'a vraiment fait, concrètement. Et notre désir pour l'avenir, c'est d'être capable de mener à bien ce projet-là, mais aussi un autre, et encore un autre ailleurs, et de continuer ainsi. Parce que notre souhait, l'objectif du Sacred Grove, ce n'est pas seulement ce petit bout de forêt ici et maintenant, mais d'autres encore ailleurs. C'était très motivant pour nous toutes, et ça nous a donné beaucoup de force. »

Nous lui avons ensuite demandé ce qui a pu motiver des centaines de femmes à s'engager dans ce projet, en envoyant tous les trois mois des dons de 10 à 500 dollars sur une période de cinq ans. Elle a réfléchi un instant, et puis a répondu : « Toutes les femmes qui se sont promenées dans la forêt ont chacune ressenti quelque chose de très personnel, un sentiment très fort au plus profond d'elles-mêmes, et ainsi une relation très forte et personnelle s'établit entre elles et la forêt. Il se passe donc quelque chose de très petit, de très intime, et de très grand à la fois ». Puis elle reprend : « C'est vraiment important que cette histoire de protéger cette futaie, qui ne fait après tout que 7 hectares, soit si petite et si intime au départ, si personnelle. Parce que si vous n'avez pas une vraie motivation qui vous porte, à une échelle intime et personnelle, alors cette motivation va vous quitter au bout d'un certain temps, sur le long terme. C'est à cette condition (un engagement, une implication au niveau intime et personnel) que débutent les choses réellement authentiques. »

Idéalisme et activisme

L'expérience personnelle et directe est également très importante pour les Créatifs Culturels quand ils se lancent dans un projet ou qu'ils y consacrent du temps et de l'argent. Leur motivation, c'est d'exprimer au quotidien leurs valeurs, leurs idéaux et convictions par le biais d'actions personnelles et concrètes. La plupart sont convaincus que s'ils ne sont pas impliqués dans un projet, leurs convictions ne sont que 'des paroles en l'air'. Ils expriment plus d'idéalisme, d'altruisme et moins de cynisme que les autres Américains. 65% d'entre eux considèrent qu'avoir « un travail qui contribue à améliorer la société » est très ou extrêmement important. Et 54% d'entre eux considèrent de même que « vouloir travailler personnellement à l'amélioration de la société » est très ou extrêmement important.

Et tout cela est concrétisé en actions réelles : 75% d'entre eux sont engagés dans des actions de bénévolat, comparés à 60% pour le reste de la population. Ils passent aussi en moyenne 4 heures par mois dans des activités de bénévolat comparées à une moyenne nationale d'une heure par mois. Toutes nos recherches, sur les douze dernières années, confirment qu'ils mettent effectivement leurs paroles en actions. Et s'ils changent d'avis sur ce qui compte vraiment, alors ils font un véritable effort pour changer de discours — et leurs actions suivent, en conséquence. L'une des histoires les plus impressionnantes que l'on ait entendu à propos de ce genre de changement radical et complet est celle qui est arrivé à Ray C. Anderson.

Quand Ray Anderson, PDG de Interface, le numéro un mondial de revêtements de sol, s'est retrouvé obligé de réfléchir à la définition d'une mission écologique pour son entreprise, ça a été un véritable calvaire pendant plus de trois semaines. La raison en était simple : il ne savait tout simplement pas quoi dire, n'ayant pas tellement d'idées sur le sujet, qui ne l'intéressait pas vraiment. « Franchement, tout ce que je savais c'était qu'il fallait le faire. » Et cela signifie souvent « faire aussi mal que la loi nous y autorise ». Par chance, un ami lui a envoyé un exemplaire de *l'Ecologie de Marché*[1] de Paul Hawken. « Ce livre m'a fait l'effet d'un électrochoc, ce qu'il disait m'allait droit au cœur », nous a-t-il confié. « Je n'en étais pas encore arrivé à la moitié que je ressentais déjà une très forte urgence, et je savais exactement ce que j'allais dire. Du coup, en écrivant mon discours, j'étais décidé à aller bien au-delà du simple respect des lois. »

La première mesure qu'il a prise a été d'agir au niveau de sa propre entreprise, qui compte des usines sur quatre continents. Il a mis en place un système qui en fait une 'entreprise restituante' : bien plus que de simplement recycler ses déchets matériels, elle *restitue* à la terre plus qu'elle ne lui a pris. Pour

1. Edité en français aux éditions Le Souffle d'Or. (NDT)

cela, Ray et ses associés dans 110 pays ont complètement repensé l'ensemble de ce qu'ils font, y compris leur manière de concevoir et d'aborder leur activité. Sur les cinq premières années, Interface a investi 25 millions de dollars pour les réductions de déchets et a économisé 122 millions de dollars. Bien conscient de la grandeur du défi, Ray espère qu'Interface sera totalement viable et durable d'ici une vingtaine d'années, ne prenant plus rien à la Terre et ne causant aucun dommage à la biosphère.

Sa deuxième décision a été d'aider les autres entreprises à suivre le même chemin. Depuis début 1998, Ray a passé la plus grande partie de son temps en voyages, donnant plus de cent discours par an à des associés, des entreprises et des associations écologiques de par le monde. Son désir, c'est de créer la 'prochaine révolution industrielle'. Ray explique à ses auditeurs que le monde des affaires est la plus grande, la plus riche et la plus envahissante des institutions sur Terre, et qu'elle est la cause de la plupart des dégâts écologiques et autres méfaits sur l'environnement. « Nous représentons une partie importante du problème, dit-il, et, à moins que nous ne devenions une partie importante de la solution, il sera trop tard, et nous laisserons à nos arrière-petits-enfants un monde dans lequel il ne vaudra même plus la peine de vivre. »

Mondialisme et écologie

Les Créatifs Culturels aiment avoir une vision synoptique des choses, une vision 'grand angle' — ils veulent voir tous les éléments les uns à côté des autres et pouvoir retracer leurs interconnexions. A chaque fois qu'ils lisent un livre, vont sur le Net ou regardent la télé, ils veulent avoir cette vision globale, et ils sont habitués à replacer les choses au cœur des systèmes auxquelles elles appartiennent. Ils sont très bons en effet quand il s'agit de faire la synthèse d'informations disparates et fragmentées. C'est pourquoi ils sont si inquiets du sort de l'écologie mondiale et du bien-être des peuples de la Terre. 81% d'entre eux disent être très ou extrêmement préoccupés par les « problèmes de l'environnement mondial : réchauffement climatique, destruction des forêts tropicales, disparition des espèces, diminution de la couche d'ozone ». 78% déclarent que « les Américains devraient consommer une part bien moindre des ressources mondiales ». 73% considèrent comme très ou extrêmement important de « vivre en harmonie avec la terre », et pour 68%, il est « important de développer un mode de vie radicalement nouveau pour atteindre la durabilité écologique. »

L'une des histoires les plus intéressantes que l'on connaisse à propos de la manière dont cette vision d'ensemble des Créatifs Culturels les pousse à mettre en place des solutions écologiques nouvelles et efficaces, c'est l'histoire de l'hypercar. L'idée de l'hypercar, c'est de faire la voiture du futur avec les technologies aérospatiales d'aujourd'hui. Voici en gros comment on s'y prend : on utilise soit des piles à combustible, qui convertissent directement l'hydrogène en électricité, soit un moteur hybride essence/électricité ; on utilise des volants cinétiques qui permettent de stocker l'énergie au freinage et de la réutiliser pour l'accélération. On réduit le poids de moitié en utilisant des matériaux en fibre de carbone comme on le fait pour les avions et les voitures de course ; et on rend la surface lisse pour une résistance aérodynamique minimum. Avec une consommation variant entre 1,25 et 2,15 litres au cent kilomètres, vous pouvez aller d'un bout à l'autre des Etats-Unis avec un seul plein d'essence. Une telle voiture qui permettrait évidemment de réaliser de considérables économies de pétrole ne pollue quasiment pas l'air. Cette même technologie est applicable non seulement pour les voitures, mais aussi pour les trains, les bus et même les vélomoteurs. Cela devrait fortement contribuer à l'arrêt du réchauffement climatique. Quiconque détient un tel brevet devrait faire fortune, a priori, non ?

Pas forcément. Les principaux développeurs du projet étaient des Créatifs Culturels du Rocky Mountain Institute. Ils ont fait l'impensable : ils ont abandonné l'ensemble du brevet de l'hypercar à quiconque serait intéressé et capable de le développer, parce que ce qui les intéressait, eux, ce n'était pas de faire fortune mais de sauver la planète. En prenant une telle décision, ils ont provoqué une émulation et une compétition sans précédent parmi les constructeurs potentiels de l'hypercar. Refusant la logique de maximisation de leurs profits, ils se sont concentrés sur leurs propres valeurs et idéaux et ont donné les premiers tours de manivelle à une mécanique désormais inexorable, qui devrait aboutir au lancement de la première voiture 100% socialement et écologiquement responsable : la première hypercar devrait être lancée vers 2001. Elle ne sera sans doute même pas produite par un constructeur automobile classique, mais plutôt par l'une de ces entreprises hi-tech dans l'aérospatiale ou l'électronique — ces entreprises d'un nouveau genre constamment à la recherche des produits 'de la génération suivante' — et qui ne sont pas du tout contre le fait de faire de l'argent en faisant le bien.

Les femmes au cœur du monde

Ce que les politiciens appellent souvent les 'problèmes des femmes' est essentiel dès lors que l'on veut comprendre les Créatifs Culturels. En effet, ceux-ci adoptent presque systématiquement une manière de voir que l'on pourrait qualifier de 'féminine' : essayer de se mettre à la place de l'autre afin de mieux le comprendre, adopter le point de vue de la personne qui parle, considérer l'expérience personnelle et les récits à la première personne comme une forme importante d'apprentissage, et centrer tout discours et toute action sur une éthique de l'entraide et du respect mutuel. Ainsi, les Créatifs Culturels sont les premiers à s'inquiéter des violences et sévices subis par les femmes et les enfants, à souhaiter qu'il y ait plus d'endroits équipés de garderie, de crèches et autres installations prévues pour les enfants, et que l'on prenne plus en compte, partout et à tous les niveaux, les besoins et l'éducation des enfants. Ils se soucient énormément du bien-être des familles et désirent renforcer les relations d'entraide et d'écoute dans tous les domaines, privés et publics. 89% déclarent que « la qualité d'écoute et d'entraide d'une relation » est très ou extrêmement importante dans leur vie. 79% sont très ou extrêmement préoccupés par le fait que « les hommes et les femmes n'obtiennent pas le même salaire pour un même travail ». 64% sont d'accord que « les femmes ne devraient jamais avoir à retourner à leur rôle traditionnel dans la société ». Et 58% se sentent très ou extrêmement concernés par le fait qu'« il n'y a pas assez de femmes aux postes clés des affaires et de la politique. »

Pour toutes ces préoccupations des Créatifs Culturels, ce sont les femmes qui montrent le chemin. Elles se sont attaqué à des problèmes que l'on considérait jusqu'alors comme personnels et privés, des sujets à discuter chez soi ou avec des amis, et elles les ont portés sur le devant de la scène et des débats publics. Et elles veulent que les femmes prennent des positions de leaders. Il n'est pas surprenant que 60% des Créatifs Culturels soient des femmes. Par contre, il y a quelque chose de beaucoup plus surprenant : l'énorme fossé qui existe habituellement entre les sexes lorsque l'on parle des valeurs et des priorités dans les enquêtes, n'apparaît pas chez les Créatifs Culturels. Très simplement, les Créatifs Culturels, qu'ils soient hommes ou femmes, s'intéressent tous à ces 'problèmes des femmes' et adoptent tous des 'valeurs féminines'. Ce résultat est très significatif si on le compare au fossé qui existe habituellement entre les sexes dans d'autres sous-groupes culturels américains.

L'une des nombreuses innovations en faveur des femmes initiées par les Créatifs Culturels est celle qu'a mise en place Tracy Gary, une cinquantenaire charismatique et dynamique. « Je voulais construire un réseau de points de rencontre pour permettre aux personnes qui partagent certaines valeurs de travailler ensemble », nous a-t-elle raconté lorsque nous l'avons interviewée à San Francisco. Elle a commencé par créer sept petites associations à but non-lucratif, un foyer pour les femmes battues, et en 1978, la première fondation de femmes des Etats-Unis dont les préoccupations soient locales plutôt que nationales.

Presque systématiquement, les grandes fondations et les banques de l'establishment ont refusé ces projets. Quand elle comprit que personne ne voudrait financer La Casa, son foyer de femmes, Tracy constitua l'apport initial en hypothéquant sa propre maison. Et quand elle décida de créer une fondation dirigée par et pour des femmes et destinée à financer leurs projets, elle mit 25.000 dollars sur la table et trouva six autres personnes prêtes à faire de même. « Nous étions audacieuses, et motivées par un sentiment d'urgence », explique-t-elle, « avec la Fondation des Femmes, nous nous étions engagées à trouver 300.000 dollars en un an. C'était délirant ! J'avais vingt-sept ans — beaucoup trop jeune pour savoir ce que faisais — et quand j'ai commencé, je ne connaissais même pas cinq personnes qui avaient plus de

1000 dollars à mettre sur la table. Mais après un an, si. Et il y avait une sorte de pulsion intérieure, un désir urgent, culturel et moral — celui de construire une communauté d'un nouveau genre, dans laquelle on serait toutes heureuses de vivre et travailler. »

Quand nous lui avons parlé en 1997, Tracy avait déjà participé à la création de 90 fondations aux Etats-Unis. Nous lui avons demandé ce qui continuait à la motiver après toutes ces années. « Je veux vraiment que la démocratie fonctionne », nous a-t-elle répondu sans hésitation. « J'aime ce que représentent les Etats-Unis, ce pour quoi mon pays se bat. Mais il y a toujours eu comme un chaînon manquant dans cette démocratie, et c'est la voix des femmes. En aidant à créer le Mouvement pour les Fondations des Femmes, comme on l'appelle maintenant, je voulais mettre en place des environnements fertiles, un contexte propice qui permettent aux femmes de s'écouter les unes les autres et qui les encouragent à faire plus confiance en ce qu'elles savent intuitivement, sur leurs besoins et ceux de la communauté. » Elle s'arrête un moment pour réfléchir : « Ce n'est pas seulement une question d'argent, vous savez. C'est une question de valeurs. Qu'est-ce que l'on souhaite réellement ? Concrètement, qu'est-ce que l'on a envie de construire ? Quel message peut-on et veut-on exprimer avec notre argent ? Comment peut-il nous aider à manifester nos valeurs ? »

Comme la plupart des autres Créatifs Culturels, Tracy nous a expliqué que ses avancées sur le territoire de l'innovation culturelle ne procèdent aucunement d'un sentiment de devoir ou d'obligation. « Ce n'est pas comme si j'avais un poster au-dessus de mon lit pour me rappeler tous les jours que je dois faire quelque chose pour mon pays » explique-t-elle, « c'est plus une histoire de rencontres — je rencontre tout le temps des gens que je trouve incroyablement talentueux, et j'ai envie de les aider à développer et mettre en avant leur talent. Chaque fois que je me retrouve avec un groupe de personnes qui ont des choses à proposer, une nouvelle vision pour une société différente, des gens qui prennent le temps de ressentir les choses, de prier et de réfléchir au sens réel, sur le long terme, de ce que l'on fait, il y a comme un écho en moi, une note qui résonne à l'intérieur de moi, quelque chose de viscéral. Quelque chose qui me dit : « Tu es au bon endroit. Retrousse tes manches et avance. »

Solidarité, accomplissement de soi et spiritualité

Les Créatifs Culturels ont une conscience sociale très développée et un optimisme sans faille, quoique mesuré, à propos de l'avenir. Il y a en fait deux types de Créatifs Culturels, deux populations de 25 millions chacune. D'un côté, on trouve un noyau central de Créatifs Culturels que l'on peut appeler les 'avancés' et de l'autre des Créatifs Culturels dits 'écologistes', moins directement impliqués. Ce cœur, la partie la plus active, se préoccupe à la fois de justice sociale et de développement de la vie intérieure. Pour eux, le sacré inclut l'épanouissement individuel et la solidarité. Ils sont les utilisateurs, et souvent aussi les praticiens, des médecines dites douces. 91% d'entre eux considèrent comme très ou extrêmement important d'aider les autres. 89% estiment que « chaque individu a un don unique à faire partager », 82% souhaitent développer une plus grande conscience de soi, et 58% considèrent « la découverte de nouvelles choses à propos de soi » comme très ou extrêmement importante. De manière frappante, plus leurs valeurs et convictions à propos de la solidarité, l'accomplissement de soi et la spiritualité sont fortes, plus ils sont susceptibles de s'intéresser à l'action sociale et l'amélioration de la société. Les Créatifs Culturels dits 'écologistes' ne diffèrent pas du reste de la population sur ces points.

Comme nous le verrons, il y a plusieurs exemples qui illustrent comment les Créatifs Culturels combinent justice sociale, développement intérieur et spiritualité, mais l'un des plus intéressants est celui qui se passe à Peninsula Village, dans les forêts au pied des collines du Tennessee. Les gosses du coin, drogués et déstabilisés, ont fait plusieurs fois déjà l'aller-retour entre les centres de désintoxication, les foyers de réinsertion et la rue. Lorsqu'ils y arrivent, ils sont généralement sur la corde raide. « Quand vous décidez de venir ici, vous savez que si ça ne marche pas cette fois-ci, vous allez probablement finir à nouveau dans la rue, en prison ou dans un cercueil. »

Notre société semble plutôt désemparée face à l'autodestruction de nos adolescents, et incapable de proposer des solutions valables. En l'espace de deux générations, le taux de suicide des adolescents a triplé, et le taux de criminalité a connu une croissance impressionnante. Ces statistiques terrifiantes, publiées régulièrement dans la presse, témoignent chaque jour un peu plus de notre échec. Dans les programmes qui nous sont présentés comme des réussites, 7 ou 8 ados sur 10 replongent en fait très souvent dans la drogue et l'alcool, ou retournent dans les centres de traitement, les prisons ou à la rue. Peninsula Village renverse ces statistiques : 8 adolescents traités sur 10 retournent à l'école, trouvent un emploi, et arrêtent la drogue [1].

Pourquoi ? Que se passe-t-il dans cet avant-poste du Tennessee qui prend les enfants des Etats-Unis en dernier recours et les remet sur le droit chemin ? Et quel rapport avec la solidarité, l'accomplissement de soi et la spiritualité ? Et bien, à peu près tout. Ces valeurs sont en effet intégrées dans un programme d'un an qui accompagne les jeunes au travers des différentes étapes d'un voyage initiatique inspiré des quêtes visionnaires des Indiens d'Amérique. Vivre à l'ancienne, traverser le seuil de l'inconnu, et intégrer ce qu'ils ont appris pour aider à résoudre les problèmes de leurs communautés. Leur voyage est fait de 'roues de médecine' [2] qui tracent les chemins des défis à venir. Et c'est sans doute là le plus important, ils sont suivis et accompagnés par toute une communauté de pairs et d'anciens qui souhaitent de tout leur cœur pouvoir voir ceux qui se lancent dans ce voyage arriver jusqu'au bout, jusqu'à un nouveau départ.

« Ce n'est pas vraiment une partie de rigolade », explique Patte Mitchell. « Quand vous décidez de passer toute une année de votre vie dans un voyage initiatique, vous vous engagez dans une voie sérieuse et difficile. Quand j'ai conçu le village, mon idée de départ était que les enfants avaient besoin d'un mode de vie qu'ils puissent conserver et utiliser ensuite dans le monde extérieur. Et je savais qu'il fallait que ce soit quelque chose qui leur parle aux niveaux physique et spirituel. Les gamins nous racontent ensuite qu'une fois qu'ils ont terminé leur voyage initiatique, lorsqu'ils ont des ennuis, ils savent comment s'y

---

1. Peu avant l'impression de cet ouvrage, Patte Mitchell nous a écrit : « Je ne suis pas sûre que ces statistiques soient encore valables aujourd'hui — le programme a dû s'adapter aux contraintes de la gestion des soins. Il n'y a pas eu d'études récemment effectuées. C'est en fait un miracle que le Peninsula Village existe encore. La plupart des programmes de soutien aux adolescents dans ce pays ont fermé leurs portes pour cause de faillite financière. »

2. Symbole amérindien. (NDT)

prendre. Ils disposent sur la terre les pierres de la 'roue de médecine', ils se souviennent de s'asseoir un moment comme on leur a appris, pour regarder en face leurs doutes et leurs angoisses. Ils savent descendre dans les ténèbres de leurs sentiments pour retrouver le sens de l'équilibre. Et c'est comme ça qu'ils savent en qui ils peuvent avoir confiance en dehors d'eux-mêmes, ce dont ils doivent se débarrasser, et ce qu'ils doivent conserver. Ils savent que s'ils se débarrassent de quelque chose d'important, ils vont ressentir le vide. Et ils savent aussi, quand ils sont prêts, trouver un endroit pour prier. »

Nous lui avons demandé quels enseignements nous pouvions tirer du succès de son programme. « Je crois qu'à cause de la technologie, les gamins ont perdu le sens du caractère naturel des choses qui nous entourent. Ils ne remarquent plus les levers de soleil, le zénith, le coucher du soleil, ou le milieu de la nuit. Il faut leur redonner des images vivantes, les inscrire dans leur corps, afin qu'eux-mêmes puissent s'inscrire dans la vie et faire confiance à leur étroite connexion avec les autres et le Grand Tout. Ces gosses ont en eux cet espace qui est là pour être nourri par l'imagination et des images riches, mais à cet endroit il n'y plus que du vide et ils se retrouvent complètement paumés. Le monde moderne ne leur donne rien dont ils aient réellement besoin. Aussi, ce qu'on essaye de leur donner au Village, c'est la capacité de trouver en eux-mêmes et dans la communauté le soutien dont ils ont besoin pour leur voyage dans la vie. Et ils apprennent qu'il faut donner aux autres autant que l'on reçoit, et que comme le guérisseur blessé qui devient shaman, ils ont des dons immenses, et qu'ils peuvent contribuer pleinement à cette vie. »

Ce qu'ils refusent

On apprend beaucoup en étudiant ce que les Créatifs Culturels voudraient remplacer dans la société américaine conventionnelle, ce qu'ils rejettent et refusent. L'idéologie du 'toujours plus', le matérialisme, l'avidité, le 'moi-d'abord', les dépenses ostentatoires, les inégalités sociales flagrantes entre les races et les classes, l'incapacité de la société à prendre en charge les besoins des personnes âgées, des femmes et des enfants, l'hédonisme et le cynisme dominant qu'on nous présente comme du réalisme : autant de choses qui les désolent et qu'ils refusent. Ils rejettent aussi l'intolérance et l'étroitesse d'esprit des conservateurs et de la droite religieuse américaine. Ils ont un regard critique sur pratiquement toutes les grandes institutions de la société moderne, y compris les entreprises et le gouvernement.

Ils rejettent les analyses partielles et étroites. Ils ne supportent plus la glose superficielle et fragmentaire des médias qui ne décrivent pas ce qu'ils voient et oublient de prendre en compte leurs propres points de vue et expériences dans leurs explications de ce qu'ils savent. Une femme nous a dit une fois : « C'est toujours la même chose : les choses qui comptent vraiment pour moi, les solutions vraiment intelligentes, ne sont jamais présentées, ni dans les médias grand public, ni dans les médias alternatifs. » Ils veulent des descriptions et des explications qui recouvrent à la fois une vue d'ensemble, mais aussi leur propre expérience et celles des autres. Pour les Créatifs Culturels, la réalité comprend le cœur et l'esprit, le privé et le public, l'individu et la communauté. Ils approuveraient avec un enthousiasme passionné la question de John Leonard dans *Smoke and Mirrors* : « Comment se fait-il que nos miroirs culturels soient devenus aussi déformants, et leur reflet aussi flou ? »[1]

Changer de vision du monde

Quand les Créatifs Culturels changent de valeurs, souvent ils changent aussi de vision du monde peu après. Le terme 'vision du monde' est employé généralement pour recouvrir tout ce qu'une personne considère comme réel et convenu — Dieu, l'économie, la technologie, la planète, le fonctionnement des choses, la bonne manière de travailler et de jouer, les relations avec les proches — et tout ce à quoi l'on attache de l'importance. Parfois, certaines personnes changent d'abord de vision du monde et ensuite seulement leurs priorités sont modifiées. Pour d'autres,

---

1. John Leonard, *Smoke and Mirrors : Violence, Television and Other American Cultures* (New York : The New Press, 1997).

ça se passe dans l'autre sens. Et la plupart du temps, il y a un mélange des deux stratégies, où les valeurs et la vision du monde changent alternativement, en s'influençant mutuellement.

Pour la plupart d'entre nous, changer de vision du monde est une chose qui n'arrive qu'une seule fois dans notre vie, si tant est que cela nous arrive jamais — ça entraîne en effet une modification de presque toute notre conscience, à tous les niveaux. Quand un tel changement se produit, il entraîne une transformation de la perception qu'on a de nous-même et de ce à quoi on se sent rattaché et lié, de ce que l'on souhaite voir et savoir et comment on l'interprète, et de ce que l'on considère comme prioritaire dans notre manière d'agir et de vivre, et ce à quoi on n'attache aucune importance. Peu importe que vous quittiez ou non votre maison, que vous changiez de travail ou que vous commenciez une nouvelle carrière, si vous changez de vision du monde, vous changez du tout au tout.

De tels changements n'ont pas lieu tous les jours — ou alors on serait comme des adolescents ballottés à droite et à gauche sur les rails de montagnes russes. Les récits qui suivent montrent ce que peuvent ressentir les Créatifs Culturels quand au plus profond d'eux-mêmes, leur centre de gravité se déplace réellement, entraînant avec lui les notions de vrai et de faux, d'important et de secondaire, et que change également, de manière tout aussi réelle et concrète, leur ordre de priorités dans leur vie.

> Vous êtes en train de vous promener sur une colline avec un ami et il vous raconte tout ce qui lui est arrivé depuis qu'il a quitté son poste de chef du département de psychologie d'un grand hôpital l'année dernière. Il vous confie que dans son cabinet, les choses n'avancent pas très vite, et avec une franchise déconcertante, il vous apprend que depuis quelques mois sa solide carapace d'assurance, d'autorité et de compétence est en train de s'effriter. C'est à la fois une bonne et une mauvaise nouvelle, vous dit-il avec un sourire en coin. D'un côté, quand il est invité chez des gens il ne sait plus trop comment se présenter. De l'autre, il se sent plus proche de son 'noyau intérieur' qu'il ne l'a jamais été.

Oh ! rajoute-t-il, émerveillé, une dernière chose : « Je ne suis pas sûr, mais aux frontières de la conscience, de nouvelles idées affluent, des possibilités que je n'avais jamais envisagées auparavant. » Et alors il s'arrête de marcher et se retourne pour vous regarder : « C'est vraiment difficile d'enclencher ça. J'ai l'impression qu'il faudrait que je mette au point un plan de marketing agressif pour moi-même. Mais je n'arrive pas à savoir qui ou quoi je dois promouvoir, quel produit je dois lancer sur le marché. J'ai l'impression d'être une espèce de graine qu'on a plantée mais je n'ai pas la moindre idée ni de quelle plante je suis, ni de quand je vais germer — si tant est que je germe un jour. »

• • •

Vous êtes à un mariage, et le couple assis à votre droite vous raconte comment ils ont pris tous les deux du 'temps libre' sur leur travail, un peu de 'temps en dehors du temps', comme ils disent. Lui est un bel Irlandais qui a travaillé 18 ans comme directeur pédagogique dans une fondation renommée et sa femme est une gracieuse Texane qui dirige une petite maison d'édition. Tandis qu'elle est passée à mi-temps, son mari a lui carrément arrêté de travailler. Ils vivent de leurs économies. « Je fais de longues promenades, je joue avec mon fils, je lis des livres. Je n'ai aucune idée de ce que je vais faire après », vous dit-il. Il rayonne, et de toute évidence la situation ne lui pose aucun problème. « Le plus dur, c'est mes amis et mes collègues. Ils sont toujours à me demander 'bon, mais qu'est-ce que tu vas faire après ?', comme si ça les mettait terriblement mal à l'aise que je puisse n'en avoir aucune idée. »

Six mois plus tard, vous apprenez qu'il est devenu directeur d'un cabinet de conseil sans but lucratif d'un nouveau genre, qui travaille avec des groupes communautaires et qui développe des alliances entre les activistes et les entreprises. C'est la première fois que ça se fait, vous dit-on, et il a fallu plusieurs mois d'entretiens avant que lui et ses collègues estiment qu'ils étaient prêts à se lancer. « Il faut le voir en ce moment, vous confie un ami commun, son esprit bouillonne d'idées et de projets, il est serein et donne l'impression d'être en plein épanouissement, et il est vraiment impatient que chaque nouveau jour commence. Je n'imaginais pas le voir un jour comme ça. »

• • •

Votre nièce préférée vous laisse un message obscur sur votre répondeur qui dit très brièvement : « il faut qu'on parle ». Vous l'invitez à déjeuner. Après un repas agréable et une conversation plutôt anodine, elle vous annonce : « la semaine dernière je suis allée à ma première retraite silencieuse. Huit jours. » La retraite était dirigée par deux rabbins de la Jewish High Holidays, dans les montagnes au-dessus de Santa Cruz. Qu'elle soit depuis un peu 'au ralenti' ne fait aucun doute, vous explique-t-elle, mais quelque chose de plus étrange s'est passé : « Je me sens presque transparente, comme si je sortais toute neuve et plutôt fragile d'un cocon épais dans lequel j'aurais été enfermée jusqu'à présent. Et dans les moments les plus anodins, j'ai des élans de joie qui me prennent comme par surprise. » Elle sourit, et vous pouvez voir que ses yeux sont parfaitement clairs. « Le seul truc, c'est que je n'ai pas l'impression de pouvoir parler de cela avec mes amis ou mes collègues de travail. Quand je leur ai dit que j'allais passer une semaine dans le silence, ils ont presque hurlé d'horreur. »

Vous pensez à son métier d'artiste multimédia au cœur de la Silicon Valley, à la pointe du monde des start-ups hitech. « En tant qu'artiste, je sais ce que c'est que d'être suspendue dans le vide, dit-elle. Je sais que je dois attendre et laisser l'œuvre se dévoiler d'elle-même, se révéler à sa manière. Mais quand il s'agit d'intégrer ce vide dans ta propre vie personnelle... » Elle lève les mains au ciel « Je n'ai jamais appris cela. J'ai peur qu'à 36 ans il soit déjà trop tard pour commencer. Je me demande si je vais pouvoir supporter de m'engager toute seule dans une telle démarche alors qu'aucun de mes amis ne comprend de quoi je parle. Je ne suis pas sûre de pouvoir supporter cette solitude. »

• • •

Des gens ordinaires

En faisant ainsi le tour du pays, de salons en bureaux en passant par les églises et les temples, à écouter des histoires comme celles-ci, on s'est mis à penser à ces femmes qui assemblent méticuleusement calicots et velours dans des duvets, et aux pêcheurs qui rapiècent patiemment leur filet à la fin de la journée. Les Créatifs Culturels sont un peu comme ça. En s'éloignant des présuppositions et des valeurs habituelles de la culture moderne, ils construisent par petits bouts une vie qui les passionne. Si vous les interrogez, ils vous diront probablement que c'est une démarche longue et difficile. Dans une société où les valeurs sont compartimentées et étiquetées, ils font leur maximum pour tisser une vie cohérente et intégrée, au travers de ces compartiments. Ils ne prétendent pas détenir toutes les réponses. En sélectionnant autour d'eux ce qui compte le plus à leurs yeux, chacun d'entre eux essaie de créer une nouvelle synthèse des valeurs et des significations.

Selon l'éducateur Parker Palmer, les mouvements de société apparaissent quand les gens refusent de vivre des vies divisées. C'est exactement ce qui est en train de se passer avec les Créatifs Culturels. La plupart d'entre eux sont en pleine période de transitions majeures dans leur vie, à la recherche de manières de vivre en cohérence avec les valeurs auxquelles ils ont décidé de croire. Certains ne s'en sortent pas. D'autres ont l'air de ne pas avancer, empêtrés dans des situations peu prometteuses pendant un bon moment, puis s'en sortent brillamment, à la surprise de leurs amis et collègues. Ce que les Créatifs Culturels ont en commun, ce n'est pas de naviguer d'une culture à l'autre avec succès, ce n'est pas non plus leur intelligence, leur religion ou leur origine ethnique. C'est tout simplement d'être des gens ordinaires qui partagent une culture, des valeurs et une vision du monde, et, d'une certaine manière, un mode de vie.

Néanmoins, à la lecture des récits dans ce livre, un bon nombre d'entre eux vont vous paraître remarquables, voire extraordinaires à bien des égards. Nous aussi, nous les trouvons remarquables. Nous y avons réfléchi, nous demandant à quel point on a pu les idéaliser, et à quel point ils se sont eux-mêmes dépeints sous un jour favorable. Les deux biais sont possibles, bien sûr, et nous ne pouvons qu'espérer qu'ils ne sont pas trop importants. Nous n'avons pas voulu mettre en avant des exemples extraordinaires. Nous avons simplement recherché des gens qui *vivent* les valeurs décrites plus haut — et qui ne se contentent pas d'en parler. A quelques exceptions près, nous avons évité les prêcheurs et parangons célèbres, parce que ce qui nous intéressait, c'était les combats et les difficultés auxquels sont confrontés les Créatifs Culturels au quotidien, pas seulement leurs idéaux ou les solutions créatives qu'ils proposent. Toujours est-il que la plupart des récits qui suivent ne sont vraiment pas 'ordinaires'.

C'est sans doute parce que ce n'est pas rien de développer et suivre des valeurs résolument différentes de celles de la culture dominante. Quiconque s'engage dans cette voie et s'y maintient un certain temps est sûr de rencontrer un certain nombre de problèmes. Tout simplement parce qu'il va lui falloir trouver une manière de vivre concrètement ces valeurs, sous peine de se mentir à soi-même.

Ce n'est pas un choix facile. Souvent, les Créatifs Culturels hésitent, avancent puis reculent, essayant de se convaincre qu'ils ne devraient pas s'en faire autant, se suppliant eux-mêmes de « s'il te plaît veux-tu bien rentrer dans le rang et ne pas faire tant de difficultés ». S'ils ont de la chance, ils perdent ce combat. Avec le temps, ils apprennent à ne rechercher et suivre que leur propre conseil, et se plient à ce qu'ils croient être le plus important et agissent en fonction de cela.

Celles et ceux qui se sont engagés dans cette voie de la découverte de sa propre vérité et qui apprennent à s'y fier, développent certaines caractéristiques. La persévérance, le fait de se tenir à l'écart des gonflages médiatiques, une certaine capacité à l'autoréflexion. On retrouve cela dans presque tous les récits des Créatifs Culturels. Une autre qualité qui semble résulter de ce genre de développement, c'est 'l'ouverture'. Pas le genre d'ouverture qui se rabat dès que le vent souffle, mais une ouverture d'esprit qui semble naturelle quand on a suffisamment confiance en soi pour savoir écouter les autres sans perdre ses moyens ou le fil de ses idées. Mary Ford, activiste, la quarantaine, nous a parlé de cette ouverture. « Quand vous commencez à agir concrètement pour changer les choses, les gens ont toujours des tas de choses à dire sur votre compte. Il faut avoir la patience et même la volonté d'entendre ces choses. Il faut avoir une définition de soi qui soit plus grande que les leurs, une définition qui soit ancrée dans les connexions qui nous lient les uns aux autres. » Et il faut garder l'esprit ouvert, explique-t-elle, « car aucun d'entre nous ne peut jamais prétendre être arrivé à destination. Le monde entier est un système ouvert, la vie entière est ouverte et changeante et il est clair qu'il n'y a pas qu'une seule manière d'effectuer le changement. »

Depuis son adolescence, Mary travaille pour le changement. Elle est psychologue, mère d'un enfant de huit ans, et solo dans un chœur inter-religieux de classe internationale. Son mari, Rob Lewis, est professeur de maths et de sciences au lycée, et il adore les enfants. Et les maths et les sciences (et le basket-ball). Un drôle de mélange qui lui donne la motivation de donner des cours supplémentaires de calcul à 8 heures du matin et de travailler le week-end avec quelques collègues, à réfléchir à la manière de transmettre leur passion des sciences à leurs élèves. En bref, Mary et Rob sont deux Créatifs Culturels 'ordinaires', des explorateurs à la recherche de façons de mettre en pratique leurs valeurs dans leur vie quotidienne.

Prathia Hall recherche la même chose. Anciennement à la tête du Comité Etudiant de Coordination pour la Non-Violence, dans les années 60, elle a parlé en 1997 devant la classe de Vincent Harling à l'Ecole de Théologie de Iliff, se remémorant cette expérience inoubliable : « La plupart du temps, pendant les manifestations, il y avait à l'avant les hommes qui se battaient avec violence, et derrière, il y avait des femmes avec des enfants, des femmes dont les visages étaient crispés par la haine. Les veines gonflées, rouges de sang, enragées de haine. Quand je revois ça en face, c'est facile pour moi de ne pas haïr. Ne pas devenir ce que je vois, c'est dans mon propre intérêt. »[1]

Y a-t-il des Créatifs Culturels ordinaires et des Créatifs Culturels extraordinaires ? Comment fait-on la différence ? Est-ce que c'est l'époque qui rend les uns exceptionnels et pas les autres ? Faut-il séparer Mary Ford et Rob Lewis de Prathia Hall ?

1. Prathia Hall, entretien vidéo au Centre d'étude des Religions et du Renouveau Démocratique Gandhi-Hamer-King de l'école de Théologie de Iliff, à Denver, Colorado.

Une telle distinction nous a paru impossible. Chaque histoire que nous racontons est aussi unique que la vie d'un individu, et dans chacune il y a quelque chose d'important que partagent des millions d'autres Créatifs Culturels. Nous espérons que chacun(e) trouvera quelque chose qui compte pour lui/elle dans les récits de ces gens normaux exceptionnels.

Au-delà des catégories démographiques

La plupart des enquêtes se contentent de classifier les gens par catégories : hommes ou femmes, noirs ou blancs, cols blancs ou cols bleus, niveaux de revenus ou d'éducation. C'est facile à faire, et tout le monde sait de quoi il s'agit. Mais ces catégories conventionnelles ne reflètent qu'un aspect particulier de la vie des gens. Les résultats que nous publions ici ne correspondent à aucune catégorie démographique. En effet, il s'agit plutôt d'une étude qualitative, une étude de valeurs, qui donne directement une description riche et multidimensionnelle de ce que certains Américains sont en train de réaliser, et pourquoi ils le font. Ce nouveau sous-groupe culturel est infiniment plus complexe et varié qu'une simple catégorie démographique. C'est une foule immense d'Américains qui se ressemblent beaucoup entre eux — et sont très différents des autres Américains — dans leur manière de voir le monde et leur ordre de priorités fondamentales dans leur vie.

Mais, au risque de se répéter, c'est là leur seul point commun. Ils n'ont pas plus de chances d'être issus de la génération du baby-boom que n'importe quel autre Américain. Contrairement à ce que l'on croit d'habitude, les valeurs qu'ils défendent ne sont pas liées à leur âge ou à leur 'génération'. Ils habitent partout aux Etats-Unis, et pas seulement en Californie. Ils ne sont pas plus libéraux ou conservateurs que les autres Américains, et d'ailleurs la plupart refusent de se reconnaître dans ces notions de 'droite ou de gauche'. En bref, ils ne présentent aucune homogénéité démographique.

Comme la population américaine, les Créatifs Culturels ont des niveaux de revenus très variés, de moyen inférieur à riche, mais peu sont très pauvres ou très riches. Leur revenu moyen est légèrement au-dessus de la moyenne nationale, mais ça ne veut pas dire grand chose — c'est la grande diversité des revenus qui est intéressante. La même chose peut-être dite de leur âge, puisque leur profil est le même que pour le reste du pays, à deux exceptions près : chaque année, il y a un peu plus de Créatifs Culturels parmi les 18-24 ans, sans doute parce que c'est un âge où l'on est encore en train de se forger des valeurs. Et il y a nettement moins de Créatifs Culturels parmi les personnes âgées, de 70 ans et plus, apparemment parce que les valeurs de cette classe d'âge étaient déjà fermement établies quand les années 60 et leur vague de bouleversements sociaux sont arrivées. En terme d'activités professionnelles et d'éducation, les Créatifs Culturels sont un groupe très varié, bien que le nombre de cadres et de diplômés d'études supérieures soit légèrement plus élevé parmi eux. Quand on dit qu'on ne peut pas définir les Créatifs Culturels en termes démographiques, cela veut dire que démographiquement ils ne sont pas tellement différents de l'ensemble des Américains.

Pour la plupart, les Créatifs Culturels ont des activités qui font partie du quotidien de notre culture moderne : ils sont comptables ou travailleurs sociaux, hôtesses ou analystes programmeurs, coiffeurs, avocats, chiropraticiens ou chauffeurs de camion, photographes ou jardiniers. Certains explorent la réalité physique — des chercheurs à la pointe des théories quantiques, de la biologie évolutionniste, de nouvelles formes d'économie ou de nouvelles théories des écosystèmes. D'autres explorent l'esprit et la société : des artistes qui s'engagent pour l'environnement ; des professeurs qui enseignent les origines de l'homme et l'histoire de la Terre. D'autres encore sont des activistes engagés qui parlent et agissent pour sauver la planète ou bien qui donnent à des groupes jusqu'alors marginalisés par la politique classique les moyens de se prendre en main.

On inclut aussi généralement dans le terme 'démographie' des données sur la religion. Les Créatifs Culturels, dans leur grande majorité, ne présentent aucune originalité particulière dans leurs croyances et affiliations religieuses. Certes, la majorité des adeptes 'hors-catégories' des religions orientales et des nouvelles formes de spiritualités sont des Créatifs Culturels, mais ils ne représentent qu'une petite minorité du groupe dans son ensemble. On trouve même au sein du groupe un bon nombre de fidèles des religions conservatrices — mais nous les classons tout de même parmi les Créatifs Culturels en vertu d'autres caractéristiques (en terme de valeurs et de mode vie) qu'ils partagent avec le reste du groupe. Il faut bien reconnaître que, quoiqu'on dise, mis à part les intégristes, la plupart des Américains ont des croyances religieuses qui ne correspondent pas vraiment à leur affiliation religieuse déclarée. Les Créatifs Culturels sont chrétiens, juifs, musulmans, bouddhistes, adeptes de la Christian Science ou agnostiques, et seuls quelques-uns rentrent dans la catégorie New Age. En fait, la plupart refuseraient sûrement d'être rangés sous l'étiquette New Age.

« Où sont passés les hommes de bonne volonté ? »

Il n'y a qu'une seule statistique démographique remarquable à propos des Créatifs Culturels : 60% d'entre eux sont des femmes. Parmi le groupe des 'avancés', la proportion atteint 67%, soit les deux tiers. Nous avons déjà dit qu'une bonne partie de leurs valeurs et convictions pouvaient être qualifiées de 'féminines' : une certaine manière d'envisager les questions de compassion et d'entraide, les problèmes de la vie familiale et des enfants, l'importance attachée aux aspects relationnels et la nécessité d'adopter une attitude responsable envers autrui, tout cela constitue un ensemble de valeurs caractéristiques des Créatifs Culturels. D'une certaine manière, donc, une certaine vision féminine du monde, un certain ordre de priorités tout féminin est en train de quitter enfin le domaine privé — et se retrouve sur le devant de la scène publique. C'est le bon côté de cette donnée statistique. Le mauvais côté, c'est que les hommes sont trop peu nombreux, et trop peu concernés.

> Carolyn, une amie, est venue de Boston pour nous rendre visite, et à nouveau elle se plaint d'un problème trop souvent rencontré par les femmes 'Créatives Culturelles' : « Où sont passés les hommes de bonne volonté ? ». Carolyn est une femme d'une cinquantaine d'années, attirante et extravertie. Elle n'a certainement aucune difficulté à attirer l'attention des hommes quand elle le veut. Et elle le veut,

nous confie-t-elle, mais il n'y a pas beaucoup de choix. Et elle se demande parfois si elle n'aurait pas fait quelque chose qu'il ne fallait pas dans sa vie, et quoi.

Paul l'interrompt soudainement : « Arrête un peu avec ça, ce n'est pas toi qui ne va pas, et le problème ne vient pas de toi ». Il crie un peu, ce qui n'est pas vraiment nécessaire vu que Carolyn l'écoute avec attention.

« Objectivement, les hommes qui correspondent à ton mode de vie et tes valeurs ne sont réellement pas nombreux, explique-t-il. Les deux tiers des Créatifs Culturels 'avancés' comme toi sont des femmes. C'est comme être membre d'une tribu où seul un tout petit nombre d'hommes est à marier. Tant que tu seras décidée à ne choisir que des hommes qui te ressemblent, avec tes points de vue et tes valeurs, tu auras toujours ce sentiment qu'il y a très peu d'hommes de 'bonne volonté'.

— Bon d'accord », répond-elle, « mais alors où sont cachés les autres ?

— Ils sont sans doute en train de faire mumuse avec leurs techno-jouets, tout en restant obsédés par la rentabilité de leurs affaires et la nécessité de toujours aller de l'avant. Tes valeurs d'épanouissement personnel, de spiritualité et de protection de l'environnement sont sûrement bien loin derrière tout le reste sur leur liste de priorités. Dans ta classe sociale, la majorité des hommes sont des Modernistes. Trop de femmes ont tendance à se faire des reproches à elles-mêmes quand elles n'arrivent pas à trouver l'homme qu'il leur faut. Mais qu'est-ce que tu veux y faire ? Le fait est que les femmes sont en avance à ce niveau. Toutes les innovations culturelles et les nouvelles valeurs viennent d'elles ».

Elle le regarde désespérée.

« Et les hommes sont un peu à la traîne », ajoute Paul faiblement.

« Oui, ils mûrissent moins vite que nous, n'est-ce pas ? » Elle rit légèrement. « Bon, au moins je suis bien contente d'entendre que ce n'est pas de ma faute ».

Mais elle n'a pas l'air tout à fait rassurée.

Dans les rangs de la majorité

Les Créatifs Culturels sont l'un des trois grands groupes culturels aux Etats-Unis, mais à en croire le discours officiel, il n'y en aurait toujours que deux : les Modernistes et les Traditionalistes. Il y a encore une cinquantaine d'années, c'était en effet les seuls. On était dans une situation de 'ou bien, ou bien', un ensemble de valeurs contre un autre : la ville contre la campagne, le cosmopolite contre le local, le religieux contre le laïque, le classique contre le branché ; le style et l'efficacité contre le caractère et la fiabilité ; le débonnaire Cary Grant contre le solide James Stewart ; l'élégance glamour de Lauren Bacall contre la vie rangée de June Allyson ; moderne et matérialiste contre conservateur et pieux ; promoteurs de changements rapides contre défenseurs d'un mode de vie plus simple. Parmi les Modernistes on comptait à la fois les hommes d'affaires conservateurs et libéraux, le capital et le travail, et les socialistes, les fascistes et les communistes. Tous ces groupes étaient animés par la même foi inébranlable dans le progrès matériel, et tous partageaient les habitudes des grandes villes. Les Traditionalistes, quant à eux, regroupaient à la fois les syndicalistes du Nord et les ségrégationnistes du Sud, les fondamentalistes religieux de la Bible Belt et les 'catholiques ethniques' (Irlandais, Italiens, Polonais, Espagnols) ; tous ces groupes, à leur manière, étaient des conservateurs.

Et la compétition, la lutte à la fois anodine et fondamentale entre ces deux gigantesques groupes culturels est une histoire bien connue, rabâchée des centaines de fois. (Les tableaux Valeurs et Convictions en pages 52-53 donnent un aperçu des différences de valeurs entre les trois groupes).

A la rencontre des Modernistes

Comment décrire un groupe qui représente presque la moitié de la population des Etats-Unis, si riche et varié dans sa composition qu'il comprend à la fois les libéraux et les conservateurs et presque tous les niveaux de revenus ? En une phrase, on peut dire que c'est le groupe qui se reconnaît dans la culture dominante du Modernisme. Lisez le *Time*, le *New York Times*, le *Wall Street Journal*, le *Business Week*, *Forbes* ou *USA Today*, et vous aurez sous les yeux, exposée en détail, l'idéologie officielle, rabâchée et martelée jour après jour. C'est la culture à l'œuvre à tous les niveaux de l'administration gouvernementale, dans l'armée et dans les tribunaux, tous également animés par et conçus selon ses présupposés. C'est la culture 'normale' et normative que l'on trouve dans les tours de bureaux et les usines des grandes entreprises ; dans les banques et les salles de marché ; les laboratoires scientifiques des universités et les entreprises de haute technologie ; dans les hôpitaux et la plupart des cabinets médicaux ; dans les églises et les synagogues des courants classiques et majoritaires ; dans les 'meilleures' écoles et les universités. C'est aussi la culture des fédérations et ligues professionnelles de football, basket-ball et base-ball ; des chaînes de magasins et des hypermarchés ; de la plupart des programmes télévisés ; et de la plupart des articles de la presse grand public.

Les normes que l'on accepte comme allant de soi, les règles selon lesquelles on vit, sont faites par et pour les Modernistes. Leur vision du monde recouvre tellement tout, et leur point de vue est tellement 'présupposé', sous-entendu, que la plupart des Modernistes n'y voient aucune alternative. En 1999, ce groupe représentait à peu près 48% de la population américaine, soit 93 millions de personnes sur un total de 193 millions d'adultes. En termes d'âge et de niveau d'éducation, ils présentent la même diversité que le reste de la population. A la différence des Créatifs Culturels, il y a plus d'hommes que de femmes chez les Modernistes. Leur revenu familial moyen en 1995 était de 42.500 dollars par an. On y trouve aussi bien les ouvriers que les employés des bureaux, ainsi que des hommes d'affaires 'conventionnels' et ceux qu'on appellera les 'créatifs technologiques' de la culture américaine — comme les ingénieurs et les docteurs.

Qu'est-ce qui caractérise les Modernistes ? Ce n'est pas seulement ce à quoi ils attachent de l'importance à la maison, dans leur quartier, ou à l'église, mais aussi ce à quoi ils croient quand ils travaillent ou font les courses. D'une certaine manière, on peut dire que c'est l'économie qui domine leur manière de vivre et de voir le monde. En fait, c'est leur croyance en une économie technologique qui est en train de remodeler la face du globe. La manière de voir des Modernistes est la culture dominante, perçue comme allant de soi. C'est tout un système de croyances qui dit « c'est de toute évidence comme ça que ça se passe ». Dans le monde pragmatique et productiviste du travail, en somme, dans la vie de tous les jours, ça donne « c'est tout simplement comme ça que ça fonctionne, c'est la seule manière de faire ». Ou encore « c'est l'innovation la meilleure et (ou parce que) la plus récente ».

Les Modernistes établissent une différence très nette de statut entre ceux qui savent comment faire et les autres. C'est la version américaine de la lutte des classes, mais dans cette version, contrairement à l'autre, on s'identifie toujours aux gagnants, ceux qui remportent la compétition de la vie, que l'on soit soi-même déjà un gagnant ou que l'on souhaite juste en devenir un. Dans l'ensemble, cette attitude demande un rejet assuré, et parfois méprisant, des autres points de vue et modes de vie. Quiconque ne sait pas comment faire est en quelque sorte inférieur.

Cette manière de faire et d'être met généralement hors d'eux les personnes des autres cultures, et en particulier les Traditionalistes. Mais en fait la plupart des cultures dominantes rejettent les modes de vie différents du leur. Il n'est donc pas surprenant que les Modernistes fassent de même. Puisque le Modernisme est la culture dominante des Etats-Unis, ses adeptes doivent se soumettre à une approche bien définie et établie de la vie — concurrentielle et sans merci — et s'y tenir, aussi difficile que cela puisse être. C'est une manière de faire, de voir et de penser selon laquelle ce qui est moderne est tout simplement ce qui est bon, approuvé, efficace — ce qui mérite les éloges, le plus récent et le plus stylisé, le plus compétitif et le plus rentable. Et il est hors de question de remettre en cause ces critères d'évaluation.

Cette insistance que ce qui est moderne est ce qu'il y a de plus récent et de meilleur pourrait nous amener à penser que si quelque chose est vieux de plusieurs décennies ou plusieurs siècles, alors cette chose n'a aucune chance d'être moderne. Elle sera forcément 'dépassée', 'tellement *has-been*, tellement ringard'. Et ce type de rejet catégorique est précisément ce que l'on entend dans la bouche des jeunes Modernistes d'aujourd'hui. L'ironie, c'est que le Modernisme est issu (et caractéristique) d'une culture qui a elle-même plus de cinq cents ans. Les Américains des villes sont modernistes depuis avant la Révolution Américaine, et la plupart de leurs ancêtres étaient aussi, déjà, des Modernistes.

En quoi croient les Modernistes ?

Quand, à l'époque de la Renaissance, l'ère Moderniste était en train de se mettre en place, les gens étaient pour la plupart liés par les lois de la famille, du clan, de la communauté et de la religion. Etait bon ce qui était bon pour le groupe ou ce que l'Eglise estimait comme tel. Les Modernistes eux, se sont élevés contre cette manière de voir. Ils se sont battus pour accéder au pouvoir, et ont inventé un ensemble de nouveaux principes universels destinés à créer un monde meilleur, dont nous sommes les bénéficiaires.

Ces principes universels dépassaient (et dépassent encore) les frontières du groupe et des obligations communautaires et étaient censés s'appliquer à l'ensemble de l'humanité. Ils incluent une plus grande égalité entre les personnes, la liberté individuelle, la justice, les droits civiques (par exemple, les libertés d'expression, de culte et de réunion, et le droit à la justice), la démocratie représentative et participative, l'égalité devant la loi — et ces principes doivent être appliqués à des personnes et des situations réelles. Les combats pour les droits civiques et les droits des femmes apparus depuis les années 60 sont des exemples classiques de l'application concrète de ces principes dans la vie des gens. Les Modernistes, il faut bien le leur accorder, ont tendance à croire à ces principes universels plus intensément que les Traditionalistes. Mais, comme on le verra, ce sont les Créatifs Culturels qui sont les plus susceptibles de raviver ces principes avec de nouvelles approches.

Les Modernistes adoptent les valeurs et les vertus dans lesquelles la plupart des Américains se reconnaissent : l'honnêteté, l'importance de la famille et de l'éducation, croire en Dieu, un salaire honnête pour un travail honnête. Mais comme il s'agit là de valeurs communes aux trois sous-groupes culturels, nous n'allons pas nous y attarder.

En dehors de cela, on peut présenter les Modernistes de notre époque en disant, pour faire simple, qu'ils sont caractérisés par leur manière de considérer notre monde industriel, urbanisé, mercantile et mercantilisé comme le mode de vie le plus juste et le plus évident. Ils ne recherchent pas d'autres alternatives. Ils acceptent le monde contemporain comme il est, s'adaptent à lui en acceptant ses priorités, en particulier aux niveaux économique et politique, plutôt que d'essayer de les remettre en question.

Voici quelques valeurs qui caractérisent les Modernistes et qui permettent de se faire une idée de leur idéologie. Tous ne les adoptent pas toutes, bien évidemment. Mais, dans l'ensemble, ce qui est le plus important pour eux, c'est :

- Gagner et avoir beaucoup d'argent.
- Gravir les échelons de la réussite progressivement — jusqu'à ce qu'on ait atteint son but.
- Etre beau, en forme et bien habillé et avoir du style.
- Avoir beaucoup de choix (en tant que consommateur, électeur ou dans leur travail).
- Etre toujours au fait des dernières tendances et innovations ou des styles les plus récents (en tant que consommateur ou dans leur travail.
- Participer au progrès économique et technologique de la nation.
- Rejeter les valeurs et préoccupations des populations indigènes, des ruraux, des Traditionalistes, des New Age et des mystiques religieux.

Un grand nombre de Modernistes partagent aussi des présupposés 'non-dits' à propos de 'ce qui marche', que les autres groupes culturels ne partagent pas nécessairement. Ces présupposés feraient sauter au plafond aussi bien les Traditionalistes que les Créatifs Culturels (mais pour des raisons différentes) :

- Se soucier de l'éveil de la conscience, de développement spirituel ou de vie intérieure, c'est bon pour les barjos.
- Chacun a le droit d'être diverti par les médias.
- Le corps, dans l'ensemble, est comme une machine.
- La plupart des organisations peuvent être comparées à des machines.
- On peut faire confiance soit à la loi du marché, soit à l'Etat-Providence.

- Plus c'est grand, mieux c'est *(Bigger is better).*
- Le temps c'est de l'argent.
- Tout ce qui est mesurable est réalisable.
- Analyser les choses en les décomposant en différentes parties est le meilleur moyen de résoudre les problèmes.
- La science et la technique sont les modèles de la vérité.
- Garder le contrôle est une priorité au travail.
- L'efficacité et la rapidité sont des priorités fondamentales.
- Il n'y a pas de mal à ce que les médias grand public accordent une telle importance et autant de respect aux personnes les plus riches.
- Il est tout à fait raisonnable de diviser sa vie en sphères bien distinctes et séparées : le travail, la famille, les amis et autres relations, l'amour, l'éducation, la politique, la religion.

Qui est Traditionaliste, et qu'est-ce que cela signifie ?

D'une manière très concrète, tout le monde comprend ce qu'est le Modernisme parce que son idéologie se retrouve partout exposée, tous les jours, à la télé et dans les journaux grand public. Mais pour la plupart d'entre nous, les choses sont moins claires quand il s'agit des Traditionalistes. La portée de leur influence dans les médias est l'objet de nombreux débats. David Frum, qui écrivait auparavant les très controversés et très à droite éditoriaux du *Wall Street Journal*, décrit et explique ce manque d'intérêt et cette distanciation de la plupart des médias vis-à-vis des idées des conservateurs. « La plupart des journalistes, quand ils écrivent à propos de la montée de la droite religieuse américaine, ne se sentent aucun point commun avec ces gens », écrit-il. « Ils les considèrent même en fait comme un danger. » Mais à chaque fois que les conservateurs se plaignent que les médias grand public défendent une idéologie trop libérale, cela provoque un certain malaise chez les Modernistes. Un journaliste du *Business Week* se plaignait, par exemple, que les talk shows, les chaînes de télé câblée et les newsletters on-line de la droite « donnent du pouvoir et de l'ampleur à des groupes marginaux et ne font qu'alimenter leur rage et leur rancœur ». [1]

1. Michael Oneal, 'Qui parle pour l'Amérique ?' *Business Week*, 8 mai 1995.

Valeurs et Convictions des trois sous-groupes culturels

▲ Traditionalistes ■ Modernistes ● Créatifs Culturels

Valeurs pour lesquelles les Traditionalistes viennent en tête

Se reconnaissent dans la droite religieuse

Souhaitent voir préserver les traditions dans les rapports entre les gens

Sont des conservateurs dans le domaine de la religion

Ont des croyances religieuses conventionnelles

Sont contre le travail des femmes

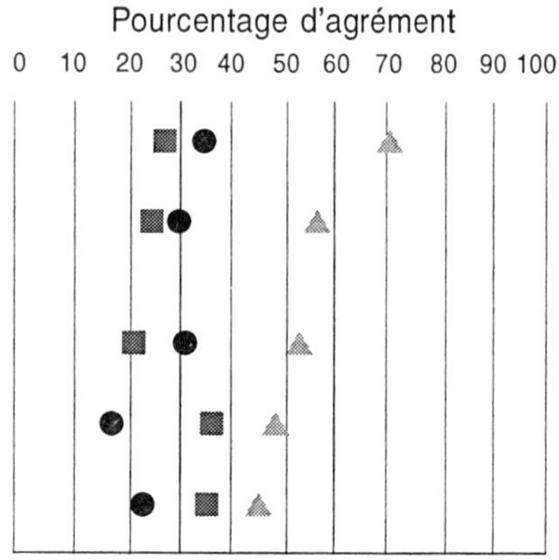

Valeurs où les Modernistes viennent en tête

Approuvent le matérialisme de notre société

Ne se reconnaissent pas dans la droite religieuse

Ne s'intéressent pas à l'épanouissement personnel

Ne sont pas altruistes

Ont une attitude cynique envers la politique

Ne sont pas idéalistes

Ne sont pas croyants mais considèrent la nature comme sacrée

Sont catholiques orthodoxes ou protestants

Considèrent la réussite comme une priorité majeure dans la vie

Ne considèrent pas le 'relationnel' comme un aspect fondamental des choses

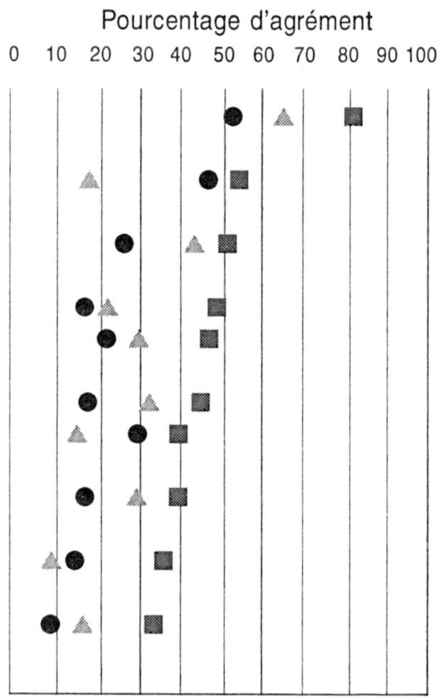

Chaque 'valeur' est la combinaison des résultats de plusieurs 'items' de questionnaire, afin de la rendre plus fiable. Les pourcentages donnés représentent celles et ceux qui sont d'accord avec la valeur, en ne tenant pas compte des réponses neutres, moyennes ou 'pas d'accord'. Une valeur qui contient 'ne pas' est le pourcentage de celles et ceux qui ne sont pas d'accord avec elle, en

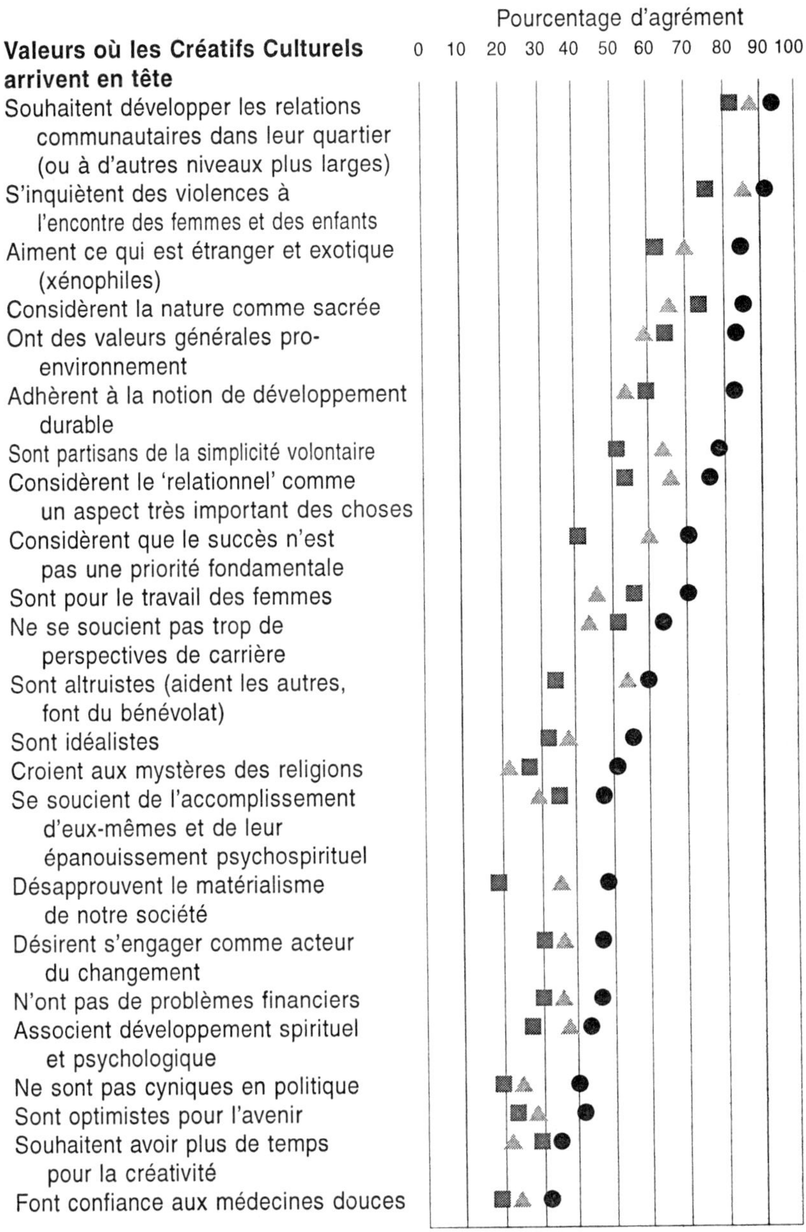

ne prenant pas en compte les réponses 'neutres' (du type 'ne se prononcent pas') et les réponses 'd'accord'. Taille de l'échantillon : 1076 adultes. Les questionnaires de valeurs ne peuvent être appliqués aux enfants, donc l'échantillon est prélevé parmi les 190 millions d'adultes aux Etats-Unis. L'enquête a été menée en décembre 1994/janvier 1995.

Mais qui sont les Traditionalistes ? Rush Limbaugh [1] et Oliver North [2] ne sont sûrement pas les porte-parole représentatifs de cet important sous-groupe culturel. En trouve-t-on dans les petites villes ou les campagnes ou surtout dans le Sud ? Font-ils nécessairement partie de la droite religieuse ? Sont-ils les mêmes que ceux que les experts appellent les conservateurs ? Sont-ils protestants fondamentalistes ou bien est-ce que l'on peut aussi en trouver parmi les catholiques et les juifs ?

La réponse, c'est qu'ils sont un peu tout ça à la fois. En 1999, les Traditionalistes représentaient 24,5% de la population américaine, soit 48 millions d'adultes. Le Traditionalisme, tel qu'on l'entend ici, n'est pas une mince catégorie, ni une étiquette pratique pour catégoriser les gens. C'est un 'raccourci conceptuel' pour représenter un conservatisme culturel complexe, et par lequel on fait référence à un vrai sous-groupe culturel avec ses valeurs partagées et ses coutumes familières, riches de tous les détails de la vie. Les conservateurs américains sont nettement plus hétérogènes que les autres sous-groupes culturels ne voudraient le penser. Parmi eux, on ne trouve pas que des jeunes républicains : anciens démocrates de l'époque du New Deal, démocrates reaganiens, ou encore syndicalistes de la vieille école sont aussi de la partie. Il y a plus de catholiques ethniques, de personnes avec un faible niveau d'éducation, et d'habitants des petites villes et campagnes parmi les Traditionalistes que dans les autres sous-groupes culturels. Parmi ceux qui ont de forts sentiments religieux, on trouve surtout des catholiques, des mormons, des fondamentalistes, et des évangélistes protestants. Beaucoup sont des Afro-américains ou des Hispano-américains. En fait ce sous-groupe culturel ne se définit pas tellement en termes politiques, mais plutôt en fonction de croyances, de manière de vivre et d'identité personnelle.

Les positions politiques telles que représentées par la presse et les politiciens ne reflètent que très peu les vues des Traditionalistes. Ils peuvent parfois adopter des positions culturellement conservatrices à propos de certains problèmes, et libérales ou centristes sur d'autres. Ils peuvent aussi bien être d'accord avec

1. Présentateur de radio d'extrême droite, très populaire. (NDT)

2. Colonel impliqué dans le scandale de l'Irangate. (NDT)

les discours socialement conservateurs ou la coalition chrétienne qu'y être totalement opposés. De nombreux observateurs sont surpris d'apprendre, par exemple, qu'un grand nombre de Traditionalistes soutiennent très fortement la protection de l'environnement. Certains sont même pour l'avortement, mais sont conservateurs sur d'autres aspects.

Ce qu'il y a peut-être de plus surprenant à propos de ce groupe, c'est son manque d'intérêt général pour la politique, contrairement à ce que prétend la droite religieuse. Ils se désintéressent très fortement des prises de positions idéologiques précises. La plupart ont un niveau de revenu peu élevé et un niveau d'éducation secondaire ou inférieur, et ils ne votent pas. Ils sont trop occupés à essayer de s'en sortir dans la vie.

Le programme politique des conservateurs n'est soutenu que par la moitié des Traditionalistes. Près de 70% sont des conservateurs dans le domaine de la religion, contre l'avortement, mais au-delà de cela, il n'y a plus de consensus. Ils sont menés par un petit sous-groupe de Traditionalistes plus riches qui sont conservateurs autant du point de vue économique que culturel. Ces 'doubles conservateurs' sont des membres influents de la coalition chrétienne et de l'aile la plus conservatrice du parti républicain. Mais ce noyau influent ne représente que 8% de la population, soit 15 millions d'adultes.

Voici une liste abrégée des valeurs et convictions qui caractérisent les Traditionalistes.

- Les patriarches devraient à nouveau dominer la vie familiale.
- Le féminisme est un gros mot.
- Les hommes doivent s'en tenir à leurs rôles traditionnels et les femmes s'en tenir aux leurs.
- La triple appartenance à la famille, l'église et la communauté est l'élément fondateur et suffisant de l'identité.
- Il faut défendre et observer la version conservatrice de leurs propres traditions religieuses.
- Il faut conserver un mode de vie traditionnel basé sur la famille.
- Il est important de contrôler l'activité sexuelle (la pornographie, la sexualité des adolescents, et les relations sexuelles extraconjugales) et l'avortement.

- Les hommes doivent être fiers de servir la patrie en faisant leur service militaire.
- La Bible contient tout ce qu'il faut savoir dans la vie.
- La vie à la campagne et dans les petites villes est plus vertueuse que dans les grandes villes et les banlieues.
- Le pays doit faire plus pour soutenir et promouvoir la vertu.
- La protection des libertés individuelles et civiques est moins importante que la lutte contre les comportements immoraux.
- Il est essentiel d'avoir le droit de porter des armes.
- Les étrangers ne sont pas les bienvenus.

De nombreux Traditionalistes sont pour la protection de l'environnement et contre le grand capital.

Ils sont outrés par la destruction du monde tel qu'ils l'ont connu, que ce soit les sites naturels ou bien le mode de vie des petites villes. Certains adoptent un discours de petits commerçants opposé à l'éthique du grand capital, et d'autres ont ce ressentiment, cette aigreur habituelle des classes ouvrières à l'égard des riches et des grandes entreprises.

Après avoir interviewé de nombreux Traditionalistes, ils nous a semblé possible de dessiner à grands traits les caractéristiques psychologiques de ce groupe. Premièrement, les Traditionalistes semblent se construire des barrières pour se protéger des intrusions d'un monde moderne qui leur échappe en partie : les films et les programmes télé qui regorgent de sexe et de violence, les antennes du gouvernement, les grandes banques et les compagnies d'assurance, les entreprises téléphoniques. Parce que, aussi, la plus grande partie de ce qu'ils ont à offrir n'est pas valorisé dans le monde moderne, ils se protègent d'un monde dans lequel ils ne peuvent réussir. Généralement, ils apprécient les simplifications manichéennes du type 'tout noir ou tout blanc', qui leur procurent un grand sentiment de sécurité. Au final, ils recherchent des modes de vie qui répètent, en les confortant, ceux de leur jeunesse.

La plupart des Traditionalistes, puisqu'ils se protègent d'un monde moderne incertain où tout change rapidement, tentent d'éviter les situations et les idées trop compliquées. Démographiquement, ils sont plus pauvres, plus vieux et moins éduqués que les autres Américains. Leur moyenne d'âge est de cinquante ans. Leur revenu familial médian était de seulement 23.750 dollars par an, en partie à cause du grand nombre de retraités dans cette catégorie. Les plus vieux Traditionalistes, quand ils meurent, ne sont pas remplacés par suffisamment de jeunes pour que la relève soit assurée, et c'est donc une population qui connaît un lent déclin sur la durée. Une bonne partie des jeunes Traditionalistes deviennent des Modernistes. A l'époque de la deuxième guerre mondiale, on comptait environ 50% de Traditionalistes aux Etats-Unis. Ils ne sont plus aujourd'hui que 25%. Les projections démographiques montrent ainsi une lente régression.

L'illusion du succès

Si les Traditionalistes perdent ainsi du terrain, tant sur le plan démographique qu'économique et politique, comment peuvent-ils prétendre être en train d'en gagner ? Puisqu'ils ne croient pas aux méthodes de sondages scientifiques, ils utilisent d'autres indicateurs de succès. L'un d'entre eux est l'importance croissante, au moins en nombre, des programmes religieux conservateurs dans les médias. Ils voient beaucoup plus de ce genre de programmes qu'auparavant, et ils peuvent écouter un grand nombre de chaînes de radios. Récemment, la droite religieuse a créé en effet plusieurs chaînes de télé et de radios qui correspondent au mode de vie et aux convictions des Traditionalistes. Donc même si les Traditionalistes du troisième âge disparaissent et ne sont pas remplacés par les jeunes, ils peuvent donner l'illusion d'être omniprésents.

Un autre indicateur auquel ils ont recours, c'est l'appartenance à une église ou profession de foi. Mais en fait, le bourgeonnement récent des méga-églises et d'autres types de fois nouvelles ne permet en aucun cas de conclure quoi que ce soit quant à la population des Traditionalistes dans son ensemble. En effet, un grand nombre d'entre eux ne sont membres d'aucune église. Enfin, il y a toujours le mensonge. En 1999, un article du *New York Times* révélait que les principaux bureaux de la coalition chrétienne avaient déclaré à des journalistes des effectifs plus élevés que ce qu'ils étaient en réalité, et qu'ils avaient conservé dans leurs fichiers plus d'un million de noms obsolètes ou de personnes décédées afin de gonfler leurs effectifs. Il apparaît maintenant clairement qu'ils n'ont jamais eu autant de membres que ce qu'ils prétendaient.

Vers la fin de la guerre des cultures ?

Aux Etats-Unis coexistent ainsi, de manière non-pacifique, deux univers — les Modernistes et les Traditionalistes —, deux manières de voir le monde. Leurs relations houleuses font penser à ces vieilles querelles de famille et on les dénomme souvent « la guerre des cultures ». En ce début de 21e siècle, le groupe des Créatifs Culturels représente peut-être une troisième voie. Si ses racines sont profondément enfouies dans les deux cultures précédentes, ses branches s'étendent bien au-delà. Avec leur nouvelle manière de voir le monde, ils semblent présenter l'opportunité de rapprocher les deux camps adverses, de guérir les blessures que leur longue guerre a provoquées, et de sortir de cette situation pour le moins bloquée.

Chacun des trois sous-groupes culturels a sa propre manière d'ordonner les priorités fondamentales de la société américaine : qu'est-ce que 'bien vivre', qu'est-ce qui est vraiment important, pourquoi nous sommes ici, pour quoi nous vivons, et quel type de pays l'Amérique devrait être, au présent et au futur. Chacun apportera sa contribution pour le 21e siècle, mais il est temps aussi de commencer à penser aux remèdes et aux solutions pour sortir de l'impasse. Il faudrait d'abord que chaque sous-groupe arrête de déconsidérer les autres, de les traiter comme inférieurs et mauvais, simplement parce que leurs valeurs sont différentes. Et ensuite, il faudrait réaliser que notre époque est autant une époque d'innovation culturelle que de déclin et dégradation des formes culturelles établies.

Les styles de vie des Créatifs Culturels

Replacer l'émergence du nouveau sous-groupe culturel dans le contexte des deux autres permet de mieux comprendre l'énorme travail que représente l'adoption d'un mode de vie différent. Les Créatifs Culturels diffèrent des deux autres groupes pour presque tout ce qui concerne le style de vie : les produits qu'ils achètent, le genre de magasins dans lesquels ils vont et le type de shopping qu'ils choisissent, les médias qu'ils lisent et écoutent, l'aspect de leur maison, de l'intérieur comme de l'extérieur, leur exigence d'authenticité dans leur vie de tous les jours, et les critères suivant lesquels ils décident de ce qui est important et ce qui ne l'est pas.

La plupart des Créatifs Culturels sont surpris de découvrir que de nombreux autres citoyens vivent de la même manière qu'eux. Ils croient avoir développé leur mode de vie tous seuls dans leur coin. Souvent c'est le cas, mais ils ne sont pas seuls à faire les choix qu'ils font. A partir des douzaines d'enquêtes et des centaines de groupes échantillons menés par American Lives entre 1986 et 1999, nous savons maintenant qu'il y a un mode de vie différent de celui des autres Américains, caractéristique des Créatifs Culturels.

On trouvera dans l'encadré ci-après quelques-unes des caractéristiques distinctives de ces choix de vie. Si vous vous demandez si vous êtes ou non un Créatif Culturel, vous pourrez voir ici si ces choix correspondent aux vôtres. Si vous regardez le schéma général, vous verrez que la plupart des Créatifs Culturels vivent quotidiennement dans un environnement moderne aliénant. Ce n'est pas comme ça qu'ils vivraient s'ils vivaient dans une culture qu'ils auraient eux-mêmes bâtie.

Permettez-nous d'insister sur un point : nous ne disons pas que tous les Créatifs Culturels font ou croient tous tout ce qui est présenté dans l'encadré. Pour cela, il faudrait qu'ils soient très riches, alors qu'ils se situent généralement plutôt entre les niveaux de revenus moyen inférieur et supérieur. Beaucoup d'entre eux trouvent que leur niveau de revenu ne leur permet pas de faire tout ce qu'ils voudraient. De plus, ce ne sont pas des personnes qui se définissent en termes de consommation. La plupart ne sont en effet pas très à l'aise quand on essaye de les définir comme des consommateurs, car selon eux, c'est accorder à un élément mineur de leur vie plus d'importance qu'ils ne souhaitent lui en donner. Pour eux, focaliser sur ce qu'ils achètent ne fait que refléter les besoins des entreprises de leur vendre des produits. En fait, une minorité de Créatifs Culturels est très fortement favorable à la simplicité volontaire, et jamais ils ne dépenseraient autant d'argent à 'consommer tous ces trucs' énumérés dans l'encadré.

Ce que nous disons, c'est : si et quand les Créatifs Culturels se mettent à faire quelque chose ou décident d'acheter quelque chose, cette liste montre leurs préférences. Ces résultats concernant les styles de vie montrent leur manière d'envisager le shopping et de décider de ce qu'ils mettent dans leurs maisons, en tant que lecteurs et consommateurs attentifs. En trois mots, on peut caractériser leur style de vie : holistique, expérimental et authentique.

Un coup d'œil sur la 'signalisation culturelle' dans les trois populations

Quand vous voyagez, en arrivant dans un nouvel endroit, une bonne manière de découvrir la culture locale, c'est de regarder ce qu'on pourrait appeler les 'signaux culturels', comme une signalisation routière qui indiquerait les différents éléments remarquables du paysage culturel : les livres dans les magasins, les programmes de télévision, les héros et héroïnes locaux, celles et ceux qui font l'actualité. On peut apprendre beaucoup sur les cultures à partir de ce à quoi les personnes qui la composent font attention, qui elles admirent, qui elles respectent comme leader, et, tout simplement, qui est célèbre et célébré.

Le tableau 'Leaders et Célébrités' (page 63) est un 'who's who' partiel des principales figures qui représentent les valeurs de chacun des trois courants culturels. Il ne faut pas le prendre trop au sérieux. Chaque ligne du tableau présente des figures comparables de la politique, la religion, la littérature, la psychologie, la philosophie, l'art, la télévision ou du monde des affaires. Mais ce tableau peut prêter à confusion si on ne sait

Styles de vie des Créatifs Culturels

• **Livres et radios** : Les Créatifs Culturels achètent plus de livres et de magazines, écoutent plus la radio (y compris les programmes de musique classique et d'information) et regardent moins la télévision que les autres. A peu près la moitié d'entre eux sont des acheteurs réguliers de livres, ce qui est beaucoup plus que le reste du public. Ils sont cultivés et très sélectifs dans leurs choix, et n'aiment pas la plupart de ce qui passe à la télé. Ils apprécient et exigent une information de qualité et sont particulièrement doués pour détecter la langue de bois et les mensonges dans les publicités ou les déclarations fallacieuses des politiciens ou hommes d'affaires. Ils sont particulièrement mécontents de la qualité des informations à la télé.

• **Les arts et la Culture** : La plupart des Créatifs Culturels sont de gros consommateurs d'art et de culture. Ils sortent beaucoup et s'impliquent fortement dans ce type d'activités. Ils sont nettement plus susceptibles que les autres Américains d'exercer une activité artistique en amateurs ou professionnels, ainsi que d'écrire des livres ou des articles ou d'aller à des réunions ou des ateliers de création.

• **Récits, processus intégral et systèmes intégrés** : Les Créatifs Culturels apprécient les récits de qualité et veulent une vision d'ensemble sur le 'processus intégral' dans tout ce qu'ils lisent, depuis les informations sur leurs paquets de céréales jusqu'aux articles de journaux. Ils apprécient les vues d'ensemble systémiques : ils veulent savoir d'où vient un produit, comment il a été fait, par qui, qu'est-ce qui va lui arriver quand ils auront fini de le consommer. Ils détestent lire du courrier ou des articles présentés sous forme de points et qui vont droit à la conclusion (sauf s'ils sont pressés et que le sujet ne les intéresse pas). Ils n'apprécient pas non plus qu'on leur propose des symboles creux et superficiels, et, plus que les autres Américains, ils n'aiment ni la publicité ni les programmes télés pour enfants.

• **Désir d'authenticité** : Ce sont les Créatifs Culturels qui ont introduit sur le marché le concept d'authenticité. Ils sont à la tête de la rébellion des consommateurs contre tout ce qui est 'plastique', faux, imitation, mal fabriqué, jetable, cliché ou très à la mode. S'ils achètent quelque chose de traditionnel, ils veulent que ce soit authentiquement traditionnel ; certains produits de jardinage Smith and Hawken expriment ce désir d'authenticité, ainsi que la plupart des produits de l'industrie de l'alimentation naturelle.

• **Consommateurs attentifs** : Les Créatifs Culturels achètent et utilisent les enquêtes de consommation sur la plupart des biens d'équipement durables, comme les machines, les voitures, les produits électroniques. Dans leur grande majorité, ce sont eux les acheteurs attentifs, bien informés, ceux qui n'achètent pas de manière impulsive mais réfléchie. Ils font souvent des recherches avant l'achat, et ils sont pratiquement les seuls consommateurs à lire régulièrement les étiquettes.

• **Innovation 'douce'** : Les Créatifs Culturels ne sont pas des innovateurs technologiques dans le sens où par exemple ils n'achètent pas les ordinateurs les plus récents ou les plus performants, et la plupart commencent tout juste à se mettre à l'internet. Mais ils sont par contre les premiers à se lancer dans de nombreuses innovations culturelles. Ils sont souvent innovateurs et leaders d'opinion pour de nombreux produits 'culturels', comme la presse, la gastronomie, les bons vins et les bières artisanales.

• **Les gourmets** : Les Créatifs Culturels sont des gourmets — ils aiment parler de ce qu'ils mangent, (avant et après), essayer de nouvelles recettes, cuisiner avec leurs amis, aller souvent au restaurant, cuisiner des plats raffinés et/ou ethniques, et essayer la nourriture issue de l'agriculture biologique et les produits réputés bons pour la santé.

• **La maison** : Les Créatifs Culturels attachent beaucoup d'importance à leur maison, mais, à revenus identiques, ils achètent moins de nouvelles maisons que les autres, car ils estiment que la plupart du temps les maisons neuves ne sont pas conçues pour eux — ils achètent donc des maisons anciennes et les 'retapent', les aménagent comme bon leur semble. Ils n'aiment pas le style ostentatoire et 'm'as-tu-vu' : les entrées impressionnantes, les colonnes à moulures et les patios imposants. Ils préfèrent les architectures plus intimes, orientées vers l'intérieur, et isolées de la rue par des haies, des arbres et des buissons. Ils préfèrent généralement les quartiers verts et agréables qui permettent à chacun de préserver son intimité et ils essaient d'éviter les lotissements dans les banlieues sans verdure.

• **Un style authentique** : Les préférences des Créatifs Culturels en ce qui concerne la décoration intérieure de leur maison sont très variées, du moment que c'est 'authentique' : cela va de l'authentique salière 'Nouvelle-Angleterre', à l'authentique 18e, en passant par l'authentique Frank Lloyd Wright et l'authentique habitation saharienne, jusqu'à l'authentique californien. Pour eux, ce qui compte, c'est que la construction s'intègre bien dans son environnement. Ils veulent des habitations ouvertes sur la nature, des voies cyclables et des sentiers de marche, dans des zones où l'on préserve l'environnement et l'histoire, et des quartiers qui essaient de recréer une vie communautaire.

• **Le nid** : Quand les Créatifs Culturels achètent une maison, leur désir c'est d'en faire leur 'nid douillet'. Ils la veulent bien isolée de l'extérieur, mais avec des espaces réservés et séparés à l'intérieur, notamment entre les pièces pour les enfants et celles pour les adultes, et avec plein de niches et de recoins insolites. Ils passent moins de temps que les autres dans leur salon et ne se soucient généralement pas d'avoir une pièce 'pour la famille'. Ils sont par contre nombreux à avoir leur bureau à la maison, et ont souvent pour cela reconverti une chambre à coucher, une pièce adjointe ou 'commune'.

• **Décoration intérieure** : Les Créatifs Culturels ont tout du décorateur éclectique, avec beaucoup d'œuvres d'art originales sur les murs et des objets artisanaux dans toutes les pièces. La plupart semblent penser qu'une maison n'est pas convenablement décorée s'il n'y a pas des livres partout. Cette même maison que l'on souhaite isolée de la voie publique, on veut la personnaliser de façon à ce que, de l'intérieur, elle révèle qui l'on est. Les apparences s'affichent ainsi à l'intérieur, pas à l'extérieur, mais sans être 'tape-à-l'œil' : ce que l'on montre, c'est un bon goût personnel et une certaine créativité dans le style. Les Créatifs Culturels ne décoreraient pas leur maison avec un seul style pour toute la maison.

• **Les voitures** : Les Créatifs Culturels, nettement plus que les autres, préfèrent généralement des voitures à prix modérés qui garantissent la sécurité et ne consomment pas beaucoup d'essence. S'ils pouvaient aussi trouver une voiture avec une faible consommation d'essence, écologiquement saine et recyclable, ils la prendraient. Si les constructeurs automobiles devaient produire la voiture idéale pour les Créatifs Culturels, ça serait plutôt une voiture hybride qui fonctionne à l'électricité et au gaz ou bien avec des piles à combustible. Les Créatifs Culturels apprécient généralement la Volvo, mais ils aiment aussi les voitures japonaises de bonne facture. Ils détestent plus que quiconque toutes les démarches nécessaires à l'achat d'une voiture. Une voiture comme la Saturn, avec son prix fixe, non-négociable et un service de vente (avant, pendant, après) de haute qualité est parfaitement conçue pour les Créatifs Culturels.

• **Voyages touristiques** : Les Créatifs Culturels sont les premiers pour les voyages exotiques, l'aventure sans trop de danger, les voyages culturels, expérimentaux, authentiques, humanistes et/ ou spirituels. Ils aiment visiter les temples indiens, aller dans le 'pays profond', là où les autres touristes ne vont pas, ils aiment le tourisme vert, les safaris photos, les séjours de protection de bébé-phoques, où d'aide à la reconstruction d'un village maya. Ils n'apprécient pas les voyages organisés, les villages de vacances ou les croisières.

• **Consommateurs d'expérience** : La plupart des Créatifs Culturels sont les exemples mêmes du consommateur des 'industries de l'expérience' qui, plus qu'un simple produit, proposent une expérience intense/enrichissante/vitalisante. Par exemple, ce sont les ateliers de week-end, les rassemblements spirituels, les expériences d'épanouissement personnel, les vacances 'initiatiques', les vacances comme voyage spirituel, ou comme découverte de soi. Les fournisseurs de ces services doivent nécessairement être des Créatifs Culturels, ou alors le produit/service n'est plus authentique — ce qui ne laisse pas de donner parfois l'impression d'un échange circulaire permanent.

• **Le tout-holistique** : Les Créatifs Culturels sont les promoteurs et les consommateurs typiques des psychothérapies de développement personnel, médecines alternatives et des aliments naturels. Ce qui relie ces choses entre elles, c'est une conception holistique de la santé : le corps, la tête et l'esprit sont liés, unifiés. Les Créatifs Culturels savent toujours séparer l'étrange de l'innovant. Certains Créatifs Culturels sont ceux que les médecins agacés appellent les 'hypocondriaques sains', qui contrôlent chaque crampe, chaque douleur, chaque mouvement des intestins avec une attention minutieuse. Pour cette raison sans doute, ils dépensent plus que les autres aussi bien dans les médecines alternatives et que les médecines conventionnelles, bien que la plupart soit en très bonne santé. Peut-être vivront-ils plus longtemps, parce qu'ils suivent généralement des régimes ou soins de médecine préventive — au contraire du modèle moderniste qui consiste à traiter le corps comme une machine que l'on doit nourrir, faire travailler, 'vitaminer', et ignorer le reste du temps jusqu'à ce qu'il s'effondre.

Leaders et célébrités *		
Traditionalistes	**Modernes**	**Creatifs Culturels**
PERSONNALITÉS POLITIQUES ET RELIGIEUSES		
Jimmy Carter Jesse Helms Orrin Hatch Pape Jean Paul II Billy Graham Mère Téresa	George H. W Bush Ted Kennedy Trent Lott Cardinal J. Bernardin Norman Vincent Peale Desmond Tutu	Tony Blair Barbara Boxer Vàclav Havel Pape Jean XXIII Martin Luther King Jr Le Dalai Lama
PERSONNALITÉS DU MONDE LITTÉRAIRE		
Flannery O'Connor Carl Sandburg Marianne Moore J.R.R. Tolkien C. S. Lewis Malcolm Muggeridge	Mary McCarthy e. e. cummings Sylvia Plath Isaac Asimov Ernest Hemingway Margaret Atwood	Isabel Allende Gary Snyder Adrienne Rich Arthur C. Clarke Doris Lessing Annie Dillard
PSYCHOLOGUES ET PHILOSOPHES		
M. Scott Peck Eric Voegelin	B. F. Skinner Bertrand Russell	Abraham Maslow Ken Wilber
ARTISTES ET GENS DE SPECTACLE		
Mary Cassatt Norman Rockwell Pablo Casals Dolly Parton Louis Armstrong Lucille Ball John Wayne Doris Day John Ford	Barbara Hepworth Pablo Picasso Vladimir Horowitz Madonna Dave Brubeck Woody Allen Harrison Ford Joan Crawford Alfred Hitchcock	Georgia O'Keeffe Marc Chagall Yo-Yo Ma Enya Keith Jarrett Robin Williams Robert Redford Katharine Hepburn George Lucas
PERSONNALITÉS DE LA TÉLÉVISION		
Pat Robertson	Jay Leno	Bill Moyers
PERSONNALITÉS DU MONDE DES AFFAIRES		
H. L. Hunt	Bill Gates	Anita Roddick

* *Who's who partiel des principales figures qui représentent les valeurs de chacun des trois courants culturels. Il ne faut pas le prendre trop au sérieux. Si vous n'êtes pas d'accord avec cette liste, sentez-vous libre de faire la vôtre après avoir lu ce livre.*

pas pourquoi ces personnes sont nommées en tant que Traditionalistes, Modernistes ou Créatifs Culturels. Cette liste avous paraîtra beaucoup plus claire une fois que vous aurez lu les chapitres suivants, quand vous aurez vu le parcours des Créatifs Culturels et le genre de monde qu'ils aident à construire. Si vous n'êtes pas d'accord avec cette liste, et bien, sentez-vous libre de faire la vôtre.

La promesse des Créatifs Culturels

Les Créatifs Culturels sont un sous-groupe culturel très cohérent — à part un point : il leur manque la conscience d'eux-mêmes en tant que groupe, le sentiment d'appartenir à une même culture. Nous avons dit au début qu'ils sont un peu comme une nation qui serait apparue du jour au lendemain. Les Créatifs Culturels sont les premiers surpris quand on leur dit cela. Au cours de nos enquêtes à travers le pays, nous leur avons demandé : « D'après vous, combien d'Américains partagent vos valeurs ? ». Presque à chaque fois, ils haussaient les épaules ou riaient d'un air embarrassé, comme si la réponse était évidente : « Pas beaucoup ». Quand on leur demandait une estimation chiffrée, certains répondaient 5%. D'autres s'avançaient jusqu'à 10%, puis revoyaient vite leur réponse à la baisse, convaincus d'avoir gravement surestimé leur propre importance. La plupart sont persuadés que leur vision du monde, leurs valeurs, leur mode de vie, et leurs objectifs pour l'avenir ne sont partagés que par quelques uns de leurs amis. Ils sont loin de s'imaginer qu'ils sont en fait une cinquantaine de millions. Ils ne sont pas conscients du potentiel qu'ils détiennent pour changer la vie de l'Amérique du 21e siècle.

Comme les spectateurs dans une salle de spectacle, les Créatifs Culturels regardent tous dans la même direction. Ils ont lu les mêmes livres, partagent les mêmes valeurs et arrivent aux mêmes conclusions — mais ils ne se retournent presque jamais les uns vers les autres. Ils n'ont pas encore acquis le sentiment d'un 'nous' comme identité collective ; ils n'ont pas non plus de représentation collective d'eux-mêmes. C'est un peu comme s'ils n'avaient jamais eu de miroir suffisamment grand, et au reflet suffisamment clair pour voir leur propre visage.

Quand on se retrouve avec 50 millions de personnes qui se sentent isolées, c'est que les convictions de ces personnes, les choses pour lesquelles elles se battent, ne sont pas reflétées dans la culture dans son ensemble. Leurs opinions ne sont pas souvent exprimées sur leurs lieux de travail, ni dans la sphère politique, à la télévision ni dans la presse populaire. C'est ce problème dont parle l'auteur Thomas Moore quand il écrit : « Profondément enfouie au cœur de la vie américaine repose une âme endormie, quasiment oubliée par les politiciens et les médias qui la considèrent trop faible et trop peu intéressante pour mériter sérieusement plus d'attention ». Selon lui, un grand nombre de celles et ceux dont la vie est animée de convictions spirituelles, se sentent isolés. « Ils voient la nation dominée par un modèle de modes superficielles, d'ambition, de narcissisme et de matérialisme. Leurs valeurs ont l'air un peu faibles, trop douces et trop sensibles, leur voix pas assez forte en comparaison ». En tant que nation, écrit-il « c'est à peine si l'on sait qu'ils existent ».

De nouvelles inventions pour la société

Et pourtant les Créatifs Culturels sont à l'origine et à la pointe de certains des changements récents les plus intéressants de la culture américaine. Quand ils regardent la vie moderne avec leur perspective particulière, ils voient un système antique qui s'agite bruyamment et dans tous les sens, autour d'un noyau de valeurs. Et cette manière de voir leur donne les moyens de développer une culture qui pourrait bien être notre seule chance de survie, à nous et nos petits-enfants, sur le long terme.

Quand on parle d'inventions, on pense souvent à des trouvailles dans les technologies de pointe, motivées par le désir d'amasser les dollars. Mais les inventions des Créatifs Culturels sont la plupart du temps d'ordre social, et non technologique, négligeant les profits financiers pour un profit plus grand pour la société. De nos jours, il y a un tas d'inventions sociales initiées par les Créatifs Culturels. La plupart ne feront sans doute jamais la une des journaux, alors que certaines d'entre elles pourraient bien provoquer des transformations en profondeur de bien des aspects majeurs de la société.

Les raisons d'espérer

A chaque fois que l'on rencontre des Créatifs Culturels au cours d'un séminaire ou dans un groupe échantillon, on est fasciné par ce que l'on découvre. Pour emprunter une expression caractéristique du mouvement féministe, il y a une manière de « s'encourager mutuellement, par l'écoute, à la prise de parole », qui laisse les gens exprimer des idées et des sentiments qu'ils semblent n'avoir jamais exprimés publiquement. C'est amusant de les regarder, de voir leurs visages s'illuminer et la facilité avec laquelle ils se sentent à l'aise les uns avec les autres. De toute évidence, ils trouvent ce genre de réunions vivantes et revigorantes, captivantes et incroyablement intéressantes parce qu'il en sort très souvent un tas d'idées et de stratégies nouvelles pour résoudre les problèmes au niveau local, national et parfois même mondial.

La promesse que représentent ces millions de personnes est impressionnante. Ils pourraient bien montrer le chemin d'un grand nombre de nouvelles solutions culturelles. Le risque de la reconnaissance mutuelle de leur identité collective, c'est qu'ils se contentent de se lancer ensemble dans un joyeux exercice de politique identitaire, se réjouissant et se félicitant de l'excellence de leurs goûts communs. Le point essentiel est le suivant : une fois qu'ils auront découvert qu'ils partagent certaines valeurs, vont-ils vraiment essayer de les mettre en œuvre ? L'enjeu est important, pour tout le monde.

A la découverte d'un nouveau pays

« Tu sais, j'ai entendu des rumeurs incroyables au sujet de ces Inuits, mais tu es la première personne que je rencontre qui soit allée elle-même vivre parmi eux. Ce que tu racontes me fait penser combien est merveilleuse l'étrangeté du monde. Cette étrangeté, la vie intrigante d'un autre peuple, je pense qu'il est crucial d'appendre à la connaître. »

Barry Lopez [1]

1. Barry Lopez, *Crow and Weasel* (City TK : Sunburst, 1998), p.59.

Quand on visite un pays pour la première fois, on échappe difficilement à cette tendance presque incontrôlable à glisser à la surface de l'étrangeté de ses habitants, à ignorer les caractéristiques particulières de ces personnes que l'on rencontre. On suppose qu'ils sont tout simplement comme nous, et on oublie de s'émerveiller de leurs différences. Ce n'est qu'après un certain temps, quand on a vécu dans le pays suffisamment longtemps pour avoir été surpris plusieurs fois par la non-validité de nos suppositions que l'on commence à remarquer ces choses essentielles que l'on n'avait pas vues.

Si, toute votre vie, vous avez glissé en douceur sur l'immense océan du Modernisme, c'est sans doute l'effet que vous fera la découverte des Créatifs Culturels. Vous les voyez au loin comme un continent imposant droit devant vous. Comment ne pas préférer une jolie petite île ou une petite péninsule — quelque chose que l'on puisse facilement gérer et intégrer sans risque dans le monde auquel on a été habitué ?

Même si vous êtes vous-même un Créatif Culturel, rencontrer d'un seul coup 50 millions d'autres Créatifs Culturels peut s'avérer extrêmement déconcertant. Certains juifs disent ressentir cela quand ils vont en Israël pour la première fois, et les émigrés japonais, irlandais et cubains de la troisième génération disent souvent aussi la même chose quand ils retournent pour la première fois dans leur pays d'origine. C'est très fort émotionnellement, et en même temps c'est assez déroutant de se retrouver au milieu de personnes qui vous sont aussi familières que votre reflet dans le miroir, qui ont la même gestuelle et la même allure que vos oncles, tantes et cousins. Mais avec les Créatifs Culturels, ce n'est pas une famille ethnique que l'on retrouve, mais quelque chose d'encore plus surprenant — une tribu de Créatifs *Culturels* avec les mêmes valeurs et visions du monde et priorités dans la vie que celles que vous pensiez avoir inventées tout seul.

Ainsi, quel que soit le sous-groupe culturel auquel vous appartenez, Modernistes, Traditionalistes ou Créatifs Culturels, en rencontrant les personnes que l'on présente dans les pages qui suivent, vous allez sans doute vous sentir aussi fasciné et mal à l'aise qu'un étranger dans un pays étranger. Pour aller à leur rencontre, il va vous falloir du temps et un certain nombre de points de repère — il va falloir trouver des points d'observation d'où la vue est claire, et qui permettent de tout voir d'un seul coup d'œil. Afin de comprendre pourquoi le groupe des Créatifs Culturels apparaît maintenant, il va vous falloir adopter une vision à long terme, qui remonte aux années 60. Et afin de les comprendre, il va vous falloir vous approcher suffisamment pour entendre leurs histoires, sans quoi il n'y aura rien pour établir le lien entre votre cœur et le leur. Enfin, il va vous falloir adopter un objectif grand-angle, qui permette de bien voir combien ils sont, déjà occupés à trouver des nouvelles solutions pour la société, et à créer des réseaux bien établis aux Etats-Unis et dans le monde entier.

Un des mystères qui reste à résoudre est le suivant : d'où est-ce qu'ils viennent ? Comment autant de Créatifs Culturels peuvent-ils être sortis de nulle part, du jour au lendemain ? La réponse courte, c'est que leur nombre a commencé à grandir depuis longtemps, à partir de graines plantées depuis deux générations, sur un terrain préparé depuis des siècles. La réponse longue apparaît dans les histoires qui suivent, les histoires de ces individus qui ont changé progressivement de valeurs, et bien souvent, de vie ; dans les changements radicaux qui ont modelé la civilisation occidentale depuis la Renaissance ; et dans quelque chose que l'on croyait tous connaître par cœur : l'histoire des quarante dernières années. Pour les visionnaires qui attendaient une transformation importante et soudaine, les Créatifs Culturels arrivent incroyablement tard. Pour le reste d'entre nous, qui voyions les événements en surface mais pas le lent processus de gestation sous-jacent, les Créatifs Culturels représentent une véritable surprise, rien de moins.

Dans le chapitre 2, notre démarche consiste à retracer la vie de femmes et d'hommes qui sont devenus des Créatifs Culturels. Dans le chapitre 3, nous allons faire marche arrière afin de rechercher les changements mis en route par les succès et les échecs de l'époque moderne. Ce qui nous amènera à la deuxième partie, où nous verrons ce qui a le plus directement influencé la naissance des Créatifs Culturels : les puissants mouvements culturels et sociaux de la deuxième moitié du 20e siècle.

Il y a deux bonnes raisons d'étudier d'où vient le nouveau groupe. La première, c'est que les changements qui sont à l'origine de sa naissance nous concernent et nous affectent tous. La seconde, c'est que ces différents courants sont en train de se rejoindre, créant ainsi une convergence qui semble devoir aboutir à un grand changement dans notre civilisation. Dans la troisième partie, nous verrons comment les Créatifs Culturels pourraient bien être un élément moteur de ce mouvement, apportant une nouvelle forme de culture pour le 21e siècle.

Tout au long du livre, nous utilisons à la fois les entretiens individuels, les perspectives historiques et les analyses sociales pour vous offrir à la fois un gros plan et une vision grand angle. Afin de vous aider à avoir une vision d'ensemble, nous vous proposons aussi de nombreux tableaux et graphiques. (Si vous y êtes allergique, sentez-vous libre de les passer). Pour les gros plans, nous proposons des récits individuels. D'une certaine manière, tout dans les pages qui suivent est une grande histoire : l'histoire des Créatifs Culturels, qui raconte comment ils sont venus au monde, ce qu'ils sont maintenant, et ce qu'ils sont en train de devenir. Mais c'est aussi une histoire qui raconte comment ce nouveau groupe est en train de participer à l'émergence d'un nouveau super-système culturel qui traverse les frontières nationales, une culture qui pourrait bien remplacer le Modernisme dans le nouveau millénaire.

Les histoires des Créatifs Culturels racontent de manière très détaillée ce que c'est que de se construire un nouveau mode de vie et de lui donner un sens, dans un monde dominé par un mode de vie moribond, ancien, et destructeur. Vers la fin de *Crow and Weasel*, la fable inspirée de Barry Lopez sur la quête d'une terre inconnue, Badger, une femme sage et âgée, explique que se raconter des histoires vraies sur les endroits où l'on est allé et les choses que l'on a vues est la meilleure manière pour les gens de s'intéresser aux autres. « Parfois, dit-elle, pour rester en vie, les gens ont plus besoin d'une bonne histoire que de nourriture. » [1] Il nous semble que nous en sommes là aujourd'hui, au moment crucial où l'on assiste à la fin d'une civilisation et où la prochaine n'est pas encore en vue. Nous proposons ces récits de création culturelle comme une nourriture pour le voyage que nous allons faire ensemble.

---

1. Lopez, *Crow and Weasel.*

Chapitre 2.

Devenir un Créatif Culturel

Tu as mis les voiles sur un nouvel océan
Sans étoile ni boussole
Suivant la route des vents
Fracassant les certitudes des siècles passés.

Janet Kalven [1]

Comme les marins du temps jadis, les Créatifs Culturels ont navigué au-delà de l'horizon familier. Leurs vieilles cartes de nos régions ne leur servent plus à rien, ils naviguent sans repère, et même l'Etoile Polaire n'est plus reconnaissable dans la nuit nouvelle. De manière presque systématique, lorsqu'ils décident de quitter la culture Moderniste ou Traditionaliste dans laquelle ils ont été élevés et qu'ils commencent à se détacher ainsi de leur ancien moi, ils ont l'impression de lâcher du lest, d'un sentiment profond de légèreté. En surface, le point de départ peut-être aussi trivial que d'être assis par terre dans son salon à regarder la télévision en 1968. Sur l'écran, vous voyez les policiers matraquer des manifestants qui vous ressemblent énormément. Les manifestants sont en train de hurler « le monde entier nous regarde ». Et d'un seul coup, vous êtes en larmes et pour la première fois de votre vie peut-être, vous ne pouvez plus supporter de rester planté là, à regarder sans rien faire.

1. Janet Kalven, *Respectable Outlaw*, cité dans Elisabeth Shlüsser Fiorenza, *Bread Not Stones* (Boston : Beacon Press, 1984), dédicace.

Le point de départ, c'est peut-être aussi la première fois que vous regardez une image de la planète Terre vue de l'espace. Ou bien un cataclysme personnel et intime — le cancer, la mort d'un enfant, la perte d'un emploi — qui vous catapulte tout d'un coup très loin de votre perception habituelle de vous-même. Une femme d'âge moyen nous a expliqué : « Laisser derrière soi le vieux modèle, cela ne veut pas nécessairement dire que *vous* laissez tout tomber ; parfois, c'est vous que quelqu'un laisse tomber. Cela ne veut pas non plus forcément dire que quelqu'un va quelque part, parce que, quoique l'on dise ou que l'on fasse, ce que l'on quitte ou ce que l'on perd — ce n'est ni une relation ni un lieu ni même un contexte. Ce que l'on quitte, c'est une conscience, qui était auparavant sécurisante, des catégories définies qui permettaient de classer et d'identifier les choses, et qui savait ce qu'elle était. Et ce qui remplace toutes ces certitudes, c'est un 'non-savoir'. Une ouverture. Et quelque chose d'indiciblement et parfois de presque insupportablement nouveau. » [1]

Une fois que ce processus est en marche, l'ouverture et le non-savoir deviennent vos compagnons de tous les instants. Parfois le voyage semble difficile et périlleux : vous posez des questions que personne ne souhaite entendre et vous n'arrivez pas à trouver les mots pour dire ce que vous cherchez ; vous vous demandez comment vous avez pu être stupide au point de quitter le confort et la sécurité de votre 'état' d'avant. Mais parfois, la fraîcheur et le côté grisant et passionnant de votre nouvelle condition de voyageur de l'inconnu vous procurent un plaisir immense. Mais que cela se fasse dans la joie ou la douleur, quitter ses anciennes valeurs et visions du monde représente avant tout et fondamentalement un « départ intérieur ». Nul besoin de quitter physiquement sa maison, son travail ou sa famille : le changement a lieu avant tout dans la tête : un changement de conscience. Qui quitte-t-on et qui devient-on en faisant ainsi chemin vers une nouvelle vie ?

Quand des dizaines de millions de personnes font de tels choix en l'espace de quelques décennies, il ne s'agit plus seule-

---

1. Sherry Ruth Anderson et Patricia Hopkins *The Feminine Face of God* (New York, Bantham, 1992), p.48.

ment d'un grand nombre de départs individuels et isolés mais d'un véritable exode à l'échelle de la culture elle-même. A nouveau, c'est une question de conscience : un changement conscient dans le cœur et dans la tête, un changement dans l'identité collective d'un peuple.

Pour ce que cela entraîne de conséquences à la fois personnelles et culturelles, privées et publiques, devenir un Créatif Culturel constitue une expérience à plusieurs niveaux, complexe et souvent déroutante. Ce choix personnel qui ne semble s'appliquer qu'à vous, à votre famille et à vos proches peut avoir des ramifications qui vont au-delà de tout ce que vous aviez imaginé, tout simplement parce que vous êtes des millions à avoir fait le même choix. Et ces millions de personnes qui s'aventurent au-delà des horizons immédiats de leurs vies familiales donnent l'impression d'aller toutes dans une même direction. Dans ce chapitre, nous allons retracer les étapes d'un voyage qui n'est individuel qu'en apparence.

Un ancien somnambule

Le futurologue Willis Harman fut de toute évidence l'un des tout premiers Créatifs Culturels. Né à la fin de la première guerre mondiale, il a grandi dans la certitude que la science faisait autorité, de manière indiscutable, dans la compréhension de la réalité. Il suivit des études d'ingénieur, puis après avoir servi dans la marine durant la deuxième guerre mondiale, il enseigna pendant vingt ans à l'Université de Stanford et se spécialisa dans l'analyse des systèmes. Lorsque nous l'avons interviewé en 1995, il nous a présenté sa vie en la divisant en deux parties : la première époque — « quand j'avançais comme un somnambule » — et ce qui s'est passé ensuite.

Le tournant décisif se présenta en 1954, lors d'une retraite de deux semaines dans les forêts de séquoias de Californie. Un professeur de droit de Stanford proposait ce qui était censé être « une discussion non-religieuse de l'éthique et des grands principes de la vie ». Il s'avéra en fait que c'était bien plus que cela. Bien avant l'époque des groupes de rencontre et des ateliers de découverte de soi, les participants de cette retraite furent initiés à la méditation transcendantale sur fond de musique douce, s'essayèrent à dessiner de la main gauche et partagèrent à cœur ouvert tout un tas de choses qu'ils ressentaient au plus profond d'eux-mêmes. Notre jeune professeur ingénieur fut intrigué et ravi, en même temps qu'assez contrarié. « J'avais l'impression de m'être fait avoir parce que si j'avais su ce qui allait m'arriver là-bas, je n'y serais probablement jamais allé. » Le plus consternant, c'était que ce professeur de droit « avait déclaré qu'il croyait aux phénomènes métapsychiques et au pouvoir de la prière. Il me semblait qu'avec son niveau d'instruction, il aurait dû savoir que la science avait réfuté ce genre d'hypothèses depuis bien longtemps. »

Malgré un sentiment de trahison, Willis se surprit à éclater en sanglots le dernier jour de la retraite, tandis qu'il essayait de décrire ce qu'il avait retiré de tout cela. Ses larmes, selon lui, étaient plus des larmes de joie que de tristesse, « mais j'étais incapable d'expliquer ce qu'elles cachaient. C'était comme si une part de moi-même m'adressait un signal pour indiquer qu'il était grand temps que ma vie s'éloigne de son point mort. De toute évidence, il y avait certaines choses de la vie dont je n'avais jamais entendu parler à l'école. »

Au cours des quatre décennies qui suivirent, Willis Harman s'attacha précisément à en savoir plus sur ces choses. Il entama une deuxième carrière en tant que chercheur et futurologue à l'Institut de Recherche de Stanford (aujourd'hui le SRI International), pour aider le gouvernement et les entreprises à mettre en place des stratégies pour résoudre bon nombre de problèmes très concrets de la vie publique. Durant ces années, il mesura à quel point nous vivions une époque de transformations fondamentales. Lui-même se considère comme une personne très ordinaire. Difficile de partager cet avis : à soixante ans, il s'est engagé dans une troisième carrière, en acceptant, à l'invitation de l'astronaute Edgar Mitchell, de fonder un institut pour « le développement de la connaissance et des potentialités de l'esprit humain », pour le bien-être de la planète. Willis devint ainsi le premier président de l'Institut des Sciences Noétiques, dont le nom vient du grec *nous* qui signifie 'conscience supérieure'. Cet institut avait pour but de faire des recherches sur cette conscience et d'explorer tous les niveaux du corps, de l'esprit et de l'âme.

Willis a fini par se plonger complètement dans le sujet qui l'avait fasciné depuis tant d'années : cette conscience qui fait la différence critique de l'être humain. Si cela lui a pris autant de temps pour atteindre ce stade, selon lui, c'est parce qu'il apprenait lentement. Ce n'était bien sûr pas le cas, mais son sentiment de frustration était compréhensible. Avant les années 60, très peu de personnes s'intéressaient à de telles questions. « C'était pour nous une époque difficile, nous dit-il, car nous savions qu'une nouvelle forme de connaissance était en train de naître et que nous avions la possibilité de participer ou non à son avènement. Mais d'un autre côté, nous appréhendions l'exploration intérieure. » C'était lié en partie au fait que la société n'apportait aucun soutien à ce genre de connaissances. Alors qu'il y a tellement de choses inexplorées à découvrir en nous, dit-il, « nous nous contentons de réalité apparente en surface et nous finissons par être convaincus qu'il n'y a rien d'autre. »

L'absence de 'soutien' de la part de la culture dominante est un problème essentiel. Dans les années 50, les explorateurs de ce que Willis appelle 'la richesse intérieure' ne disposaient d'aucun soutien. Seuls quelques rares groupes naissants de Créatifs Culturels offraient un espace à ceux que ces questions intéressaient et qui voulaient comparer leurs expériences. Des groupes installés par exemple dans le Greenwich Village à New York ou à North Beach à San Francisco furent hélas très rapidement submergés de publicité indésirable et de célébrités nouvelles aux poses affectées. Face à ces questions nouvelles, très peu de réponses étaient disponibles et les guides dignes de confiance qui savaient ce qu'il fallait faire étaient rares. Aussi incroyable que cela puisse paraître aujourd'hui, à l'époque, il n'existait que très peu de livres et quasiment aucune librairie où l'on pouvait se renseigner sur ce qu'Abraham Maslow appellerait plus tard « les niveaux de conscience profonds de la nature humaine ». Les nouvelles méthodes de connaissance de soi, la mise à nu des présupposés tacites inhérents à la culture entière, restaient encore à inventer. Les cercles de prise de conscience de la condition des femmes, les groupes de rencontre, les expériences psychédéliques, les ashrams et les centres de retraite ; la méditation, le yoga, la pratique des arts martiaux, le pouvoir des nouveaux mouvements sociaux, tout cela ne commença que dans les années 60 et 70. Il fallut attendre une vingtaine d'années avant qu'apparaisse la masse critique de gens nécessaires pour soutenir une toute nouvelle ère d'apprentissage, d'expérimentation et de changement social.

Une nouvelle voie pour la vie

A un moment ou un autre de leur existence, les Créatifs Culturels renoncent au confort et à la sécurité de leurs certitudes pour s'engager dans la voie d'une nouvelle vie. Qu'ils soient alors excités ou angoissés, qu'ils s'engagent d'un pas décidé sur cette nouvelle voie ou qu'ils avancent au contraire accablés de chagrin, ils ressentent presque à coup sûr une certaine solitude, une espèce de peur primitive, l'angoisse de celui qui se trouve « à l'écart du reste du troupeau. L'angoisse d'être détaché, malaimé, abandonné »[1]. Et comme ils ne savent pas que beaucoup d'autres qu'eux se sont déjà engagés dans cette voie et marchent tout près d'eux, ils se sentiront forcément marginalisés.

Inévitablement, ils rencontrent des obstacles, notamment les conventions sociales que tout le monde connaît mais dont personne ne parle. En cherchant leur voie, en posant leurs questions, ils se retrouvent nez à nez avec les postulats que leurs amis, leurs collègues et leur famille ne remettent jamais en cause. Alors, leurs propres espoirs et rêves d'enfants sont invalidés.

Les Créatifs Culturels découvrent que changer de vie, c'est un peu comme apprendre à parler une langue étrangère. On n'a tout simplement aucune idée de toutes les règles tacites, tant que l'on n'a pas commencé à faire des fautes. Et comme ils ne savent pas combien ils sont au total à ouvrir de nouvelles voies dans leur coin, ils ne réalisent pas que les nouveaux choix qu'ils effectuent sont partagés par tout un sous-groupe culturel entier.

1. Rick Field, Evolution, *Inquiring Mind* (Automne 1999) 16 (1).

Une autre idée de la réussite

Auparavant dans l'histoire humaine, alors que les sociétés traditionnelles changeaient lentement et étaient à l'abri des influences extérieures, la vie reflétait généralement ce en quoi les gens croyaient et ce à quoi ils attachaient de l'importance. Les gens ne disaient pas aux autres, comme c'est si souvent le cas aujourd'hui : « Je me sens creux ». Vide. Déprimé. La vie d'alors semblait découler directement de la manière de voir et de comprendre le monde et tout avait un sens. Mais avec l'émergence du monde moderne, le rythme des changements s'est accéléré. Avec le développement des points de vue scientifiques et technologiques, avec également les migrations vers les villes de personnes impatientes de prendre place dans l'économie de marché, les chemins de vie se sont de plus en plus éloignés des valeurs de jadis. C'est ce décalage que dénonce l'écrivain et pasteur Matthew Fox, lorsqu'il écrit dans un style enlevé : « dans le monde moderne, nous sommes presque tous des adorateurs d'idoles ; le dieu que nous adorons le dimanche matin à l'église n'est pas celui auquel nous croyons dans nos cœurs » [1].

Ray Davi, ancien cadre de l'industrie de la mode newyorkaise, et aujourd'hui mentor professionnel installé à Carmel, en Californie, nous a confié : « Tout allait bien dans mon travail, mais il devenait de plus en plus dur de faire un travail de qualité. Les gens s'irritaient de plus en plus vite. Il y avait toujours plus de bruit, de publicité, de tapage, de confusion pour mener quelque chose à son terme. J'étais toujours sous tension, jamais calme. Le seul équilibre que j'ai pu trouver en tant que personne, c'est de tout plaquer. J'avais besoin de nouveaux points de repères.

J'ai fini par avoir une sorte de révélation : j'ai découvert que pour se sentir bien dans sa peau, il n'y a pas besoin d'être toujours occupé ou d'avoir toujours tout sous contrôle. Certaines choses avancent par elles-mêmes. Mais nous sommes tellement souvent distraits de ce qui compte vraiment. On se dit : 'Ah tiens, si je fais ça, je vais réussir. Si je fais ça, je vais sortir du lot. Je serai heureux'. Mais à quoi bon, quand on a perdu la passion de la vie ? L'important, c'est de savoir ce que c'est que d'être

---

1. Matthew Fox, interviewé par les auteurs, Toronto, 1985.

en accord avec son moi intérieur, son âme, de toucher à cela et de jeter tous les pièges à la poubelle. »

Le Modernisme propose un rêve que la plupart d'entre nous prennent pour une promesse. Si l'on suit la voie royale du succès, on est sûr au final d'avoir une 'bonne' vie : un diplôme, un emploi, une maison, des voitures, une promotion ou des actions ou les deux, des enfants, leur éducation et leur réussite. Mais tout cela, c'est un plan de carrière, pas un chemin de vie. Le jour où vous réalisez que la voie que vous suivez ne correspond pas du tout à ce vous avez au fond de votre cœur, vous avez accompli le premier pas pour devenir un Créatif Culturel.

Le départ intérieur : le premier pas

L'éloignement de la transe aveugle que génère l'ancienne culture peut commencer dès l'enfance, lorsque vous décelez un mensonge auquel tous les adultes semblent croire. C'est exactement comme cela que Molly Ivins, une journaliste sagace et malicieuse du Texas, a quitté sa maison. Elle appelle cela : « Comment il est arrivé que je suis devenue étrange ». Bien qu'elle ait été 'dressée' comme il se doit par une famille de droite de l'est du Texas, écrit-elle, « je pense que tous les gens du Sud partent tous d'un même point de départ : la race ». Mais elle a très vite repéré le mensonge dans le discours de la culture Sudiste : « Si vous étiez un gosse blanc du Sud d'avant le mouvement pour les droits civiques, les adultes étaient tous des menteurs. Ils vous disaient des trucs du genre 'ne bois pas à la fontaine des Noirs, chéri, c'est sale'. Mais n'importe quel môme de cinq ans pouvait très bien voir que dans les quartiers de la ville réservés aux Blancs, la fontaine des Blancs était toujours pleine de chewing-gum et des traces des pattes crasseuses des sales gosses blancs, alors que la fontaine des Noirs était toujours propre. » Pas moyen de dire le contraire, dit Molly. « Les enfants savent être terriblement logiques... Une fois que vous avez compris que les adultes vous mentent à propos des races, vous commencez à mettre en doute tout ce qu'ils disent. »[1]

---

1. Molly Ivins, *Molly Ivins Can't Say That, Can She* ? (New York : Vintage, 1992), p.XIV.

Néanmoins, pour la plupart des Créatifs Culturels, le « départ intérieur » commence plus tard dans la vie. Dominique Mazeaud était une conservatrice d'art, jeune et ambitieuse. Elle raconte comment, dans les années 70, au fur et à mesure qu'elle faisait allègrement son chemin dans le monde des galeries d'art new-yorkaises, elle descendait les échelons de son âme l'un après l'autre. « Je me demandais : qui suis-je ? Pourquoi suis-je ici ? » Personne dans mon entourage ne semblait s'intéresser à ces choses là, alors je gardais ces questions pour moi. Mais j'étais sans arrêt à la recherche de réponses, parce que j'avais beau adorer travailler avec les maîtres de l'expressionnisme abstrait et du pop-art, partout autour de moi je ne trouvais que l'insécurité et la dévastation. J'en ai conclu qu'il manquait quelque chose d'essentiel et je me suis dit que chaque période de l'histoire a trouvé son propre moyen d'exprimer la spiritualité dans l'art. Que ma mission serait d'aider à trouver pour notre époque un moyen d'expression.

Que le début de votre chemin intérieur soit provoqué par une image vue à la télévision ou dans le journal, par un choc personnel ou la perte de quelqu'un ; qu'il ait commencé dès l'enfance, au milieu de votre vie ou à votre départ en retraite ; à un moment donné, les explications sur le pourquoi des choses que vous acceptiez jusque là sans problème ne vous satisfont plus. Et alors, même s'il est très difficile de rejeter 'l'histoire ancienne', de se détacher du discours dominant habituel, il y a un moment où l'omniprésence du mensonge devient insupportable pour les Créatifs Culturels. 'Le vieux discours' n'est plus invisible ; il est inévitable et vous le voyez partout.

Dans son livre *Ishmaël*, Daniel Quinn fait parler un professeur qui se trouve être un énorme gorille à dos argenté. Celui-ci explique ainsi le phénomène à son étudiant : « Une fois que vous avez appris à discerner la voix de Dame Culture qui murmure sans cesse en bruit de fond, qui répète toujours la même histoire, encore et encore, aux personnes de votre culture, vous ne pouvez plus vous empêcher de l'entendre tout le temps. Partout où vous irez, jusqu'à la fin de vos jours, vous serez tentés de dire aux gens autour de vous : 'mais comment vous pouvez continuer à écouter tout ça sans vraiment voir de quoi il s'agit ?'. Mais les étudiants rétorquent qu'il leur est difficile de croire à ce qu'il raconte. Alors le gorille ferme doucement les yeux avec un sourire indulgent. 'Pas besoin de croire. Une fois que vous connaîtrez cette histoire, vous l'entendrez partout, ... et vous serez surpris de voir que les gens autour de vous continuent à ne pas l'entendre.' » [1]

Quand vous êtes capables d'entendre le murmure incessant de la culture dominante, alors vous avez passé le seuil invisible. Vous l'avez déjà franchi et vous avancez vers un nouveau territoire. C'est à ce moment-là que vous effectuez votre « départ intérieur », le premier pas vers l'état de Créatif Culturel. En apparence, rien n'a changé. Mais à l'intérieur, votre fidélité à l'ancienne vision du monde ressemble à un morceau de gruyère. Et au lieu d'essayer de combler les trous comme les autres le feraient, vous les agrandissez. Vous vous ouvrez à de nouvelles façons de voir et témoignez du fait que les vieux idéaux sont rouillés et ne tiennent plus la route, et cela s'applique aussi à l'idée que vous aviez de vous-même.

Le changement se présente sous différents aspects. Peut-être aviez-vous compris que le « plus c'est moderne, mieux c'est » n'est qu'un mythe. Peut-être aviez-vous vécu une expérience spirituelle où vous êtes vous senti en connexion avec la Terre. Ou bien lu les preuves scientifiques du réchauffement de la planète et de la destruction des forêts, des champs et des océans, et demandé si vos enfants devront vivre dans un désert. Dans l'étude qu'American Lives a réalisée en 1998 pour le compte de l'Agence de Protection de l'Environnement du gouvernement américain, nous avons travaillé avec des groupes échantillons constitués de Créatifs Culturels et d'autres personnes qui avaient des positions très pro-environnement. La première question que nous avons posée était : « Quel type d'avenir attendez-vous pour vos enfants ». A notre grande surprise, presque sans exception, tous les participants des neuf groupes échantillons ont répondu de la même façon : ils ont observé au cours des vingt-cinq dernières années la dégradation de l'état de la planète et tous estimaient que cette dégradation allait continuer. Ils se disaient tous terriblement inquiets à l'idée que leurs enfants et petits-enfants allaient hériter d'un monde pire que le nôtre.

1. Daniel Quinn, *Ishmael* (New York, Bantham, 1995), pp. 36-37.

La deuxième étape : les préparatifs

L'étape suivante, c'est de se mettre véritablement en route vers un nouveau mode de vie. La manière de passer cette étape — avec le cœur ou la tête, intentionnellement ou par mégarde — est totalement personnelle. La seule chose dont on soit sûr à propos de ce passage, c'est qu'il n'est pas prévisible. Et ce fut de toute évidence le cas pour Joe Kresse.

Lorsque nous avons rencontré Joe et sa femme Barbara, tout juste avant son soixantième anniversaire, leurs trente années d'engagement dans le développement spirituel et l'action sociale était déjà bien connues dans leur communauté de la Silicon Valley. Un soir de printemps, en 1997, nous avons dîné avec Joe, Barbara et plusieurs de leurs amis, à la Fondation pour la Communauté Planétaire, une organisation comptant plusieurs milliers de membres. Les magazines et les séminaires de cette fondation proposent un mélange assez surprenant d'action sociale, de conscience écologique et de spiritualité que l'on pourrait appeler 'chtonique', centrée sur la connexion à la Terre. Nous espérions obtenir des informations détaillées sur les bénévoles qui travaillent dans les coulisses de cette association.

Joe, l'un des membres du conseil d'administration, commença par dire : « Quand je regarde ce qu'a été ma vie, je me dis que rien n'indiquait que je serais intéressé par quoi que ce soit qui sorte du rang. » Tous autour de la table ont acquiescé et plus tard, la plupart ont repris ces paroles pendant qu'ils racontaient leur propre parcours. « J'étais élève dans un lycée catholique, et c'est à ce moment-là que je me suis vraiment détaché de l'Eglise. Toutes les histoires que j'entendais n'avaient aucun sens. Sans oublier la culpabilité. Dans les années 50, l'Eglise était vraiment à fond dans la culpabilité et tous les adolescents, quels qu'ils soient et quoiqu'ils fassent, étaient sûrs de toujours faire quelque chose qu'il ne fallait pas faire. »

Il s'arrêta et regarda autour de lui : « Est-ce que j'étais attiré par quelque chose de plus profond ? ». Il éclata de rire et regarda droit vers son ami de l'autre côté de la table, Richard Rathburn. « Richard et moi, nous étions des fous de voitures – avec nos amis, nous faisions des tours dans ma Ford 50 ou dans la vieille Oldsmobile décapotable de Richard. » Richard semblait aux anges, tandis que nous essayions d'imaginer ces deux hommes d'âge mûr en adolescents tapageurs au volant de leurs bolides dans les rues endormies de Palo Alto. Joe s'arrêta de rire : « Une fois que j'ai eu rejeté la version catholique de la réalité, je n'avais plus rien pour la remplacer ». Après une rapide petite gorgée de café, il continua. « Je suis né à New York et mon enfance fut tout ce qu'il y a de plus normale. Mon père était un homme d'affaires qui avait réussi et ma mère s'occupait de faire de mes trois frères et de moi-même des gens civilisés. Ni l'un ni l'autre n'étaient croyants et j'ai donc grandi loin des grandes questions. A la maison, nous discutions de la façon d'utiliser les couverts à table et des prochaines vacances. »

Quand Joe est parti pour Stanford, il a « pété les plombs. C'est quasiment impossible de se faire recaler dans cette université mais j'y suis presque arrivé ! Après un lycée de garçons sans alcool ni sexe, arriver dans un endroit pratiquement sans aucune interdiction – super ! Ce n'est qu'en dernière année que j'ai réalisé que si je ne faisais pas quelque chose... »

Pendant cette dernière année, raconte-t-il, il a commencé à mûrir. Après un court passage dans la Marine, Joe est retourné à Stanford pour y faire des études de commerce qui lui ont permis de trouver un emploi dans l'un des plus grands cabinets comptables du pays. En quatre ans, il avait déjà tout ce dont il avait toujours rêvé. « Je me rappelle clairement m'être dit quand j'ai eu trente ans : 'Bien, j'ai ma carrière, j'ai ma femme, j'ai ma maison et j'ai mon enfant. Et après ?' »

Et après, il n'en savait rien. « Je savais que je pouvais continuer sur cette voie mais il n'y avait plus rien qui m'attirait. Je n'avais aucune idée de ce que je pouvais bien faire, et en fait, je ne pensais même pas qu'il y ait quoi que ce soit que je puisse réellement faire. »

Une porte s'ouvrit lorsqu'un collègue l'invita à une réunion d'un groupe appelé l'Initiative Créatrice (précurseur de la Fondation pour la Communauté Planétaire). Joe tenta sa chance et en devint membre. « J'étais complètement fasciné parce qu'ils discutaient de 'grandes questions'. J'ai dû pousser un peu Barbara pour qu'elle me suive et quelque temps plus tard, nous sommes allés à un séminaire d'une semaine. Cette expérience a changé ma vie. Quand je repense à cette semaine, je vois clairement comment elle a apporté des réponses à des questions que je ne savais même pas avoir posées, du genre 'comment tout cela fonctionne-t-il ? Pourquoi suis-je ici ? Y a-t-il une logique dans tout cela ?' »

« Au lycée, quand j'ai rejeté la version catholique de la réalité, ça a laissé un grand vide. Je n'ai pas eu conscience de ce vide jusqu'à ce que j'entende une description de Dieu, de la religion et de la vie qui paraissait sensée. Quand j'ai pu commencer à comprendre comment l'expérience humaine a pu amener des religions à se développer en premier lieu, je n'ai eu qu'une seule envie : continuer à apprendre, à poser des questions et à me renseigner. Tous les livres que j'ai lus par la suite parlaient de psychologie et de religion, *The Hero With A Thousand Faces* de John Campbell, *Le Phénomène Humain* de Teilhard de Chardin. C'était tout un monde qui s'ouvrait à moi et auquel je ne savais même pas que je m'intéressais. C'était immensément satisfaisant et séduisant. »

La porte de l'univers mental de Joe Kresse s'est ouverte grâce à des questions qu'il ne savait même pas avoir en lui. Dans les années qui suivirent, ces questions l'ont entraîné sur une route qui l'a conduit à changer sa vie intérieure. Il s'est lancé dans la psychologie et s'est mis à pratiquer la méditation quotidiennement. Avec le temps, lui et Barbara ont adopté un mode de vie plus simple. Il continuait à travailler et à gravir les échelons de la réussite sociale mais ses priorités avaient changé. A cinquante ans, il quitta le cabinet de comptabilité pour lequel il travaillait. « J'ai eu la grande chance de pouvoir prendre ma retraite très tôt parce que nous n'avons jamais dépensé beaucoup d'argent, ni eu envie de dépenser. Dépenser beaucoup d'argent ne nous aurait pas apporté grand chose de toute façon. Aujourd'hui je suis bénévole à plein temps à la Fondation et ce travail me plaît beaucoup. »

Il s'est renfoncé dans sa chaise en disant cela, a pris une longue gorgée de café et a semblé absorbé dans ses pensées pour un moment. Puis il nous a regardé, les uns après les autres et on lisait un mélange d'amusement et de tendresse sur son visage. « Quand je pense à ce que je serais aujourd'hui sans cette exploration dans laquelle Barbara et moi nous sommes lancés, quand je pense à l'influence que cela a eu sur notre relation, la manière dont nous avons élevé nos gosses et mon activité professionnelle, et comment j'ai intégré mon travail dans ma vie comme dans un tout, je me rends compte que cela a vraiment tout changé. Si je ne m'étais pas ouvert à ces questions profondes, je serais sans doute un homme d'affaires comblé, sans femme ni amis. A l'approche de la soixantaine, j'aurais sans doute commencé à me demander, 'à quel moment ai-je raté le coche ?' »

Suivre son cœur

Qu'est-ce qui pousse les gens à s'éloigner du Modernisme ? En version courte, la réponse pourrait être : tout ce qui les pousse à remettre en cause les données de base. De toute évidence, c'est ainsi que cela s'est passé pour Joe Kresse. Mais il y a d'autres chemins possibles. Celui du cœur par exemple. Ou ce qui reste du cœur quand tout ce que vous croyiez être et ce autour de quoi vous pensiez que votre vie évoluait est détruit. C'est ce chemin qui s'est ouvert à Sandra Mardigian.

La première fois que nous avons rencontré Sandra, c'était lors d'une intervention de Paul (Ray) sur les Créatifs Culturels. A la suite d'une discussion, une femme pas très grande aux cheveux blonds frisés leva la main : « Peut-on devenir un Créatif Culturel après la mort de quelqu'un que l'on aime ? », demanda-t-elle. Il y eut un grand silence dans la salle, comme si un espace intérieur venait de s'ouvrir sous nos yeux. « Oui, a répondu Paul, oui bien sûr ».

Quelques mois plus tard, nous avons demandé à Sandra et son compagnon, Doug Burck, s'ils voulaient passer une soirée avec nous, parce qu'il nous semblait que nous n'avions pas vraiment compris ce qu'elle voulait dire avec sa question et que nous avions vraiment envie de savoir. C'est en écoutant Sandra nous raconter son histoire que nous avons compris que le chemin qui mène à être un Créatif Culturel peut être un 'chemin du cœur'.

« Si je remonte à mon enfance, nous dit Sandra, je me retrouve à Summit, New Jersey. Ma famille habitait un joli petit bout de terrain à la lisière d'une forêt, avec des ruisseaux clairs et des rhododendrons sauvages, des azalées, des violettes, etc. J'adorais cet endroit même quand il neigeait. C'était un monde à part entière pour moi, et il a forgé ma vie d'une manière fondamentale. Ma mère était très craintive et mes sœurs étant beaucoup plus jeunes que moi, j'ai grandi en jouant toute seule et en apprenant à me fier à mon propre jugement. »

Au lycée, la vie de Sandra fut « très joyeuse, je m'amusais beaucoup et allais danser tous les week-ends ». Pour la petite fille timide et solitaire, ce furent des jours plutôt heureux. « Je m'étais fait une place à moi là-bas, beaucoup plus que chez moi, je trouvais ça fantastique. » Ce fut à peu près pareil à l'université. Sandra s'en sortait facilement avec les cours, et « côté vie sociale, c'était le paradis ». A la fin de sa deuxième année, elle se maria et quitta l'école, comme beaucoup de jeunes femmes dans les années 50.

Elle eut quatre enfants en cinq ans. La chose la plus importante qui ait eu lieu dans sa vie, nous a-t-elle dit, ce fut la mort de l'un d'entre eux, emporté par un cancer à l'âge de cinq ans. « Je n'en parle pas très facilement », nous dit-elle, les yeux baissés et la voix très calme, « mais ce fut un vrai bouleversement. Cela a tout changé dans ma vie, en profondeur. J'ai une image qui me revient à l'esprit quand je pense à cette époque. C'est celle d'un grand feu blanc qui rugit dans ma vie et brûle tout ce qui était superficiel, frivole, sans importance et ne laisse qu'un noyau de... je ne pense pas qu'il y ait un autre mot que le mot 'amour'. Un noyau d'amour. C'est dur d'expliquer ce que ça veut dire. »

Les années qui suivirent furent tristement prévisibles. La terrible peine causée par la mort de leur fils créa une cassure irréparable entre Sandra et son mari, et ils divorcèrent. Elle retourna à l'université et devint institutrice. « C'était le seul métier que je me voyais faire, à cause des horaires, vu que je m'occupais de mes enfants encore jeunes ».

Après plusieurs années passées à enseigner, Sandra reprit contact avec Doug, un vieil ami de l'université. « Il est venu et nous a propulsés, comme un coup de vent, dans une autre vie. Il a été un cadeau merveilleux pour ma famille, avec son approche joyeuse et aventureuse de la vie. Pour mes enfants, c'était formidable de l'avoir à la maison pendant leur adolescence. En plus, il nous a permis de partager son expérience de ses années passées dans les « Bataillons de la Paix » (Peace Corps), une expérience que sans lui, aucun d'entre nous n'aurait eue. »

Entre autres pays, ils allèrent assez fréquemment au Kenya et en 1980 ils y passèrent une année entière. « Plus j'apprenais à connaître les Africains, nous expliqua Sandra, plus je les respectais et plus j'essayais de trouver des moyens de faire en sorte qu'ils puissent avoir plus facilement ce dont ils avaient besoin. » Elle commença à rencontrer des experts du développement. « J'essayais de comprendre ce qui marchait et ce qui ne marchait pas, ce qui va contre l'esprit et la dignité des gens et ce qui les respecte. A cette époque, la reconnaissance de cet aspect des choses commençait tout juste à se faire jour dans la tête de ceux qui travaillaient dans ce milieu. Ils commençaient tout juste à voir que le colonialisme avait peut-être apporté une aide matérielle, mais qu'il avait été très destructeur au point de vue spirituel. »

Quand la famille retourna aux Etats-Unis, Sandra commença à collecter de l'argent pour aider un des villages dans lequel ils avaient vécu. Ce faisant, elle essaya de mettre en place, comme des centaines d'autres citoyens, une nouvelle forme de partenariat. « Ensemble, les villages décidaient de ce dont ils avaient besoin en priorité. Ils me le disaient, et moi je collectais les fonds qui n'étaient pas très élevés puisqu'ils faisaient tout eux-mêmes. Nous avons construit une école et un dispensaire, nous avons créé des coopératives et des groupes pour des jeunes, pour qu'ils puissent jouer au football et se faire de l'argent en faisant des briques. A peu près tout ce à quoi nous avons pensé ensemble, nous l'avons fait. » A la fin des années 80, Sandra travaillait avec une école consacrée à l'agriculture biologique à petite échelle. Ce qui lui plaisait, expliqua-t-elle, c'était non seulement son influence directe sur la production agricole mais aussi le fait qu'elle formait des leaders créatifs qui pourraient ensuite transmettre leurs connaissances aux autres.

Pourquoi disons-nous que le chemin qu'elle a suivi est un 'chemin du cœur' ? Parce que c'est l'amour qui a brûlé ce qu'il y avait d'inessentiel dans sa vie et qui a conduit Sandra à mener la vie heureuse et utile qu'elle vit aujourd'hui. A la fin de cette soirée passée ensemble, elle a réfléchi : « Ils s'en sortent avec si peu, vous savez, juste ce qu'ils ont en eux-mêmes. Quand je vois cela, je pense à ce qu'il est possible de faire pour chacun d'entre nous, et je me sens en contact avec quelque chose de... je crois que le mot, c'est divin. Je dirais que cette connexion est devenue le but de ma vie : rechercher cette qualité d'humanité, la trouver, et avec un peu de chance, la faire partager ».

Troisième étape : faire face aux critiques

Lorsque les Créatifs Culturels s'engagent sur le chemin de leur nouvelle vie, ils font nécessairement l'objet de critiques — du dedans et du dehors — parce qu'ils n'ont aucune certitude sur où cela va les mener. Ils *ne peuvent pas* savoir. Comme l'écrit le poète Antonio Machado, le chemin se trace en marchant.

Les Créatifs Culturels sont particulièrement exposés à l'incertitude et aux critiques, à cause de leur manière de voir la vie : ils sont nettement plus larges d'esprit que la plupart des Traditionalistes et ils prennent leurs valeurs plus au sérieux que la plupart des Modernistes. Aussi, ils sont attentifs aux critiques, probablement trop. Le résultat de cette incertitude, c'est que l'image qu'ils ont de la réussite et de leurs valeurs tendent à faire un amalgame inconscient entre le Modernisme, le Traditionalisme et leur propre expérience. Fort heureusement, ceci est en train de changer avec le développement de cercles de discussions et d'écriture pour Créatifs Culturels, de salons (dans des maisons ou sur internet) et de lieux de rencontre, où ils ont des conversations ouvertes et franches sur des sujets variés, avec d'autres personnes qui partagent leurs valeurs.

Une deuxième source de fragilité est le fait que les Créatifs Culturels remettent en cause les conventions sociales de la culture dominante. Un jour ou l'autre, ils sont certains de se retrouver en face de représentants très contrariés de cette culture. Dans ces moments, il est très utile d'avoir une communauté, comme ce fut le cas de Joe, ou au moins des amis pour vous soutenir. Si, comme Sandra Mardigian, vous vous êtes retrouvés propulsés en dehors de la manière habituelle de voir les choses par une tragédie évidente aux yeux de tous, vos amis comprendront peut-être. Mais que vous ayez ou non des compagnons pour vous aider, l'ancienne culture ne va pas accepter votre départ facilement. Pire encore, vous allez vous heurter à de multiples reprises à une version intériorisée de l'ancienne culture, le « critique intérieur ». Et pour peu que vos critiques extérieurs utilisent les mêmes arguments que votre « critique intérieur », cela peut vraiment vous bloquer complètement.

Peu de Créatifs Culturels sont aussi pleins d'entrain que la jeune Molly Ivins à cinq ans qui avait tout remis en cause une fois après avoir décelé le mensonge dans le discours de la culture dominante. Au contraire, une fois qu'ils ont découvert que la vieille matrice culturelle dont ils dépendaient et dont ils essaient de se défaire, est entourée de barrières de fils barbelés qui les empêchent de s'éloigner du pré et de quitter le troupeau, ils restent perplexes ou furieux et ne comprennent pas très bien ce qui se passe. Nous allons voir à présent trois des techniques préférées des critiques : les miroirs déformants, le silence, le déni.

Les miroirs déformants

Quand les personnes qui inventent de nouveaux chemins de vie sont des produits respectés de la culture dominante, les médias réagissent souvent avec mépris ou cynisme. Le compositeur Richard Danielpour était « en première position, devant un peloton prometteur » de musiciens classiques américains, disait-on, jusqu'à ce jour de 1998 où il s'est confié à un critique musical à propos du processus de création. C'est « facile de ridiculiser Danielpour », écrivait le critique, car il parle du processus créatif en des termes « tellement spirituels, excentriques, voire même un peu dérangés » qu'ils appellent le sarcasme. Les Créatifs Culturels seraient probablement choqués de lire de telles phrases. Les mots du compositeur semblent réfléchis et sincères. « D'où vient la musique ? » demande-t-il, « d'où viennent les rêves ? Composer, c'est comme marcher dans un rêve. Pour moi, le 'où' n'est pas important. »[1]

Une autre victime accidentelle des miroirs déformants de la presse est la rock-star Bruce Springsteen. Dans une interview accordée au *New York Times* en 1996, il avoua se sentir isolé

1. K. Robert Schwarz, « A Young Composer Leaps Ahead of a Promising Pack', *New York Times*, 18 janvier 1998.

dans ses convictions. Il expliqua qu'il avait commencé à écrire des chansons pour que les gens puissent savoir qui il était. Et il était persuadé qu'en laissant son public mieux le connaître, il allait trouver d'autres personnes attachées aux mêmes choses que lui. « Je me suis volontairement efforcé de toucher un public qui n'était pas seulement des consommateurs de disques. J'ai essayé de trouver un public qui soit le reflet d'une sorte de communauté imaginaire que j'avais dans ma tête, qui vivrait selon les mêmes valeurs que celles exprimées dans mes chansons et qui partageraient les mêmes idéaux. » [1]

La presse populaire réagit à ces déclarations avec étonnement et irritation. Les journalistes déclarèrent qu'en écrivant des chansons sur les gosses des rues de San Diego, les ouvriers agricoles mexicains ou les travailleurs des minoteries de Youngstown, Ohio, Springsteen avait pris la grosse tête. Ils voulaient qu'il se contente de faire de la musique toute simple. « Silence. Artiste au travail », ironisa le magasine de rock anglais Q.

Essayez d'imaginer l'effet cumulé de la lecture de critiques de ce genre. Il y a peu de chances qu'un article moqueur isolé influence le lecteur mais au bout d'un certain temps, l'accumulation des termes méprisants finit par se transformer en bruit de fond et vous avez envie de savoir tout ce qui se dit. L'effet de cette sorte de reflet déformé, c'est d'étouffer et de rendre muettes les voix qui aimeraient parler de valeurs spirituelles et de l'expérience de la richesse intérieure. En silence, sans même y penser, les Créatifs Culturels décident alors que pour évoluer dans le grand monde, il est préférable de ne pas parler en public de qui compte vraiment pour eux.

Le silence : taire ce qui compte vraiment

Dixon de Leña est depuis plus de vingt ans consultant en management dans les plus grands groupes américains. Il a une capacité incroyable à dire tout haut ce que tout le monde pense tout bas. Un talent qu'il a sans doute appris lors de ses premières confrontations avec le patriarche dominateur du grand clan

1. Nicolas Dawidoff, *New York Times Sunday Magazine*, décembre 1996.

philippin dont il est issu. Il est particulièrement affligé de voir le mal qu'ont les Occidentaux à parler des choses qui comptent pour eux.

« Dans notre culture, on n'a le droit de parler que des choses qui ne comptent pas », nous expliqua-t-il un soir. « On ne dit jamais rien des choses qui comptent le plus pour nous. On parle de nos coiffures, nos habits, nos voitures et autres trucs de ce genre. Moi, je pense que ça devrait être le contraire. Il me semble que les gens ne devraient pas parler de leurs habits, leurs voitures, leurs maisons et l'argent qu'ils gagnent mais s'exprimer publiquement sur les choses qui comptent pour eux. »

Nous lui avons demandé des exemples. « Parler de leurs espoirs et leurs rêves » a-t-il répondu, de leurs valeurs. « Quand j'arrive dans une nouvelle organisation pour une mission de conseil et que j'essaie de voir qui sont vraiment les gens et quelles sont les valeurs qu'ils amènent dans l'entreprise, on trouve que c'est inadapté, déraisonnable, dans un tel contexte », dit-il. « C'est déraisonnable parce que ça va contre le courant dominant. Déraisonnable, dans le sens 'fou, irrationnel'. Ramener toujours ces thèmes dans toutes les réunions, dire ce qui vous semble possible de mille manières différentes, prendre position pour quelque chose, sans équivoque, tout cela est considéré comme un comportement déraisonnable dans le monde moderne. »

« Au début, continua-t-il, les hommes et les femmes qui parlent de ce genre de sujets et qui prennent ce genre de positions sont pris pour des abrutis, à côté de la plaque. Ils tapent sur les nerfs de tout le monde. Mais après coup, le résultat c'est 'Dieu merci, ils ont eu le courage de tenir tête. Quels visionnaires !' » Il nous regarda en haussant des épaules. « C'est presque toujours comme ça. Cela agace profondément les gens de la vieille culture qu'on se mette à leur parler de rêves. »

Le futurologue canadien, Ruben F.W. Nelson, nous a aussi parlé de la chape de silence coulée sur les vraies préoccupations des gens. Cela ne se produit pas seulement dans les salles de réunion des conseils d'administration des grandes entreprises, dit-il, mais également dans les plus hautes sphères de l'Etat. « Voyez, je suis surpris de voir autant de personnes me dire entre quatre yeux, 'écoutez, je suis censé être le responsable ici, mais ce qu'on est en train de faire dans la réalité ne correspond pas à notre théorie. D'ailleurs, nous n'avons aucune théorie pour nous guider'. Que ce soit en économie, dans les domaines de la santé ou de l'éducation, la confusion est en train de s'installer. Ce n'est pas encore suffisamment apparent, dans la plupart des cas, pour que nous percevions suffisamment clairement le signal, mais nous pouvons l'entrevoir dans le cynisme généralisé qui règne dans la société. Je pense que la plupart d'entre nous ressentent ce trouble, mais nous avons peur d'en parler. D'une certaine façon, c'est une sorte de secret de polichinelle d'un nouveau genre : tout le monde sait qu'il y a un énorme travail à faire ensemble sur les plans moral, intellectuel et spirituel, mais personne ne veut en parler. »

Le déni

Ne pas parler des choses qui comptent le plus est une façon de tenir l'agitation en échec. Le fait que cette technique du déni ne marche pas sur le long terme ne semble pas une raison suffisante pour ne plus y recourir. Souvent, il faut être quelqu'un de l'extérieur pour démasquer le déni et désigner nommément ce que tout le monde prétend ne pas voir. L'enfant qui demande bruyamment pourquoi le roi défile tout nu dans les rues est l'une des histoires les plus connues sur ce genre de procédé.

Ishmael, le professeur-gorille de Daniel Quinn, est l'équivalent moderne de cet enfant perspicace. Ishmael enseigne à son étudiant humain anonyme : « Selon vos cartes, le monde de la pensée... s'arrête aux frontières de votre culture et, si vous vous aventurez au-delà de cette frontière, vous tombez simplement dans le vide ». Puis il lui promet : « Demain, nous allons rassembler notre courage et traverser la frontière. Et vous verrez que nous ne tomberons pas dans le vide. Nous allons juste nous retrouver dans un nouveau territoire. » [1] Le gourou des médias Marshall McLuhan disait la même chose en des termes plus concis : quand on commence à voir les frontières de notre environnement, c'est qu'elles ne sont plus les frontières de notre environnement.

1. Quinn, *Ishmael*, p.91.

Un enfant, un gorille, un professionnel de l'étude de la culture, quiconque n'a pas les lunettes de la culture dominante vissées sur le nez a la possibilité de décrire ce à quoi la culture est aveugle. C'est peut-être pourquoi Oren Lyons, Ambassadeur de la Paix (Peacekeeper) de la Confédération des Six Nations Iroquoises, fut invité en 1996 au sommet de Davos, en Suisse, à parler devant les chefs de gouvernements, les PDG de grandes entreprises, les banquiers, financiers et entrepreneurs les plus puissants qui se retrouvent dans cette station de ski chaque année, au mois de janvier. Interrogé sur son opinion quant au rôle de la communauté financière internationale dans la situation actuelle du monde, le chef Lyons répondit par une métaphore inoubliable : « A mes yeux, vous êtes comme des jockeys et vos entreprises sont les chevaux que vous montez. Vous les cravachez pour gagner la course, mais à présent, vous réalisez que vous foncez tout droit sur un mur. Vous en voyez déjà devant vous s'écraser contre le mur mais vous ne faites pas demi-tour, vous ne faites même pas une halte. Vous continuez quand même à cravacher vos chevaux pour aller le plus vite possible. »

Elisabet Sahtouris qui assistait à cette conférence, nous a dit qu'elle ne pouvait plus s'enlever de la tête la métaphore du Grand Chef. Quelques mois plus tard, à Rio de Janeiro, elle fut invitée à prendre le thé chez un banquier qu'elle avait rencontré à Davos. Elle eût l'occasion de discuter plus avant de ces questions qui, depuis, n'avaient cessé de la tarauder. « J'ai demandé à mon hôte comment il voyait la situation économique mondiale, en tant que l'un des premiers banquiers du Brésil. Il répondit que franchement, il avait l'impression que nous étions tous au bord du gouffre. J'ai retenu mon souffle et je lui ai demandé si selon lui ses collègues avaient la même impression. Il confirma que oui. Alors je lui ai demandé si cela les intéressait, lui ou eux, de rechercher des alternatives. Il dit qu'il n'y avait rien à faire. Finalement, j'ai essayé une dernière question. Comment arrivait-il à faire coexister sa passivité avec son rôle de grand-père ? Il a détourné son regard. 'Ne me demandez pas cela, c'est une pensée insupportable'. »

Les miroirs déformants, le refus silencieux de parler des choses qui nous importent, le déni — autant d'obstacles à la discussion qui nous empêchent de débattre honnêtement de ce qui cloche dans le monde moderne. Autant de choses qui cachent la vérité et nous empêchent de voir clairement ce qui ne marche pas, pourquoi et ce qu'on pourrait faire pour changer les choses. Dans la mesure où les Créatifs Culturels ont perdu la foi dans les valeurs du Modernisme, ils sont capables mieux que la plupart d'entre nous de détecter les distorsions. Mais eux aussi sont gênés par les barrières qui étouffent leurs voix et réduisent leurs objections au silence.

Quatrième étape : mettre en pratique ses valeurs

Comment font les Créatifs Culturels pour construire un nouveau style de vie avec leurs valeurs ? Il n'y pas de méthode unique, pas de doctrine du parti, ni de dogme, ni de formule magique. Ce n'est pas la même chose que d'essayer d'optimiser un investissement ou de tenter de convaincre les électeurs de vous croire une fois de plus. Il n'y aucun expert en la matière. Pour un observateur extérieur, le territoire qui s'offre aux Créatifs Culturels ressemble à une falaise de plusieurs milliers de kilomètres qui ne donne que sur le vide. Et pourtant, en des dizaines de milliers de points, tout au long du précipice, des innovateurs sont affairés à construire un terrain solide, prolongeant le monde connu dans l'inconnu. Un des éléments essentiels de l'innovation, c'est la capacité de penser au-delà du cadre.

Sortir du cadre de référence

Parmi les Créatifs Culturels que nous avons rencontrés, nombreux sont ceux qui nous ont dit considérer Mark Youngblood comme « un penseur hors-norme ». Ils le décrivaient comme une sorte de Houdini moderne, capable de défaire les triples nœuds et les chaînes habituelles de la bureaucratie moderne. Lors de notre première rencontre, nous lui avons rapporté ce que les gens disaient de lui et lui avons demandé : « Comment êtes vous devenu si fort dans l'art de sortir du cadre de référence ? Est-ce que tous vos camarades de lycée pensaient comme vous ? »

Il rit bien fort et nous dévisagea d'un œil critique, comme s'il avait besoin d'évaluer jusqu'où il pouvait aller dans ses propos. Finalement, il se lança : « Aussi loin que remonte ma mémoire, j'ai toujours pensé différemment, nous a-t-il confié. Toute ma vie, j'ai eu l'impression d'être un extra-terrestre et pourtant, j'ai une apparence tout à fait ordinaire. Je ne porte pas de *birkenstocks* aux pieds, je n'ai pas de queue de cheval et je ne me reconnais pas dans ce genre de look, et pourtant j'ai toujours pensé de manière différente. »

Il se fit renvoyer de ses cours d'éducation religieuse où on lui reprochait d'être un « monsieur je sais tout », alors qu'il voulait juste écouter ce que les professeurs lui enseignaient sur Jésus et comprendre comment tout cela pouvait être vrai. « De toute évidence, ils n'avaient jamais réfléchi aux questions que je posais mais ils continuaient à transmettre l'histoire sainte comme ça, sans y mettre leur âme. Moi, je voulais bien que ce soit vrai, mais je voulais en savoir plus. J'avais besoin de savoir précisément comment cela pouvait être possible. » Alors, il s'éloigna du christianisme, rechercha sa propre voie spirituelle, et la trouva de façon très inattendue... chez les boy-scouts ! En campant à la belle étoile, en discutant autour du feu, en descendant des rivières — c'était facile, selon lui, de voir Dieu partout. Pas dans les églises ou les bâtiments, mais partout autour de lui dans la nature.

L'étape suivante paraissait également facile. Il voulait simplement devenir garde forestier et ainsi, où qu'il aille, il serait toujours en contact avec les grands espaces, la liberté et le sacré. Mais le programme de sylviculture de son université était très strict et stipulait clairement ce que les étudiants avaient le droit ou non de croire et de dire. Notre futur garde forestier fut outré. « Je découvris qu'on ne nous demandait jamais de réfléchir. Jamais il n'était question de changer les choses. Ils vous baladaient d'un bout à l'autre du monde. J'ai estimé que cela étoufferait totalement mon besoin d'expression créative et je me suis cassé. »

Et c'est là que commence ce que Mark appelle « le mensonge ». Décidé à se faire une place quelque part, à se lancer comme ses amis à la poursuite du rêve de la réussite, il devint comptable. Racontant cela, il nous a dit : « Je devins fou, j'étais comptable, pour une grande compagnie pétrolière, en plus ! Moi, un passionné de la nature, je me retrouvais dans le secteur le plus exploiteur qui soit, une entreprise de pétrole, de gaz et de charbon ! »

Comment en arrive-t-on là ? On croit savoir ce qui compte pour nous. On a une boussole intérieure, une certaine conscience et cohérence morale, un sentiment de lien avec ce qui est essentiel à nos yeux. Tout d'un coup, on a une déception, on perd ses repères... et on se retrouve comptable. Des années après, en y repensant, on se rend compte qu'il aurait fallu tester un peu mieux la boussole et pratiquer l'exploration un peu plus longtemps, avant de pouvoir se lancer vraiment. Une fois qu'on a perdu ses repères, on se retrouve souvent avec les sens un peu engourdis. Les pensées se détachent des sentiments, l'esprit des actes, et on se retrouve à des kilomètres de ce qu'on aimait. D'un seul coup, on se retrouve sur une nouvelle trajectoire et on se souvient à peine de celle que l'on suivait.

« J'ai commencé à jouer le jeu sérieusement, se souvenait Mark. Je réussissais très bien parce que j'étais très agressif. J'avais toujours cette aptitude à penser différemment et cela me permettait de voir des choses que mes collègues diplômés ne voyaient pas. » Il devint le plus jeune chef comptable de l'histoire de son entreprise. Et puis, à vingt-huit ans, bien décidé à amasser l'argent, il démissionna pour créer sa propre entreprise.

Tandis qu'il nous racontait cette période de sa vie, Mark avait l'air terrifié à l'idée d'avoir pu investir tant d'énergie dans une aventure sans aucun amour. « J'ai passé un an à monter cette entreprise. Je l'ai fait pour l'argent. Je n'éprouvais aucune passion. Je haïssais ce truc. Je me sentais comme mort. Je suis quelqu'un de foncièrement sociable, et tout d'un coup je me retrouvais tout seul avec cette activité, dépensant toutes mes économies et tout mon argent. Quand vint le moment de me lancer sur le marché, je ne connaissais rien ni à la vente, ni au marketing. Je n'avais personne d'autre impliqué dans l'affaire. C'était en train de rater et je n'avais jamais vraiment échoué dans ma vie. Un an après mon divorce, voilà que j'étais en train d'échouer dans mes affaires. J'étais devenu mon emploi, mon salaire et mon potentiel de salaire et maintenant, ce moi-là aussi était en train de s'écrouler. »

Cela a encore empiré ensuite, nous a-t-il dit. Son corps à son tour fit faillite, assailli par des vagues d'anxiété. Il n'arrivait plus à manger. Il commença à souffrir de contractions cardiaques et se retrouva trois fois à l'hôpital. « Si on avait pu visualiser mon énergie, on n'aurait vu que des irradiations ! »

Jusqu'à ce que finalement, il lâche prise. « Je me suis retrouvé absorbé dans un état second. Je me suis rendu. J'ai eu une révélation. Pendant cette crise, j'ai eu la vision d'un flash blanc. En un instant, je me suis trouvé empli de joie, d'amour et de bien-être, je me suis levé, j'ai avalé trois bols de céréales, j'ai téléphoné à mes parents et je leur ai dit 'j'arrête tout, je lâche la boîte, je vais me chercher un boulot. Pouvez-vous venir me rejoindre et rester avec moi ? Je suis dans un sale état.' »

En 1998, assis dans un bureau situé au cœur de Dallas en compagnie de cet homme impeccablement habillé et plutôt athlétique, nous pouvions encore flairer la terreur et la soumission qui avaient balayé sa vie vingt ans plus tôt. Avec le temps, la détermination vigoureuse du brillant jeune homme s'était atténuée tandis que, petit à petit, il se rapprochait de ce qu'il attendait vraiment dans sa vie. Il occupa toute une série de postes divers, dans des entreprises prestigieuses ou des start-ups hi-tech, un nouveau mariage et un programme d'étude, individuel et intensif, dans lequel il se plongea en parcourant les étagères de la librairie de son quartier. Il devint membre de l'organisation mystique indienne Paramahansa Yogananda (les Amis de la Réalisation de Soi), et alla à tous ses cours, étudia le bouddhisme et le taoïsme, puis se tourna vers les nouvelles sciences de la physique quantique, de la théorie du chaos et de la biologie évolutionniste. « J'étais complètement accro, avoua-t-il, je lisais tout ce que je pouvais trouver qui puisse m'aider à comprendre qui j'étais et où j'allais ».

Selon ses propres mots, il « redevenait sain d'esprit ». Il étudia la psychologie un temps, se disant qu'il pourrait en faire une nouvelle carrière. Puis, tout à fait par hasard, on lui demanda de rédiger un ouvrage sur les transformations à grande échelle dans les organisations. Il l'intitula un peu par caprice et sans attendre de réponse particulière : *Eating The Chocolate Elephant*. « D'un seul coup, le téléphone se met à sonner : 'J'ai adoré votre livre', me disait-on. 'Pourriez-vous venir pour une mission de conseil sur le sujet ?' » Finalement, il avait trouvé son chemin : « Il était là, devant moi, juste sous mes yeux ».

Peu de temps après, Mark créa sa propre entreprise. C'était très excitant, raconte-t-il, « de se lancer dans l'inconnu. Parce qu'on laisse alors sortir ce qui en fait est déjà là. » A présent, il introduit cette perspective au sein des organisations avec une intelligence créative et le sens de l'aventure.

Nous lui avons demandé comment ces idées pouvaient concrètement s'appliquer dans le secteur des hautes technologies. Il nous a raconté le cas d'une entreprise qu'il conseille qui se battait pour rester à la pointe du secteur des téléphones portables, des pagers, des technologies de communication par satellite et d'une multitude d'autres innovations dans le domaine des télécommunications. « Dans ce secteur, de plus en plus d'industries sont en train de se fondre les unes aux autres, explique-t-il, et d'un seul coup il est presque impossible de les distinguer. Non seulement les entreprises doivent essayer de se renouveler et de sauver leur peau, mais en plus elles sont menacées par les risques d'une disparition totale de leur secteur et ceci, du jour au lendemain. »

« On ne peut plus voir les choses comme avant, parce que les vieux modèles de la concurrence économique sont renversés. Au lieu de foncer tout droit les yeux fermés comme avant, pour éliminer les concurrents, il faut admettre que l'on se trouve dans un champ complexe de relations qui, de par son fonctionnement, ressemble plus à un écosystème qu'à un champ de bataille. 'Pouvez-vous réussir si votre concurrent principal échoue ?' demande-t-il à ses clients. Souvent la réponse est non, car lorsque le concurrent principal échoue, c'est le secteur tout entier qui risque d'être affaibli et de se retrouver absorbé par des entreprises qui proposent une technologie voisine. »

Le résultat, selon Mark, c'est que la vieille définition du succès et de la réussite ne peut plus s'appliquer. Elle est trop focalisée sur des entités fragmentées, trop étroite. « Ce qu'il faut apprendre à voir dans ce secteur, c'est qu'il faut aider nos propres concurrents à rester vivants et en bonne santé. Quand ils se portent bien, tout le secteur va bien, et nous allons encore mieux. C'est une découverte assez étonnante, parce que cela signifie que l'objectif du management classique, de la machine à générer des profits, est trop limité et trop étriqué. » L'objectif plus large, quand on adopte une vue globale, c'est la santé de tout le système d'interconnexions ; cela implique que les cadres se comportent plus en écologistes qu'en généraux.

L'amour de Mark pour la nature a effectué un cercle complet avec cette nouvelle vision du succès, globale et parfois incroyablement innovante. C'est une perspective de systèmes intégrés, interdépendants et dynamiques. Une vision qu'il a acquise au cours de ces décennies d'implication personnelle dans les problèmes des nouvelles économies, avec un moi créatif et curieux qui a toujours recherché une vue des choses dans leur ensemble, avec leur système d'interconnexions.

Toujours avoir à l'esprit l'image globale

Tout comme Mark Youngblood, les personnes qui deviennent des Créatifs Culturels sont à la recherche de cette vue d'ensemble, cette 'vision grand angle'. Cette manière de voir adopte une perspective 'organique' qui correspond bien à notre monde complexe d'interconnections. Il y a différentes façons de l'acquérir. Certains Créatifs Culturels corrigent la leur en même temps qu'ils la construisent, dans une synthèse en perpétuelle élaboration. Ils font alterner les deux modes de connaissance. Ils commencent par passer leur environnement au radar, effectuant une recherche très large de tout ce qui est nouveau et intéressant, puis dans un deuxième temps, ils se fixent sur un sujet et l'explorent en détail, dans toutes ses dimensions. Ensuite, ils se remettent à balayer l'horizon à la recherche de la prochaine chose qui les intéressera.

Chip Hider fonctionne ainsi. Originaire du Texas, il a passé une bonne partie de ses 55 ans à scruter et à synthétiser alors qu'il développait de nombreux projets en faveur des échanges culturels de tous types : organisation de tournois de baskets entre des enfants de Dallas et des gosses mexicains, création d'un projet de jumelage avec la ville de Riga, en Lettonie, etc. Il est également avocat spécialisé en droit fiscal, et, comme il le dit, il « aime bien observer les choses, les regarder avec attention, voir dans l'ensemble ce qui fonctionne et comment cela fonctionne avant de me lancer. » Un de ses amis qui se plaignait de cette manière d'être, le compare à une chenille qui se déplace en rampant, toujours très précautionneux...

« Je n'aime pas trop cette image, reconnaît Chip. Elle donne trop l'impression de lenteur ! » Mais c'est précisément le mélange de sincérité et de capacité d'analyse dans son approche des choses qui l'aide à faire les choix judicieux quand il s'agit de décider quel projet lancer, et c'est aussi ce qui lui permet de lire le journal avec un œil critique. Comme de nombreux Créatifs Culturels qui sans cesse assemblent les éléments épars de leur vision 'grand angle', Chip est un lecteur actif et un consommateur attentif.

Pour certains Créatifs Culturels, la quatrième étape est la plus passionnée. Francisco X. Alarcon est un poète. Il vit dans le Mission District à San Francisco. Il s'est mis à élaborer ses propres 'liaisons poétiques' sans lesquelles il lui semblait ne pas pouvoir vivre. Né en 1954, à Los Angeles, il descend de ces familles qui passaient et repassaient la frontière mexicaine dans un sens puis dans l'autre. « Mon conflit à moi, c'est d'appartenir à deux cultures. » raconte Alarcon dans le livre de Kenny Ausubel *Restoring the earth : Visonnary Solutions from the Bionneers*[1]. « La frontière, elle est là, en moi. »

Alarcon s'est retrouvé constamment coincé dans des impasses culturelles. « Que je fasse des études à Guadalajara au milieu de jeunes Mexicains issus des classes supérieures ou à Stanford, c'était toujours pareil. Tous méprisaient les *metizos* et les bronzés. J'ai la peau très foncée et dans ma famille, je suis celui qui a le plus le type indien ». L'expérience d'Alarcon, il serait le premier à le reconnaît, n'a rien d'exceptionnelle, mais ce qu'il en tire, l'est.

Il prend les éléments qui ne trouvaient pas leur place dans les schémas culturels du passé, ses deux cultures opposées, et il leur prodigue des soins et les honore à leur juste valeur. Se réclamant de ses ancêtres indiens et hispaniques, il crée le magazine *El Tecolote Literario* (Le Hibou Littéraire). Comme ses poèmes, ce magazine est écrit en nahuatl, en espagnol et en anglais.

---

1. Kenny Ausubel, *Restoring the Earth : Visonary Solutions form the Bionneers* (Tiburon, CA : HJ Kramer, 1997), pp.71-84.

En mettant en relation les fragments de sa propre vie, il partage son enseignement avec tous les Américains. « En Occident, on a toujours cette espèce de séparation fondamentale », explique-t-il. Il y a le corps et l'âme, l'être et la nature, une mythologie fondée sur un ego individuel, déconnecté de tout le reste ». En tant que descendant du peuple nahuatl qui ressentait un lien intime avec chaque colline, chaque plante et chaque animal, il voit « une Amérique à venir plus humaine, une réconciliation. » En tant que poète métis, il n'écrit pas pour un pays en particulier mais pour une Amérique qui s'étend de l'Alaska à la Patagonie. Et au nom de tous, affirme-t-il, « je me reconnais comme un être complet, connecté au grand Tout. »

Une passion pour l'interdépendance de toute vie

Au moment où ils atteignent la quatrième étape, la plupart des Créatifs Culturels ne sont plus seulement en quête de la vision 'grand angle', ils sont déjà en train de retracer les liens sous-jacents, les interconnexions et les relations entre les choses. Ce processus s'accompagne inévitablement d'une forte propension à se soucier du système vivant qui nous porte tous : la planète Terre. C'est ce souci écologique qui sous-tend la plupart des choix des Créatifs Culturels, y compris quand ils font leurs courses, défendent des causes ou prennent des décisions.

Elisabet Sahtouris, une biologiste évolutionniste, exprime cette inquiétude écologique de bien des façons, surtout quand elle s'adresse aux enfants. Elle leur propose d'imaginer ce qui se passerait s'ils appliquaient la politique internationale à leur propre corps. Elle s'explique : « Cela donnerait à peu près ceci : vous avez les globules sanguins, la matière première, qui monte par la moelle des os de votre corps. Les globules sont envoyés aux organes industriels du nord, le système cœur-poumon, où le sang est purifié et où de l'oxygène y est ajouté, pour obtenir un produit fini utilisable. A présent, imaginez que le centre de distribution dans le cœur annonce au corps que le prix du sang augmente aujourd'hui. Qui va en acheter ? Le sang est envoyé aux organes qui ont les moyens de payer et le reste, transformé en surplus, finit à la poubelle. »

Elle leur demande ensuite : « Est-ce que c'est raisonnable ? Est-ce une économie viable pour un système vivant ? Vous voyez bien qu'un tel système économique tuerait le corps, puisque les parties de ce corps qui ne peuvent pas acheter de sang sont affamées et vont mourir. Evidemment, c'est exactement ce qui se passe dans le monde humain, réel. C'est exactement ce qui ce passe dans notre monde. On exploite certaines parties de l'humanité au bénéfice des autres. Mais cela n'a aucun sens. Un système vivant ne peut pas survivre ainsi. Si votre corps décidait que le cœur a plus de valeur que le foie ou essaie de transformer le cœur en foie, nous ne pourrions tout simplement plus fonctionner. Et c'est exactement ce que les êtres humains sont en train de faire. »

Si vous comprenez le processus...

Au final, on ne peut pas vraiment décrire étape par étape la marche à suivre pour devenir un Créatif Culturel. C'est un processus de 'création culturelle' que des dizaines de millions de personnes sont en train de mettre en œuvre, chacune à sa façon. Puisqu'ils font partie d'un sous-groupe culturel qu'ils ne connaissent pas encore, ces millions de Créatifs Culturels ne savent pas quel potentiel ils représentent pour l'avenir de tous.

Mirian McGillis, une religieuse dominicaine qui a fondé la Ferme de la Genèse à Caldwell, dans le New Jersey, raconte une très ancienne histoire qui illustre bien ce qui est important. C'est histoire d'une vieille femme du Moyen-Orient qui plante une datte. « Quand on plante une datte, on sait qu'on ne mangera jamais un seul fruit du dattier qui va pousser, parce qu'il faut à peu près 80 ans pour que ses racines soient suffisamment profondes pour atteindre l'eau précieuse. Le dattier est tellement malmené par les tempêtes et la sécheresse que, la plupart du temps, on croit qu'il va mourir. Si vous ne comprenez pas comment marche le processus, vous déciderez facilement de l'abattre. Mais si vous avez compris, vous serez capable de faire le geste de planter une datte, de prendre cet engagement. Vous avez juste besoin dans votre tête d'une image de ce qui se passera. C'est ce qui fera toute la différence. »

C'est ainsi pour chacun d'entre nous. Pour les Créatifs Culturels en particulier, il est important d'avoir une image de ce qu'ils sont en train de faire et de ce que cela signifie. Afin de donner naissance à une nouvelle forme de culture, il est important qu'ils restent dans la course jusqu'au bout. Il est important également qu'ils sachent comment ils en sont arrivés là, d'où ils viennent et surtout où cela peut les mener, en tant que corps collectif.

Peut-être qu'effectivement, comme le dit Vaclav Havel, l'âge moderne est déjà terminé. Mais si c'est le cas, comment le savoir ? Va-t-on nous vendre de nouvelles cartes géographiques à tous les coins de rue ? Probablement pas. Comme nous allons le voir, nous sommes au beau milieu d'une période de transition. Les cartographes doivent se contenter d'observer le nouveau territoire de loin, ce qui signifie que leurs cartes seront très limitées. Cependant, le moindre indice est utile quand on s'aventure au-delà des frontières connues. Dans le chapitre 3, nous allons étudier le contexte historique dans lequel sont apparus les Créatifs Culturels : celui de la 'guerre des cultures' entre les Modernistes et les Traditionalistes.

Chapitre 3.

Les trois Amériques

« La politique elle-même a échoué. Et elle a échoué parce que notre culture est en pleine déliquescence ». C'est Paul Weyrich, l'un des architectes des stratégies de la droite, qui écrivit cela en 1999, dans une lettre publiée dans de nombreux journaux peu après la fin du MonicaGate. Selon lui, notre culture est en passe de devenir « une énorme poubelle » [1]. Ses propos sont extrêmes, mais d'autres conservateurs haut placés ont exprimé la même inquiétude à propos de ce qu'ils perçoivent comme le déclin moral général de la société américaine. Henry Hyde, président du Comité Judiciaire de la Chambre des Représentants du Congrès qui a instruit l'accusation contre le président, a déclaré aux sénateurs, vers la fin du procès : « Je me demande si, une fois que sera achevée cette véritable guerre culturelle, il vaudra encore la peine de se battre pour la défense de l'Amérique. » [2]

Les sondages qui tout au long de l'affaire ont reflété le soutien croissant du public à M. Clinton, constituaient un affront direct aux conservateurs et à leur certitude fervente d'être les représentants de la 'majorité morale'. Durant les mois qui ont mené

1. Paul Weyrich cité dans le *Washington Post*, 18 février 1999.

2. Henry Hyde cité dans Thomas B. Edsall, 'Key Conservative Surrenders in Culture War, but Fight Continues', *Washington Post*, 18 février 1999.

à la mise en accusation du président puis à son acquittement, seuls 23 à 28% des Américains soutenaient les positions des conservateurs. Au printemps 1999, la presse commença même à parler de 'minorité morale'. Il est cependant intéressant de prêter une oreille plus attentive à leurs discours et déclarations. Est-ce que notre culture est vraiment en train de devenir une poubelle de la morale, comme le prétend Weyrich ? Y aurait-il vraiment une minorité en bataille, qui serait beaucoup plus 'morale' que le reste du pays, tandis que la majorité, les autres, « se traîneraient vers Gomorrhe », pour utiliser l'expression de l'ancien juge Robert Bork [1] ?

Indices, données et statistiques, tout semble prouver le contraire. La plupart des Américains ont connu un vrai développement dans l'ampleur et la compréhension de leurs convictions morales en trente ans. Tout simplement, on peut dire que nos critères moraux sont plus élevés. Au commencement de ce nouveau siècle, la plupart des Américains vivent désormais dans un univers moral plus mûr, plus nuancé et plus complexe que jamais. Ces conclusions prennent en compte à la fois les principes moraux et les relations personnelles, l'abstrait et le spécifique, et vont au-delà des problèmes sociaux qui inquiètent habituellement les conservateurs comme l'avortement ou la sexualité pour s'intéresser à des questions éthiques qui concernent la médecine, les biotechnologies et le monde du travail, la destruction de la forêt tropicale ou les manipulations génétiques dans l'agriculture. Les journaux et magazines réalisent régulièrement des reportages sur ces sujets. Ainsi, les certitudes du passé en matière de justice et d'équité sont presque quotidiennement remises en cause. Tandis que les Américains posent et se posent désormais de nouvelles questions morales, nous trouvons et proposons de nouvelles réponses, à côté desquelles les préoccupations de gens comme Weyrich et Hyde semblent bien dépassées et dérisoires.

Bien plus qu'auparavant, à compter des années 60, les Américains ont allongé leur liste de préoccupations morales, en y ajoutant de nouvelles interrogations considérées jusque là

1. Robert H. Bork *Slouching Towards Gomorrah* (New York : Regan Books, 1996).

comme exclusivement 'féminines'. Parmi les plus importantes, voici une liste des préoccupations des Américains à l'heure actuelle :

- le bien-être et le respect des femmes et des enfants, la lutte contre le racisme,
- l'empathie, l'écoute et l'entraide dans la vie de tous les jours,
- la protection de l'environnement,
- le caractère sacré de la nature,
- les dangers des armes nucléaires,
- les expériences intérieures, à la fois psychologiques et spirituelles,
- l'engagement et la responsabilité personnels, par opposition à l'obéissance infantile à des doctrines religieuses ou à des règles morales.

Cette liste fait apparaître clairement que de nos jours la plupart des Américains ont des préoccupations morales plus variées et plus nombreuses que jamais auparavant.

Une vision macro

Les Créatifs Culturels n'ont pas surgi au beau milieu d'un paisible champ de maïs de l'Iowa, hors du temps. Bien au contraire, la scène sur laquelle ils ont fait leur entrée ressemble plus à une violente nuit d'émeute, où s'affrontent déjà deux groupes culturels puissants : les Modernistes et les Traditionalistes. Et quel était l'objet de la lutte ? Quel est-il encore aujourd'hui ? Rien moins que la définition de ce qu'est l'Amérique.

Arrivés à ce stade, il nous faut maintenant prendre un peu d'altitude pour avoir une vision globale des choses. Parce que vu de près, 'le combat du siècle' en question pourrait bien ne ressembler qu'à une bataille politique de plus, ou à une série de querelles isolées sur des sujets précis : l'avortement, l'utilisation des fonds publics dans les écoles religieuses, le pluri-culturalisme, les prières à l'école, les problèmes liés à l'enfance, la discrimination positive et les quotas, le financement des arts et de la culture, les droits des homosexuels, la pornographie, le statut des femmes, ce que veut dire être 'pour la famille', et le sexe, les drogues et les pots-de-vin de la scène politique. Si on observe cette guerre des cultures de trop près, on rate une bonne partie du tableau (la fameuse 'vision d'ensemble'), parce qu'une guerre culturelle porte en fait sur bien plus que ces sujets isolés, et c'est bien plus qu'une simple histoire de politique.

L'enjeu du combat dans lequel les Créatifs Culturels se sont engagés est en fait de décider qui va définir notre réalité sociale et de savoir quelles valeurs vont servir de valeurs officielles à notre culture. C'est un combat où tous les coups sont permis pour gagner l'autorité morale de décider comment les Américains doivent vivre, aussi bien en public qu'en privé. Comme le fait remarquer le sociologue J.D. Hunter dans son ouvrage *Culture Wars (Les guerres culturelles)*, l'idée d'un conflit culturel peut paraître abstraite, mais pourtant l'enjeu n'est rien moins que la manière très concrète et quotidienne dont les gens vivent. Et puisque ce conflit, à la base, est une lutte de pouvoir, un grand nombre de facteurs entrent en jeu, y compris « l'argent (en grande quantité), la réputation, les moyens d'existence, et tout un tas d'autres ressources ». On a beau dire ou faire, *in fine*, et Hunter insiste bien là-dessus, une guerre culturelle « est une lutte pour la domination » [1].

Pour bien voir jusqu'à quel point ce combat peut-être ancré dans les corps et les esprits — et jusqu'à quel point notre vision est prisonnière de nos catégories culturelles — songez un instant aux personnalités adorées ou détestées (Rush Limbaugh, Arianna Huffington, Ross Perot, Bill Clinton, Howard Stern, Camille Paglia, Richard Gere, Sam Donaldson, etc.) et vous verrez comment vous aussi êtes pris dans cette guerre des cultures.

Dans ce chapitre, nous allons voir comment les discours culturels des Modernistes et des Traditionalistes déterminent la définition américaine de la réalité. Mais là où auparavant il y avait deux Amériques, il faut désormais compter avec une troisième. L'entrée en scène de cette troisième Amérique, celle des Créatifs Culturels, est en train de transformer la guerre culturelle, jusqu'alors sur un mode binaire 'gagnant/perdant', en un nouveau jeu auquel nous participons tous.

---

1. James Davidson Hunter, *Culture Wars : The Struggle to Define America* (New York : Basic Books, 1991), p.52

Amertume et rancœur dans les salons et les boîtes aux lettres

Au début des années 90, 2 Live Crew, groupe de rap de Miami, a sorti *As Nasty As they Wanna Be*, album qui utilisait plus de 200 fois le mot 'fuck', et qui faisait continuellement référence aux organes sexuels masculins ou féminins. D'autres groupes comme Les Beastie Boys mimaient la masturbation sur scène. Ozzy Osbourne chantait *Suicide Solution*. En 1999, un sale gosse aux cheveux décolorés caracolait en tête des ventes avec un album de rap qui contenait des phrases du genre « au fait, si vous voyez mon père, dites-lui que j'ai rêvé que je lui tranchais la gorge »[1].

Les groupes traditionalistes considèrent en général que le rap représente 'une pollution pour le corps et l'esprit'. Un avocat de la très conservatrice Association pour la Famille Américaine a déclaré « Cette chose est tellement nocive, tellement dangereuse... que personne ne devrait avoir le droit ni de la vendre, ni de l'acheter'. En revanche, les critiques modernistes trouvent que le rap est « une manifestation vibrante de la culture populaire des rues', une manière « de transcender les tensions des communautés auxquelles il s'adresse » [2].

Le rap n'est qu'un sujet parmi tant d'autres dans une controverse plus générale. Les films, les magazines, les émissions de télé, les journaux, les œuvres d'art, les jeux vidéos, ainsi que les soins médicaux, l'éducation, la législation, la politique — sont autant de domaines dans lesquels, quotidiennement, la guerre culturelle entre les Traditionalistes et les Modernistes fait rage.

Des deux côtés, on se plaint d'être censuré. La rédaction du magazine conservateur *Chronicles of Culture*, dans une campagne de collecte de fonds adressée à ses abonnés, dénonce une bonne partie de la censure actuelle qui « emploie les armes puissantes du ridicule, des sarcasmes et de la condescendance pour étouffer les voix de millions d'Américains qui, tout comme vous, chérissent encore nos valeurs traditionnelles. » Mais les Tradi-

1. Référence à Eminem, la plus grosse vente d'album de rap de tous les temps. (NDT)

2. Citations tirées de Hunter, *Culture Wars*, p.232.

tionalistes sont à peu près aussi aigris et rancuniers que les Modernistes. Dans le même courrier, ils dénoncent « les livres profanes, les films dépravés, l'art décadent... les présentateurs et les stars du show-business drogués jusqu'à la moelle, les éducateurs pleins de haine contre l'Amérique et les législateurs obsédés par le consensus »[1]. Le dédain et le mépris réciproques ne se manifestent pas seulement dans les attitudes mais aussi dans les confrontations sinistres et parfois musclées à l'entrée des centres gynécologiques, où l'on pratique des avortements, dans les directions des hôpitaux, dans les musées ou les comités de certaines fondations, dans les tribunaux et, ce qui exaspère la plupart des Américains, dans les alcôves des politiciens et des lobbyistes qui les achètent en finançant généreusement leurs campagnes électorales.

La rhétorique fait passer cette guerre culturelle pour une lutte entre le Bien et le Mal (pour utiliser le vocabulaire des Traditionalistes) ou entre le Rationnel et le Primitif (selon les Modernistes), mais il y a des gens bien des deux côtés. L'actualité regorge de ces querelles où s'échangent des coups idéologiquement très chargés, mais la plupart des Américains ont des positions nettement moins extrêmes que les attaquants et les défenseurs des deux camps. « De chaque côté, le gros des troupes est généralement sincère, réfléchi et bien intentionné », observe Hunter, « mais ils agissent sur la base de points de vue fondamentalement opposés de l'Amérique : ce qu'elle était, ce qu'elle est aujourd'hui, et ce qu'elle devrait être. »[2]

Relativisme et pluralisme des valeurs

Parmi les échos de la bataille qui fait rage dans la presse, on entend les idéologues traditionalistes prétendre que l'Amérique est en train de s'enfoncer dans les bas-fonds d'une période de permissivité et de relativisme culturel. Cette terminologie est employée par des personnes convaincues d'être les détenteurs exclusifs de la vérité, et ils l'appliquent à quiconque défend des valeurs différentes des leurs. Sans équivoque possible, ces gens

---

1. Ibid, p. 245.
2. Ibid, p. 63.

déclarent que *nous vivons dans une société homogène, que des individus sans morale sont en train de détruire en inondant et/ou en polluant les commandements de la morale que Dieu nous a donnés et que nous devons tous respecter*. Dans le pire des cas, la société s'effondre pour plonger dans la confusion amorale du « tout est permis ». Pour de nombreux Traditionalistes, c'est précisément ce qui se passe actuellement dans notre société.

Cette croyance n'a rien de nouveau. Depuis plus de deux cents ans, la droite religieuse attaque régulièrement le relativisme des Modernistes. Washington, Jefferson, Hamilton, Lincoln et Franklin Roosevelt, tous ceux qui se sont prononcés pour la diversité des peuples, leurs droits et leurs devoirs de vivre les uns avec les autres dans la tolérance et l'acceptation réciproque et l'appréciation des différences de chacun, ont toujours été perçus comme une menace pour l'ordre moral. Mais dans l'autre sens, dans l'esprit des libéraux, l'Amérique a toujours été beaucoup plus pluraliste culturellement que les Traditionalistes ne veulent bien l'admettre. Depuis les *Federalist Papers* [1], depuis 'De la Démocratie en Amérique' de Tocqueville, et en particulier depuis les grandes vagues migratoires en provenance d'Europe centrale, d'Europe de l'Est et d'Asie, cela fait longtemps que les systèmes moraux et les valeurs des uns et des autres se confrontent. Et contrairement à ce que voudrait nous faire croire le mythe conservateur, cette diversité culturelle a renforcé la démocratie américaine. Mais les défenseurs du pluralisme culturel considèrent ceux de l'autre camp comme des bigots et des idiots.

En fait, le pluralisme et le relativisme sont tous les deux un mélange de philosophie politique et de mythe. Contrairement à ce que raconte le mythe conservateur, il n'y a jamais eu d'époque où tous les Américains étaient tous d'accord entre eux sur ce qu'est la véritable morale, ou « qui est un bon Américain ». Et contrairement au mythe libéral, nous n'avons jamais non plus été une joyeuse salade composée où la laitue, les tomates et les concombres se mélangent dans la joie et le bonheur. Notre histoire est bien plutôt celle d'une population râleuse, bagarreuse, intolérante et pluraliste.

---

1. Série de 85 essais publiés en 1787, textes de référence à la base de la constitution américaine. (NDT)

Historiquement, les grands conflits sur les valeurs se sont développés autour de combats à propos des doctrines religieuses. Depuis à peu près 1650, jusqu'en 1950, nos querelles culturelles ont été principalement centrées sur les haines entre religions et la méfiance entre les protestants, les catholiques et les juifs. Ensuite vinrent les luttes ethniques, qui elles aussi furent amères et reposaient sur la suspicion réciproque. Ce furent d'abord les problèmes entre Anglo-Saxons, Allemands et Irlandais, puis entre tout ce groupe et les Italiens et les Polonais. Et ceux des souches européennes en voulaient systématiquement à tous ceux qui étaient d'autres races : les Asiatiques, les Africains, les Amérindiens, et les Hispaniques. Il y eut également d'autres types de combats, comme la ville contre la campagne, les racistes contre les tolérants, le Sud contre le Nord, qui tous remontent aux débuts du 19e siècle. Presque systématiquement, les différentes souches migratoires 'importaient' aux Etats-Unis les 'haines ancestrales' du vieux pays, et ces animosités mirent du temps à disparaître.

La bonne nouvelle, c'est que depuis les années 60, la plupart de ces haines purement religieuses et ethniques se sont adoucies ou ont totalement disparu. Le racisme américain, bien que toujours pernicieux, est nettement moins virulent que par le passé, et n'est désormais plus toléré par la loi. Les gens de bonne volonté ont vu leurs souhaits à peu près réalisés. La mauvaise nouvelle, par contre, c'est que depuis les bouleversements sociaux des années 60, les Traditionalistes de tous bords se sont alliés contre les Modernistes. D'accord sur un certain nombre de points, ils ont dirigé leur fervente opposition contre des personnes de leur propre religion, et du même groupe ethnique. Et de l'autre côté, les Modernistes ont également eu tendance à se regrouper.

Les Modernistes

Saul Steinberg a dessiné une carte de l'Amérique plutôt surprenante, publiée la première fois en couverture du *New Yorker*, et reprise ensuite plusieurs fois en poster. Le West Side de Manhattan y occupe le premier plan, avec la rivière Hudson à peu près aussi large que le Midwest ; il y a à peine un petit tas de poussière pour les Rocheuses, et juste une toute petite bosse pour Los Angeles sur la gauche. L'Océan Pacifique est à peu près aussi étroit que la 10e Avenue, et la Chine, la Russie et le Japon ne sont représentés que par une ligne à l'horizon. D'une certaine manière, cette carte est une bonne illustration du provincialisme et de la suffisance des New-Yorkais. Mais à un autre niveau, elle résume bien l'ethnocentrisme de la culture moderniste dans son ensemble.

Etre un Moderniste, c'est comme habiter au centre de Manhattan. Les buildings sont immenses, donc on ne voit pas très loin, et tout est tellement prenant, il y a tellement de choses à faire, d'activités, de panneaux et d'affiches qu'on peut facilement penser que c'est le seul endroit qui existe au monde. Le New Jersey ? Un pays lointain, c'est sûr. Et l'Iowa ? Même pas la peine d'y penser !

Suivant la carte de Steinberg, tout ce qui se passe sur Terre doit être traduit en manhattanien. C'est la même chose pour le Modernisme. Quand on adopte la vision du monde du Modernisme, il est quasiment impossible d'adopter les termes de référence d'une autre culture quand on veut aller à sa rencontre. Chaque manière de voir différente, chaque idéologie nouvelle est traitée comme si c'était juste une rue de Manhattan, ou une drôle de bosse dans un coin de la carte.

L'imagerie et la vision du monde des Modernistes prennent leur source au 19e siècle, dans l'intellectualisme européen, l'urbanisme et l'industrialisme américain. La culture moderniste est apparue initialement il y a 500 ans en Europe, et, durant les trois siècles qui ont suivi, s'est développée de façon significative au sein des classes marchandes des grandes villes, dans les théories des créateurs de l'économie moderne, avec la montée des états modernes et des armées, et avec les succès des scientifiques, des ingénieurs et des intellectuels. Cette culture a modelé le monde contemporain, modifiant presque chaque recoin de la planète pour satisfaire ses besoins. Les conservateurs dans le monde des affaires ont tendance à idéaliser les images du Modernisme des années 20 et 50, tandis que les libéraux modérés préfèrent les versions idéalisées des années 30 et 60. Le 20e siècle englobe un éventail de croyances et de convictions politiques qui va de l'Etat-Providence au libéralisme économique, du communisme au capitalisme, de l'athéisme aux religions conventionnelles.

Le triomphe du Modernisme est souvent célébré comme la libération du joug de l'autoritarisme politique et religieux. Sa grande force, c'est tout simplement d'être à l'heure actuelle la culture dominante de toute la planète, capable de décider des priorités, de définir les termes du discours (dominant) et de dominer les médias. On considère généralement que sa grande réussite a été un ensemble impressionnant d'inventions culturelles qui ont permis de résoudre des problèmes auxquels les êtres humains ont été confrontés depuis toujours ou presque.

Le Modernisme a permis de :

- alléger le labeur quotidien,
- dominer les éléments,
- lutter contre les fléaux et les maladies,
- produire et distribuer en grandes quantités,
- loger et nourrir une population en pleine croissance,
- mettre en place des organisations efficaces et productives,
- mieux gérer la complexité croissante de notre société,
- mettre en place une morale plus universelle et des pratiques sociales.

Ce programme ambitieux est l'héritage intact des périodes pré-modernes et du début de l'ère moderne. Le Modernisme a permis de résoudre ces problèmes, souvent brillamment. Il a permis de passer des foires rurales à l'économie mondiale de marché, de l'agriculture paysanne aux sociétés industrielles, des villages minuscules à un monde de mégalopoles, de l'artisanat et de la traction animale à des centaines de nouvelles technologies très puissantes, du féodalisme à l'Etat-Nation, et des guildes médiévales aux entreprises multinationales. Il nous fournit de grands principes dans le domaine de la philosophie politique, que nous commençons seulement à mettre en pratique : une plus grande égalité entre les personnes, la liberté individuelle, la justice, les droits civiques, (par exemple, la liberté de parole, de religion et d'assemblée, et le droit à une justice équitable), la démocratie représentative et participative, l'égalité devant la loi. Ensuite, utilisant le principe de l'universalité de ces principes, le Modernisme tâche d'appliquer ces notions aux personnes et aux situations réelles. Les luttes pour les droits civiques et les droits des femmes sont des exemples classiques de mise en pratique des principes modernistes.

Quatre types de Modernistes

Notre enquête révèle qu'il y a quatre sous-groupes de Modernistes, avec des différences de valeurs et de classes sociales.

Au sommet de l'échelle sociale, on trouve les **Modernistes Conservateurs Pragmatiques** (*Business Conservatives)*, les conservateurs du monde des affaires, qui représentent 8% de la population américaine, soit 11 millions d'adultes. Membres des classes moyennes et supérieures, ce sont des conservateurs libéraux qui croient à l'American Way ; ils attachent une importance toute matérialiste au statut social et à la réussite et sont fortement imprégnés du culte du travail. Ils sont des adeptes de Wall Street et des chambres de commerce. Ils s'intéressent souvent au développement et à l'équilibre psychologiques, mais la plupart considèrent que le développement durable nuit aux affaires. Leur Amérique est celle que Richard Eder appelle « l'Amérique confortablement installée des actions en hausse et de la conscience en baisse, insensible à tout ce qui se passe hors de ses préoccupations premières »[1]. Avec 59% de personnes dont le niveau de revenu se situe dans le quart supérieur, ils sont les bénéficiaires directs du Modernisme et du capitalisme tel que nous le connaissons aujourd'hui. Et ils entendent bien le rester.

Les **Modernistes Conventionnels** *(Conventional Moderns)* représentent 12% de la population, soit 23 millions d'adultes. Plus que les autres Modernistes, ils n'apprécient ni les valeurs des Traditionalistes ni celles des Créatifs Culturels, et semblent être les plus fervents défenseurs de l'idéologie moderniste. Dans la guerre des cultures, ils se situent généralement dans la frange méprisante du camp des Modernistes. Ils tendent à rejeter les valeurs idéalistes, à manifester un certain cynisme envers la société et à être mécontents de la vie politique. Ils vivent repliés sur eux-mêmes, font profil bas. Ils concentrent leur énergie sur leur situation personnelle et familiale et refusent de s'intéresser à bon nombre de questions sociales. Ce cynisme et ce découragement très 'tendance' dominent d'ailleurs une bonne partie de la culture moderne officielle. Les Modernistes Conventionnels sont moins obsédés par l'argent, moins séduits par les sirènes de la

1. Richard Eder, « Don't Fence Me In', *New York Times Books Review*, 23 Mai 1999.

réussite et de l'ostentation sociale que les autres tranches aisées des Modernistes. Ils considèrent les Modernistes Conservateurs Pragmatiques comme des individus plutôt grossiers. Ils sont à vrai dire eux-mêmes plutôt riches : 61% d'entre eux sont classés dans le quart supérieur en terme de revenus.

Une autre catégorie, ceux que l'on appelle les « **Laborieux** » *(Striving Center)*, représente 13% de la population, soit 25 millions d'adultes. Sur l'échelle de la distribution des revenus, ils se situent au milieu ou juste en dessous. Ils sont majoritairement des travailleurs acharnés, de vrais battants en quête de réussite et croient fermement dans la plupart des valeurs du Modernisme. Ils désirent ardemment l'intégration et la réussite, recherchent également un supplément de sens spirituel et psychologique, mais s'appuient principalement sur les religions conservatrices. Ce sont généralement des cols blancs (employés de bureau, vendeurs, employés des postes, comptables) ou bien exercent des professions à faible niveau de revenus (infirmières, enseignants du système public, attachés administratifs). Dans ce sous-groupe, on trouve également des cadres moyens et administratifs, ainsi que de nombreux petits entrepreneurs.

L'ascension sociale est leur credo. Un grand nombre d'entre eux sont noirs américains, asiatiques, hispaniques ou bien des immigrés de la première génération. Ils travaillent dur dans l'espoir de réaliser le rêve américain pour eux-mêmes et pour leurs enfants mais, avec un niveau professionnel et d'éducation inférieur à la moyenne nationale, la plupart d'entre eux échoueront.

Ces conservateurs dans les domaines culturel et religieux partagent avec les Créatifs Culturels plusieurs valeurs centrées sur l'être humain. Beaucoup sont pris dans des conflits de valeurs parce qu'ils vont et viennent d'une culture à l'autre sont dans une phase de transition. Autre caractéristique de ce sous-groupe : des revenus faibles, avec une tendance à la baisse. Si les temps deviennent encore plus difficiles pour ces personnes, il est probable qu'ils cesseront de croire à la culture de la réussite et abandonneront le Modernisme pour rejoindre les Créatifs Culturels ou les Traditionalistes.

Le quatrième sous-groupe, les **Modernistes Aliénés** *(Alienated Moderns)* rejette les valeurs et les visions du monde des trois grands groupes (Modernistes, Traditionalistes et Créatifs Culturels). Pour résumer, ils ne sont d'accord avec aucune formulation positive de valeurs. 15% de la population est concernée, soit 29 millions d'adultes. Parmi eux, on trouve une proportion énorme « d'hommes blancs en colère » (les *angry white males* des médias), mais également un bon nombre de femmes. Ils appartiennent à la classe moyenne inférieure ; près de la moitié d'entre eux sont des ouvriers. La probabilité est très forte qu'ils soient 'sur la tangente', qu'ils aient perdu un emploi mieux payé et que leurs perspectives de carrière soient très limitées. Ces dernières années, l'American Way n'a pas fonctionné pour eux. Cependant, d'un point de vue socio-économique, ils ne sont même pas les plus à plaindre. Les raisons de leur aliénation ont plus à voir avec leurs perspectives d'avenir moroses qu'avec la vraie pauvreté. Ils semblent être victimes d'une désintégration sociale et souffrir d'une perte de repères capables de donner un sens et une structure à leur vie. Ce sous-groupe fournit de bonnes recrues aux groupes paramilitaires.

Les bons côtés du Modernisme

A la lumière du 21e siècle, il nous est facile de considérer la vie rurale de l'époque préindustrielle sous l'angle avantageux des films de Merchant et d'Ivory ou des œuvres romantiques, et de n'y voir qu'une époque simple et pastorale. Or cette vision relève plus d'un pur délire sentimentaliste. Avant la révolution industrielle, tous les pays étaient principalement ruraux et la vie à la campagne signifiait avant tout pour la plupart des gens la misère, l'illettrisme, des maladies fréquentes et la malnutrition ; l'espérance de vie ne dépassait pas 30 à 40 ans. A moins de voir la vie du paysan médiéval sous son vrai visage (boue, maladie, faim, résignation, crainte, superstitions, mort précoce), il est impossible d'appréhender ce contre quoi le Modernisme s'est élevé. Il semble que les créateurs du Modernisme ont été hantés par la crainte de retomber dans la brutalité et l'ignorance de la vie paysanne. Derrière leurs bravades, les habitants des villes cachaient la peur qu'un revers de fortune les renvoie dans les champs. Ils faisaient tout pour se distinguer de la masse des 'pécores', comme si par magie, ils pouvaient écarter tout risque de retourner à cet état.

Avec l'apparition de secteurs industriels entiers et l'exode de centaines de millions de personnes des campagnes vers les villes, progresser et prendre soin de sa famille devinrent des objectifs réalisables. La plupart des gens qui émigraient vers les Etats-Unis voyaient dans ces valeurs le bien ultime. Ce n'est que récemment, dans les trente dernières années, que certains ont commencé à remettre sérieusement en question la recherche de la réussite matérielle à tout prix. Tout semble prouver que ceux qui se permettent ce genre de remise en question bénéficient déjà d'un certain niveau de vie et d'une bonne éducation.

La valeur de la liberté individuelle

Imaginez le monde médiéval : tous les aspects de votre vie sont conditionnés par votre lieu de naissance, votre origine sociale, votre nom de famille, votre appartenance ethnique ou raciale. Dès la naissance, votre destin est déjà tracé : le métier que vous pourrez exercer, la personne que vous aurez le droit d'épouser, le lieu où vous pourrez habiter et celui où vous serez enterré. Tout est prédéterminé. Imaginez ce que représentent de telles contraintes. Essayez aussi d'imaginer ce que cela veut dire de ne pas pouvoir vous déplacer au-delà d'un rayon de 100 kilomètres de votre lieu de naissance. Et ne partez surtout à aucun moment du principe que vous êtes celui qui, entre cent autres, a la chance d'être un noble, un propriétaire terrien ou un marchand.

Vous n'êtes pas le seul à trouver ce tableau particulièrement peu attrayant ! La civilisation moderne a été bâtie sur le désir d'échapper à prédétermination par l'appartenance raciale ou ethnique, le sexe, la sexualité, l'origine régionale, la religion, la profession ou l'éducation. Pour ceux qui vivent dans le monde moderne, il est littéralement impossible d'imaginer un retour à un tel degré de limitation des libertés individuelles. D'ailleurs, c'est nous qui avons inventé l'individualisme.

Pour ceux d'entre nous qui appartiennent aux classes moyennes et supérieures, le rêve est devenu réalité. La modernité nous a libéré des contraintes des traditions et nous sommes nombreux à être allés là où nos rêves et nos talents nous ont menés. Dans les démocraties occidentales, nous ne sommes plus forcés de croire à une doctrine religieuse, d'obéir aux prêtres ou aux anciens, ni même d'aller à l'église. Nous sommes libres d'exprimer notre opinion sur tout ce qui nous concerne. Si nous nous exprimons de façon suffisamment claire et convaincante, ce que l'on aura à dire sera même peut-être écouté. Nous pouvons voyager presque partout (si nous en avons les moyens). Nous pouvons lire ou regarder presque tout ce que nous voulons, nous pouvons épouser qui veut bien de nous, et, bien souvent, nous pouvons même échapper à notre origine sociale. Dans ce rêve devenu réalité, nous pouvons tous chercher et trouver de nouvelles manières de s'enrichir, nous pouvons laisser tomber nos responsabilités familiales et sociales si tel est notre souhait ou bien nous lancer dans de grands projets pour changer la société ou la planète.

Mais pour les pauvres et ceux dont le niveau d'éducation est faible, c'est une autre histoire. Idem pour la plupart des femmes, et ceci jusqu'à récemment. L'éventail de choix et d'options offerts par la modernité n'a pas été équitablement accessible à tous. Néanmoins, ce rêve d'émancipation et d'abondance illimitée a été tellement séduisant que la plupart des Occidentaux ont longtemps ignoré les effets secondaires inquiétants de la culture moderne.

Les mauvais côtés du Modernisme

De nos jours, la plupart des grandes solutions du modernisme semblent traîner dans leur sillage de terribles problèmes. De nombreuses victoires ont été remportées dans les domaines de la politique et de la vie pratique au détriment de ceux qui vivent encore selon des modes de vie traditionnels. Le tiers-monde est au désespoir : ses propres cultures ne sont pas parvenues à résoudre les vieux problèmes et, par ailleurs, les solutions occidentales mettent en péril les modes de vie sinon la vie elle-même des populations. Même pour les Modernistes, il n'y a pas que des bons côtés. Ils en souffrent aussi. La mondialisation des marchés a changé la nature du travail et la concurrence internationale accrue a entraîné des baisses de salaire et des licenciements massifs en Occident. La qualité de vie des Américains dont les revenus sont en dessous du quart supérieur de l'échelle a même régressé ; ils doivent désormais travailler plus dur et plus longtemps pour tout juste se maintenir à un niveau de vie équivalent à celui des années 70. Quant aux ménages du 40% inférieur de l'échelle de distribution des revenus, depuis vingt ans, ils ont perdu du terrain, cela même si dans le couple les deux partenaires travaillent.

La rupture des liens

Avant l'invention de l'économie industrielle, la société ne disposait pas de moyens financiers nécessaires à la construction et à l'entretien des routes, des ponts, des ports, des écoles et des hôpitaux, et de tous les éléments de l'infrastructure moderne auxquels nous nous sommes tous joyeusement habitués. On manquait de main d'œuvre pour ouvrir une nouvelle usine. Les soldats quittaient les armées des rois et des seigneurs pour aller faire les moissons. Finalement, les élites modernisatrices ont libéré les humains de leurs rôles et de leurs communautés traditionnels en créant de nouvelles opportunités, mais ce faisant, ils ont changé bien plus que l'économie. En fait, ceux qui, attirés par ces opportunités, quittaient leur communauté, coupaient progressivement et de façon irréversible les liens traditionnels avec leurs amis, leur religion, leurs origines sociales et géographiques.

Une fois cette coupure faite, il était impossible de reconstituer les liens traditionnels. Bien sûr, les gens revenaient occasionnellement chez eux pour rendre visite à la famille et à de vieux amis, mais leurs enfants grandissaient dans un univers différent. Ressentir de la nostalgie, c'est tout à fait autre chose que partager les mêmes conditions de vie. Malgré tout, la liberté de la vie des villes, avec tant d'opportunités alléchantes, était bien trop attirante. Les enfants ont peut-être oublié ce qu'il y avait de vital dans les liens traditionnels. Ou peut-être ne sont-ils tout simplement pas parvenus à trouver comment allier les deux univers, les anciens liens et les opportunités.

Les Modernistes d'aujourd'hui aussi, dans leur quête de la réussite, doivent souvent abandonner leurs racines pour réussir. Ils sont des millions à passer leur vie en voyages d'affaires, de ville en ville ou d'un pays à l'autre, presque constamment éloignés de leur domicile. Une femme cadre qui est en déplacement presque chaque semaine a confié à un journaliste du *New York Times* : « Il y a des choses qui nécessitent une attention constante. Les enfants, tout particulièrement. Et les amis. Il faut toujours en prendre soin. Impossible de me faire de nouveaux amis car je suis toujours à droite et à gauche. Les voyages, c'est la galère ! Quoi que je fasse, j'ai toujours l'impression d'être ballottée dans tous les sens, de ne plus arriver à m'occuper des choses essentielles. »

Alors qu'autrefois nous étions liés à une communauté pour la vie, un nombre incroyable de gens sont victimes d'une nouvelle épidémie : le déracinement. Les Modernistes se plaignent que leurs parents et amis sont éparpillés aux quatre coins de la planète. Mais en même temps, ils veulent absolument rester sophistiqués et 'à la page', et ne surtout pas ressembler aux provinciaux ou aux Traditionalistes dont les modes de vie leurs semblent dépassés, voire arriérés.

L'égocentrisme élevé au rang de principe moral

Etre un Moderniste aujourd'hui, cela signifie vivre comme sur des rails de montagnes russes. Le parcours varie selon les opportunités de réussite offertes : vous êtes expansif et ambitieux quand tout se passe bien pour vous, puis, dès que les temps sont durs, vous vous retranchez dans une angoisse égocentrique. Pour la plupart des Modernistes, être responsable signifie 'gérer la priorité n°1' (c'est-à-dire s'occuper d'eux-mêmes et de leurs proches directs). La disparition progressive des instruments traditionnels de protection sociale renforce cette attitude. Les études sur la participation à la vie civique et le bénévolat montrent qu'au cours des vingt-cinq dernières années, les Modernistes ont réduit de moitié leur contribution sociale, tandis que le niveau d'engagement des Traditionalistes et les Créatifs Culturels est resté nettement plus élevé.

Aux yeux des gagnants, l'égoïsme semble justifié. Voici le credo satirique des gagnants, tiré d'un article du journaliste Nicholas Lemann sur « gouverner ceux qui ont une vie confortable, par eux et pour eux [1] ».

---

1. Nicholas Lemann, 'The New American Consensus : Government of, by and for the Comfortable', *New York Times Sunday Magazine*, 1er novembre 1998.

« Nous, les relativement bien lotis et sans souci, tenons ces vérités pour évidentes :
Que trop d'Etat-Providence, trop de déficit public et trop de tabac sont nocifs. Mais dès qu'il s'agit de la taille de la salle de bains ou du 4x4, il n'y a aucun trop qui tienne.
Que l'engagement de l'Amérique sur la scène internationale doit se limiter à des accords commerciaux, à des fonds communs et à des séjours réguliers dans les plus beaux sites hôteliers des fronts de mer.
Que les marchés se débrouillent très bien tout seuls, tant qu'ils nous permettent à nous de nous débrouiller.
Que la vie sexuelle d'un individu ne regarde que lui-même, mais que tout de même c'est un sujet rudement intéressant !
Et que les seuls droits du citoyen qui comptent vraiment sont ceux qui me font du bien. »

Les Modernistes des classes moyennes supérieures et supérieures, c'est-à-dire ceux qui ont réussi financièrement, comme ceux croqués dans le texte de Lemann, ont tendance à aimer posséder et dépenser. Leur vie est organisée autour du désir d'acquérir 'toujours plus', de se payer des services de prestige qui leur font gagner du temps, d'étaler leur réussite, d'assurer l'avenir de leurs enfants, d'investir en bourse et de gagner ainsi encore plus d'argent. Dépenser trop, voilà la drogue à laquelle bon nombre de Modernistes, qu'ils soient pauvres ou très riches, sont accros.

La réussite de la frange des 10% les plus riches frustre terriblement les autres Modernistes car ils ne parviennent pas à atteindre ces sommets alors que, selon eux, il n'y a aucune raison qu'ils n'y arrivent pas. Dans la classe moyenne comme dans les classes inférieures, les Modernistes se demandent toujours pourquoi ils ne s'en sortent pas mieux, pendant que les médias passent leur temps à leur raconter les histoires de ceux pour qui tout va bien. La plupart ont connu de sévères diminutions de revenus au cours des vingt-cinq dernières années, alors que pourtant, dans le couple, l'homme et la femme travaillent ; au final ils s'en sortent à peine. En 1999, les gens ont travaillé en moyenne huit semaines de plus (par an) qu'en 1969, pour un revenu à peu près équivalent. Environ 40% de la population active s'en sort moins bien qu'en 1970, et 35% supplémentaires ne sont pas parvenus à maintenir leur ancien niveau de revenu. Cela signifie qu'environ 70% de la population travaille plus et plus dur. Selon une conférence sur la psychologie et la santé tenue en 1999, le stress psychologique et physique des salariés et de leurs familles atteint un niveau critique [1]. Un expert de la médecine du travail se souvient : « Il n'y a pas si longtemps, on parlait sereinement de surcharge de travail. Puis on s'est mis à utiliser des expressions comme 'manque de temps'. Aujourd'hui, on entend carrément parler de pénurie de temps. » [2]

Le marché a pris le pouvoir

Dans les années 1700, quand l'économie de marché ne touchait encore qu'une toute petite partie de la vie des gens, les idéologues de l'économie libérale étaient généralement considérés comme des « excentriques inoffensifs » [3]. Après 1800, les Modernistes furent ravis de voir l'économie capitaliste libérale devenir un moteur de progrès, générant richesses et abondance, impôts et emplois. Au 20e siècle, les entreprises se sont emparé, pour le meilleur et pour le pire, de la majeure partie de la vie des foyers, des églises et des quartiers : elles fournissent et préparent notre nourriture, elles construisent nos maisons et fabriquent nos vêtements, elles s'occupent de nos enfants et de leur éducation, elles nous divertissent, définissent le sens de notre vie et véhiculent nos traditions.

Ruben Nelson, consultant conseillant des cadres du secteur privé et du gouvernement du Canada, nous a parlé de ce qu'il considère comme les effets psychologiques dévastateurs de l'économie de marché sur les esprits. « Notre théorie économique nous dit que le cœur de notre vie, de notre âme et de notre

---

1. Conférence croisée de l'American Psychological Association et du National Institute for Occupational Safety and Health, reportage de Patrick A. McGuire dans *APA Monitor*, 30 Mai 1999 (5).

2. Steven Sauter (chef du département ergonomie et psychologie appliquée du National Institute for Occupational Safety and Health), cité dans « Worker Stress, Health Reaching Critical Point », *APA Monitor*, 30 Mai 1999 (5).

3. Ruben Nelson, interviewé par les auteurs, 'Changing Our Minds', *Ideas*, CBC (1984).

substance — et je choisis ces termes à dessein — est pris dans la toile des biens et des services. »

Et selon Nelson, nous, les Modernistes, acceptons ce fait. La capacité à fournir biens et services est devenue notre étalon de mesure universel. Du coup, nous passons complètement à côté du vrai sens des choses, d'une vision un peu plus large. « Tout ce qui ne rentre pas dans ce cadre étroit est mis au rebut. » A l'époque où Adam Smith [1] a formulé les principes du libéralisme économique, explique Nelson, la société s'est bien gardée d'accepter que ces principes régissent tous les aspects de la vie. Cela faisait toute la différence. « Avec un consensus social suffisamment fort et des gens conscients des limites entre les différents domaines de la vie sociale, on pouvait tolérer une doctrine marginale de ce type (l'économie capitaliste libérale) que personne ne laissait pénétrer au cœur de sa vie. Une des raisons pour lesquelles cela a été possible, plutôt sans conséquence et paraissait sans danger à l'époque d'Adam Smith, alors qu'actuellement les mêmes principes sont en train de détruire complètement nos âmes, c'est qu'en deux cents ans, progressivement, le consensus social s'est désagrégé et nos vies sont passées sous la coupe de l'économie de marché. »

Nelson conclut avec un mélange de peine et d'étonnement. « Ainsi, de nos jours, la plupart des gens ne sont, d'une certaine manière, que ce que le marché leur dit d'être. Nous sommes même au stade de donner comme conseil à nos enfants pour leur carrière qu'il faut qu'ils s'identifient véritablement à leur carrière. Au lieu de leur dire 'pour l'amour du ciel, que tu sois un homme ou une femme, sois une personne avant tout, et sois à l'écoute de ce que tu es appelé à faire sur cette Terre, et trouve ta vocation', nous ne leur donnons que des conseils de carrière professionnelle et nous apprenons aux gens comment manipuler leur vie de l'extérieur. Et nous leur disons que pour être heureux, il suffit d'avoir un bon plan de carrière. » [2]

---

1. Adam Smith, universitaire écossais considéré comme le père de l'économie politique et l'inventeur des règles du jeu du marché capitaliste. cf. *Recherches sur la nature et les causes de la richesse des nations*, 1776. (NDT)

2. Ibid.

Une histoire vieille de deux mille ans

Dans la Grèce ancienne, le terme d'*enantiodromia* était utilisé pour désigner 'une chose qui devient son contraire'. Et c'est précisément ce qui s'est produit dans le monde occidental entre 1000 et 2000 après JC.

Dans les villes médiévales, les églises avaient un clocher élevé et l'on sonnait les cloches cinq fois par jour pour marquer les heures canoniques de la prière (à l'aube, en milieu de matinée, à midi, en milieu d'après-midi et au coucher du soleil)[1]. Les jours étaient arbitrairement divisés en 12 'heures', été comme hiver, ce qui, selon la durée du jour, leur donnait un caractère élastique. Dans les pays du nord situés à proximité du cercle arctique, il arrivait que l''heure' ne dépasse pas 40 minutes en hiver et dure plus de 90 minutes en été. Mais l''heure' dont nous parlons ne servait pas à mesurer le temps : son rôle était de rappeler aux âmes leurs obligations envers Dieu.

La culture était purement orale. Les traditions se transmettaient oralement et de mémoire, de génération en génération, chacune devant les mémoriser pour pouvoir les restituer à son tour. Le monde était fait de telle façon qu'on puisse raconter encore et encore de quoi il était fait, avec un accent mis sur une répétition cyclique qui permettait de rafraîchir la mémoire des gens. Dès qu'une chose était oubliée, elle était perdue pour toujours. Seules les églises des villes les plus prospères pouvaient s'offrir une de ces bibles recopiées laborieusement à la main sur du parchemin précieux. C'était un monde de l'audition où l'invisible régnait sur le visible, où l'on croyait que le son révélait l'intérieur des choses et où la Parole (de Dieu) était intériorisée par chacun, apprise par cœur.

Un villageois du Moyen Age passait toute sa vie dans un rayon de 100 km et ne s'éloignait jamais du son omniprésent des cloches. Les cloches réglaient la vie. Le monde islamique actuel fonctionne toujours sur ce schéma médiéval, avec ses appels à la prière lancés cinq fois par jour par les muezzins du haut des minarets. Le chant s'infiltre partout. On dit du Coran qu'il est plus une récitation qu'un texte, qu'on l'écoute plutôt qu'on ne le lit en silence. Les cultures islamiques sont toujours obsédées par Dieu et le pouvoir de la Parole y est encore prédominant.

1. Certaines églises ne sonnaient leurs cloches que trois fois par jour, d'autres jusqu'à sept fois par jour.

L'une des différences les plus frappantes entre le monde moderne et la tradition, c'est qu'il est centré sur le visuel et l'écrit, préoccupé par l'apparence des choses. Dans cette culture, on ne croit que ce que l'on voit, tandis que la culture orale et auditive d'il y a mille ans se préoccupait des choses invisibles mais audibles.

N'importe quel anthropologue martien vous dira ce que les anthropologues occidentaux ne disent jamais à propos de la modernité : c'est l'observation des préoccupations principales des gens, des choses qu'ils révèrent vraiment, auxquelles ils vouent un véritable culte, qui permet de savoir quel est le véritable dieu de leur culture. Et comment faire pour savoir quelles sont ces préoccupations ? Il suffit de chercher ce que les gens mesurent avec la plus grande précision et gardent tout le temps avec eux. D'évidence, le monde moderne adore le dieu à deux visages Temps-Argent.

Non seulement la modernité mesure le temps jusqu'au milliardième de seconde, mais en plus elle place des cadrans d'horloge dans tous les lieux, publics et privés. Les gens portent sur eux de petites machines à mesurer le temps accrochées à leur poignet et ainsi, ils ont toujours sur eux une petite effigie de leur dieu pratique. Après tout, le temps, c'est de l'argent. Le temps et l'argent sont inséparables et les Modernistes se soucient des deux à la fois. Quel que soit le point du globe où ils se trouvent, les Modernistes n'échappent jamais au dieu à deux visages.

Ce culte du temps et de l'argent est ce qui rendrait le monde moderne totalement incompréhensible pour un paysan du Moyen Age. Les paysans n'utilisaient des pièces qu'une ou deux fois par an et n'étaient jamais précis à propos du temps. En revanche, leur vie était indissociable de l'église et de la prière, chaque jour et à longueur d'année, et la religion était une obsession. Le travailleur de l'âge moderne ne se soucie de la religion qu'une ou deux fois par an, ne connaît pas grand chose à la doctrine, mais est obsédé par le temps et l'argent, chaque jour et à longueur d'année.

Le dieu Temps-Argent contrôle tout et cela fait des siècles que les prêtres des religions concurrentes élèvent leur voix pour dénoncer celui qu'ils appellent le démon Mammon. Les temples de ce dieu sont les banques et les banquiers, ses grands prêtres, gardent les mystères de la nature de l'argent et de sa création. Ses théologiens, les économistes, comme tous les théologiens, sont très rationnels et parfois même utiles dans les limites de leur propre logique. Le culte de Temps-Argent a conquis les sociétés modernes exactement comme la prière et les rituels sacrés avaient conquis les sociétés pré-modernes. Les comptables supervisent les rites : ils « contrôlent les écritures », « équilibrent les comptes » et mènent toute activité ésotérique. Sa discipline, c'est le temps de l'horloge et nous sommes tous moines en son monastère.

Les Traditionalistes

Le Traditionalisme est une culture de la mémoire. Les Traditionalistes vivent sur le souvenir d'une Amérique révolue et rêvent à sa restauration prochaine. Ils n'ont qu'un seul espoir : le retour de l'Amérique rurale et croyante, une image nostalgique et un peu floue qui renvoie aux années 1890-1930. Dans ce monde idéal, le mythe veut que tout était plus propre, que les gens avaient des principes, et qu'il y avait moins de conflits que dans le monde d'aujourd'hui. En ces temps où « les hommes étaient des hommes », chacun faisait sa propre loi et supportait mal la complexité. Ces valeurs sont évoquées dans les films de James Stewart et de John Wayne, les discours du 4 juillet et les parades d'anciens combattants. Dans la plupart des cas, il faut bien le dire, ce monde imaginaire n'a jamais existé.

Pourtant, dans les petites villes, ces images sont encore bien vivantes aujourd'hui, entretenues par de solides réseaux amicaux et communautaires qui fonctionnent encore. Il y a beaucoup plus d'entraide parmi les Traditionalistes que chez les Modernistes ou les Créatifs Culturels, ces derniers étant nettement moins sédentaires. Même dans les grandes villes, un bon nombre de Traditionalistes établissent de solides liens et s'entraident à travers leurs congrégations religieuses. Se détournant du monde moderne intimidant qu'ils n'arrivent ni à apprécier ni à comprendre, ils se retournent les uns vers les autres pour créer une unité religieuse, raciale ou ethnique qui les protège du monde extérieur. Leurs organisations et leurs congrégations leur procurent un sentiment de puissance, de sécurité et de cohérence, en même temps qu'elles leur permettent de rejeter ou d'accuser tous ceux qui sont considérés comme 'étrangers', 'différents' ou 'autres'.

Les Traditionalistes haïssent la plupart de ce que les Modernistes appellent libertés, comme l'émancipation des femmes, la libération sexuelle et les formes d'expressions visibles qui en résultent, ainsi que l'espèce de folie intégrationniste qui tend à tolérer toutes sortes de religions et de groupes ethniques. La description que la romancière Allegra Goodman fait de la vie des juifs orthodoxes de « Kaaterskills Falls » donne une bonne illustration du bien-être que les Traditionalistes ressentent dans un monde « toujours sécurisant et où les gens sont liés les uns aux autres » [1].

Et ils se souviennent ou croient se souvenir, d'une époque où la société avait de solides repères moraux. Un ouvrier à la retraite, qui participait en 1997 à un rassemblement évangélique entièrement masculin des « Promise Keepers » (Gardiens de la Promesse) confiait à un journaliste : « Mon rêve avant tout, c'est de voir nos dirigeants, à la Maison Blanche, se mettre à genoux et prier pour ce pays. C'est la Bible qui est censée avoir créé ce pays, mais aujourd'hui il me semble qu'il s'en est éloigné. » Un autre participant de ce rassemblement, employé d'une compagnie de transport naval, approuvait ces paroles : « Je veux que notre nation soit restaurée, je veux nous voir retourner vers Dieu. Je suis sûr que si tout le monde se retournait vers Dieu, la criminalité diminuerait, il n'y aurait plus de préjugés raciaux ni de conflits entre les sexes, nous serions débarrassés de l'avortement — aussi simple que je vous le dis. Je sens que tout cela est possible. »[2]

Très révélatrices de l'abîme séparant Modernistes et Traditionalistes, les différences dans les significations qu'ils donnent aux mots. Dire de quelqu'un qu'il est pieux est un compliment pour les Traditionalistes, tandis que pour les Modernistes, c'est une insulte. Autre exemple : le mot amour, dans divers contextes. Quand le *New York Times* titre : « Pour le meilleur et pour le pire : construire une relation amoureuse quand l'un des partenaires est séropositif », son lectorat largement moderniste approuve sans aucun doute. Mais lorsqu'on demande à Wesley

1. Allegra Goodman, Kaaterskills Falls (New York : Dial Press, 1998).

2. Laurie Goodstein, 'Hundreds of Thoudands Gather on the Mall in a Day of Prayers', *New York Times*, 5 octobre 1997.

Pruden, le rédacteur en chef conservateur du *Washington Times*, journal de droite, de commenter cet article, celui-ci est certain que ses lecteurs trouveraient un tel sujet inintéressant, voire choquant. « Je connais bien nos lecteurs, assurait-il lors d'une interview, et ils ne veulent pas de ce genre d'histoires. »[1]

Les forces et les faiblesses du Traditionalisme sont les deux faces d'une même pièce. Sa force politique repose sur l'énonciation de convictions, de principes et de valeurs communs qui en appellent toujours à une sanction divine, l'utilisation récurrente d'images simples, compréhensibles pour des personnes de niveau d'éducation inférieur, et un appel nostalgique à la tradition. Ses faiblesses se situent au niveau de sa politique ethnique et raciale, qui, avec une nostalgie et une tendance à accuser les autres, se rapprochent de l'autoritarisme. Autre faiblesse majeure, c'est le recours systématique à des références et des schémas moraux tirés de la Bible face à tout nouveau phénomène ou événement, ce qui ne facilite pas vraiment la compréhension des réalités de plus en plus complexes du monde moderne.

La première contre-culture américaine

Les Traditionalistes ont été la première contre-culture à s'élever contre le Modernisme. Ils avaient déjà commencé à 's'en détourner' avant la Révolution américaine[2]. Leur nostalgie des jours meilleurs, plus simples et plus moraux, est apparue dès la période du « Great Awakening », avec les mouvements du renouveau religieux tels que celui de Jonathan Edwards dans le Massachusetts colonial. Après la guerre de Sécession, la contre-culture traditionaliste s'est incarnée dans la résistance des pauvres du Sud blanc contre la Reconstruction, avec les fameuses lois « Jim Crow » et le Ku Klux Klan.

---

1. Cité par Michael Oneal, 'Who Speaks for America ?', *Business Week*, 8 mai 1995.

18. Dans l'Amérique coloniale, quasiment tous les colons étaient des Modernistes — des Modernistes de la première heure, issus des premiers frémissements de la révolution industrielle. Les colons étaient déjà bien au-delà du féodalisme et de la vision médiévale du monde quand ils s'installèrent dans le Nouveau Monde. Au début de la Révolution américaine, le monde moderniste commençait tout juste à prendre la cadence.

Les chemins divergents des trois groupes culturels

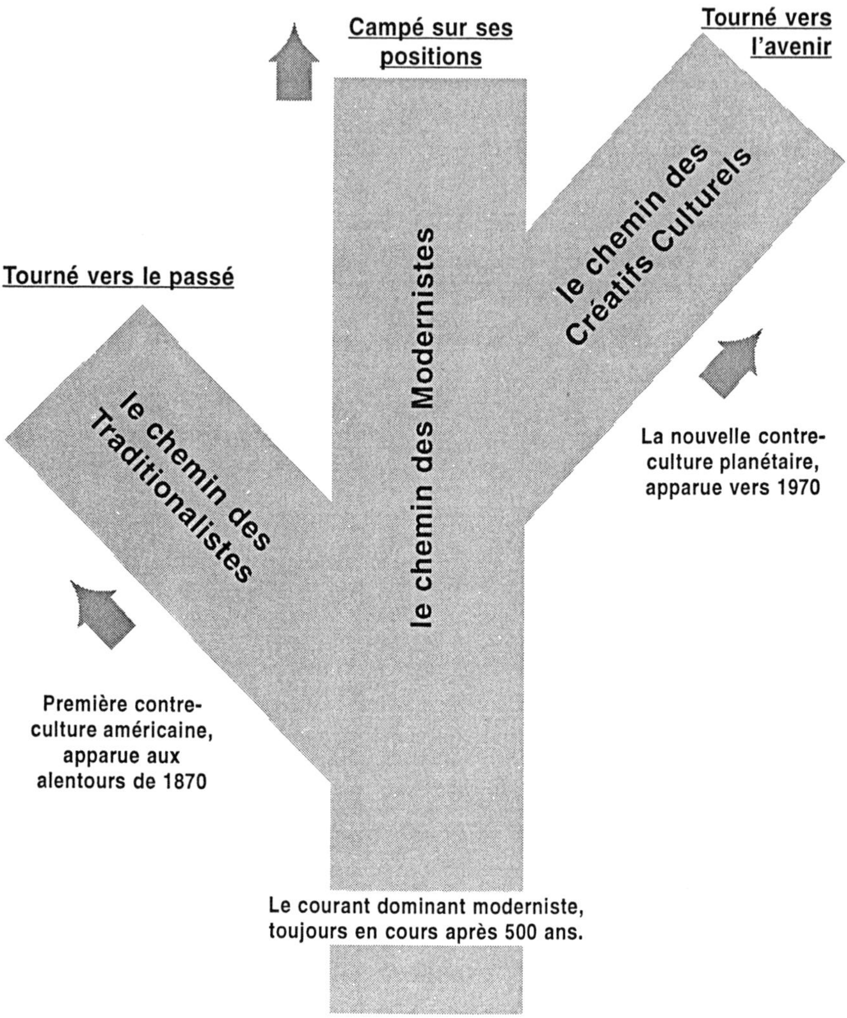

Tourné vers le passé : le chemin des Traditionalistes.
Philosophie de vie des Traditionalistes : se tourner vers le passé. Rejeter le système. S'opposer à la vision du monde séculaire des Modernistes.

Campé sur ses positions : le chemin des Modernistes.
Philosophie de vie des Modernistes : accepter le système. Faire au mieux avec la vision moderniste du monde.

Tourné vers l'avenir : le chemin des Créatifs Culturels.
Philosophie de vie des Créatifs Culturels : se tourner vers l'avant. Aller au-delà du système. Se détacher de la vision matérialiste du monde des Modernistes.

Cette nouvelle culture fut dirigée dans l'Amérique rurale par les mouvements de protestants fondamentalistes luttant pour la rédemption personnelle, et également alimentée par divers mouvements de contestation. Les premiers à exprimer leur mécontentement furent les fermiers, les propriétaires de ranchs et les petits commerçants au sujet de la domination des banquiers et des riches commerçants des villes. Ensuite, ils s'en prirent aux entreprises de taille gigantesque telles que les entreprises du chemin de fer. Par la suite, des vagues de protestations furent déclenchées par la faillite de nombreuses fermes familiales et le mécontentement croissant face aux trop fortes fluctuations des cours au fil des cycles agricoles qui enrichissaient les grandes entreprises et ruinaient les petits fermiers. A l'approche de la fin du 19e siècle, nombreux étaient ceux qui se détournaient du Modernisme. De plus en plus, dans les campagnes et les petites villes, les Américains éprouvaient une haine profonde pour ce qui se passait dans les grandes cités industrielles et se voyaient comme ceux qui allaient faire respecter les 'vraies traditions américaines'.

Le Traditionalisme se présentait comme une alternative au style de vie des villes, mais ses adeptes étaient en fait d'anciens Modernistes reconvertis. Ils étaient membres d'une contre-culture dont *les origines et les présupposés avaient pour racines et pour branches la vision du monde du Modernisme des débuts.*

Tandis que leurs enfants partaient pour les grandes villes où ils trouvaient de meilleures opportunités et adoptaient souvent les valeurs du monde moderne, les Traditionalistes étaient oubliés dans les petites bourgades. Quant à ceux qui vivaient dans les grandes villes, ils étaient souvent aussi à la traîne, relégués en fin de peloton dans la course à l'abondance. Les Traditionalistes ont plus été les perdants typiques du jeu du Modernisme que les représentants d'une tradition qui aurait été antérieure. Ils sont pour la plupart des personnes moins éduquées et moins compétentes pour la vie urbaine ; un grand nombre sont des personnes âgées qui ruminent des souvenirs d'un monde révolu. Les partis conservateurs d'aujourd'hui, soutenus par leurs riches fondations, et si influents dans la vie politique de la nation, sont en fait, en termes de classe sociale et d'idéologie, très différents des électeurs qu'ils séduisent.

Comprendre la cassure

Il y a à la base de la cassure entre les Modernistes et les Traditionalistes, un principe général sous-jacent très fort. C'est le principe du feed-back, qui régule tous les systèmes vivants, y compris les sociétés. Les schémas des pages 134-135 montrent comment ce principe fonctionne.

Rigueur et rectitude : la voie étroite. Le premier schéma illustre l'attitude habituelle des Traditionalistes au sein de la guerre des cultures : essayer de garder les gens sur la 'bonne voie', celle, étroite et bien tracée, de la rigueur et de la rectitude morale. Dès que quelqu'un s'en éloigne un peu trop, approchant les limites du conventionnel et du convenable, les Traditionalistes émettent un signal de 'feed-back' négatif qui dit « Revenez ! ». Ce feed-back négatif renforce le conformisme. Les Traditionalistes tentent de faire en sorte que la majeure partie de la société soit conforme à leurs idées. Cela déplaît aux Modernistes.

La séparation entre « le discours ancien » et « le nouveau discours ». Le schéma suivant illustre la séparation entre les Modernistes et les Traditionalistes. Le feed-back positif est le genre de changement qui se nourrit lui-même et favorise les innovations. Il amplifie les écarts par rapport à l'ancienne voie et parfois peut entraîner le glissement d'une population entière vers une nouvelle culture. Contrairement à ce que prétendent les Traditionalistes, *ce ne sont pas les Modernistes qui se sont éloignés des conventions mais les Traditionalistes eux-mêmes.*

Les guerres de cultures : le troisième schéma montre comment les feed-back positifs et négatifs interagissent et comment ont été initiées les guerres de cultures. Les Modernistes et les Traditionalistes se sont toujours mutuellement accusés de tout ce qui n'allait pas dans la société. Les Modernistes soutenaient que les Traditionalistes étaient des bigots démodés, des rustres inefficaces. Les Traditionalistes traitaient en retour les Modernistes avec leurs manières et leur mode de vie urbain, d'êtres immoraux, déviant des doctrines de la Bible, ouvrant leurs portes aux étrangers, et exploitant le bon peuple des campagnes et des petites villes.

Les Traditionalistes ont innové en inventant le fondamentalisme qui n'existait pas en tant que tel avant le 19e siècle. Après la guerre de Sécession, ils ont inventé le racisme de Jim Crow et du Ku Klux Klan, ainsi que le mouvement anti-alcool qui donna naissance à la Prohibition. Mais leur invention la plus grande et la plus importante, au 20e siècle, fut le mythe de l'Amérique vertueuse des campagnes et des petites villes. Et ils ont fait tout cela dans le but de préserver les traditions, refusant de voir qu'ils étaient en fait en train de tout créer de toute pièce. Leur revendication semblait plausible parce que pendant ce temps, la culture moderne était en train d'inventer les grandes villes, l'industrie lourde, les voies ferrées, les gratte-ciel, les grandes banques, la responsabilité limitée et l'actionnariat. Les Traditionalistes éprouvaient le besoin de rejeter tout cela parce que cela représentait une menace opprimante pour leur mode de vie. Le plus insupportable, c'est que le style de vie des Modernistes, avec ses promesses provocantes de réussite financière, leur arrachait les jeunes générations.

Lorsque les personnes d'une culture donnée s'opposent au changement, leur feed-back négatif prend la forme de toutes sortes d'actions non-officielles : depuis les ragots et la rumeur jusqu'à la dénonciation, en passant par l'évitement, la mise sur liste noire, les licenciements, et au-delà, les émeutes, les croix de feu et les violences policières.

Mais les Traditionalistes ne sont pas les seuls à émettre des feed-back négatifs. Les Créatifs Culturels qui soutiennent les causes écologiques et les mouvements de défense des droits des femmes créent de nouvelles normes pour définir ce qui constitue une offense allant à l'encontre de l'intérêt public. Ils ont utilisé avec efficacité le pouvoir de l'opinion publique et de l'action politique officielle pour faire accepter ces normes. L'alliance fragile entre les Modernistes Conservateurs Pragmatiques et les Traditionalistes s'oppose souvent aux formes de feed-back négatives, essayant de ne conserver que les normes familiales auxquelles ils sont habitués. Cette opposition plaît aux Traditionalistes et joue en faveur des grandes entreprises et des riches.

Rigueur et rectitude : sur la voie étroite

Les voies reconnues des cultures qui conservent avec fermeté les modèles établis.

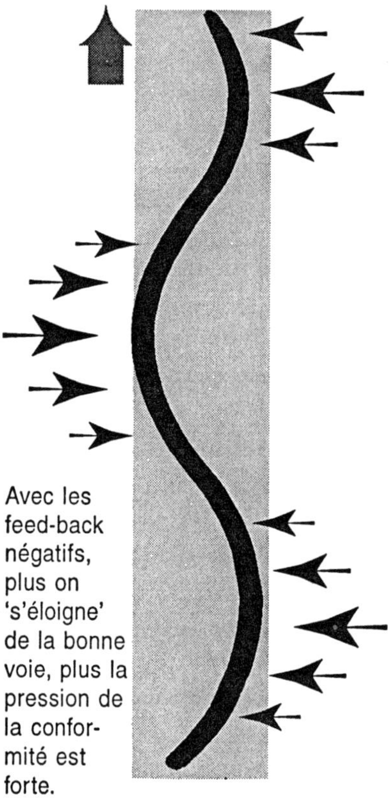

Les feed-back négatifs s'opposent aux mouvements qui s'éloignent de la 'bonne voie', et diminuent à terme l'amplitude des écarts.

S'accrocher à l'histoire ancienne

L'ancienne voie est maintenue, une partie de la culture conserve les modèles existants.

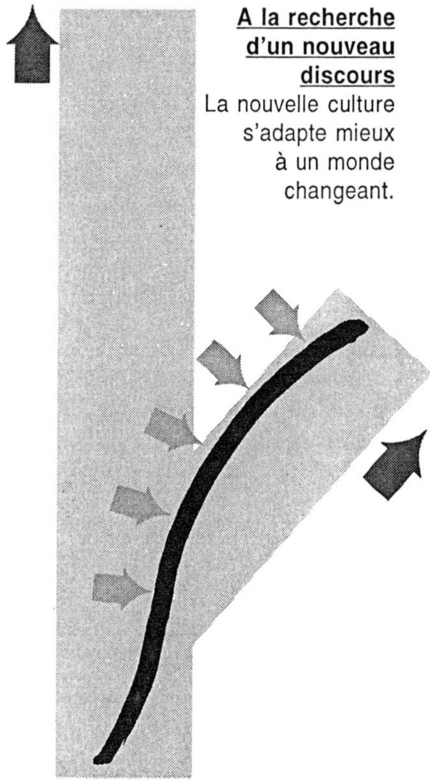

Les feed-back positifs amplifient les écarts. Ils peuvent déboucher sur de nouvelles voies, de nouveaux discours : une nouvelle culture.

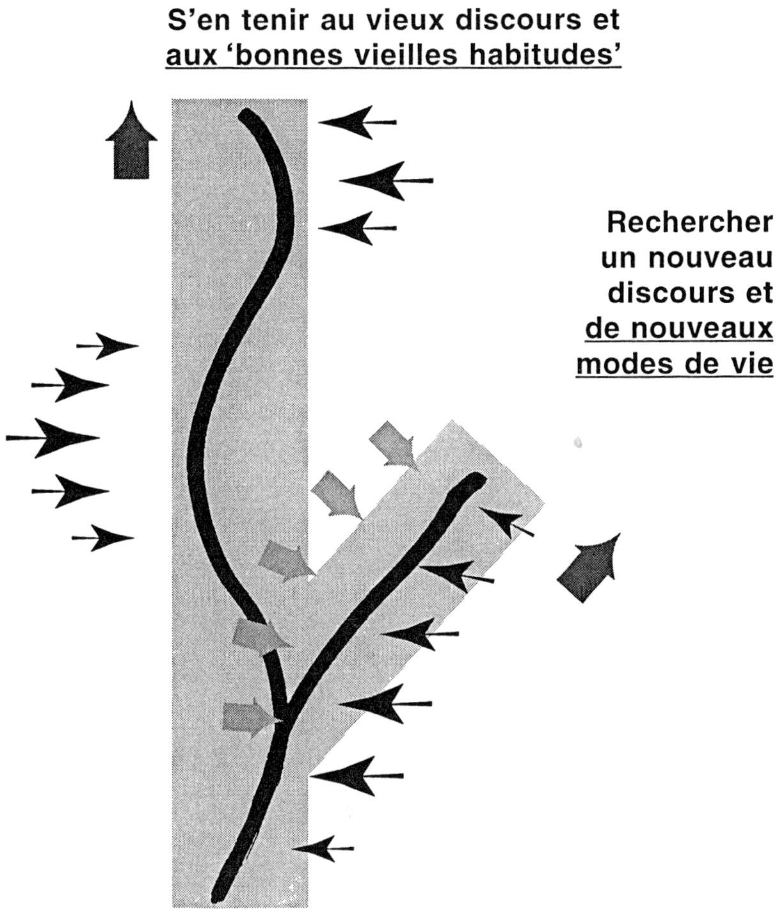

Les guerres de cultures apparaissent quand les feed-back positifs et négatifs agissent simultanément. La culture éclate alors en sous-groupes culturels concurrents. Le sous-groupe qui conserve les habitudes anciennes accuse généralement l'autre sous-groupe parce que leurs habitudes sont de moins en moins adaptées à l'environnement. Ceux qui adoptent de nouveaux modes de vie s'adaptent mieux aux changements, mais ils subissent souvent de fortes pressions (feed-back négatif) du fait qu'ils rejettent les anciennes habitudes. La première 'cassure' aux Etats-Unis, tout au long du 19e siècle, s'est produite entre le Modernisme urbain-industriel et le Traditionalisme des petites villes et des campagnes.

La seconde cassure a eu lieu quand les Créatifs Culturels s'écartèrent du Modernisme, aux alentours de 1970.

Unis dans la guerre des cultures

Les nationalistes ethniques américains furent peut-être les premiers à s'élever contre le Modernisme en l'identifiant aux étrangers et en revendiquant la pureté ethnique face à un Autre haï. Comme les nationalistes ethniques en ex-Yougoslavie et dans l'ancienne Union Soviétique, les Traditionalistes américains ont toujours été caractérisés par leur fond xénophobe. Avant la guerre de Sécession, les personnes de souche anglaise dénoncèrent le mouvement d'immigration en provenance d'Irlande et d'Allemagne. Puis Anglais, Irlandais et Allemands d'origine s'unirent contre les Afro-Américains, les Mexicains, les Asiatiques et les Européens d'Europe centrale. (Dans le Sud profond, le nationalisme ethnique a signifié aussi le renouveau du Ku Klux Klan) Après 1900, les originaires d'Europe occidentale s'unirent pour s'opposer aux Afro-Américains, aux Juifs et aux personnes venant d'Europe de l'Est et d'Europe méridionale. De nos jours, les gens de souches européennes se liguent contre les Latino-américains, les Asiatiques – et, toujours, les Afro-américains.

Curieusement, certains des nouveaux arrivants que les fondamentalistes haïssaient le plus approuvaient en fait leurs critiques à l'égard du Modernisme séculaire : les immigrants catholiques traditionalistes d'Europe centrale et méridionale par exemple affichaient un conservatisme du type de celui que l'on trouve aujourd'hui dans la droite européenne anti-démocratique. Récemment cependant, les Traditionalistes catholiques urbains et les Traditionalistes fondamentalistes ont tenté de soigner les vieilles blessures. Tandis qu'ils concentrent leur attention sur la haine commune d'un ennemi commun, la guerre des cultures s'intensifie.

Les Créatifs Culturels

Entre les deux pôles extrêmes des guerres culturelles, il y a une troisième voie. Ce n'est pas un centre neutre, mais l'expression de quelque chose de résolument différent. Plutôt que de défendre les habitudes du passé, les Créatifs Culturels essaient de créer des passerelles entre un mode de vie du passé et un autre, nouveau. C'est un peu comme s'ils déroulaient des fils de vieux tissus pour faire des tissus neufs, avec de nouveaux motifs et de nouvelles coupes. Un bon nombre (mais pas tous) essaient de préserver ce qu'il y a de valable dans le passé et de l'intégrer à l'ensemble de ce qui est nécessaire pour l'avenir. Parfois ils essaient de l'intégrer à ce que l'écrivain Michael Lewis appelle « the new new thing » (les portails internet et les entreprises du multimédia) ou aux découvertes scientifiques et technologiques qui proposent des solutions écologiquement viables, comme l' « hypercar » ou le programme international de recyclage de revêtements de sols que nous avons présenté dans le chapitre 1.

Souvent, cette intégration implique de franchir les différences entre divers groupes de personnes ou d'établir une connexion entre des disciplines différentes, voire les deux à la fois. Par exemple, au Centre Médical Beth Israël à New York, ou au Centre de Lutte contre le Cancer de Sloan Kettering, les Créatifs Culturels ont créé des centres de soin qui intègrent la médecine occidentale, l'acupuncture, le massage, le yoga, la psychothérapie et la méditation. Les Créatifs Culturels sont aussi ceux qui introduisent des techniques de méditation vieilles de plus de 2500 ans dans les prisons et les entreprises des Etats-Unis.

Un des processus d'intégration les plus intéressants est le projet de Lauren Artress [1], prêtresse de l'Eglise Episcopale. Depuis 1989, du Tennessee au New Jersey, elle s'efforce d'introduire dans les hôpitaux, les prisons, les écoles et même les cimetières un ancien chemin de prière – le 'labyrinthe de méditation' que l'on trouve dans les vieilles cathédrales de la chrétienté médiévale.

Un enthousiaste, pour parler de son expérience dans le labyrinthe, dit que c'est comme 'prier en mouvement'. La révérende Artress dit que c'est aussi une forme de soin 'émotionnel', et de cure pour la communauté. « Quand on marche dans le labyrinthe, l'esprit s'apaise, et l'on commence alors à voir, comme de manière translucide, ce qui se passe à l'intérieur. On devient transparent à soi-même. On peut voir qu'on a peur, qu'on est effrayé, on qu'on manque de courage. Les gens peuvent pren-

---

1. Laurie Goodstein, 'Reviving Labyrinths, Path to Inner Peace', *New York Times*, 10 Mai 1998.

dre conscience pour la première fois de la colère qui les empêche d'avancer. On voit ses propres jugements à l'encontre des gens et de soi-même. »[1]

Les passerelles personnelles

Parfois l'intégration est nettement plus personnelle. Margery Anderson Clive est consciente de ce qu'elle doit à sa famille, et leur est très reconnaissante. Margery et son mari, Mark Clive, vivent à Dallas où tous deux ont des carrières polymorphes en tant qu'artistes et activistes. Après avoir chanté pour le Grand Opéra de Houston, Margery est partie vivre à Birmingham pour créer un programme thérapeutique basé sur l'expression artistique à l'Université d'Alabama. Puis Mark s'est vu proposer un poste dans la région de Dallas et ils ont à nouveau déménagé et, ensemble, ont créé une association à but non-lucratif où des artistes et des thérapeutes fournissent un soutien créatif dans le cadre de soins physiques et psychologiques. Quand nous avons rencontré Margery, le programme artistique existait depuis 12 ans et elle avait déjà travaillé avec 15.000 personnes. Elle était en train d'apporter la touche finale à une production musicale fondée sur la vie de Marian Anderson. Elle en avait écrit le script qui raconte en chanson l'histoire de la célèbre contralto.

L'entendre parler de toutes les choses qu'elle et son mari ont accomplies était enthousiasmant. Assis face à cette femme d'une cinquantaine d'années, belle et sereine, on pouvait facilement l'imaginer telle une acrobate virevoltant dans les airs sans effort d'un trapèze à l'autre. Une question s'imposait : comment avait-elle fait tout cela ? Comment avait-elle eu la force et la confiance de se lancer ainsi d'une ville à l'autre, d'une carrière à l'autre, sans soutien apparent ?

« Toute ma vie, j'ai été une survivante, nous a-t-elle avoué franchement. J'ai été élevée à coups de cailloux et de pierres et de toutes sortes de choses, et je suis toujours là. Les gens me

1. Le Projet Labyrinthe est décrit dans *Vériditas*, disponible auprès de la Grace Cathedral, 1100 California Street, San Francisco, CA 94108. Les centres de méditation et de bien-être Beth Israël et Sloan Kettering sont décrits dans Leslie Berger, 'A Therapy Gains ground in Hospital : Meditation', *New York Times*, 11 novembre 1999.

Dans le monde entier, le Traditionalisme est une réaction récente au Modernisme

Dans les sociétés traditionnelles archaïques, les gens parlaient avec respect de l'héritage des ancêtres, mais les termes 'tradition' ou 'traditionnel' n'étaient pas utilisés. En dehors de la société telle qu'elle existait, on ne connaissait rien. Dans le monde entier, le Traditionalisme aujourd'hui consiste à idéaliser un passé presque oublié. Ses leaders politiques tentent de récupérer de vieilles légendes dorées et ses leaders religieux défendent les congrégations contre un flot de nouvelles croyances concurrentes. Les conservatismes culturels en Europe, en Asie et en Afrique se réclament de racines millénaires, provenant de tribus, de religions anciennes, de modes de vie aristocratiques ou de conceptions fondamentalistes. Mais le passé qu'ils invoquent est en grande partie imaginaire. Leurs discours traditionalistes sont aussi récents que ceux des Américains : ils ne sont qu'une réaction au Modernisme. Et exactement comme eux, ils sélectionnent ce qu'ils conservent du passé. Dans le vrai sens du terme, le Traditionalisme est toujours un néo-traditionalisme.

Les modes de vie et les visions du monde du Modernisme sont tout aussi légitimes que ceux des Traditionalistes. Cela provoque une réelle souffrance chez les Traditionalistes parce que le Modernisme peut détruire les fois naïves. Afin de rester largement supérieurs, les Traditionalistes doivent faire appel à leurs propres vérités révélées qui sont précisément celles que le Modernisme réfute. Selon le Programme d'Etudes sur le Fondamentalisme que dirige Martin Marty à l'Université de Chicago, le fondamentalisme américain est né de telles réactions. Les fondamentalismes islamiste et hindou sont le fruit de réactions analogues au colonialisme, à l'impérialisme et aux multinationales.

Au cours des deux derniers siècles, le colonialisme, les marchés économiques et les technologies des Modernistes ont véritablement 'assailli' les peuples 'traditionnels' dans le monde entier, mettant fin à d'anciens modes de vie et imposant de nouvelles valeurs, religions et symboles laïcisés. Des milliers de cultures ont ainsi été détruites. Par réaction, les phénomènes de réinvention des traditions se sont intensifiés.

Les néo-traditionalismes ont habituellement été développés durant l'époque moderne par les fermiers, les petits commerçants et les membres du clergé. Ils sont parfois étroitement associés aux groupuscules paramilitaires ou au gratin des propriétaires terriens qui ont besoin de s'appuyer sur une base politique pour revenir au pouvoir. Parmi les Traditionalistes, on trouve aussi les peuples conquis (tribus, groupes paysans) ou les cultures vaincues lors de guerres civiles, comme les Sudistes américains ou les Boers d'Afrique du Sud. Un grand nombre de Traditionalistes sont des personnes qui ont été blessées par le Modernisme que ce soit dans leur bien-être économique, leur statut social ou leur estime de soi — et qui en conséquence se sentent atteintes moralement.

Les leaders traditionalistes réinventent leurs traditions uniques en réarrangeant les pièces du passé, formulant ainsi parfois pour la toute première fois des principes que « leurs ancêtres et prédécesseurs auraient certainement défendus ». Ils essaient de protéger leurs peuples des nombreux changements imposés par le Modernisme — et, souvent, de les mobiliser contre des gouvernements lointains. En invoquant la tradition, ils peuvent prétendre qu'« autrefois, moralement, tout était bien mieux ». Naturellement, ces leaders se préoccupent beaucoup plus de trouver ce qui est favorable à leur propre situation que de l'exactitude de leur reconstitution du passé. Les conservateurs déclarent immanquablement que la société a pris un mauvais tournant à un moment de l'Histoire, et qu'il faut absolument rétablir les habitudes morales du passé. Mais ils ne sont pas capables de se mettre d'accord ni sur ce qu'était exactement cet âge d'or, ni sur quand il a eu lieu, et l'idéalisent systématiquement.

Partout, les cultures néo-traditionnelles, face à un monde moderne qu'elles n'arrivent ni à aimer, ni à comprendre, se renforcent et gagnent en cohérence en recréant un sentiment commun jusqu'alors plutôt malmené. Même dans les zones urbaines, elles apportent soutien et réconfort à ceux d'entre eux qui sont souvent victimes des rudesses du libéralisme et des guerres modernes. Mais la création de cette identité les conduit à rejeter et à accuser quiconque est différent. Cette nécessité les pousse au-delà du préjugé racial vers les extrémités du nationalisme ethnique. Partout, le Traditionalisme dans sa face obscure se traduit par des meurtres politiques, des génocides, des groupuscules haineux et une frange de droite extrémiste.

perçoivent généralement comme une personne très douce, mais sous la surface, dès que je me retrouve en face d'un défi, je suis fermement déterminée à le relever ».

Quand on lui a demandé ce qui lui avait permis de tenir le coup dans les moments difficiles, elle nous a parlé de l'expérience de ses parents, des Afro-américains. « Mon père et ma mère ont grandi à Birmingham dans des conditions extrêmement difficiles. Ils étaient très intelligents mais ne pouvaient avoir accès à l'éducation dont ils avaient besoin et personne ne reconnaissait leur juste valeur. Ils ont dû se battre dur pour pouvoir quitter Birmingham. J'avais cette histoire en tête. Je me souviens du gouverneur Wallace, des droits civiques, des bergers allemands et des tuyaux de pompe à incendie. Je me souviens qu'on partait tous les étés du New Jersey pour revenir à Birmingham, qu'on ne pouvait s'arrêter nulle part pour aller aux toilettes et qu'on se demandait si nous serions autorisés à traverser certains états. »

Son père lui a enseigné la nécessité de se fixer un objectif unique, et sa mère, dit-elle, lui faisait toujours tout recommencer jusqu'à ce que son travail soit parfait. Aidée par ces leçons et aussi par le fait que ses parents et grands-parents vivaient en appliquant eux-mêmes ce qu'ils lui enseignaient, elle a « avancé, grandi et s'en est toujours sortie avec dignité, humilité et grâce ». Elle s'est efforcée de perpétuer l'esprit de ses parents et de trouver sa manière à elle de l'exprimer. Ce genre d'intégration de soi, de passerelles privées, est un thème que nous avons entendu souvent dans la bouche des Créatifs Culturels, même si l'on nous a présenté assez rarement un tel éventail de réalisations.

Eugène Cash est un autre de ces Créatifs Culturels issu d'un milieu traditionnel. Psychothérapeute et professeur de bouddhisme, il nous a décrit l'amour que ses parents juifs orthodoxes lui ont donné pendant son enfance à Pittsburgh. « Leur joie de nous avoir, mes frères et moi, était tout le temps présente autour de nous, même après notre départ du foyer familial. Quel que soit l'endroit où nous vivions, ils venaient nous rendre visite et nous encourageaient. Je me souviens de l'époque où je vivais dans une communauté à la campagne et quand ma mère est venue me voir en apportant du poulet casher pour tout le monde. Et quand je faisais du théâtre de rue radical dans les années 60, mes parents étaient des spectateurs enthousiastes. « Tu ne devrais pas dire de pareilles choses sur ton pays », me disaient-ils après le spectacle. Et puis, juste après : « Tu as été formidable. Très bonne pièce. Bon travail, fiston, bon travail. » Eugène souriait en se remémorant tout cela. Ce sentiment de continuité, il le ressent très profondément et à son tour il transmet cet héritage d'amour non seulement à sa fille mais aussi aux élèves de ses cours de méditation, intégrant son héritage traditionnel dans sa vie quotidienne.

Un grand nombre de Créatifs Culturels issus de milieux traditionnels nous ont confié que même quand les choix qu'ils faisaient étaient résolument différents de ceux de leur famille — manifester contre la guerre du Vietnam par exemple — cela ne signifiait aucunement qu'ils brisaient la continuité. Ce qui était perpétué, selon eux, c'était ce sentiment qu'ils devaient jouer un rôle dans leur communauté, en n'hésitant pas à payer généreusement de leur propre personne. Paul Milne est actuellement un responsable du syndicat AFL-CIO[1] et consultant pour Greenpeace. « Environ 80% de ma famille fait partie d'églises fondamentalistes chrétiennes et un bon quart est affilié aux églises de la coalition chrétienne », nous a-t-il confié. Ces églises sont un peu comme l'Eglise Mondiale de Dieu de G.W. Armstrong, auxquelles il faut sans arrêt envoyer des dons.

Il a eu l'air surpris quand nous lui avons demandé pourquoi et comment il avait pu devenir tellement différent. Selon lui, il n'est pas différent. « Pour moi, qui je suis, et ce que je suis, ça vient directement de mon milieu familial. C'est une même racine. Ce n'est pas parce que je suis tellement différent mais bien parce que je suis comme eux que j'ai fait des choix différents ». Se faire objecteur de conscience pendant la guerre du Vietnam, s'engager dans le mouvement des droits civiques et devenir syndicaliste par la suite, tout cela était à ses yeux une forme de service public qui « venait tout droit de l'éducation méthodiste », nous a-t-il dit. Puis il a ajouté en souriant : « Ma grand-mère a toujours dit que je deviendrais évangéliste. Elle ne s'est pas trompée ».

1. L'une des organisations syndicales les plus puissantes des Etats-Unis. (NDT)

Fouiller les malles du passé

Comme nous le verrons à plusieurs reprises, les Créatifs Culturels sont constamment à la recherche de moyens de reconnecter entre elles des choses qui ont été séparées. Beck, un chanteur de pop d'une vingtaine d'années, évoque cela en des termes dans lesquels un bon nombre de jeunes Créatifs Culturels se reconnaîtraient. Il se dit fatigué de devoir démêler les fragments d'une époque qui propose trop d'informations sans signification. « Je ramasse les morceaux et je les vends », chantait-il il y a quelques années. Il est même lassé de ses propres parodies, dit-il, et « des culs-de-sac qui sont morts à jamais ». Désormais, il écrit une nouvelle musique, réfléchie et belle, que certains critiques trouvent un peu démodée.

« Les gens écrivent que je fouille dans les miettes du passé », confiait-il à un journaliste, « mais pour moi, toute la musique des cent dernières années est contemporaine. » Il y voit une continuité d'une grande valeur. Ce qui lui est arrivé, c'est qu'il en a eu assez de jouer le jeu de la supériorité post-moderne et du mépris de tout ce qui est différent. Dans sa propre vie, il essaie de connecter le commencement et la fin, d'aller au-delà des différences et de revenir avec quelque chose de nouveau. [1]

Les Créatifs Culturels en ont assez des effets de fragmentation du Modernisme, et selon eux les guerres de cultures entre Modernistes et Traditionalistes ne sont qu'un autre exemple de cette tendance à toujours séparer ce qu'il faudrait au contraire réconcilier (la seule exception est la question des droits des femmes, au sujet de laquelle les Créatifs Culturels se tiennent avec intransigeance au côté des Modernistes). Pour beaucoup, la guerre des cultures n'est qu'une opération idéologique délibérée qui détourne les Américains des vrais problèmes que la société doit absolument résoudre : la menace actuelle qui pèse sur la planète avec la plus rapide extinction d'espèces depuis des millions d'années, le danger énorme des armes nucléaires, la contamination des aliments que nous mangeons par les pesticides et les produits polluants, de l'air que nous respirons et de

---

21. Beck cité Jon Pareles, 'A Pop postmodernist Gives Up on Irony', *New York Times*, 8 novembre 1998.

l'eau que nous buvons, les violences domestiques que femmes et enfants subissent dans le monde entier, les conditions de vie toujours aussi déplorables et dangereuses des pauvres, les discriminations fréquentes envers les minorités qui sont toujours chose courante, l'envol incontrôlé du coût des soins médicaux alors que de plus en plus de gens n'ont plus aucune protection sociale, le désintérêt de la médecine occidentale conventionnelle pour les questions que soulèvent les médecines alternatives, l'ignorance ouvertement moqueuse de la culture officielle vis-à-vis de la spiritualité, les petites guéguerres des politiciens tandis que Rome est en flammes.

La deuxième contre-culture

Les Créatifs Culturels sont apparus en grand nombre parce que les échecs du Modernisme sont devenus tellement flagrants qu'ils remettent directement en cause le discours officiel qui est censé régir nos vies. L'historien et prêtre catholique Thomas Berry écrit : « Tout est une histoire de discours. Notre problème aujourd'hui, c'est qu'il nous manque un discours qui soit bon, une histoire qui tienne la route. On est entre deux discours. Le discours du passé qui raconte comment le monde a été créé et quelle y est notre place, ne fonctionne plus. Et pourtant il nous reste encore à trouver un nouveau discours capable de le remplacer. » Pour bon nombre d'entre nous, ce vieux discours n'est effectivement plus valable, mais au moins, tant qu'on y croyait, il nous fournissait un cadre et un sens dans lesquels nos vies pouvaient fonctionner. [1]

Un peu plus haut dans ce chapitre, nous avons vu deux manières de s'éloigner de la culture moderne. La première contre-culture était celle des Traditionalistes qui se sont retournés vers le passé en réaction à la culture moderniste depuis plus d'un siècle. La deuxième contre-culture est celle des Créatifs Culturels. Leur philosophie de vie c'est d'aller de l'avant, se tourner vers l'avenir pour adopter de nouvelles valeurs et visions du monde, plutôt que de se retourner vers le passé ou de rester

1. Thomas Berry, *The Dream of the Earth* (New York : Sierra Club Books, 1990), p. 123.

prostrés dans le présent. Ils sont en train de se détacher du Modernisme, tout comme les Traditionalistes l'ont fait avant eux.

Aller de l'avant, cela veut dire se détacher du vieux discours pour en trouver un nouveau. Ce n'est pas quelque chose que l'on puisse faire tout seul, ni quelque chose qui puisse se faire rapidement. Les Créatifs Culturels sont à la recherche de moyens — il ne s'agit pas ici de construire un nouveau discours ; personne ne peut construire un discours suffisamment profond et vrai pour être utile aujourd'hui — mais plutôt d'esquisser un nouveau modèle, de découvrir de nouveaux modes de vie pour une nouvelle époque.

Ecoutons plutôt l'histoire d'une astucieuse infirmière en chef du Midwest. Elle nous a raconté la difficulté qu'elle a eue à se détacher de la vision du monde qu'on lui avait inculquée dans son enfance : « Quand je repense à ces années où j'essayais de m'arracher à mes anciennes idées sur la vie, c'était comme si je m'étais retrouvée pieds et mains liés pendant toute cette période incertaine. Je me suis débrouillée tant bien que mal pour avancer en faisant des petits sauts maladroits. Je m'étonne d'avoir réussi à être aussi persistante, sans me décourager et d'avoir continué à avancer ligotée comme je l'étais. De là où je suis maintenant, je sais que c'est la culture qui nous ligote ainsi. C'est la culture qui nous rend aveugles. Pas seulement aveugles à ce qu'on devrait faire ou pas ; ces choses s'apprennent en grandissant. Cela va plus loin. C'est ce qu'on a le droit de remettre en question ou non, ce qu'on a le droit d'espérer, d'imaginer. »

Elle résume très bien le dilemme des Créatifs Culturels : adopter une nouvelle vision du monde est affaire de culture. Une vision du monde, pour les êtres humains, c'est comme l'eau pour les poissons. C'est l'eau dans laquelle on nage. Mais ce n'est que lorsque certaines choses viennent déranger cette vision du monde qu'elle devient visible. Alors, les Créatifs Culturels commencent à chercher un autre discours, à créer une autre troisième Amérique. Comme les Traditionalistes, ils se détachent du Modernisme, mais, à la différence des Traditionalistes, ils ne sont pas triomphalistes. Ils ne sont pas portés sur les grandes déclarations du type « Dieu est à nos côtés, et seulement à nos côtés », et ils ne pensent pas non plus que « la seule chose qui compte c'est de gagner ». Ils recherchent tout simplement une nouvelle voie.

Une nouvelle culture

Lorsque les Créatifs Culturels de tous horizons se détachent du Modernisme, ils se trouvent tout de suite sur la terre ferme. Sara van Gelder, la rédactrice en chef de *Yes Magazine*, nous a écrit avec son franc-parler habituel qu'elle espérait que nous n'avions pas banalisé les préoccupations des Créatifs Culturels avec des formules du genre « ne vous contentez pas de faire quelque chose, changez dans votre tête ! ». Elle se dit réellement fatiguée de cette dichotomie qui oppose le changement intérieur au changement culturel. « Le stéréotype New Age, c'est qu'il suffit de se changer soi et qu'ensuite le monde change tout seul. Le stéréotype des activistes politiques c'est qu'il ne faut pas se préoccuper de soi si l'on veut sauver le monde. Mais dans les deux cas on a tort ! Etre un Créatif Culturel, c'est oublier cette dichotomie et intégrer l'évolution du moi et du monde dans un travail global sur le monde. »

L'idéal des Créatifs Culturels, c'est précisément le rêve d'une culture intégrale qui pourrait rassembler les Modernistes et les Traditionalistes, le planétaire et le local, le changement intérieur et l'activisme extérieur. La force des Créatifs Culturels, c'est qu'ils sont les plus aptes à proposer une vision positive pour l'avenir. Ils ont déjà commencé à imaginer et à développer des alternatives aux problèmes les plus urgents auxquels notre monde est confronté. Nous allons voir que ce sont eux qui ont été, au cours des quarante dernières années, les animateurs et les supporters des nouveaux mouvements sociaux et psychospirituels. Ainsi, ils ont acquis une grande expérience dans les domaines de réflexion sur les divers problèmes sociaux, d'organisation et de mise en œuvre de solutions diverses.

Leur point faible, c'est qu'ils ne disposent pas encore d'une assise leur permettant de se soutenir mutuellement et de travailler ensemble. Puisqu'ils manquent de soutiens, c'est l'isolement social qui est leur problème principal. Tant qu'ils n'auront pas développé un réel sentiment communautaire, leurs mouvements, leurs entreprises et leurs institutions en cours de développement ne pourront pas grandir et les leaders politiques potentiels ne pourront pas faire cause commune avec eux.

Au moment où les Créatifs Culturels se détachent de la voie

de l'opinion dominante, la première question que se posent les gens c'est : « Est-ce qu'ils vont y arriver ? » D'autres se demandent : « Est-ce qu'ils vont s'en sortir ? », sous-entendant que les pressions sociales et économiques sont suffisamment fortes pour ruiner leurs efforts. A notre époque de grands bouleversements sociaux, la mauvaise nouvelle c'est qu'il y a tout un tas de déviances qui se développent, notamment la délinquance et la criminalité. La bonne nouvelle, c'est qu'il y a moyen d'innover. Quand les gens commencent à apprendre à voir les choses différemment et à s'aider les uns les autres à vivre différemment, alors de grands changements sont possibles. En dépit de ce que disent les conservateurs, les Américains ont toujours été plutôt favorables à de tels changements.

Au-delà des guerres culturelles

Alors finalement, quelle est la position des Créatifs Culturels dans la guerre des cultures ? Et bien en fait, ils refusent de choisir leur camp. Ils avancent plutôt dans une troisième direction qui n'est ni à gauche, ni à droite, ni moderne, ni traditionnelle. Ils ont été très profondément impliqués dans la plupart des mouvements sociaux nés à partir des années 60 ainsi que dans un tas d'inventions culturelles. Les mouvements politiques d'opposition les ont moins influencés que les mouvements culturels qui essayent d'éduquer nos désirs et de changer notre vision de la réalité. Ils veulent voir les choses dans leur globalité et ils veulent travailler avec le système dans sa globalité, avec tous les acteurs concernés. Ils se voient comme des 'faiseurs de synthèse' et des réconciliateurs, pas seulement au niveau personnel mais aussi à l'échelle planétaire. Ils franchissent en permanence les lignes de démarcation des classes sociales et des races, au-delà des frontières des idéologies et des nations, rejetant le militarisme et l'exploitation. Ils vont au-delà de tout cela pour se consacrer à la recherche d'un système écologique viable sur le long terme, du fameux 'développement durable'.

Ce qui intéresse les Créatifs Culturels, c'est d'expérimenter ce que l'on pourrait appeler les modèles non-hiérarchiques féminins, qui intègrent les émotions et l'action, l'intériorité personnelle et le politique, de rechercher des moyens humains pour transformer la société [1]. Il s'agit, bien sûr, d'idéaux. Leur quête, comme toutes les quêtes, va recouvrir le spectre de la sagesse humaine et de la folie, de l'honneur et de la criminalité. Leurs idéaux ne représentent pas une réalité vécue pour tous les Créatifs Culturels. Mais ils sont bien là, partout, à essayer et à expérimenter, tentant d'initier des changements qui emmènent la société bien au-delà des guerres de cultures, vers une nouvelle manière de vivre et d'envisager la vie.

1. Gerda Lerner, *Why History Matters* (New York : Oxford University Press, 1997), p.110.

Deuxième Partie

Une nouvelle genèse

Les enfants cherchent toujours à savoir d'où ils viennent, et toutes les cultures ont toujours à leur offrir une 'histoire de la création', une genèse qui permette de répondre à leurs questions. Les Créatifs Culturels eux aussi pensent connaître leur propre genèse. En effet, tous ceux parmi nous qui ont vécu les premières années des nouveaux mouvements sociaux et des courants psychospirituels ont l'impression de connaître cette histoire sur le bout des doigts. La télé nous repasse régulièrement les images des événements et des acteurs principaux, et on les a tous déjà vus des dizaines de fois.

On sait qu'en 1955, une couturière noire de Montgomery a été expulsée d'un bus pour avoir refusé de laisser son siège à un passager blanc, et que cet événement a été le détonateur de l'un des plus grands mouvements populaires de l'histoire des Etats-Unis. En 1962, une biologiste connue du grand public faisait remarquer que les pesticides et la pollution faisaient peser sur la nature une réelle menace de mort, et ce qui n'était qu'un simple élan conservationniste devint un mouvement planétaire de protection de l'environnement. En 1962 toujours, une journaliste leva le voile sur 'le problème innommable' et déclencha un véritable séisme qui secoua l'intimité des foyers dans toute l'Amérique, quand les femmes se mirent à s'opposer activement aux conventions et valeurs sociales qui les avaient opprimées pendant des siècles. En 1964, les sources thermales de Big Sur ont adopté le nom d'Esalen, et ont accueilli des séminaires et des conférences sur le potentiel humain, la spiritualité, l'éveil des sens, le yoga et les médecines alternatives, le tout accompagné de bains chauds dans des sources qui allaient devenir célèbres.

Et l'on se souvient tous aussi des dizaines de milliers de manifestants rassemblés pour les marches, les manifs, les sit-in, et les cadavres empaquetés lestés par les avions de l'armée, les hurlements des femmes et des enfants du Vietnam — tout le monde connaît tout cela parfaitement, n'est-ce pas ? Trop parfaitement. Ces images sont tellement ancrées dans notre mémoire collective qu'elles finissent par remplacer la mémoire, et masquent la connaissance réelle de ce qui s'est passé. On se dit que tout cela est bien fini et on est tous revenus à nos vies bien tranquilles.

Mais c'est là qu'on se trompe. En tant que nation, on ne sait pas ce qui s'est passé. On connaît le début de l'histoire, mais l'on pense que ces décennies de grands rêves sont bel et bien révolues, passées, et dépassées, puisqu'on ne voit désormais plus rien de la sorte à la télévision. On ne se rend pas du tout compte de tout ce qui s'est produit ensuite — comment ces mouvements pionniers, et ceux qui ont suivi, ont changé et modelé les vies de ceux qui sont les Créatifs Culturels aujourd'hui. Et ainsi, les Créatifs Culturels eux-mêmes, finalement, ne savent même pas que c'est en fait de là qu'ils viennent. Et comme tout peuple dépourvu d'histoire, ils s'imaginent être des marginaux, des étrangers, des gens de l'extérieur, des 'pas-d'ici', comme les pièces d'un puzzle qui ne trouveraient pas leur place dans un ensemble qui a l'air tout à fait complet sans elles.

Nous avons été directement confrontés à cette situation, une nuit d'octobre 1999. Nous avions promis à une amie proche que nous allions rencontrer sa nièce, qui avait 'une question qui la taraudait en permanence'. Notre amie était persuadée que nous allions pouvoir l'aider. Nous n'en étions pas certains, mais nous étions décidés à l'écouter.

Une extra-terrestre

La scène se passe dans notre salon, où nous sommes tous installés après un bon dîner. Jan, une petite femme d'une trentaine d'années, compacte et tendue, est recroquevillée sur notre canapé. « En fait, je crois que je pourrais commencer n'importe où, dit-elle. C'est une histoire qui n'a pas vraiment de commencement ni de fin, ni même de milieu d'ailleurs. C'est juste que ça dure depuis des années. » Elle a l'air un peu gênée. « Ça doit être juste un problème psychologique. Le mien ou celui de ma famille — j'en sais rien. Je crois que je vais juste vous raconter ce qui s'est passé le mois dernier. Je pense que ça devrait suffire.

— Très bien, nous t'écoutons.

— C'était l'anniversaire des 60 ans de ma mère, et son souhait le plus cher était que l'on passe tous le week-end en famille avec elle quelque part, du moment que ce ne soit pas à Cleveland, où l'on habitait tous et où habitent encore mes parents. Mon père était prêt à nous payer les billets d'avion, à ma sœur, mes frères et moi — on habite un peu aux quatre coins du pays — pour qu'on les rejoigne pour passer ce week-end ensemble. On s'est chamaillé pendant des semaines. Mes frères et ma sœur voulaient qu'on aille dans un endroit avec un grand terrain de golf, une cuisine raffinée, un service excellent et une immense piscine. Et il fallait que ce soit quelque part où il fait chaud en avril sur le continent. Tout le monde était d'accord. Sauf moi.

— Et qu'est-ce que tu voulais ?

— Ben, je suis un peu la martienne dans la famille, l'originale. Je voulais un truc avec du yoga, un cadre simple et, si possible, pas trop loin de sentiers de promenade ou de l'océan. Parce que je savais que ce ne serait pas facile, vous voyez. Alors on a essayé de trouver un endroit avec tout ça.

— Et vous avez réussi à trouver ?

Elle a rigolé et a secoué la tête. « On a trouvé un compromis : une station thermale au sud de la Californie avec un grand terrain de golf, une piscine et une vue sur l'océan. Mais une fois qu'on est arrivé là-bas... » Elle s'est mise à soupirer. « C'était pas juste un ou deux trucs. C'était tout le temps, partout. J'avais vraiment l'impression d'être une extra-terrestre. Je ne buvais pas d'alcool. Leurs parfums et leurs eaux de Cologne me faisaient éternuer. Et quand je me plaignais, ça les mettait hors d'eux. J'étais la seule à vouloir me baigner dans la mer plutôt que de rester au bord de la piscine. A chaque fois, c'était comme si tout ce qu'ils faisaient était la norme, et que cette norme était aussi celle de la station thermale où l'on était. Ils étaient parfaitement à leur place, et moi j'étais la détraquée mentale qui dérangeait tout le monde, et qui, de toute évidence, n'avait pas sa place là-bas. »

L'effet cumulé, selon elle, fut dévastateur. « Ça a l'air de rien du tout, c'est vrai, mais toutes ces différences s'accumulaient petit à petit, jusqu'à ce que j'aie l'impression de devenir invisible. Je vous dis, on aurait été de planètes différentes, ç'aurait été pareil. Rien de ce qui m'intéresse, rien de ce qui est important pour moi n'a de valeur à leurs yeux — c'est à peine s'ils arrivent à comprendre — et donc il n'y avait rien dont on puisse discuter. Les hommes parlaient de leurs affaires de famille, et ma sœur et ma mère parlaient shopping. Je ne disais pas grand chose, même s'il y a beaucoup de choses dont j'avais envie de leur parler. Ma passion du yoga. Les cours de spiritualité créative que je suis au Holy Names College. Ma manière de vivre, les amis que j'ai, le genre de mariage que je souhaite. Ils n'avaient aucune envie d'en entendre parler, et pour tout vous dire, j'ai laissé tomber. »

Elle s'est arrêtée un moment pour réfléchir, puis a repris : « Il faut bien avouer que dans ce qu'ils aiment, il y a pas mal de choses qui m'exaspèrent. J'aimerais pouvoir penser que c'est juste une question de style de vie, mais franchement, au plus profond de moi, ça fait mal. Les trucs que je respecte, ce sur quoi je construis ma vie, cela les fait marrer. Et ce qui est important pour eux, très honnêtement, ce sont des choses pour lesquelles je n'ai aucune considération. Mes frères mesurent tout en dollars. A partir du moment où la station coûtait cher, c'était pour eux une garantie qu'elle serait forcément très bien. Ma mère et ma sœur adorent faire du shopping. Les chaussures ! Ma mère connaît l'extase dès qu'elle entre dans un magasin de chaussures ! »

Elle a continué, un peu amusée, se demandant de quoi ce genre de détails accablants sur des vacances en famille pouvait bien avoir l'air pour des étrangers, mais en même temps, elle avait l'air de se sentir véritablement perdue. « Ma famille avait l'air si joyeuse sur le terrain de golf ou au bord de la piscine, à se raconter les derniers ragots, mais moi j'avais l'impression d'être dans une prison en plastique. Finalement j'ai pris la voiture que mon père avait louée, et j'ai passé tout mon dimanche au bord de l'océan. Assise au bord des falaises, à regarder les pélicans blancs qui plongeaient au-dessus du Pacifique, j'avais enfin la sensation de replonger dans mon vrai moi, respirant l'air frais — je me sentais enfin chez moi. »

Elle nous a regardés, pas trop sûre de devoir continuer. On lui a fait comprendre qu'on la comprenait très bien, et elle nous a raconté la suite de son histoire.

Quand le week-end s'est achevé, elle est rentrée chez elle avec une terrible envie de hurler et de tout raconter à ses amis. Mais comment osait-elle ? Son père avait été si généreux en payant pour tout. Et sa mère avait été si heureuse qu'ils soient tous enfin réunis. Comment, à trente ans, pouvait-elle se comporter ainsi, comme une sale gosse, aussi difficile et ingrate ? Elle se sentait coupable, furieuse, frustrée. Parce que ce n'était pas seulement ce week-end. C'était chaque fois que la famille se réunissait, pour les grands mariages, à Noël et toutes les autres occasions.

D'où viens-tu ?

A son retour, elle a contacté ses amis et leur a demandé conseil. Son grand dilemme, tout le monde était d'accord, était qu'elle devait essayer de préserver son identité sans détruire ou abandonner ses relations avec sa famille. Ils lui ont donné de nombreux conseils sur ce qui n'allait pas dans sa famille et ce qu'elle devait faire pour s'occuper d'elle-même. Mais ce qui l'a le plus aidée, c'est quand sa copine Eve, qui avait l'air vraiment étonnée, lui a demandé : « Mais est-ce que tu t'es déjà demandé d'où tu viens, Jan ? Comment quelqu'un comme toi peut venir d'une famille pareille ? »

Jan nous a regardé. « C'est ça, en fait, la question qui me taraude tout le temps. Pourquoi je ne fais pas vraiment partie de cette famille. J'ai fait une psychothérapie, et même mon psy ne peut pas trouver de réponse. Rien dans cette famille ne semble être fait pour moi. »

C'est là qu'on a vraiment compris pourquoi Jan était assise dans notre salon, à nous raconter son histoire. La question qu'elle se posait, les Créatifs Culturels y avaient déjà répondu pour nous, en détail, au cours des douze dernières années. Alors on a commencé à présenter cette réponse à Jan, du moins ce que nous pensions avoir compris. Ce n'était pas lié à son environnement psychologique, quelque chose qui se serait passé dans sa famille quand elle était jeune. Ce n'était pas non plus lié à son origine ethnique. Cela avait beaucoup plus à voir avec des éléments qui apparaissent plus tard, quand on est déjà plus mûr et qu'on commence à se construire au sein d'une nouvelle culture qui est en train d'apparaître. Il arrive effectivement que l'on se sente comme un étranger dans sa propre famille. Et il s'agit d'éléments tellement personnels et particuliers — vos priorités dans la vie, votre manière de comprendre le monde, le genre de vie que vous menez — qu'il est en fait difficile d'imaginer qu'ils aient effectivement un quelconque rapport à la culture. Et pourtant c'est précisément le cas.

On a commencé à parler à Jan des Créatifs Culturels, à les décrire, en particulier leurs valeurs et le genre de choix qu'ils font dans la vie. « Ils m'ont tout l'air d'être comme moi », dit-elle, les yeux pleins de larmes. « Je n'aurais jamais pu imaginer qu'il y ait autant de gens comme moi. Mais pour ma famille ? Pourquoi sont-ils aussi arrogants ? Pourquoi sont-ils aussi sûrs que leur manière d'être et de faire est la seule et la bonne ? »

D'après ce qu'elle nous a raconté, ils ont toutes les caractéristiques des Modernistes, lui a-t-on expliqué, ce qui en fait des membres de la culture dominante. Mais sa situation n'est pas seulement liée au caractère de ses proches (même s'ils pourraient effectivement se montrer un peu plus attentionnés). Quand une personne appartient à la culture dominante — n'importe laquelle, pas seulement le Modernisme — elle va nécessairement penser que sa manière d'être est la norme, le standard officiel, la manière la plus évidente de faire les choses, bref, la Vérité. Et ceux qui sont différents — et bien, ce sont des outsiders, des marginaux, qui doivent soit s'adapter au programme, soit être exclus. Ce n'est pas vraiment personnel, lui a-t-on expliqué. En fait, sa famille est probablement tout aussi gênée qu'elle par ces échauffourées permanentes et agaçantes. Ils se demandent très certainement : « Mais c'est quoi son problème, à Jan ? Pourquoi ne fait-elle pas un effort pour être comme nous, qu'on puisse arrêter un peu de se chamailler et passer de bons moments ? »

Jan restait silencieuse et immobile, tandis qu'elle voyait dans sa tête les pièces du puzzle s'ordonner. Puis elle a dit : « C'est vrai, je vois bien le clash culturel. Ça m'a l'air effectivement beaucoup plus clair comme ça. Mais vous n'avez toujours pas répondu à ma première question : d'où est-ce que je viens ? Comment suis-je devenue ce que je suis en venant d'une famille aussi différente ? »

Caché, en pleine lumière

La réponse est comme la lettre volée d'Edgar Allan Poe, tellement familière et banale que personne ne la remarque. Nous aussi, nous sommes passés à côté, sans la remarquer, jusqu'à ce que les Créatifs Culturels nous répètent, encore et toujours, qu'il fallait apprendre à voir ce qui est caché en plein jour, juste sous nos yeux. Quasiment toutes les personnes que nous avons interrogées pour ce livre nous ont avoué avoir participé aux nouveaux mouvements sociaux et courants psychospirituels qui sont apparus dans les années 60 et qui continuent aujourd'hui. Et pas seulement à un ou deux mouvements, nous ont-ils dit. Plutôt cinq ou six. Et pratiquement toutes ces personnes nous ont confié avoir été profondément affectées, voire transformées, dans leurs convictions profondes et dans leurs priorités et choix de vie, par leur participation à ces mouvements. Au début, on s'est dit que notre échantillon devait être biaisé, qu'on était tombé sur un groupe particulier d'activistes et de militants qui étaient différents des autres Créatifs Culturels. Mais en vérifiant après coup les données de l'étude, on a vu qu'il n'y avait pas d'erreur.

Quand on a raconté cela à Jan, elle a eu l'air un peu contrariée. « Et alors ? Quel rapport avec moi ? Je ne suis pas une activiste, ni une militante. A l'époque de ces mouvements dont vous parlez, je portais encore des couches. C'est de l'histoire ancienne. »

Il y avait comme un parfum de mépris dans la pièce. Je vous en prie, faites un effort et dites-moi quelque chose *d'utile !*

« D'accord, attends un peu. Ce ne sont pas seulement les militants activistes qui ont été changés par ces mouvements. C'est aussi l'ensemble des personnes qui les soutenaient tout autour, de plus ou moins loin, indirectement — bien souvent bien plus nombreux que les activistes eux-mêmes. Et quand on fait la somme des mouvements sociaux — pour les droits civiques, pour les droits des femmes, des homosexuels, contre la guerre, pour l'environnement, etc. — et des courants psychospirituels — la *psychologie humaniste*, les nouvelles spiritualités, les médecines alternatives — cet ensemble de 'supporters' finit par représenter une population énorme. Donc tu vois, on ne parle pas juste des militants activistes ou seulement d'un ou deux mouvements — on parle de millions de personnes impliquées dans de nombreux mouvements sur deux générations. »

Elle s'est redressée : « Ah ! ok, alors attendez, laissez-moi trouver la suite. Mon groupe féministe à l'université, ma passion du yoga, le fait que je sois allée à la Gay Pride le mois dernier (même si je n'ai fait que regarder), et le genre de thérapies transpersonnelles que j'apprécie — tout ça en fait partie ?

— Exactement.

— Et que je sois une vraie passionnée de la nature — marcher, faire du vélo, du rafting et tout simplement sortir autant que je peux pour me retrouver au grand air, dans les grands espaces... Et ma quête spirituelle dans les High Sierras, dans le désert ! Tous ces trucs-là, c'est ce que vous voulez dire ?

— C'est bien ça. »

Jan a décroisé les bras et a soupiré. On a continué à parler pendant un peu plus d'une heure, elle a commencé à pouvoir rassembler les pièces de son propre puzzle. Parfois, nous a-t-elle dit, elle apprenait des choses nouvelles. Mais pour la plupart, les sujets qui l'intéressaient vraiment faisaient déjà l'objet de groupes et d'associations auxquelles elle s'inscrivait ou de livres qu'elle lisait, et elle réussissait à en parler avec ses amis au cours de discussions qui duraient jusque tard dans la nuit. Au total, cela faisait pas mal de choses auxquelles il fallait encore réfléchir, beaucoup d'éléments à rassembler avant de pouvoir comprendre comment elle était devenue la personne qu'elle était aujourd'hui, mais en même temps elle commençait à comprendre dans quelle direction il fallait chercher.

Vers la fin de la soirée, Jan a eu comme un flash : elle venait de relier tout cela avec un élément qui éclairait tout. C'était à propos de son père. Il était allé à l'Université à Chicago, nous a-t-elle raconté, fumait des joints et était fasciné par les poètes de la Beat Generation. Puis il s'était inscrit en droit et avait fait du bénévolat pour le combat pour les droits civiques. « Sans lui, je n'aurais probablement pas développé un tel sens de la justice, ni une telle conscience des problèmes de racisme. S'il n'avait pas été obligé de s'occuper de sa famille, peut-être qu'il serait devenu quelqu'un comme moi. » Elle est restée assise quelques minutes, pensive. « Peut-être que je ne suis pas du tout une extra-terrestre ».

L'explication que nous avons donnée à Jan ce soir-là ne couvre qu'une toute petite partie de la réponse à la question : d'où vient-elle ? Et d'où viennent les Créatifs Culturels ? Dans la deuxième partie, nous posons cette même question au sujet de ce nouveau groupe culturel. Pour y répondre, il faut étudier en détail les mouvements sociaux et psychospirituels dont nous avons parlé. Quand on aura montré que ces mouvements étaient bien plus qu'un fatras de grands drames et de manifestations sans fin, on aura enfin en mains un outil puissant pour mieux comprendre les changements qui ont eu lieu sous la surface de notre vie collective. Ces nouveaux mouvements furent, et sont encore, un processus très important d'apprentissage social, pas seulement pour les activistes mais aussi pour la plupart des Américains et en particulier pour les Créatifs Culturels. Une fois qu'on aura fait apparaître les schémas qui sous-tendent l'apparition du nouveau groupe culturel, il sera plus facile de comprendre vers où ils sont en train d'aller — et peut-être toute notre civilisation avec eux.

C'est seulement sur le fond d'un écran panoramique qu'on peut comprendre les grands titres et les images télévisées, tout cet ensemble complexe d'événements apparemment non connectés qui illustrent la vingtaine de mouvements culturels qui ont donné naissance aux Créatifs Culturels. Précisément, ce ne sont pas ces événements individuels, isolés, sur lesquels il nous faut nous arrêter, mais sur quelque chose de beaucoup plus basique, au sens de fondamental : la fabrication de la culture elle-même. Pour mieux voir la forme générale de ces processus de changements, pour mieux dessiner leurs contours et les grandes lignes qui les sous-tendent, il nous faut faire un bond de cinquante années en arrière. Il faut au moins cela pour voir une civilisation entière en train de changer. Ce n'est qu'avec une telle distance que l'on peut démêler les grands titres et les déchiffrer, et décider de nos priorités et choix de vie. Ce n'est qu'à cette condition que l'on peut mettre en place de nouvelles stratégies pour les entreprises, et affiner notre vision d'un monde en émergence.

Surtout, ce qui compte le plus, c'est que ce n'est qu'à cette condition que nous allons réaliser que les Créatifs Culturels ne sont pas un ensemble éparpillé et sans cohérence de cœurs sensibles, de bons samaritains et de 'moi-d'abord', mais qu'ils sont la manifestation d'une lente convergence de mouvements et de courants jusqu'alors distincts vers une profonde modification de notre société. Dans l'hypothèse la plus modeste, c'est un changement de mentalité pour un quart de la population américaine. Mais il se pourrait bien qu'il s'agisse en fait d'un changement de mentalité de la culture dans son ensemble, la concrétisation d'une nouvelle intégration américaine.

Chapitre 4.

A l'assaut des conventions

Afin de raconter la genèse des Créatifs Culturels, il faut tout d'abord nous intéresser aux mouvements de société qui les ont précédés. Ce furent les rues de New York, envahies par cortèges de dizaines de milliers de femmes en colère, ou les étudiants agités qui lançaient depuis les haut-parleurs fixés sur leurs voitures, des appels à la liberté d'expression. C'étaient des étudiants et des professeurs, des poètes et des employés de bureau, des déserteurs et des vétérans du Vietnam, de jeunes parents poussant leur landau, des prêtres et des bonnes sœurs, des rabbins et des instituteurs. Scandant « Hell No ! We won't go ! » (non, nous n'irons pas nous battre !), ils envahissaient les rues pour faire des sit-in devant les casernes et les installations militaires. Ils se réunissaient, fervents, en alerte, dans des cercles et des assemblées, se battant pour enfin dire à haute voix ce qu'ils n'avaient jamais osé dire à personne. Graves et inquiets, ils bloquaient les voies ferrées d'accès aux usines d'armes nucléaires, et des milliers d'entre eux y furent arrêtés. Comme l'écrit Denise Levertov, certains essayaient d'imaginer la paix, de chasser les images dramatiques et familières de la guerre et de ses désastres. [1] D'autres s'enchaînaient aux arbres ou se couchaient sur le pas-

1. Denise Levertov, 'Making Peace', dans Daniella Gioseffi (ed.) *Women on War, Voices from the Nuclear Age* (New York : Simon and Schuster, 1988).

sage des bulldozers afin d'empêcher la destruction des forêts primordiales. D'autres encore manifestaient contre l'empoisonnement des travailleurs d'usines dans les zones industrielles ou des enfants dans les grandes villes. Et chaque groupe imaginait que leurs efforts pouvaient changer le monde.

Attention ! Il ne faut pas croire que les Créatifs Culturels ont tous milité pour les mouvements sociaux d'il y a trente ans. N'oublions pas que ces activistes ne furent que des dizaines de milliers, alors que les Créatifs Culturels sont des dizaines de millions. Il s'agit plutôt de dire que ces mouvements de société ont nourri les aspirations et les espoirs d'une population très large. Ces mouvements de contestation s'inscrivaient en fait dans une tendance beaucoup plus vaste. Au même moment sont apparus en effet tous les mouvements psychospirituels, les mouvements d'éveil de la conscience, les nouvelles formes de spiritualité et de psychologie, ainsi que les médecines douces et alternatives. Dans le chapitre 6, nous verrons quel rôle ont joué ces mouvements psychospirituels dans l'émergence des Créatifs Culturels. Mais leur influence ne s'est pas vraiment fait sentir, à grande échelle, avant plusieurs décennies. Les mouvements de société, eux, nous ont tous directement plongés dans des salles de classes d'apprentissage social, flamboyantes et chaotiques, où l'on s'en prenait au quotidien. Et c'est ainsi qu'à la fin du second millénaire, malgré de nombreuses tentatives de retour en arrière, l'ensemble de la société américaine a connu d'impressionnantes avancées sociales.

Dans les quatre chapitres suivants, nous allons adopter une perspective qu'il était jusqu'alors impossible d'envisager. Il s'agit en effet d'une vision sur la durée, sur les quarante dernières années. Elle resitue dans un même plan une vingtaine de types de mouvements sociaux. Cette vision orbitale utilise les résultats d'enquêtes réalisées auprès de 100.000 Américains et des centaines de groupes échantillons, et rapporte des dizaines d'entretiens individuels. Il s'agit ici en fait du plus grand nombre de données jamais réunies. Ce qui nous intéresse ici, ce n'est pas de voir comment chaque mouvement, isolément, a agi, ou ce pour quoi il existe ; il y a déjà beaucoup de documentation disponible sur ce sujet. Notre but est de voir comment ces nouveaux mouvements s'inscrivent dans une profonde transformation de la société américaine, dans une spirale de changements qui ont eu un immense impact sur ce que la plupart des Américains d'aujourd'hui sont prêts ou non à accepter dans leur vie. Ces mouvements ont donné naissance à toute une vision du monde et à un ensemble de considérations qui ont eu une influence essentielle sur les convictions actuelles des Créatifs Culturels, et, par effet inverse, celles et ceux qui sont devenus des Créatifs Culturels ont joué un rôle central dans l'évolution de ces mouvements en question. En bref, nous allons voir comment le courant culturel le plus récent des Etats-Unis est apparu et comment il commence à gagner la société entière.

Des nuées de sympathisants

Les commentateurs politiques ont constamment sous-estimé l'importance de ces nouveaux mouvements sociaux. Cette erreur n'a rien de surprenant dans un monde où l'actualité politique et économique est complètement focalisée sur le spectaculaire et le factuel : les méga fusions d'entreprises, les guerres, les désastres et les tragédies nationales et internationales. A leurs yeux, les mouvements sociaux n'ont pas beaucoup d'importance. On voit très peu les activistes. Effectivement, si l'on ne s'intéresse qu'à la partie visible de l'iceberg, il est facile de s'imaginer que ces mouvements sont insignifiants. Or, la réalité d'un mouvement social consiste en fait plutôt dans la base large et discrète de personnes qui le soutiennent et qui y croient. Et cette population, pour les courants qui nous intéressent, est immense. Dans les seuls Etats-Unis d'Amérique, une vingtaine de nouveaux mouvements sociaux sont apparus au cours des quarante dernières années.

Pour mesurer la véritable ampleur d'un mouvement social, prenons l'image d'une cible faite de trois cercles concentriques. Au centre, on trouve les centaines de leaders, de manifestants et d'organisations 'visibles'. Le deuxième cercle, ce sont les milliers de sympathisants 'actifs'. Et le troisième cercle, le plus large, représente les millions de sympathisants concernés, plus ou moins indirectement, par les événements, qui peut-être se contentent de lire les débats dans les journaux, mais néanmoins seront influencés dans leurs choix de vie quotidiens. Si l'on regroupe tous les mouvements des dernières années, on compte des centaines d'organisations nationales, des dizaines de milliers d'organisations locales, des centaines de milliers d'activistes, des millions de sympathisants 'fidèles' qui soutiennent les associations par des dons, et qui lisent tout ce qui est publié sur les sujets qui les intéressent, et, finalement, des dizaines de millions de sympathisants qui, dans l'ensemble, approuvent les prises de positions des mouvements en question. Si l'on fait l'addition, le nombre final impressionne tout le monde. Cette population constitue ce qu'on peut appeler un 'public moral' et entoure chaque mouvement, comme une immense nuée qui inclut les activistes visibles et les sympathisants anonymes, qui prêtent une oreille attentive aux messages de ces mouvements, mais demeurent largement invisibles aux yeux des médias, et même de bon nombre d'experts.

Il n'est pas surprenant que la plupart des politiciens, historiens et commentateurs, notamment des médias, ne comprennent pas vraiment ce qui se passe. De nos jours, la plupart des partis politiques de centre gauche, de par le monde, ont fait leurs débuts au 19e siècle ou au début du 20e sous la forme de mouvements sociaux. Il en va de même pour la plupart des partis fascistes. Et la plupart des commentateurs d'aujourd'hui sont prisonniers de conceptions surannées, qui définissent ce que c'est qu'être un acteur politique d'importance, et datent précisément du tournant du siècle. Ils se souviennent des manifestations des suffragettes et de la Prohibition, des syndicats et des Wobblies [1] qui organisaient les travailleurs et les faisaient descendre dans la rue , des hommes du Klan dans leur longue toge blanche qui brûlaient des croix et lynchaient les Noirs, et des progressistes, des socialistes, des communistes et des fascistes qui transformèrent des mouvements politiques en partis dont certains finirent parfois par arriver au gouvernement. Les analystes politiques et les médias partent du principe qu'un mouvement social n'est significatif que s'il s'agit d'un parti politique radical et bien structuré, comme les partis bolchevique ou nazi, ou alors s'il s'agit

1. Surnom donné aux membres de l'organisation syndicale anarcho-communiste IWW, Industrial Workers of the World, active aux Etats-Unis entre 1890 et 1920. (NDT)

de terroristes politiques, comme le Hamas palestinien ou les milices d'extrême droite, ou enfin s'il constitue une opposition efficace, avec une cible bien définie, à l'instar des mouvements syndicalistes qui s'opposèrent aux propriétaires d'ateliers de travail clandestin ou, récemment, aux grandes entreprises, pour que les lois soient modifiées pour prendre en compte le respect des droits des travailleurs.

Comme Marlon Brando dans *On the Waterfront*, les experts veulent savoir « qui sont les combattants du match ? ». Pour eux, nous ne sommes tous que des spectateurs autour d'un ring, uniquement préoccupés de savoir qui va remporter les prochaines élections. Si une figure de la scène publique est effectivement 'dans la course', alors, oui, dans ce cas, selon les pontes du commentaire politique, le public s'y intéresse. Sinon, ce n'est même pas la peine d'y penser. Ils sont agacés par tous ces nouveaux mouvements sociaux qui ne savent même pas comment prendre proprement le pouvoir, qui posent sans cesse les 'mauvaises' questions : des questions sur *l'écologie profonde* (*deep ecology*), sur la répartition des rôles selon les sexes, sur la santé holistique et les médecines douces, sur la psychologie du développement personnel, sur les aspects spirituels de la vie, sur le psychédélisme, tous ces mouvements psychospirituels, qui aux yeux des politiciens sont tout simplement trop radicaux, trop 'hors cadre' et trop complexes pour être traités dans l'arène politique. Et pourtant, les nouveaux mouvements ont débordé les vieux partis politiques sur un bon nombre de sujets primordiaux.[1]

1. Le sociologue anglais Anthony Giddens, conseiller auprès du premier ministre Tony Blair, écrit : « Les partis sociaux démocrates étaient, à l'origine, des mouvements sociaux de la fin du 19e et début du 20e siècle. Aujourd'hui, en plus de subir leur propre crise idéologique, ils se voient contournés et dépassés par des mouvements sociaux d'un nouveau genre, et tout comme les autres partis, se trouvent prisonniers d'une situation où la politique semble être dévaluée et le gouvernement semble dépourvu de pouvoir ». *The Third Way*, (London : Politi Press, 1998).

Comment les nouveaux mouvements ont changé notre mentalité

Un sous-groupe culturel dont les membres, pris tous ensemble, se comptent en millions est tout à fait impressionnant. Mais, en tant que société, nous ne sommes pas habitués à repérer de tels ensembles. Parce que les regards des médias sont rivés sur les grandes batailles politiques, on finit par complètement ignorer ce qui se passe réellement dans la société elle-même. La réalité, c'est que la manière de voir le monde des Américains, et quasiment toutes leurs valeurs, ont été affectées par ce que nous ont enseigné les nouveaux mouvements sociaux et les mouvements psycho-spirituels au cours des quarante dernières années. Voici quelques exemples de modifications profondes de notre vision du monde qui ont touché des centaines de millions de personnes :

- Lorsque *Printemps Silencieux*, le livre de Rachel Carson, fut publié en 1962, l'environnement n'était une préoccupation sérieuse que pour 20% à peine de la population américaine. Aujourd'hui, ce pourcentage dépasse 85%.

- A l'époque d'Eisenhower, les gens acceptaient tout simplement les armes nucléaires, sans se poser de questions. En 1982, ils étaient environ 82% à vouloir s'en débarrasser.

- Avant les années 60, les femmes étaient clairement reléguées au second rang de la société. Il était tout simplement admis, par convention, que « c'est mieux pour tout le monde que l'homme se charge des affaires hors du foyer et de ramener l'argent à la maison, et que la femme s'occupe de la maison et de la famille ». Dans les années 70, la société commença à remettre en cause la justesse et l'équité de cette vision des choses : en 1977, 65% de la population approuvaient cet état de fait, tandis que 34% la désapprouvaient. La répartition conventionnelle des rôles était encore bien vivante et bien ancrée dans les habitudes. En 1994, les proportions se sont complètement inversées : ils n'étaient plus que 34% à approuver une telle répartition, contre 63% qui la désapprouvaient. Aujourd'hui, il n'y a plus vraiment d'hésitation sur le sujet, malgré les efforts des ultra-conservateurs pour revenir sur les acquis des femmes.

Ou bien prenons l'affirmation suivante : « La plupart des

hommes sont émotionnellement mieux armés que les femmes pour la politique ». En 1974, 49% de la population désapprouvaient une telle déclaration. En 1994, ce pourcentage atteignait 74%.

Un bon nombre des problèmes sociaux qui étaient tolérés ou tout simplement admis avant les années 60 sont devenus de nos jours tout bonnement inacceptables. Ceux qui ont moins de quarante ans ont peut-être du mal à imaginer à quel point notre quotidien et nos notions de ce qui est bien, juste et acceptable, ont changé radicalement depuis les années 60. Il suffit pourtant de regarder la liste des conventions sociales dans l'encadré (p. 165). Toutes ces conventions ont été remises en question par les mouvements sociaux, souvent avec un succès remarquable. Et quel que soit votre âge, vous serez probablement surpris de voir ce que l'on considérait comme 'normal' aussi récemment que dans les années 50 et 60. Cela vous permettra de vous faire une idée de l'énorme influence des nouveaux mouvements sociaux dans l'élaboration de nos valeurs et conceptions actuelles.

Les deux premiers tiers de la liste désignent des questions et problèmes au sujet desquels les mouvements sociaux ont remporté indiscutablement l'approbation générale de l'opinion publique. La grande majorité des Américains et des Européens sont désormais conscients de ces problèmes et abus et plus personne ne se permet de hausser les épaules ou de détourner le regard. Même si tout le monde n'est pas d'accord avec les analyses et les diagnostics proposés par les mouvements sociaux, tous rejettent clairement les anciens comportements. Le troisième tiers de la liste est nettement moins consensuel, mais là encore la tendance générale va vers un rejet croissant des conventions habituelles. De plus en plus de gens sont susceptibles de dire, face à de telles déclarations, « non, ce n'est pas juste ».

Quasiment tous les éléments de cette liste ont une dimension morale. Et de manière assez choquante, il y a moins d'un demi-siècle, vous pouviez être considéré comme une personne tout à fait 'morale' tout en n'étant préoccupé par aucune de ces questions. Et le pire, c'est que votre entourage aurait très certainement partagé et approuvé votre attitude. De nos jours, la plupart des gens diraient que seul un monstre amoral pourrait ignorer ces problèmes. De toute évidence, nous avons fait des progrès.

La dimension morale de certains de ces éléments est immédiatement évidente, par exemple la suprématie des blancs ou les discriminations inscrites dans la loi. En revanche, en ce qui concerne les problèmes de destruction de l'environnement à l'échelle planétaire ou de l'extinction des espèces, il se peut que l'on pense d'abord à notre propre survie avant d'en percevoir les implications morales. Nos enfants, eux, en sont particulièrement conscients. Finalement, intéressez-vous aux questions les moins évidemment morales comme le problème d'un système de santé mécanique et impersonnel, les emplois abrutissants, le mariage ou les groupes religieux. Il est probable que de nombreux Traditionalistes et Modernistes ne les considèrent pas comme des problèmes. Au contraire, les Créatifs Culturels considèrent les traitements et les relations spirituellement et psychologiquement destructeurs comme néfastes et immoraux. La plupart des changements introduits par les mouvements 'psychospirituels' s'attaquent à ces questions 'moins évidemment morales'.

Avec en tête ce grand changement de mentalité du grand public, nous pouvons à présent nous intéresser aux événements fondateurs qui ont ouvert la voie à la première génération de Créatifs Culturels.

La décennie des grands rêves

En 1955, Rosa Park fut arrêtée sous le motif qu'elle avait refusé de laisser son siège à un blanc à bord d'un bus de Montgomery. Dans la décennie qui suivit cette arrestation, le mouvement pour les droits civiques vint à bout de la ségrégation légale et garantit le droit de vote pour les citoyens noirs dans tout le Sud des Etats-Unis. Commençant par les sit-in de 1960, les étudiants noirs et blancs se joignirent à la lutte, générant un nouveau degré d'activisme de masse et de désobéissance civile et lancèrent ainsi ce qui devint ensuite connu sous le nom de la « décennie des grands rêves ».[1]

1. Voir Eric Froner, *The Story of American Freedom*, (New York : Norton, 1998), chap. 12.

Changements de mentalité depuis les années 50 et 60

Parmi les éléments suivants, lesquels considérez-vous comme acceptables ?

- ❑ La suprématie des blancs et l'utilisation systématique de la violence et des discriminations à l'égard des Amérindiens, des Asiatiques, des Hispaniques, et des Noirs (Afro-américains).
- ❑ La discrimination envers les femmes, dans la législation, dans le monde du travail, ainsi que les abus et les violences domestiques.
- ❑ Les activités des entreprises qui provoquent des dégâts et désastres écologiques à grande échelle et nuisent à la santé des populations.
- ❑ La justification de la pollution et de l'empoisonnement de l'environnement mondial, hors des frontières des Etats-Unis (de l'air, des océans, des terres agricoles, des forêts), au nom de la croissance économique et des profits des grandes entreprises.
- ❑ La non-prise en compte de l'extinction massive, à l'échelle planétaire, d'espèces végétales et animales qui atteint aujourd'hui des proportions sans précédent dans toute l'histoire de la planète.
- ❑ La création d'une situation à haut risque de guerre nucléaire, avec pour stratégie principale l'« assurance d'une destruction mutuelle', et qui fait l'impasse sur le fait qu'elle entraînerait la mort de milliards de personnes, voire même la disparition de toute vie sur terre (l'hiver nucléaire).
- ❑ La construction de centrales nucléaires que les entreprises de ce secteur justifient par de fausses promesses selon lesquelles l'énergie ainsi produite sera incroyablement moins chère et absolument sans danger, alors que les coûts et les problèmes que posent leur mise hors service et le stockage des déchets ne sont jamais mentionnés.
- ❑ Les millions de morts dues aux maladies cardiaques ou à des cancers provoqués par une mauvaise alimentation ou le tabac.
- ❑ L'engagement de nations entières dans des guerres comme celle du Vietnam, décidées par des élites des affaires étrangères, sans prise en compte de l'opinion publique.
- ❑ La suppression des libertés civiques à l'époque de McCarthy, au nom de la lutte contre le communisme.
- ❑ L'absence de liberté d'expression sur les campus universitaires et le fait de traiter les étudiants comme des adolescents et non en adultes.

❑ Les soins médicaux mécaniques et impersonnels, basés sur des conceptions purement mécanicistes et physiques de la santé et de la guérison.

❑ Le fait d'attendre des gens qu'ils conservent toute leur vie des emplois abrutissants, sans issue, voire même dangereux, au nom de la sécurité ou de la fidélité.

❑ Le fait d'attendre des gens qu'ils vivent toute leur vie, attachés par des liens du mariage abrutissants, sans issue, voire même carrément dangereux, au nom de la sécurité et de la fidélité.

❑ Le fait d'attendre des gens qu'ils conservent toute leur vie une affiliation à une religion ou à une église, abrutissante, sans issue et sans âme.

❑ Le fait de considérer la psyché comme imprégnée du péché ou comme un réservoir bouillonnant de pulsions inconscientes, plutôt que comme un réservoir de potentialités humaines.

❑ Le chômage permanent, les maladies et la famine qui frappent un milliard de personnes dans le monde.

❑ Les violences infligées aux homosexuels et aux lesbiennes.

❑ Les mauvais traitements que subissent les animaux dans les laboratoires de recherche.

❑ L'utilisation que les acteurs comiques font de l'ivresse, la vieillesse, l'appartenance ethnique, la race et le genre sexuel dans leurs blagues.

Mais cette lutte fut bien plus qu'un combat pour les droits civiques. L'historien Vincent Harding, de l'Ecole de Théologie de Iliff de Denver, nous encourage à nous souvenir de la musique de cette époque. Il souligne que ce n'était pas la musique des 'droits civiques'. « Pensez à ces hymnes entêtants, avec leurs racines spirituelles profondes, leurs revendications pour plus de justice, leur optimisme et leurs paroles audacieuses. Ils servaient à rappeler aux manifestants qui ils étaient et pourquoi ils risquaient leurs vies. Le mot liberté revenait sans cesse. » Il insiste sur le fait que les Noirs et leurs sympathisants blancs n'ont pas risqué leurs vies pour des *droits civiques.*

Harding se souvient de sa propre expérience au début des années 60, quand il interrompit le doctorat qu'il faisait à l'Université de Chicago pour s'installer à Atlanta, avec sa femme

Rosemarie. Là-bas, ils créèrent un foyer et y rencontrèrent et conseillèrent des centaines de jeunes, Martin Luther King Jr., Fannie Lou Hamer et bien d'autres encore. « On pouvait sentir un amour presque palpable pour la démocratie, nous a-t-il confié. Les gens étaient obsédés par la démocratie et enflammés par une conscience élargie de la signification de ce qu'ils étaient en train de faire. Il s'agissait de tellement plus que d'une simple histoire de droit de vote. Il s'agissait de participer à la création de quelque chose de nouveau et de meilleur, de plus complet que ce qui avait existé auparavant. Ainsi le mouvement était avant tout un mouvement pour la liberté. »[1]

Eric Foner, historien à l'Université de Columbia, se souvient de la manière dont l'anticommunisme des années 50 en était presque arrivé à « réduire la liberté à un slogan stérile de propagande » et estime que les Etats-Unis doivent beaucoup à ce mouvement pour la liberté : « Avec les *freedom rides*[2], les *freedom schools*, les chansons et les marches pour la liberté et leurs revendications permanentes pour « la liberté, tout de suite », les Noirs américains et leurs alliés blancs se sont réappropriés le mot qui était au centre du discours de la guerre froide et ont redécouvert son pouvoir radical.[3]

Ce désir de liberté qui est au centre des plus hautes aspirations de la population américaine marqua le début d'une mutation culturelle. Cet appel à la liberté que les nouveaux mouvements sociaux des années 60 poussaient en avant, était né dans divers courants : les mouvements universitaires qui luttaient pour une plus grande liberté d'expression, le mouvement féministe et le mouvement d'émancipation des homosexuels ; il provenait aussi du désir d'accomplissement de soi présent dans les psychologies humanistes et du désir de libération des nouvelles spiritualités. Les mouvements pacifistes et environnementalistes avancèrent dans le sillon de ce mouvement pour la liberté.

---

1. Vincent G. Harding, interviewé par les auteurs (1998) et interviewé par Rachel E. Harding, 'Biography, Democracy and Spirit : An Interview with Vincent Harding', *Callaloo* (1998), 20 (3), pp. 682-98.

2. Les activistes du Nord se déplaçaient en bus vers les régions les plus ségrégationnistes du Sud. (NDT)

3. Foner, *American Freedom*, pp.275-76.

Parallèlement à cette aspiration à la liberté, certaines craintes nées de la crise économique de 1929, de l'Holocauste, la deuxième guerre mondiale, et pour les Noirs américains, des lynchages pratiqués dans le Sud, hantaient des millions de personnes. Il s'agissait de craintes tues, silencieuses, du genre de celles que l'on essaie de cacher à ses enfants. Mais cette génération qui a changé le cours de la vie de la nation les a ravivées.

Dans l'encadré qui suit, nous dressons une liste de vingt types de mouvements associés à ce changement de direction, dans le cours des affaires de la nation, à ce désir de liberté. Tous ont eu une influence considérable sur le développement des Créatifs Culturels en tant que sous-groupe culturel. Et réciproquement, ceux qui par la suite sont devenus les Créatifs Culturels ont joué un rôle important dans l'évolution de ces mouvements. Chacun de ces mouvements compte des dizaines ou des centaines d'organisations de groupes. Les premiers sur la liste sont les mouvements sociaux et politiques, tels que les mouvements pacifistes ou écologistes. Les derniers sont les mouvements qui traitent de questions de spiritualité et de santé. Et au milieu, on trouvera les mouvements qui combinent questions politiques, sociales et psychospirituelles, par exemple les mouvements féministes. Pour comparaison, nous citons dans la liste cinq nouveaux types de mouvements conservateurs et rétrogrades apparus depuis les années 60 et dont les Créatifs Culturels rejettent en bloc les valeurs, par exemple les mouvements d'opposition à l'avortement et à l'Equal Rights Amendment [1] ou le soutien aux milices d'extrême droite.

Une ardente aspiration

L'émergence des Créatifs Culturels prend ses racines dans cette éducation de la provocation que notre société a reçue depuis les années 60. En devenant d'actifs agents du changement social, des milliers de jeunes Américains ont obligé notre nation à affronter les questions morales les plus élémentaires et

1. ERA, proposition d'amendement de la Constitution américaine en faveur de l'égalité des sexes qui n'a jamais été ratifiée. (NDT)

essentielles et ont ainsi initié des transformations dont nous ressentons aujourd'hui les effets dans notre vie. Ces 'enseignants', pour la plupart jeunes et fervents, étaient furieusement déterminés à crier haut et fort les vérités qu'ils découvraient. Et les étudiants, ceux qui furent les plus affectés par cet impressionnant processus d'apprentissage social, furent, et sont encore, ceux qui écoutent, absorbent et finalement changent leur manière de voir le monde. Ce sont ceux qui sont devenus des Créatifs Culturels.

Les mouvements sociaux ont déterminé un nouvel ordre du jour pour notre société. Grâce à eux, l'éventail des questions qui dominent notre vie publique connaît un processus de profonde restructuration — pas seulement ce dont on débat à Washington, mais bien plus ce dont on parle dans les salons, au café, à l'église ou la synagogue, dans les mairies ou les comités de direction des entreprises. Et ce changement n'a pas lieu qu'aux Etats-Unis. Comme nous le rappelle Vincent Harding, les chansons du mouvement de libération des Noirs, complaintes et chants des esclaves africains déportés en Amérique, se sont répandues dans le monde entier. On les a chantées lors de la chute du Mur de Berlin, en Europe de l'Est et en Afrique du Sud et leurs paroles ont été recopiées sur les banderoles de la place Tien An Men. L'inspiration ne venait pas d'un combat pour des droits légaux, mais bien plus « de l'espoir commun qui donne des forces à tout un chacun, dans le monde entier : le désir profond d'une expérience démocratique qui fasse appel à ce qu'il y a de meilleur en chacun d'entre nous, plutôt qu'à nos pires tendances. » [1]

Cette aspiration profonde et ardente est la condition *sine qua non* d'une démocratie vivante et vécue, par opposition à une démocratie purement formelle, qui n'existe que dans les proclamations officielles et les en-têtes des documents légaux. Vaclav Havel, ce dissident brillant qui est devenu président de la République tchèque, est très clair au sujet de cette distinction. La démocratie ne fonctionne qu'avec des citoyens dont le sens des responsabilités dépasse le cadre restreint de leur sécurité person-

1. Vincent Harding, *Hope and History* (Maryknoll, NY : Orbis Books, 1990), pp. 6-7.

nelle. La démocratie exige des citoyens actifs. Elle a besoin de citoyens qui se battent pour y participer activement, de tout leur cœur, depuis les régions les plus profondes de leur être où réside le sentiment religieux lui-même. Dans une démocratie vivante et vécue, les idéaux inscrits dans la constitution d'un pays doivent pouvoir véritablement enflammer le cœur des citoyens pour inspirer et guider leur vie.[1]

Afin de comprendre comment les Créatifs Culturels ont appris à remettre en question les données et les présupposés, à contester les conventions sociales et à recadrer les questions clés liées à l'oppression de nombreuses composantes de la société, intéressons-nous à présent à deux des premiers mouvements sociaux : le mouvement de libération des Noirs et le mouvement de libération des femmes. Derrière le côté spectaculaire de leurs branches et actions les plus visibles, ces mouvements reposaient sur des réseaux souterrains de changement culturel. Et ils furent aussi des lieux d'étude approfondie des changements fondamentaux dans les domaines de la morale, de la politique, du social, de l'économie, du droit et de l'éducation. Ceci n'est apparu de façon flagrante qu'après des décennies mais ces mouvements ont préparé le terrain pour les cinquante millions de diplômés de la grande école du changement social, fermement décidés à appliquer au quotidien les valeurs et enseignements que ces mouvements espéraient donner.

Le mouvement de libération des Noirs

Pour se faire une meilleure idée des lois Jim Crow, le code de ségrégation sociale qui régnait dans le Sud des Etats-Unis, avant les années 60, il est intéressant de le voir au travers des yeux d'une personne étrangère, quelqu'un qui n'a pas été habitué à le considérer comme 'normal'. C'était précisément le cas de Diane Nash lorsqu'elle arriva à Nashville en 1959 pour suivre des cours à l'Université de Fisk. Née à Chicago, cette jeune femme plu-

---

1. Voir Vaclav Havel, *Open Letters : Selected Writings, 1965-1990* (New York : Vintage Books, 1992). Voir également l'essai inspiré de Paul Berman 'The Philoospher-King is Mortal', *New York Times Sunday Magazine*, 5 mai 1997.

Nouveaux mouvements apparus depuis les années 60

Les mouvements listés ci-après ont des orientations politiques, sociales et/ou psychospirituelles. Pour chaque catégorie de mouvements, on compte entre des dizaines et des centaines d'organisations.

20 types* de mouvements qui ont influencé les Créatifs Culturels (tous leurs membres ne sont pas nécessairement devenus des Créatifs Culturels)

Mouvements centrés sur des questions sociales et politiques

- défense des intérêts des pauvres, mouvements pour l'emploi et la justice sociale
- mouvements de défense des minorités ethniques (hispaniques, indiennes, etc.)
- mouvements qui soutiennent les ONG internationales (pour la paix, pour le développement du tiers-monde, pour la défense de l'environnement)
- mouvement pour les droits civiques (devenu le mouvement pour la liberté)
- mouvement antinucléaire (contre les armes et les centrales nucléaires)
- mouvement contre la guerre du Vietnam (devenu un mouvement général pour la paix)
- mouvement pour la protection de l'environnement (protection des forêts, réglementations industrielles, contrôle de la pollution)
- mouvement écologiste (ralentissement de la croissance économique, nouveaux modes de vie, protection de la planète)
- mouvements contre la violence et les oppressions (Amnesty International, Save the Children, mouvement refuge d'aide aux victimes de régimes totalitaires d'Amérique centrale)

* Nous parlons ici de 'types' de mouvements culturels, mais nous sommes bien conscients du fait que les similitudes et différences entre les centaines de groupes qui les composent sont très probablement la création subjective de l'observateur. Nous ne voulons cependant pas préjuger de leur nombre qui peut aller jusqu'à des centaines par catégorie. Nous listons également les mouvements conservateurs parce que leurs côtés réactionnaires ont eu une influence certaine sur les nouveaux mouvements socioculturels, ainsi que sur l'apparition des Créatifs Culturels.

Mouvements centrés sur un mélange de préoccupations politiques, sociales, et psychospirituelles

- mouvement étudiant (a donné le Students for Democracy (SDS, la nouvelle gauche et également le psychédélisme)
- mouvements féministes (politique, conscience et psychologie féminine, spiritualité)
- mouvements d'émancipation des gays et lesbiennes (politique, style de vie)

Mouvements centrés sur des questions culturelles et psychospirituelles

- mouvement du potentiel humain (psychologie humaniste, exploration corporelle)
- mouvements pour les médecines douces et alternatives
- mouvements pour l'alimentation biologique et mouvement végétarien
- mouvement psychédélique
- psychologie spirituelle
- mouvement New Age
- nouvelles religions et spiritualités orientales

• • •

<u>5 types de mouvements néo-conservateurs et réactionnaires</u>

(tous ces mouvements semblent avoir été rejetés par les Créatifs Culturels). La plupart sont des mouvements 'vieille école' et se définissent principalement en termes de relations positives ou négatives avec les autorités politiques.

- mouvement conservateur (droite radicale, mouvement contre les impôts, républicains de droite, etc.)
- droite religieuse (qui politise les religions conservatrices : contre l'avortement, contre l'ERA...)
- mouvement anti-environnementaliste (groupes de défense des intérêts des entreprises, etc.)
- milices et groupes paramilitaires, mouvements racistes liés aux néo-nazis, au Ku Klux Klan
- mouvement libertaire et anarchiste

tôt timide fut tout bonnement consternée par les mœurs et habitudes de ses nouveaux concitoyens, par des faits que ses nouveaux amis remarquaient à peine. Lors d'un rendez-vous avec un ami à la Foire de l'Etat du Tennessee, elle se retrouva pour la première fois de sa vie face à des toilettes 'ségrégationnistes'. « WHITE ONLY », disait un panneau, tandis que sur l'autre on lisait « COLORED ». Elle se sentit humiliée, comme si elle venait de recevoir une gifle en plein visage. Elle fut bien plus choquée encore par la façon dont son petit ami avait accepté sans broncher cette discrimination flagrante et légale ! Ce n'était que le début d'une longue série de tout aussi désagréables surprises. Un jour, alors qu'elle faisait ses courses avec des amis dans un grand magasin, elle se vit refuser l'accès à une salle de restaurant. Et c'est là qu'elle eut un déclic : les Noirs qu'elle avait vu manger tranquillement sur les trottoirs du centre ville mangeaient là dehors, tout simplement parce qu'ils n'avaient accès à aucun restaurant des quartiers du centre ville.

Au fur et à mesure que s'accumulaient les chocs, Diane connut ce que le journaliste David Halberstam nomma une fois la « remarquable transformation de la jeune étudiante noire timide en étudiante noire samouraï ».[1] En l'espace d'un an, elle devint présidente du SNCC de Nashville[2], un groupe d'activistes qui menait les sit-in et joua plus tard un rôle crucial lors des freedom rides, ces fameux voyages en bus qui contribuèrent à éradiquer la ségrégation légale dans le Sud des Etats-Unis.

Selon Anne Braden, les chocs de ce genre sont nécessaires à toute croissance. Il faut un certain tumulte, pas nécessairement violent, mais une agitation interne, personnelle au plan individuel, en même temps que des chocs au niveau social. Anne a connu ses propres chocs. En 1997, alors qu'elle participait à un sit-in à Denver avec un groupe d'étudiants, elle fut emprisonnée pour la première fois de sa vie. « Ils nous ont amenés et retenus en 'détention préventive' comme ils disent. Ils nous ont tout simplement mis en prison et ils étaient là à marmonner à propos de ces étrangers qui débarquaient au Mississipi et qui ne

1. David Halberstam, *The Children* (New York : Random House, 1998), pp.5-9.

2. Student Non Violent Coordonating Comittee, comité de coordination non-violente des étudiants. (NDT)

comprenaient rien à cet Etat... A un moment, je ne pus m'empêcher de dire 'oui, et bien, je ne pense vraiment pas qu'on puisse me considérer comme une étrangère. J'ai grandi à Jackson, j'ai vécu plusieurs années dans le Mississipi et aujourd'hui, cet Etat me fait honte.' Cela a rendu l'un des flics complètement fou de rage. Vous savez, pour lui je venais de commettre un acte de trahison scandaleux. Il s'est retourné comme s'il allait me frapper, mais heureusement un autre flic l'en a empêché.

Ce fut une véritable révélation pour moi, parce que toute ma vie jusqu'à ce jour, je m'étais dit que la police était de mon côté. Je n'y pensais pas vraiment en ces termes, car en fait, je n'avais pas à me soucier de la police : dans le monde où j'avais grandi, elle ne venait jamais nous embêter. Si vous faisiez un excès de vitesse, vous risquiez d'être arrêté, mais même alors, si vous leur parliez gentiment, ils vous laissaient partir sans contravention. Et d'un seul coup, j'ai réalisé que j'étais de l'autre côté. Il a dit : 'Tu n'es pas une vraie Sudiste' et je lui ai répondu : 'Je suis une Sudiste, mais pas comme tu les aimes.' »[1]

En fait, Jim Crow, un terme qui vient probablement d'un des personnages au visage peint en noir d'un spectacle populaire des années 1830, n'est pas apparu dans le Sud. Il s'est d'abord développé dans les Etats du Nord avant la guerre de Sécession où il servait de substitut à l'esclavage. C'était un système varié, inégal et très répandu de discrimination, de ségrégation et de répression inscrit dans les textes de lois et des conventions extra-juridiques, comme ceux qui se sont ensuite développés dans le Sud après la période de la Reconstruction. Mais c'est dans le Sud que la ségrégation légale avait été maintenue et c'est donc là que le mouvement moderne de libération vit le jour.[2]

Toutes les sociétés vivent en suivant des codes sociaux. Ceux-ci nous indiquent qui nous sommes et comment nous comporter dans nos rôles sociaux en tant que parents et enfants, travailleurs et voisins, citoyens et paroissiens. Ils accompagnent notre

---

1. Anne Braden, entretien vidéo au Centre d'Etude des Religions et du Renouveau Démocratique Gandhi-Hamer-King de l'Ecole de Théologie de Iliff, à Denver, Colorado.

2. Voir Vincent Harding, *There is a River : The Black Struggle for Freedom in America* (San Diego : Harcourt, Brace & Co., 1981), chap. 6.

vie depuis notre naissance et ils nous paraissent aussi naturels que le lever et le coucher du soleil ou l'alternance des saisons, jusqu'à ce que nous arrivions dans un lieu où ces codes et conventions ne s'appliquent pas. Ainsi, quand les Nordistes étaient choqués par le Sud ou que les Sudistes étaient choqués par le Nord, c'était une simple question de conventions sociales. [1]

A l'assaut de Jim Crow

Depuis la période de Reconstruction, le mouvement de libération des Noirs avait essayé d'abolir les conventions sociales de Jim Crow et les bases légales de la ségrégation. Une fois l'esclavage aboli, les souffrances furent générées par de nouvelles humiliations : la ségrégation légale, l'exclusion effective du droit de vote par l'application de taxes électorales, de tests de culture générale et de toutes sortes d'intimidations, les écoles inadaptées, les pratiques discriminatoires des banques et des employeurs, les humiliations permanentes liées à l'interdiction d'utiliser les équipements publics et l'exercice de tâches et professions serviles et mal rémunérées. Dans certains coins du Sud rural, la 'loi de lynchage' permettait aux membres du Ku Klux Klan, aux White Citizens Councils et aux personnes blanches de commettre des meurtres et des violences sans courir le moindre risque qu'une enquête soit menée par la police.

Dans les années 50, après 90 années d'exercice, le moins que l'on puisse dire est que Jim Crow avait laissé les Noirs dans une situation légale et économique catastrophique. Partout dans le Sud, ils étaient soumis à ces lois et nulle part les lois du pays

---

1. L'idéologie de la 'suprématie blanche', la supériorité de la race blanche, que les Sudistes américains considéraient comme une évidence divine était en fait une invention européenne des années 1600. Les conventions qui la soutenaient se sont répandues dans le monde avec l'expansion des Modernistes européens en Amérique du Nord et du Sud, en Asie et en Afrique, tandis qu'ils essayaient de justifier à la fois l'esclavage et le colonialisme. Jusqu'à cette époque, il n'y avait pour ainsi dire pas de différence entre le racisme et l'ethnocentrisme ordinaire qui clamait « mon peuple est le meilleur ». Dans les empires romains et byzantins, la couleur de la peau d'un individu était d'une importance nettement moindre que son origine ethnique, sa langue ou son protecteur. Ce n'est pas avant les années 1800 qu'apparurent les premières théories biologiques sur les races.

n'étaient appliquées quand ils en avaient besoin. Ils avaient besoin d'emplois, de prêts et d'une meilleure éducation s'ils voulaient pouvoir un jour se sortir de la pauvreté.

Dans l'Amérique de la majorité, un groupe défavorisé était censé résoudre ses problèmes en utilisant les stratégies politiques du lobbying ethnique : échanger des faveurs, conclure des alliances et fournir des voix pour les élections. Les leaders établis négociaient au nom 'des leurs', tandis que 'les leurs' souffraient en silence et travaillaient dur pour qu'un jour leurs enfants s'en sortent mieux qu'eux. Aux yeux de l'establishment politique, c'étaient là les seules règles du jeu. Et si un groupe ethnique n'était pas capable de résoudre ainsi ses problèmes, et bien c'était tant pis.

La seule exception flagrante du jeu des groupes de pression ethnique, c'était les 'Négros'. Les leaders négros respectables se retrouvaient en fait dans la négociation avec peu de cartes en main. Comme 'les leurs' étaient tout en bas de l'échelle, ils n'avaient que très peu, voire pas du tout, de services à échanger. Avec des lois électorales qui excluaient de facto la plupart d'entre eux, ils n'avaient que peu de suffrages à proposer aux politiciens. Ils n'avaient aucun moyen de proposer de parrainage, aucun volontaire pour aller recueillir les votes et quasiment aucun soutien financier pour les campagnes électorales. De plus, la population blanche du Nord comme celle du Sud était généralement indifférente aux problèmes des Noirs. Une minorité importante était carrément activement hostile, tandis que les sympathisants actifs de leur cause étaient rares.

Les Noirs devaient trouver un moyen de se débarrasser de la gangue de racisme et d'incapacité politique qui les handicapait depuis la Reconstruction. Sous l'autorité de Thurgood Marshall, le Fonds Légal du NAACP (National Association for Colored People) tenta d'y parvenir en démontant et démontrant les contradictions inhérentes des textes des lois ségrégationnistes, durant toute la décennie qui suivit la seconde guerre mondiale. Il connut son grand triomphe en 1954 lorsque la Cour Suprême des Etats-Unis décida que la doctrine du 'séparés mais égaux' dans les écoles constituait une violation du 14e amendement. Mais moins d'un an après, la Cour autorisait les Etats à retarder la déségrégation. Et les ségrégationnistes du Sud réagirent par une campagne de résistance massive. Ainsi, si la stratégie d'action légale avait bien fonctionné, concrètement, sur le terrain, elle échoua dès 1955.

Un coup de génie

L'autre moyen que la communauté noire trouva pour combattre Jim Crow était tellement éloignée des pratiques habituelles des groupes de pression que les anciens de la communauté et ceux qui jusqu'alors menaient les négociations politiques ne perçurent pas tout de suite à quel point il était génial.

De fait, dans le vrai sens du terme, le mouvement de libération des Noirs était une révolution des enfants, un mouvement social d'un nouveau genre mené par de jeunes, étudiants et de jeunes pasteurs qui utilisaient des stratégies neuves et originales.

Ce mouvement d'un nouveau genre était porteur d'un message tout aussi nouveau : Jim Crow ne portait pas seulement atteinte aux Afro-américains, mais à l'ensemble des Américains, car il rongeait le cœur des valeurs essentielles de l'Amérique. Le coup de génie des leaders de ces mouvements fut d'invoquer les idéaux et les promesses de la nation, ceux brandis haut et fort dans la Déclaration d'Indépendance, la Proclamation d'Emancipation, le 14e amendement et la Constitution des Etats-Unis. Le grand talent de Martin Luther King, porte-parole du mouvement, sur les plans de la politique, de la morale et de la rhétorique, fut sa capacité de reprendre les vieux cadres de référence et de reformuler la ségrégation comme un problème américain. Depuis le boycott des bus de Montgomery jusqu'à sa mort, King n'a eu de cesse de rattacher les revendications de liberté des Afro-américains à l'histoire et aux idéaux américains. En s'attachant à sortir les gens de l'espèce d'hypnose dans laquelle les vieux discours les plongeaient, il réussit à situer ces revendications dans un autre contexte. Il rappela ainsi aux Noirs et à la nation entière que cette contestation était nourrie par un véritable amour pour le pays et ses valeurs morales les plus nobles. Ce recadrage apparût très tôt, dès les premiers discours de King. En fait, il a débuté sa carrière publique précisément sur cette note, le soir même de la mobilisation après l'incident du bus de Montgomery.

Déballer les vieux mensonges

King n'avait que 26 ans lorsqu'il fut choisi de manière inopinée pour diriger le petit groupe de pasteurs noirs qui organisait le boycott. Cela faisait une journée que le boycott des bus était suivi avec succès et la communauté noire avait décidé de se regrouper à l'église baptiste de Holt Street. King, à qui il fallait d'habitude une journée entière pour préparer un sermon, s'était contenté cette fois-ci de jeter quelques notes sur un bout de papier. Après s'être fait un chemin à travers les milliers de personnes rassemblées devant l'église, jusqu'à la tribune, il s'adressa à la foule :

« Si nous sommes ici ce soir, c'est d'abord et avant tout parce que nous sommes des citoyens américains, et que nous sommes déterminés à donner à notre citoyenneté toute sa signification. » Puis il continua en disant haut et fort ce que tout son peuple ressentait et c'est ainsi qu'il se mit à défaire les vieux mensonges au sujet du mouvement de contestation de la communauté noire. « Nous sommes ici ce soir parce que nous en avons assez. Nous sommes fatigués. Disons tout de suite que nous ne sommes pas ici pour en appeler à la violence. Nous sommes bien au-delà de cela. » Nous sommes un peuple chrétien, dit-il, et la seule arme dans nos mains est celle de la contestation. Et cette possibilité de contester l'ordre établi est, dit-il, « la gloire même de l'Amérique, avec tous ses défauts. C'est cela même la gloire de notre démocratie. Si nous étions prisonniers derrière le rideau de fer d'une nation communiste, nous n'aurions pas le droit d'être ici. Mais la grandeur de la démocratie américaine, c'est justement ce droit à manifester pour la défense de nos droits. »

Et sans cesse il répétait à la foule qui manifestait bruyamment son approbation : « Ce que nous faisons est juste ». Nous allons travailler pour obtenir la justice dans les bus de cette ville, disait-il et « si notre action n'est pas juste, alors c'est la Cour Suprême elle-même qui n'est pas juste. Si notre action n'est pas juste, alors Dieu tout puissant lui-même n'est pas juste. » Et reliant ainsi leur mécontentement et leur souffrance à deux vérités suprêmes, il répétait : « Si notre action n'est pas juste, alors Jésus de Nazareth n'était qu'un rêveur, un idéaliste, et il n'est jamais descendu sur la terre. Si notre action n'est pas juste, la justice elle-même est un mensonge ! » Et si quelqu'un doutait encore de la justesse de cette mobilisation de citoyens et de bons chrétiens, il portait un dernier coup rageur et percutant, tout droit tiré du prophète Amos, en ajoutant en conclusion « Et nous, ici à Montgomery, sommes déterminés à agir et à nous battre jusqu'à ce que la justice coule comme l'eau de la source et la vertu comme le courant puissant des ruisseaux... » [1]

L'impact du changement de perspective

Ce que King a fait dans ce discours, ce 'recadrage', a joué un rôle essentiel dans le changement de mentalité qu'a connu notre société et a servi de modèle aux mouvements de contestation des générations suivantes.

En Amérique, on considérait généralement que le 'problème racial' n'était qu'une histoire de préjugé blanc : un problème individuel, psychologique, quelque chose qu'on ne pouvait pas changer. Pour la plupart des Américains blancs, le préjugé, c'était l'affaire des autres. C'était l'interprétation standard, et c'était surtout une interprétation qui permettait de masquer complètement ce que la situation présentait comme bénéfices politiques, économiques et autres pour les Blancs. Et pourtant, il était difficile de nier la réalité de ces bénéfices ; Jim Crow était loin de n'être qu'une affaire de psychologie. C'était un code inscrit dans un ordre social, une convention culturelle tellement pernicieuse qu'elle laissait son empreinte sur toutes les institutions et tout ce qu'elle touchait.

Ce qui maintenait ces conventions, c'était cette sorte de paire de lunettes que pratiquement tous les Américains recevaient à leur naissance. Et le cadre, les montures de ces lunettes, étaient différentes pour les Noirs et les Blancs. Pour les Blancs, les lunettes organisaient la réalité de façon à ce que la ségrégation ait l'air totalement naturelle. Au travers de ces lunettes, les Blancs voyaient très clairement qui avait le droit d'être politiquement fort et qui devait se contenter d'être faible, qui avait le droit, de par sa naissance, aux meilleurs emplois et qui était d'emblée

1. Les citations de King sont tirées de Claborne Carson et al., eds., *The Eyes on the Prize Civil Rights Reader* (New York :Viking Penguin, 1991), pp. 48-51. Les informations contextuelles sont tirées de Taylor Branch, *Parting The Water* (New York : Touchstone, 1998), chap. 4.

condamné à la pauvreté, qui devait se montrer respectueux envers qui et qui pouvait se comporter comme il le voulait et, finalement, qui, indépendamment de l'apparence réelle, avait toujours l'air propre sur lui et beau, bon et gentil et qui était nécessairement sale et suspect jusqu'à preuve du contraire. Les Noirs du Sud, quant à eux, héritaient de leur propre paire de lunettes, qui leur disait qu'« il ne faut surtout jamais remettre en cause ou protester contre l'injustice, la pauvreté ou le manque de respect. Cela te coûtera très cher, à toi et ta famille ». Et leurs lunettes étaient maintenues bien en place par la terreur, la peur de représailles brutales et la perte de leur emploi que la moindre protestation pouvait entraîner.

Quand les activistes reformulent un contexte culturel, ils sont comme l'enfant qui crie tout haut que « l'empereur est tout nu ». Ils révèlent au grand jour tout un système de croyances pour ce qu'il est vraiment – rien d'autre qu'un système de croyances, et non l'ordre naturel des choses, ni non plus la réalité. Très vite va apparaître un groupe de personnes qui réalisent que ce système de croyances a été construit par un autre groupe. Et ils posent alors la question : qui tire profit du maintien de l'état des choses ? Alors celles et ceux qui n'avaient jusqu'à présent jamais remis en cause le statu quo, pour qui il s'agissait d'un décret divin totalement légitime, commencent à poser leurs propres questions. D'un seul coup ils s'aperçoivent que depuis toujours ils ont porté des lunettes déformantes. Dès lors, il leur est possible de les retirer et de voir la réalité sous un autre jour. Ils peuvent changer de mentalité, adopter une nouvelle perspective, de nouvelles manières de se comprendre eux-mêmes. Ainsi, ils deviennent libres d'agir comme ils ne l'avaient jamais fait auparavant.

Le pouvoir de la non-violence

Un autre aspect du 'recadrage' effectué par les activistes du mouvement de libération marqua les esprits : le recours aux tactiques et à la logique de la non-violence. Lorsque le mouvement indépendantiste de Gandhi chassa les Anglais hors de l'Inde, il choisit de répondre à la violence de l'adversaire avec tout l'amour qu'il put rassembler. Le but, en subissant les souffrances avec dignité et en faisant preuve d'empathie envers ses adversaires, était de s'attirer le soutien de ceux qui observaient et même de ses adversaires.

Le révérend James Lawson fut l'un des plus éminents avocats de la non-violence au sein du mouvement de libération. Pasteur noir du Nord industriel et urbain, il avait fait de la prison en tant qu'objecteur de conscience durant la guerre de Corée et avait passé trois ans en Inde en tant que missionnaire méthodiste. En 1958, quand il commença à enseigner auprès des étudiants noirs dans la région de Nashville, il avait une bonne expérience du métier. Mais, au grand dam de ses étudiants en colère, l'instruction qu'il donnait était centrée sur le pouvoir de l'amour. Plus tard, il expliqua que ceci était tout à fait calculé. Il ne voulait pas laisser libre cours aux émotions puissantes de ses jeunes étudiants. Par des jeux de rôles et surtout par ses enseignements calmes, posés et intelligents, il apprit aux jeunes activistes à s'immuniser contre les insultes et les humiliations des Blancs.

Dans un savant mélange des philosophies gandhienne et chrétienne, il leur expliqua que la véritable force venait de la justesse de leur protestation. « Peu importe combien la tâche semble terrifiante, peu importe le danger, de toute façon cela tournera à votre avantage », disait-il. Les autres verront combien vous souffrez et ils ne pourront pas rester indifférents. Ils s'engageront à vos côtés. Et, qui plus est, en agissant ainsi sur votre conscience, vous deviendrez bien plus qu'une simple poignée d'étudiants qui lancent un défi idiot à une structure de pouvoir bien établie. Par vos actions, vous serez transformés. Vous deviendrez, disait-il « des héros, des hommes et des femmes, qu'on a humiliés et arrêtés sous le simple prétexte qu'ils défendaient les droits humains les plus fondamentaux ».[1] Et il avait raison.

La non-violence était non seulement chrétienne et morale, mais elle était aussi, et c'est très important, l'instrument qui allait permettre de déchirer les masques de la civilité sudiste et révéler au grand jour et aux yeux de la nation ses dessous violents

1. Les informations contextuelles sont tirées de Halberstam, *Children*, chap. 4. James Lawson est cité en p. 62.

et répugnants. C'était une manière de prendre une position morale en même temps que de se débarrasser de lois injustes.

Il est difficile de sous-estimer l'impact énorme de la couverture médiatique, et en particulier télévisée, de ces événements. Ce fut en effet la première fois qu'un mouvement de contestation sociale disposait d'un moyen aussi puissant pour amplifier ses protestations. Grâce à la télévision, le mouvement avait des millions de témoins et ses revendications étaient communiquées à tous les Américains. Un immense public fut témoin des sit-in, des manifestations et des bus de la liberté grâce à la télévision. Un immense public assista aux interventions de la police et des milices d'état pour faire respecter la loi, commettant ce faisant, par la violence de leurs actes, des crimes odieux et amoraux. De telles images aidèrent à secouer et démonter des catégories qui étaient figées depuis si longtemps que plus personne ne savait ni pourquoi ni comment. Ces images restaient ancrées dans les esprits et les faisaient réfléchir.

Le côté spectaculaire et fortement émotionnel de la télévision, ainsi que son immédiateté, eurent un impact beaucoup plus grand que la couverture des événements par la presse écrite. Il en résulta une énorme pression sur le président et le Congrès qui les poussa à réagir avec plus de fermeté et d'honnêteté qu'ils n'avaient l'habitude de le faire face aux lobbys. Tous les mouvements sociaux qui suivirent s'inspirèrent de cela, essayant de répéter une telle réussite.

Passer aux actes

Enfin, le mouvement de libération a laissé en héritage aux futurs Créatifs Culturels une troisième innovation sociale : la mise en action, la cohérence entre les paroles et les actes. Le fait de ne pas prétendre être ce qu'on n'a pas vraiment vécu. Légitimer ses paroles par des actes, ses discours par du vécu. Le révérend C.T. Vivian, l'un des porte-parole les plus talentueux du mouvement, a exprimé de manière très forte ce que cela signifie vraiment. Avec la même impétueuse intensité qui a caractérisé ses sermons tout au long des années 60, il raconta, en 1996, à l'Ecole de Théologie de Iliff, devant une assemblée totalement subjuguée par ses paroles, comment son engagement l'avait propulsé bien loin de la sécurité confortable de son église.

« Je prêchais, à Nashville et à Chattanooga. Imaginez bien : vous êtes là à prêcher et à encourager les gens à tenir bon, à comprendre, et vous leur parlez d'amour, de vérité et de justice, et pendant tout ce temps vous les voyez souffrir. Et bien entendu, vous en tant que pasteur, vous n'êtes pas impliqué directement dans cette souffrance. Et pourtant vous continuez à leur répéter : 'Soyez bons, soyez bons'.

Vous parlez et parlez, mais vous ne vous impliquez pas réellement, vous ne les aidez pas directement à se sortir de cette situation, sauf en leur parlant. Mais jusqu'à quand pouvez-vous continuer à ne pas vous emparer de cette souffrance et en regarder les causes en face ? Qu'est-ce qu'il faut pour vous décider à les aider à s'organiser de façon à mettre fin à leurs souffrances ? Et comment faites-vous pour être à la hauteur de cet amour qu'ils vous portent, comment faites-vous pour vous montrer digne du soutien et de l'attention qu'ils vous offrent... alors que vous ne faites que parler ? Si vous prenez cette relation un tant soit peu au sérieux, alors vous êtes obligé de vous décider à aller plus loin ».

C.T. Vivian et les autres activistes de cette époque partageaient cette même conviction : on ne demande pas à quelqu'un de faire ce qu'on n'est pas prêt à faire soi-même. Et c'est pourquoi ils ont accompli toutes ces choses qui leur faisaient si peur : ils sont allés en prison, ils ont affronté les lances à incendies et des hommes armés de matraques et ont pris leurs responsabilités, pour leurs amis et les autres manifestants. Des choses qui les plongèrent dans une terreur plus grande que tout ce qu'ils avaient connu jusqu'alors, mais qui ensuite, les tirèrent bien au-dessus de cette terreur, en leur donnant une force et une persévérance dont ils ne s'étaient jamais imaginés capables.

Trouver la liberté

L'histoire de John Lewis est un exemple remarquable de ce genre de transformation. Il fut l'un des fondateurs du SNCC et est actuellement un membre important du Congrès. Lorsque à la fin des années 50, il quitta pour la première fois le foyer parental au cœur de l'Alabama rural, dans le but de suivre ses études dans une université baptiste, l'une des choses dont ce garçon sérieux avait le plus peur, c'était la prison. Sa famille lui avait appris comme il se doit que seuls les gens mauvais, mal élevés dans de mauvaises familles, allaient en prison. Et c'était la pire des choses, la plus honteuse, que d'être mis en prison. Il savait aussi que des choses terribles se passaient entre leurs murs. Un jeune homme noir comme lui pouvait très bien y disparaître, sans que personne n'ait plus jamais de ses nouvelles.

Mais le jour où Lewis fut arrêté lors d'un sit-in en 1960, pour la première mais sûrement pas la dernière fois, sa terrible peur avait disparu. Ce qui faisait la différence, c'était les mois et les mois passés à s'imprégner des enseignements de Jim Lawson, plein d'amour et de respect, ainsi que les liens étroits qu'il avait pu développer lors de ces formations avec ses compagnons de révolte. En conséquence, le fait d'aller en prison permit à Lewis de vivre une transformation radicale aux niveaux psychologique et culturel. De sa position de petit Noir faible et terrifié par la structure de pouvoir des Blancs, il devint un homme libre. Des années après, en regardant les photos de ce premier sit-in où on le voit entre deux policiers, il dit : « C'était la première fois que j'avais une telle dignité. C'était enivrant, revigorant — c'était quelque chose que j'avais gagné, le sentiment d'indépendance qui vient à ceux qui sont libres. » [1] Mais ce que Lewis avait appris ce jour-là allait l'entraîner sur des terrains bien plus dangereux encore les années suivantes. Il devint le héros que Lawson avait annoncé.

Pour les observateurs, un tel héroïsme de la part des activistes eut un impact considérable. Paul Begala, ancien conseiller de l'administration Clinton, décrivit dans une interview accordée aux journalistes d'*Esquire* ce que Lewis représentait pour lui. Les journalistes voulaient savoir si les jeunes hommes d'aujourd'hui ont encore des héros.

« Le monde dans lequel je suis né était fait pour moi : blanc, brillant, tranquille comme nos banlieues résidentielles, et donc personne ne sera étonné d'entendre que ma foi en l'Amérique est très forte ». Mais justement, explique-t-il, son héros, John

1. John Lewis cité par Halberstam dans *Children*, pp. 139-140. Voir la photographie de John Lewis de face, p. 344.

Lewis, était quelqu'un dont la foi en l'Amérique était beaucoup plus difficile à expliquer. « J'avais quatre ans quand John Lewis affrontait à Selma les forces de l'ordre et leurs matraques. Le pont Edmund Pettus de Selma garde encore les traces de son sang. La station de bus de Montgomery garde encore les traces de son sang. Et c'est aussi son sang qui a sanctifié les cantines, les prisons et les ruelles du Sud. » Et malgré tout cela, Lewis n'a jamais perdu foi en l'Amérique, « avait foi dans un système qui était conçu pour le maintenir dans la pauvreté et l'impuissance. » C'est une chose qui surprend Begala, autant qu'elle l'inspire. « Je vis et je travaille dans une société et à une époque où le courage consiste à endurer avec dignité des souffrances mineures. Aussi, c'est très impressionnant de se retrouver en face d'un homme qui a affronté Bull Connor[1] et ses chiens d'attaque, avec pour seule arme son courage, sa conscience et ses convictions. Si cet homme n'est pas un héros, alors je n'en connais aucun. »[2]

John Lewis, ainsi que bon nombre d'autres activistes du mouvement de libération sont ainsi, de manière indiscutable, 'passés à l'acte'. Et ceux qui les suivirent, les étudiants, organisateurs et manifestants, apprirent qu'ils pouvaient faire confiance à ces personnes dont les actions étaient en parfait accord avec leurs discours. Et c'est ainsi qu'une amorce de participation déclencha une véritable avalanche. Les jeunes de tout le pays décidèrent, en nombre, qu'il était temps d'aller plus loin que la génération de leurs parents et de véritablement vivre leurs valeurs, de les mettre en œuvre au quotidien et que c'était cela qui rendait la vie digne d'être vécue.

« Passer à l'action », le slogan du mouvement de libération, devint par la suite une idée centrale de la nouvelle gauche et des mouvements pour la liberté d'expression. A nouveau, ce fut le moyen de sortir les gens de l'acquiescement passif et des grands discours enflammés pour les pousser à mettre en œuvre et en pratique leurs idéaux et les concrétiser. D'une manière ou d'une autre, tous les mouvements sociaux qui ont suivi ont repris cette

1. Shérif de Selma qui, pour les militants du mouvement, incarnait le mal. (NDT)

2. Paul Begala cité dans 'Hero ?', *Esquire*, novembre 1998, p. 108.

idée. Dans les réunions et les conseils des mouvements pour la liberté ou pour la paix, dans les groupes de prise de conscience des féministes, cette conception particulière de l'action sociale s'est transformée par la suite en une conviction encore plus fondamentale à propos de l'authenticité. Ce que l'on croit dans son cœur doit correspondre à ce que l'on fait dans la vie, disent-ils tous. Et c'est cette même conviction qui les a poussés à rejeter le cynisme et l'aliénation qu'ils voyaient autour d'eux, dans le monde des affaires, de la politique ou des médias.

Les femmes à l'assaut des conventions

C'était en 1962. C'était trois ans avant que des hommes blancs, mandatés par les autorités de l'Etat d'Alabama, ne se jettent avec des matraques et des gaz lacrymogènes sur une manifestation calme et ordonnée de vieux Noirs des campagnes sur le pont Edmund Pettus, à Selma. C'était aussi trois ans avant que le président Lyndon Johnson ne réagisse à cet acte violent et à d'autres par un décret sur les droits de vote au Congrès. Un autre mouvement social allait apparaître. Il connut des débuts extrêmement calmes, presque aussi calmes que cette lente et courageuse marche sur le pont de Selma, en ce jour dont on se souvient désormais sous le nom de « Bloody Sunday ». Mais tandis que le mouvement de libération des Noirs était très largement couvert par les médias, cet autre mouvement commença avec la discrétion d'un frémissement. Et il fallait bien s'y attendre, puisqu'il s'attaquait à ce que Betty Friedan appelait « le problème sans nom ».

Il faut un certain génie pour réussir à nommer ce qui n'a pas de nom car si vous le faites avec sincérité et au bon moment, les millions de personnes qui jusqu'alors étaient totalement hypnotisées et stupéfiées par ce problème vont d'un seul coup se réveiller. Martin Luther King a eu ce génie quand il désigna le problème de la ségrégation comme un problème américain, et quand il reformula le rôle des Noirs en le présentant comme un nécessaire activisme moral et courageux. Betty Friedan fit preuve du même type de génie lorsqu'elle s'attacha à désigner l'ensemble de valeurs sociales qui handicapait les femmes et qui les privait de leur liberté, leur interdisait d'utiliser pleinement l'éventail de leurs capacités. Et lorsqu'elle appela les paisibles foyers des banlieues résidentielles « des camps de concentration tout confort », elle permit de considérer sous un tout nouveau jour la croyance qui voulait que des femmes brillantes, talentueuses et bien éduquées puissent s'épanouir et accomplir leur 'féminité' dans les cuisines équipées de leur petit pavillon. [1]

Pour se faire une bonne idée de l'impact phénoménal qu'a eu *The Feminine Mystique* aux Etats-Unis, et plus tard en Europe, et même en Amérique du Sud, le mieux est sans doute de laisser la parole à une femme qui lut le livre à l'époque de sa première publication. Anne Kerr Linden avait alors 30 ans, deux filles en âge d'aller à l'école et un mari assez original pour lui proposer de retourner à l'université. « Ce fut une période très difficile et douloureuse, nous a-t-elle expliqué. Dans le quartier où j'habitais, à l'ouest de Vancouver, pratiquement personne n'admettait que je retourne ainsi à l'université et ils étaient même carrément révulsés à l'idée que j'ose envisager de travailler ensuite. Les femmes me disaient que cela équivalait à castrer mon mari. Les hommes et les femmes étaient persuadés que mes enfants en souffriraient, d'une manière ou d'une autre. Et pourtant j'étais plutôt timide, et je n'essayais sûrement pas de jouer à la pionnière ou quoi que ce soit. »

Un jour qu'Anne était à la plage, une femme du voisinage courut vers elle, avec un drôle de petit sac à la main. « Je vous cherchais », dit-elle, à l'évidence soulagée. « Voilà, tenez. Mon mari ne veut pas que je garde ça à la maison ». Anne ouvrit le sac et y trouva un exemplaire de *The Feminine Mystique* qui allait lui indiquer le chemin sur lequel elle s'était en fait déjà engagée, un chemin qui, jusqu'alors, était resté sans nom.

Tout comme le mouvement de libération, le mouvement féministe de l'époque moderne fut, au début, principalement préoccupé par des questions de droits civiques et de discrimination. En 1966, l'Organisation Nationale pour les Femmes (National Organisation for Women, NOW) fut créée. Betty Friedan en était la présidente. Explicitement politique, l'orga-

---

1. Betty Friedan, *The Feminine Mystique* (New York : Dell, 1984) ; cité dans Foner, *American Freedom*, p. 295.

nisation avait pour objectif d'obtenir la pleine équité pour les femmes dans tous les aspects de la vie publique, que ce soit l'emploi, l'éducation ou la participation politique. Il s'agit de la première et donc de la plus ancienne branche du mouvement, connue plus tard sous le nom de 'féminisme social'

Le piège séduisant de la politique

Quand vous vous trouvez en face d'un problème politique national, au sens de problème public, vous le traitez sous un angle politique, n'est-ce pas ? Et ceux qui initient des mouvements politiques sont généralement persuadés que la politique, à elle toute seule, va permettre de faire la différence. Mais, exactement comme on l'a vu avec le mouvement pour les droits civiques, résoudre de nouveaux problèmes avec d'anciennes méthodes n'est généralement pas très approprié. Lorsque le NAACP et Thurgood Marshall luttèrent pour mettre fin aux ségrégations dans les écoles, ils obtinrent en effet de grandes victoires juridiques. Mais à un niveau plus basique, plus pratique, la culture du passé restait en place et repoussait les avancées que promettaient de telles victoires.

Il en fut ainsi avec les branches politiques, les plus visibles, du mouvement féministe. Exactement comme dans l'histoire de « Frère Lapin » et de la « Poupée Goudron », plus fort ceux-ci se débattaient, plus ils s'enfonçaient dans le bourbier. La politique avec un grand P — celle des élections, des réglementations gouvernementales, le vote des lois à Washington, dans les conseils régionaux ou les mairies des grandes villes — est un jeu compliqué. On peut presque dire que c'est le jeu lui-même qui décide à quels problèmes les joueurs vont s'attaquer et ce qu'ils ont le droit de dire dans les débats publics. Les activistes politiques sont généralement très occupés à jongler avec tout un tas de contraintes nécessaires : avec qui faire des alliances, comment jouer sur différents fronts, avec différents électorats afin d'avoir l'air plus puissant, comment jouer le jeu des lobbys à propos des législations, comment gérer au mieux les relations avec la presse et les médias, comment manipuler l'actualité, comment plaire aux contribuables et, enfin, comment obtenir le plus de voix.

Pas étonnant dès lors que la branche politique du mouvement féministe ait aussi vite atteint ses limites. Aussi séduisante soit-elle, c'était une voie dangereuse dans laquelle les féministes se sont embourbées, forcées de s'en tenir aux stratégies politiques conventionnelles, puisque c'était le seul moyen d'obtenir le soutien de toutes les factions. Mais elle ne laissait aucune place à l'innovation culturelle. Et ce fut là l'une des choses les plus importantes qu'apprirent les féministes dans leur combat : quand on cherche à changer la culture du passé, on ne peut pas se contenter des solutions qu'elle propose. Il faut découvrir ses propres solutions ou les inventer.

Rompre les sorts

« Dans des ateliers cachés, les vieilles filles décousent, dénouent, détissent et démêlent », écrit la féministe Mary Daly. « Nous cousons, mêlons, et tissons, nous entrelaçons, enroulons et nouons », rapiéçant le tissu complexe d'une conscience qui a été déchirée d'elle-même, tournée uniquement vers l'extérieur. Les féministes, selon Daly, « déroulent l'intégrité du moi, afin de briser les sorts des horloges paternelles ». [1]

La plupart des mouvements sociaux ont deux branches : une branche politique et une branche culturelle. Souvent, la branche culturelle est beaucoup plus importante, car c'est là, comme l'explique Daly, que les gens ont le temps d'explorer de nouvelles valeurs, de nouveaux modes de vie et de nouvelles manières de comprendre les choses, c'est là que se tissent et s'élaborent de nouvelles philosophies, de nouvelles amitiés et de nouvelles histoires personnelles. Contrairement à ce que l'on croit généralement dans la branche politique, la branche culturelle a au moins autant d'impact sur l'ensemble de la société, si ce n'est plus. Le problème, c'est que les médias, le gouvernement, les entreprises et même les universitaires ont tendance à toujours encourager cette croyance qu'a la branche politique de sa propre importance. En réalité, la force de la branche culturelle, qui permet de briser les sorts jetés depuis des générations, s'exerce à des niveaux nettement plus souterrains, mais tout aussi efficaces.

---

1. Mary Daly, *Gyn/Ecology* (Boston : Beacon Press, 1978), pp. 386-87

C'est ainsi qu'au sein du mouvement féministe, une deuxième branche, plus jeune, est apparue — des femmes décidées à « découdre, dénouer, détisser et démêler » des millénaires d'hypnose culturelle.[1] Loin des projecteurs de la scène politique, elles ont décrypté les présupposés culturels et les ont reformulés de façon à faire apparaître de nouvelles significations. C'est comme cela que s'élabore la culture : en donnant de nouvelles formes à de vieux problèmes et en reformulant les idées habituelles sous la forme de nouvelles images, de nouveaux poèmes — qui les font apparaître sous un tout autre jour, et qui modifient profondément leur signification et la compréhension que l'on en a. Et en développant aussi un nouveau sentiment identitaire, une nouvelle perception d'eux-mêmes, pour celles et ceux qui rejoignent les rangs des mouvements de changements culturels.

En fait, la branche culturelle du mouvement féministe est née de l'initiative de petits groupes d'amies des mouvements de libération et de la nouvelle gauche, qui en avaient assez de se voir toujours confier les mêmes tâches : faire la cuisine, taper à la machine, laver le linge... Comme s'en plaignait Marge Piercy à la fin des années 60 : « C'est un mouvement qui est censé se soucier de libération de l'être humain, alors comment se fait-il que la condition des femmes à l'intérieur de ce mouvement ne soit pas meilleure que ce qu'elle est dans le reste de la société »[2]. Et leurs objections provoquèrent les réactions classiques des hommes, qui allaient du mépris hautain à la colère furieuse. Du coup, elles abandonnèrent tout simplement leurs cuisines et leurs bureaux et plantèrent là les SDS et SNCC ainsi que tout un tas d'autres groupes dominés par les hommes.

---

1. Ibid. Notre rapport sur le mouvement de libération des femmes s'appuie en partie sur le travail méticuleux de Carol Mueller 'Conflict Networks and The Origin of Women's Liberation', dans Enrique Larana, Hank Johnston et Joseph R. Gusfield, eds., *New Social Movements* (Philadelphia : Temple University Press, 1994), pp. 234-263. Nous ne sommes cependant pas d'accord avec l'interprétation de Mueller selon laquelle les réseaux 'souterrains' et invisibles n'ont d'importance que pendant les phases de latence du développement d'un mouvement. Le mouvement féministe a continué de dépendre fortement de ce qui se passait en dehors du regard du public — les enseignements et la croissance — et cette dépendance continue encore aujourd'hui.

2. Marge Piercy, dans Robin Morgan, ed., *Sisterhood is Powerful* (New York : Random House 1970).

Dès 1967, de nombreux petits groupes de prise de conscience bourgeonnaient dans tout le pays. Et les femmes lisaient des articles sur ces groupes dans les magazines, les journaux et les périodiques.[1] D'autres encore ne faisaient qu'en entendre parler par le bouche à oreille. Mais, armées de leur volonté d'expérimenter et de découvrir par elles-mêmes des choses nouvelles, et malgré ce manque d'informations directes, elles commencèrent à se réunir dans leurs salons ou dans les salles paroissiales, dans les dortoirs et les YWCA. Elles se confiaient les unes aux autres des choses qu'elles n'avaient jamais dites à personne, parfois même des choses auxquelles elles n'avaient jamais pensé auparavant. Mais plus important encore, comme l'écrit Nelle Morton, elles « s'encourageaient mutuellement, par l'écoute, à prendre la parole »[2]. Des décennies plus tard, les femmes sont toujours aussi claires sur leur très grand besoin d'écoute mutuelle. Comme l'explique aussi un écrivain, « il y a une énorme différence entre avoir la permission de parler et avoir la chance de pouvoir se dire que quelqu'un va peut-être enfin vous écouter ».[3]

Exprimer son propre ressenti

Mais ces femmes se retrouvèrent très vite confrontées à une autre situation de bourbier, beaucoup plus grave, et dont il était beaucoup plus difficile de se défaire que celui de la politique : les conventions sociales, les textes religieux, la littérature, l'art et l'histoire qui depuis des millénaires avaient été écrits et interprétés d'un point de vue strictement masculin. Le résultat était que beaucoup de femmes ne savaient même plus ce que cela voulait dire d'être une femme. Et sans ce savoir, il leur était quasiment impossible de se connaître. L'historienne Gerda Lerner, qui a étudié sur plus de mille ans des interprétations féminines des textes bibliques, décrit ainsi comment les femmes ont sans cesse été obligées de retrouver et répéter encore et toujours les

---

1. Le nombre de publications du mouvement est passé de 2 en 1968 à environ 60 en 1972.

2. Nelle Morton, 'Beloved Image', intervention à la National Conference of the American Academy of religion, San Francisco, 28 décembre 1977.

3. Carol Lee Flinders, *At the Root of this Longing* (San Francisco : Harper San Francisco, 1998).

pensées des générations précédentes, dont rien n'avait été conservé : « Sans cesse, des générations de Pénélopes, durent les unes après les autres retisser la toile que d'autres avaient défaite avant, uniquement pour la voir à nouveau défaite ». Et après 1500 années de 'retissage', les femmes s'aperçurent enfin que « leur condition était socialement déterminée ». [1] Mais l'étape suivant cette découverte — s'associer à d'autres femmes pour remédier à ces torts — fut beaucoup plus difficile à franchir.

Le plus dur, ce qui rendait les choses incroyablement compliquées, c'était le mensonge : le mensonge au sujet de leurs propres vies et celui à propos de leurs sentiments. Poliment, on appelle cela le conditionnement culturel. Il implique la conviction, avant même l'adolescence, que l'honnêteté est beaucoup trop risquée, trop « stupide, égoïste, mal polie et mesquine », pour valoir la peine qu'on s'y intéresse. C'est ce que montrent Lyn Mikel Brown et Carol Gillian dans leur étude sur le développement psychologique d'une centaine de jeunes adolescentes. [2] C'est également ce que montre Carolyn Heilrun dans son étude sur la vie des femmes écrivains. Ce n'est pas avant que le 20e siècle soit déjà bien entamé qu'il devint possible pour les femmes dans leurs autobiographies « de s'attribuer la moindre réussite, d'admettre leurs ambitions ou même de reconnaître que leurs réalisations n'étaient ni le fruit du hasard, ni le résultat des efforts ou de la générosité des autres, mais qu'elles ne les devaient qu'à leur propre force ». En conséquence, jusqu'à tout récemment les femmes n'ont eu aucun modèle de réussite sur lequel fonder leur vie et elles ne pouvaient pas non plus se faire les porte-parole ou les symboles de quoi que ce soit puisque elles-mêmes ne disaient pas la vérité sur leur propre vie. [3]

Pour les femmes, les premières véritables explorations de la vérité débutèrent lorsqu'elles réalisèrent ce que leur avait coûté ce conditionnement culturel. Les dégâts étaient immenses : la

---

1. Gerda Lerner, *The Creation of Feminist Consciousness* (New York : Oxford University Press, 1993), p. 275.

2. Lyn Mikel Brown et Carol Gilligan, *Meeting at the Crossroads* (Cambridge, MA : Harvard University Press, 1992).

3. Carolyn Heilburn, *Writing a Woman's Life* (New York : Norton, 1988), pp. 24-25.

trahison de soi, l'isolement d'avec les autres et l'absence d'une véritable intimité, et un manque de responsabilité envers la communauté et la planète.

Le premier pas, ce fut de plonger sous la surface, pour aller 'explorer l'épave', comme l'écrit la poétesse Adrienne Rich. Tout comme les jeunes Afro-américains du mouvement de libération avaient inventé de toutes nouvelles manières de déchirer les voiles de politesse qui recouvraient le racisme et le présentaient sous un jour presque acceptable, les féministes devaient maintenant plonger sous les surfaces proprettes des mythes culturels de la civilité, de la romance et du pouvoir. Mais alors que l'effort de déconstruction et de reformulation du mouvement de libération des Noirs étaient tourné vers l'extérieur, le travail effectué par les femmes était beaucoup plus intime.

Quand les femmes déclaraient que « le personnel est politique », c'est cela qu'elles voulaient dire. Selon elles, si elles ne disaient pas la vérité sur leurs vies, elles n'avaient plus rien en quoi faire confiance et plus rien sur quoi elles puissent fonder leurs actions. Le personnel n'était pas seulement politique, il était fondateur. Ce qu'elles recommandaient, ce pour quoi elles se battaient devait jaillir de ce qu'elles savaient et ressentaient au plus profond d'elles-mêmes, directement tiré de leur propre expérience, ou au moins être en adéquation avec cela.

Celles et ceux qui par la suite devinrent les Créatifs Culturels furent très fortement influencés par cette manière de voir. Ils apprirent ainsi en effet que la vérité, quand elle vient d'une expérience directe et qu'elle est elle-même directement vécue, permet de se détacher de façon radicale de l'autorité lourde des siècles passés. C'était la base même pour qui souhaitait s'affranchir des doctrines politiques, médicales et religieuses sous toutes leurs formes. C'était ainsi une extension du 'passage à l'acte' du mouvement de libération vers une signification plus personnelle encore de l'authenticité. Et ce furent les femmes qui jouèrent le rôle décisif dans l'ouverture de cette nouvelle voie, tout simplement parce qu'elles n'avaient pas le choix : cet apprentissage tiré de leurs propres expériences était bien souvent la seule chose sur laquelle elles pouvaient compter.

Ténèbres fertiles

Mais s'il suffit de se pencher sur sa propre vérité pour atteindre la liberté, alors pourquoi les femmes n'ont-elles pas commencé plus tôt ? Pourquoi n'ont-elles pas plus tôt vu au-delà des conventions culturelles dominantes qui leur disaient qu'elles n'avaient pas grand chose à apporter à la civilisation, qu'elles étaient passives et inférieures aux hommes ? Et la question se pose aussi pour les Afro-américains, les gays et les lesbiennes. Pourquoi pendant si longtemps, personne n'a été capable de déceler les mensonges culturels du racisme, ou des armes nucléaires de la 'dissuasion', nos visions désespérément courtes quant à l'avenir de notre planète et tout un tas d'autres présupposés culturels ?

L'une des raisons, c'est que pour pouvoir remettre en question ces conventions sociales établies, il faut un certain talent, comme un rayon laser qui permettrait de transpercer les vieux cadres culturels de référence et d'ouvrir ainsi sur une nouvelle clarté, tout un univers de possibles. Ou bien alors il faut arrêter de 'faire' et d'agir, et s'asseoir au calme, sans rien faire, jusqu'à ce que le murmure de l'esprit se taise — au bout d'un moment, on fait l'expérience du néant. Et sur le chemin qui mène à ce néant, toute la tristesse et la colère, tous les reproches qu'on a en soi et envers soi, toutes ces émotions que nos occupations quotidiennes repoussent constamment, tout cela d'un seul coup envahit l'esprit.

C'est le « cœur sombre », comme l'appelle Virginia Woolf. C'est l'endroit sous le masque : le vide, l'utérus créateur, la matrice. Ce « cœur sombre » est ce que l'on craint, en même temps que ce qui va nous libérer. C'est la sombre nuit mystique de l'âme et l'ouverture fertile qui nous mène à notre vérité. Cela signifie trouver le terrain solide sur lequel on peut être soi-même et ancrer cette identité, plutôt que d'essayer de correspondre aux images et catégories de la société. Mais à nouveau, comme avec les conventions sociales, se libérer des identités personnelles et sociales demande un certain talent. C'est tellement facile et confortable de se laisser convaincre par les vieux discours sur nous-mêmes, sur qui on est, et pourquoi on est comme cela, et pourquoi on ne changera jamais. Il faut un immense courage pour plonger dans le vide, atteindre les profondeurs pour explorer l'épave, explorer ce vide.

Il faut aussi avoir le sentiment, la conviction que ce que l'on va trouver sera important ; il faut une certaine confiance dans l'idée que le fait de défaire et de se défaire va produire une certaine richesse, un profit dont non seulement nous, mais les autres aussi vont pouvoir bénéficier. Et ce fut là une contribution importante des premiers groupes de prise de conscience : apporter aux gens cette confiance et ce sentiment. Aujourd'hui, il est nettement plus facile de trouver des environnements qui encouragent ce genre d'exploration : les psychologies humanistes et transpersonnelles, les diverses pratiques méditatives du bouddhisme, du mysticisme chrétien et du judaïsme, les groupes de soin et de soutien pour les hommes et les femmes atteints du virus du sida, les programmes d'hospices, les cercles de sagesse inspirés des enseignements des Amérindiens, et bien d'autres encore.[1]

Ces 'éveils', comme les appelle Carol Christ, n'ont pas eu lieu et n'auraient probablement pas pu avoir lieu dans la solitude.[2] Ils ne sont apparus que dans le contexte de la communauté, dans le tissu de relations des femmes entre elles : « inspirer chez les autres la démarche » d'agir en dehors des catégories culturelles, « briser le silence » et « reprendre la nuit ». Elles se trouvaient ainsi des liens les unes avec les autres, et recherchaient des remèdes aux maux de la société dans son ensemble.

Que sont-ils devenus ?

Le mouvement féministe est apparu sur la scène publique en août 1970, quand les féministes de la lutte pour l'ERA et leurs consœurs plus jeunes des groupes de libération des femmes se rassemblèrent pour leur première grande manifestation. Des dizaines de femmes se mirent 'en grève' pour l'égalité lors de la plus importante manifestation de femmes de toute l'histoire des Etats-Unis. A Chicago, elles organisèrent des sit-in dans les restaurants 'interdits aux femmes'. A Minneapolis, les specta-

1. Voir Charles Garfield, *Sometimes my Heart Goes Numb : Love and Caregiving in a Time of AIDS*. (San Francisco : Jossey-Bass, et Charles Garfield, Cindy Spring et Sedonia Cahill, *Wisdom Circles* (New York : Hyperion, 1998).

2. Carol P. Christ, 'Nothingness, Awakening, Insight, New Naming', *Diving Deep and Surfacing* (Boston : Beacon, 1980).

cles de 'théâtre guérilla' mettaient en scène les protagonistes de la tragédie de l'avortement. Et à New York, des milliers de femmes défilèrent sur la 5e avenue avec des banderoles sur lesquelles on pouvait lire : « Mettez fin aux sacrifices humains : ne vous mariez pas »[1].

L'ampleur de la mobilisation signifiait clairement à l'ensemble de la nation qu'il fallait désormais prendre au sérieux le mouvement des femmes. Et il le fut, aussi bien en tant que mouvement politique qu'en tant que mouvement culturel bien moins visible. A elles deux, les deux branches du mouvement ont secoué la société occidentale en profondeur. Mais à la fin des années 80, tout cet activisme semblait en grande partie avoir disparu. Plus de manifestations ni de groupes de prise de conscience. Et bon nombre d'activistes se demandaient « mais où sont-ils tous passés ». Dans la pièce de Wendy Wasserstein *The Heidi Chronicles*, Heidi Holland ne cesse de se poser cette question tout au long de la pièce qui la mène depuis les temps 'préhistoriques' de l'obscurantisme sexuel, à travers les années 70 et leurs groupes de prise de conscience, jusqu'à l'ère des superwomen et d'un nouveau type d'aliénation. Heidi s'exprime ainsi devant l'association des anciens élèves de son université. « C'est juste que j'ai l'impression d'avoir été laissée en touche, comme si j'avais été abandonnée. Or moi, je croyais justement que l'idée était que nous ne nous sentirions plus jamais abandonnées. Je croyais que l'idée était que nous étions tous engagés dans la même aventure et que nous allions la traverser ensemble jusqu'au bout ».

Mais il n'y eut pas que les féministes et les activistes à se poser cette question. C'est toute l'immense population de sympathisants et de supporters, toutes celles et ceux dont les mentalités et parfois les vies mêmes avaient été modifiées par le mouvement des femmes qui se demandaient la même chose. En 1988, lors d'une interview au moment des premières représentations de sa pièce, Wasserstein faisait tristement remarquer : « Si nous étions toutes ensemble dans cette aventure, pourquoi ce sentiment d'abandon aujourd'hui ? Que s'est-il passé, qu'est-il arrivé à ces mouvements ? Qu'est-il arrivé à toute une génération ? » Et qu'est-il arrivé à ce 'nous' qui voulait se battre pour

1. Mueller, *Conflicts networks*, p. 253.

un monde meilleur, demandait-elle, ce 'nous' qui voulait s'assurer que non seulement je puisse m'accomplir pleinement, et explorer mes potentialités, mais que tout le monde puisse en faire autant ? S'assurer que chacun puisse penser aux autres, autant qu'à soi-même ? » [1]

Voilà ce qui s'est passé :

- Les activistes se sont intéressés à des problèmes locaux plutôt que nationaux.
- Les médias ont réduit considérablement la couverture de ces mouvements.
- La branche culturelle a continué comme avant, mais comme avant elle est restée dans l'ombre.
- Certains parmi les activistes de la branche politique ont rejoint les rangs de la majorité et de l'establishment.

Ils se sont intéressés aux affaires locales

Une bonne partie des sympathisantes, toutes ces femmes dont les vies avaient été profondément touchées par le mouvement, furent découragées par les tentatives de retour en arrière des années Reagan. Les médias leur annonçaient que les activistes des années 60 étaient passés directement des barricades aux salles des marchés de Wall Street. Alors qu'en fait, ce n'est pas exactement ce qui s'est passé. Dans son livre *Beyond the Barricades : the Sixties Generation Grows up,* le sociologiste Richard Flacks montre qu'en fait, les activistes des années 60 ne sont pas tous devenus des yuppies. Ils et elles ont continué à croire en ce qu'ils ont toujours cru, et ils continuaient souvent, tout au long des années 70, à militer et agir. La différence est que désormais, ils sont plus souvent engagés dans des organisations locales, plus proches des préoccupations de leur quartier et de leur communauté, et, du coup, n'en sont que moins visibles aux yeux des médias.[2]

Ce que Flacks démontre reste dans l'ensemble vérifié pour bon nombre de ces activistes au cours des années 80 et 90. Après

---

1. Wendy Wasserstein citée dans Mervyn Rothstein 'After the Revolution, What ?', *New York Times*, 11 décembre 1988, sec. 2.

2. Richard Flacks, *Beyond the Barricades : The Sixties Generation Grows Up* (Philadelphia : Temple University, 1990).

une période de grande visibilité nationale, ils ont poursuivi leurs actions au niveau local. Le mouvement environnementaliste, par exemple, démarra avec des milliers d'actions communautaires au niveau local avant d'être grande organisation nationale. Et ces organisations locales se mirent à travailler en tandem avec les organisations nationales plus visibles. Mais lorsqu'il apparut que ces dernières ne semblaient pouvoir leur être véritablement utiles, les activistes retournèrent à leurs actions locales.

Les médias n'en parlent plus

Pour les médias, il était nettement moins intéressant de parler des nouveaux mouvements sociaux dans les années 80 que cela ne l'était à l'époque des mouvements de libération des Noirs et des femmes et des manifestations contre la guerre du Vietnam. Il se peut que, comme le croient certains, ils se méfiaient des envies des activistes de manipuler l'information à leur avantage. Il se peut aussi qu'ils servaient en fait les intérêts conservateurs des annonceurs. Toujours est-il qu'ils n'étaient de toute évidence pas intéressés par ce que les manifestants avaient à dire en substance. Le documentaire *Fear and favor in the Newsroom* montre très clairement la partialité fréquente des médias en faveur des intérêts des annonceurs dans leur manière et leurs décisions de couvrir les problèmes soulevés par l'activisme local. [1]

Marilyn Ginsberg, une psychothérapeute qui participa à plusieurs de ces mouvements, se souvient qu'une fois, « un grand nombre de mes amies se rendirent à San Francisco pour participer à une manifestation de femmes pour la paix, et ce ne fut dans aucun journal. Et en 1999, au printemps, je me suis rendue à une autre manifestation pour l'amélioration des traitements contre le cancer du sein, et ce fut pareil. Cette fois-ci la manifestation avait lieu à Los Angeles, et à nouveau, de manière tout à fait étrange, personne n'en parla, même pas le *L.A. Times*. J'ai appris ainsi à me méfier des médias, parce que je ne peux pas m'empêcher de penser à tout ce qui se passe et dont on ne parle jamais dans les journaux. »

---

1. *Fear and Favor in the Newsroom*, produit par NorthWest Passage Productions en association avec KTEH San Jose Public Television. Réalisé et co-produit par Beth Sanders, 1997.

Les manifestations ne sont tout simplement plus considérées comme dignes d'intérêt. Si une manifestation n'attire pas plus de participants que la précédente, ou si elle n'est pas sensiblement différente, alors elle n'est tout bonnement 'pas d'actualité'. Le rédacteur en chef d'un journal national respecté nous a expliqué que ses décisions de couvrir ou non les événements ne sont pas influencées par les annonceurs. Selon lui, « si vous avez une décision à prendre sur ces sujets, elle sera fondée sur votre estimation du nombre de lecteurs potentiellement intéressés par le sujet, et s'il y a quelque chose de nouveau, c'est du ressort des 'nouvelles', il ne faut pas l'oublier ! Il y a eu tellement de manifestations qui ont répété toujours le même message, que du coup nous avons été obligés d'en parler moins. »

Une bonne partie de l'actualité telle qu'elle est traitée à la télévision a un côté très 'presse à scandales'. Lancés dans leur course à l'audimat, les journaux télévisés ne sont devenus qu'une forme de plus de divertissement. D'où un renforcement de cette tendance à éviter les questions trop sérieuses et les problèmes de fond. Todd Gitlin, un sociologue spécialiste des médias défend l'idée que cette diminution de la couverture des mouvements par les médias n'est que le reflet d'un présupposé traditionnel des médias d'actualité : « L'actualité, c'est l'événement, pas le contexte sous-jacent ; l'individu, pas le groupe ; le conflit, pas le consensus ; les faits qui font 'avancer les choses', et pas ceux qui les expliquent ». [1]

Il s'agit là d'une tendance qui a empiré au cours des dernières années. L'industrie des médias pense de plus en plus que si l'actualité veut garder son public, qui veut avant tout être diverti, elle doit être présentée comme un événement sportif ou une sitcom. Ce qui fait les nouvelles, suivant ce critère, ce sont les mauvaises nouvelles — les conflits, les tragédies, les alliances secrètes, les scandales, la politique spectacle (comme les courses électorales, les personnalités et les ambitions des politiciens). La politique devient ainsi un jeu du cirque, un sport-spectacle, et plus du tout quelque chose dont les citoyens ont à se soucier. [1] Dans cette perspective cynique, chaque question politique, chaque

1. Todd Gitlin, *The Whole World is Watching* (Berkeley, CA : University of California press, 1980), p. 28.

problème de la communauté et de la nation n'est plus traité qu'en fonction de leur manière de s'intégrer dans les stratégies électorales des partis et des politiciens. L'idéologie d'un mouvement, et tout simplement les idéaux qu'il défend sont passés à la trappe parce qu'ils ne tiennent pas dans le scénario. Quand une manifestation a lieu, il est plus intéressant de savoir ce qu'en dit tel ou tel politicien, plutôt que de vraiment expliquer de quoi il s'agit, et pourquoi les gens sont descendus dans la rue. Le mouvement dans son ensemble, les gens et les organisations et surtout les préoccupations concrètes qui sont derrière la manifestation, on n'en parle absolument pas. Comme le montre James Fallows dans son livre *Breaking The News*, avec l'effet cumulé du cynisme, du règne des 'experts', de la mise à l'écart des vrais problèmes et de l'avènement de l'info-spectacle, nous assistons tout simplement à une diminution de l'engagement et de l'implication des citoyens dans le bon fonctionnement de la démocratie.

En d'autres termes, l'industrie de l'information méprend gravement le public, et les mouvements eux-mêmes, en leur cachant la réalité de ce qui se passe. Mais le problème ne réside pas seulement dans cette particularité que l'on connaît — le vrai problème, c'est ce trou, cette absence de tout ce que l'on ne sait pas et que l'on ne voit pas aux informations. Pour la plupart d'entre nous, nous supposons généralement que les journalistes font bien leur travail, couvrant tout ce qui se passe. Mais apparemment, ce n'est pas le cas.

Les branches culturelles sont restées dans l'ombre

Comme nous l'avons dit précédemment, les branches culturelles des mouvements étaient nettement moins visibles que leurs branches politiques. Charlene Spretnak, l'une des fondatrices et chroniqueuse de la branche spirituelle du mouvement féministe, décrit ces factions 'culturelles' comme un « riche éventail de réponses et réactions culturelles qui viennent tout droit d'une très forte pulsion, un puissant désir de trouver des alter-

1. Manuel Castells traite ces sujets de manière tranchante dans *The Power of Identity, Vol. II of The Information Age : Economy, Society and Culture* (Cambridge, MA : Blackwell, 1997).

natives positives ». Ce qui signifiait « l'éclosion, la floraison de tout un tas d'expressions au féminin en musique, en poésie, en littérature et dans le domaine de la spiritualité. Pour d'autres, il s'agissait aussi de développer une 'culture' féminine, une société de femmes, avec des entreprises et des services conçus et dirigés par et pour les femmes et leurs enfants. Dès 1973, on trouvait déjà des milliers d'entreprises de la sorte. Et dès l'année suivante, il apparut clairement que le mouvement ne serait pas stérile en termes spirituels. » [1]

La spiritualité féminine fut un élément de cette floraison. Pour beaucoup de femmes, cet aspect était beaucoup plus vivant, et avait beaucoup plus d'importance et de signification que l'activisme purement politique. Certaines de ces femmes introduisirent leurs nouvelles préoccupations spirituelles dans leur engagement politique, notamment lors de confrontations spectaculaires avec les églises. D'autres se détournèrent tout simplement de la scène politique et s'inventèrent de nouvelles manières de vivre en relation plus étroite avec la nature. Elles se réunissaient entre amies pour organiser des cérémonies en l'honneur des saisons et des oiseaux, des rituels funéraires aussi, ou pour d'autres passages de la vie, et elles méditaient et célébraient ainsi ce qu'elles considéraient comme « la grande communauté de la vie ».

Pour les autres mouvements, les branches culturelles se développèrent bien entendu de différentes façons. Mais à chaque fois, ces réseaux souterrains et invisibles offraient aux activistes et sympathisants un soutien plus personnel et étaient le lieu où s'élaboraient de nouvelles idées, des expressions créatrices qui jouèrent un rôle capital dans le développement de ces mouvements. Et la plupart du temps, tout cela se faisait loin du regard du grand public

Certains ont rejoint les rangs de la majorité

Une dernière raison pour laquelle les mouvements donnent l'impression d'avoir disparu, c'est que bon nombre de leurs

---

1. Charlene Spretnak, préface à *The Politics of Women's Spirituality* (New York : Doubleday, 1994), p. XI.

activités devinrent tellement populaires qu'elles furent récupérées par l'establishment et rejoignirent ainsi les rangs de la majorité. Par exemple, à Toronto, le WRECS, un service gratuit d'encadrement et de conseil pour les femmes, ne comptait à ses origines dans les années 60 que six bénévoles. Au milieu des années 70, il était devenu tellement efficace et populaire qu'il était financé par des fondations qui payaient des employés à plein temps. Dans les années 80, le service était sponsorisé par le gouvernement régional. Un autre exemple est le travail du mouvement de libération des Noirs pour l'intégration des écoles et l'enregistrement des électeurs dans le Sud, qui rencontra un tel succès qu'il fut repris par les autorités locales et gouvernementales.

Pour ce qui est du mouvement pacifiste, les résultats furent encore plus frappants. Dans les années 80, la guerre du Vietnam était finie depuis bien longtemps déjà, il n'y avait plus d'appelés et bon nombre de déserteurs avaient été amnistiés. Mais le danger d'une guerre nucléaire était tellement réel et évident que la plupart des pouvoirs officiels décidèrent de limiter légalement la prolifération des armes nucléaires et travaillèrent activement au désarmement, et ce, au grand désarroi de l'establishment de la guerre froide. De même, le mouvement environnementaliste remporta un tel succès que les avocats et juristes de Washington reprirent à leur compte la lourde tâche d'obtenir des industries qu'elles agissent pour réduire la pollution et remédier aux dégâts qu'elles avaient causés. L'avant-garde du mouvement, elle, se tournait pendant ce temps vers les problèmes locaux et planétaires, y compris le réchauffement climatique et l'extinction des espèces.

L'héritage

Après toutes ces années, que nous ont laissé tous ces mouvements ? Brièvement, on peut dire qu'ils ont tout simplement changé la mentalité de toute la nation. Nos idéaux et nos valeurs ne sont plus englués dans le racisme, le sexisme et autres dénis d'il y a cinquante ans. Bien sûr, la route est encore longue, mais il est déjà très important d'avoir commencé. Vincent Harding, qui, à plus de soixante-dix ans est un Ancien respecté du mouvement de libération des Noirs, se considère en fait membre de tout mouvement qui prolonge et repousse les limites de la démocratie en remettant en question les conventions sociales injustes. Selon lui, de tels mouvements nous lèguent toujours un héritage dont personne ne veut, ou presque. Il faut aux nations, explique-t-il, « une espèce de sagesse et de maturité pour reconnaître que ceux qui remettent en cause l'état des choses nous font en fait un cadeau merveilleux. Pourtant l'idée principale n'est pas bien compliquée... Parfois, il arrive que notre vie soit en complète contradiction avec les vérités auxquelles nous prétendons croire. Et nous nous retrouvons dès lors handicapés, atrophiés, nous faisons du mal à nos âmes, et pourtant nous nous sommes habitués à ce phénomène. » [1] Et tous les mouvements qui nous aident à nous sortir de ce mensonge, cette illusion sur soi-même, nous offrent un bien inestimable.

Et si l'on regarde l'ensemble des nouveaux mouvements sociaux apparus depuis les années 60 avec cette idée en tête, on comprend tout de suite beaucoup mieux la nature de leur héritage. Le tableau ci-après propose une vue d'ensemble des mouvements en les présentant, en fonction de leur objet principal : la politique, la culture, ou la psychologie et la spiritualité. Pour ce qui nous intéresse à présent, l'élément important est la colonne du milieu qui regroupe les mouvements qui ont remis en question les conventions sociales de la culture dominante. Ceux-là ont remporté le plus grand succès, à deux égards : tout d'abord, ils ont conquis un 'public moral' qui désormais se compte en dizaines de millions ; ensuite, ils ont changé la mentalité des Américains de manière si profonde que les anciennes conventions sociales, contre lesquelles ces mouvements se sont élevés,

1. Harding, *Hope and History*, p. 111.

sont devenues tout simplement inacceptables pour la plupart d'entre nous. Il ne s'agit pas ici de dire que ces mouvements ont atteint tous leurs objectifs, ni qu'ils ont définitivement vaincu tous leurs adversaires à Washington et ailleurs, ni même que les grands pontes et les élites politiciennes les approuvent. En disant qu'ils ont remporté un grand succès, ce que l'on veut dire, c'est qu'ils ont réussi à changer notre culture et notre société de manière significative.

Regardez la colonne du milieu et vous y trouverez précisément ces mouvements qui ont remis en question et délégitimé les conventions sociales traditionnelles : le mouvement de libération des Noirs, le mouvement féministe, le mouvement pacifiste, le mouvement écologiste, le mouvement étudiant, etc. Et il faut remarquer encore une chose : les succès remportés par ces mouvements ont été essentiellement le fruit des branches culturelles des nouveaux mouvements sociaux et psychospirituels. Certains (comme le mouvement pacifiste) ont d'abord commencé comme mouvements politiques pour ensuite élargir leur action et remettre en question les conventions sociales et insister sur le 'recadrage' et la reformulation des problèmes et présupposés, tandis que d'autres débutèrent avec des objectifs purement 'intérieurs' (comme le mouvement pour le potentiel humain) pour ensuite s'étendre à la remise en question des conventions sociales et chercher à changer la société. Il y a enfin une troisième alternative : quand un mouvement, comme le mouvement d'émancipation des gays et lesbiennes, commence par remettre en cause les conventions sociales, puis s'intéresse à des questions politiques et psychospirituelles.

Dans l'ensemble, les mouvements qui se sont exclusivement intéressés à la politique (comme les mouvements pour l'emploi et la justice sociale) semblent avoir eu nettement moins d'impact sur la vie des Américains. Les mouvements d'éveil de la conscience, qui sont restés centrés sur le changement psychologique et spirituel, pourraient bien n'avoir eu qu'un impact également limité, mais nous nous pencherons plus en détail sur ce point au chapitre six.

Ce qui manque à ce tableau, tout simplement parce qu'on ne peut le représenter par des graphiques, c'est l'interaction croissante qui a lieu actuellement entre tous ces mouvements.

Cette convergence est en train de donner naissance à un grand courant de changement qui affecte la société dans son ensemble. Les Créatifs Culturels sont impliqués dans ces changements de deux façons : ils apprennent des nouveaux mouvements, en même temps qu'ils les soutiennent et les enrichissent. Il y a en d'autres termes un effet 'spirale', comme un cercle vertueux d'influences mutuelles entre les mouvements et les Créatifs Culturels, comme nous le verrons au chapitre 7.

En tant que société, nous avons tous profité des enseignements et influences de ces nouveaux mouvements sociaux, mais les Créatifs Culturels en sont sans aucun doute les plus grands bénéficiaires. Comme le montre notre recherche, ce sont eux qui, plus que les autres, ont écouté, appris et, comme disaient nos professeurs au collège, 'appliqué' ce qu'on leur a enseigné. Les activistes peuvent toujours se demander « mais que sont-ils devenus ? », lorsque nous présentons nos résultats sur les Créatifs Culturels, les gens demandent plutôt : « Mais d'où sortent-ils ? ». Les nouveaux mouvements sociaux, plus importants et plus influents que personne ne l'avait imaginé, ont eu leur plus grand impact sur celles et ceux qui allaient devenir les Créatifs Culturels. Et comme nous le verrons, les Créatifs Culturels à leur tour ont aidé à façonner, modifier et développer ces mouvements, ainsi que les mouvements psychospirituels.

Tournons-nous à présent vers celui de ces mouvements qui a remporté le plus grand succès, qui s'est attiré la sympathie et le soutien des Modernistes et des Traditionalistes autant que des Créatifs Culturels : le mouvement environnementaliste. Pour les Créatifs Culturels en particulier, il a eu une importance exceptionnelle, en ce qu'il a fait appel chez eux à leurs efforts les plus dynamiques et leurs solutions les plus créatives face aux problèmes les plus urgents auxquels est confronté l'avenir de notre planète.

Les mouvements importan

Les mouvements politiques remettent en question l'establishment et les institutions
Agissent directement dans les domaines politiques et économiques, dans le simple but de changer les actions et les politiques 'au dehors', dans le monde.

Les branches cultur les c
Agissent directement dar au-delà de la « politique éducatif auprè

Les mouvements politiques s'élargissent pour devenir des mouvements culturels

Commencent par remettre en cause l'establishment, puis s'attaquent aux conventions sociales

Mouvement des droits civiques
Mouvement contre le nucléaire
et la guerre du Vietnam
Mouvement environnementaliste
(réglementations, diminution de la pollution)

mouvement de libération des Noi
Mouvement pacifiste en génér
Mouvement écologiste (ralentisseme de la croissance, changement de modes de vie, sauvegarde de la planète

Mouvements de changements culturels qui co pour ensuite se sé

(certaines parties mélangent le politique et

SDS et nouvelle gauche
Féminisme politique et social
Activisme contre le sida et pour les droits des homosexuel(le)s

Mouve
Mouver
Libération

Mouvements politiques et économiques centrés sur un problème particulier

Mouvements en faveur des pauvres, de l'emploi et de la justice sociale
Mouvements en faveur des minorités ethniques (hispaniques, amérindiens, etc.)
Mouvement d'aide aux réfugiés d'Amérique centrale

Les mouvemer pas en caus remportent r

ils ont une influen et se constituent de moin

our les Créatifs Culturels

›mettent en question
tions
›maines de la vie sociale,
tionnelle'. Jouent un rôle
ıblics moraux'.

Les Mouvements psychospirituels changent les individus ou la culture

Agissent sur la psyché de chacun, sur la culture, la vision du monde, les modes de vie au niveau individuel. Action personnelle directe et changement 'à l'intérieur' : privé et apolitique.

›ncent par remettre en cause les conventions,
ou se différencier

rel, d'autres le culturel et le psychospirituel)

udiant
niniste
lesbienne

Mouvement psychédélique
Spiritualité et psychologie féministe
Gay Pride, drag queens, exubérance

Mouvements de changements individuels qui s'élargissent ensuite à la contestation des conventions sociales et culturelles

ophistication psychologique de la plupart des
ıouvements et d'une grande partie de la société
lédecine douces et alternatives
limentation biologique et naturelle

Mouvement du potentiel humain,
psychothérapies alternatives
Conception holistique de la santé
Végétarisme

ıi ne remettent
conventions
› de succès :

ıdre sur la société
pes d'intérêt moral'
reux.

Mouvements centrés uniquement sur le changement individuel

Psychédélisme et mouvement hippie
Psychologie spirituelle
Nouvelles religions et spiritualité orientale

Note : Sur ce schéma ne figurent pas les nombreuses interactions entre les différents types de mouvements sociaux au sein de chaque colonne, particulièrement la colonne centrale (branches culturelles).

Chapitre 5.

La montée de l'écologie

La nature a été l'une de nos principales sources de connaissances, non seulement pour ce qu'elle est en elle-même, mais aussi pour la façon dont nous pouvons l'aimer ('nous' désignant ici la grande majorité des personnes sur cette planète qui se soucient de préserver l'environnement). Exactement comme ce fut le cas avec les mouvements de libération des Noirs ou des femmes, notre préoccupation pour 'l'environnement' nous a aidés à modifier l'ordre de nos priorités culturelles. Dans ce chapitre nous nous attachons à décrire comment ce souci de la nature s'est développé, et comment un immense courant souterrain en faveur du changement culturel est en train de faire surface. Comme on le verra ce sont les Créatifs Culturels, à nouveau, qui montrent le chemin.

'L'environnement' signifie ici bien plus que tout simplement 'ce qui nous entoure'. Alice Walker l'exprime de manière très simple et directe [1] :

Notre mère est belle
Ses collines sont des buffles
Et ses buffles des collines

1. Alice Walker, sans titre, dans E. Roberts et Elias Amidon, eds, *Prayers for a Thousand Years* (San Francisco : Harper San Francisco, 1999) ; p.190.

Notre mère est belle
Ses océans sont comme le ventre des femmes enceintes
Et les ventres des femmes enceintes sont comme les océans

Notre mère est belle
Ses dents, les pierres blanches au bord de l'eau
et les herbes d'été son épaisse chevelure

Notre mère est belle
On s'assoit sur ses genoux immenses
On se love dans son embrasse éternelle
Et l'on apprend tout de son corps bleu.

Le mouvement environnementaliste est celui des nouveaux mouvements étudiés ici qui a remporté le plus grand succès. Il a réussi à modifier les convictions et les désirs principaux de la population, pas seulement aux Etats-Unis ou dans le monde occidental, mais pratiquement dans le monde entier. Dans les sondages d'opinion, 70 à 90% des gens, dans la plupart des pays du monde, se disent très fortement préoccupés par l'environnement. Une étude qui couvrait 24 pays, à la fois dans le monde développé et dans le tiers monde montre « l'existence d'une prise de conscience quasi mondiale du mauvais état de santé générale de notre planète, ainsi qu'une forte préoccupation quant à son bien-être futur ». Les personnes dans les pays les plus pauvres sont aussi inquiètes des problèmes écologiques, si ce n'est plus, que celles des pays plus riches. Plus l'environnement national est mauvais, plus l'inquiétude est grande. [1]

1. Duane Elgin et Colleen LeDrew donnent un excellent résumé de ces enquêtes internationales sur les questions écologiques dans 'Global Paradigm Change', Research. Report of the Institute of Noetic Sciences and the Fetzer Institute, 1997. L'étude des attitudes envers l'environnement sur 24 pays est l'enquête 'Health of the Planet' menée en 1993 par Gallup International. Le directeur de recherche, le Dr Riley E. Dunlap, concluait qu'elle révélait « l'existence d'une prise de conscience quasi-mondiale de la mauvaise santé générale de notre planète, ainsi qu'une forte préoccupation pour son bien-être futur ». Dans presque tous les pays, plus de 70%, et jusqu'à 90%, des habitants se disaient soit 'passablement' soit 'fortement' préoccupés personnellement par l'environnement, et dans les pays en voie de développement les chiffres étaient plus régulièrement élevés. (Les Etats-Unis étaient à 85%). Le niveau de préoc-

Aux Etats-Unis, le degré d'inquiétude est à peu près dans la moyenne, à 85%. Dans une étude réalisée en 1999 pour l'Agence de Protection de l'Environnement (EPA), American Lives a démontré que 79% des Américains choisissaient l'option la plus élevée possible en faveur d'un changement de nos habitudes de vie, dans le but d'aider à la durabilité écologique. Pour les Créatifs Culturels, la proportion atteint les 96%. Une équipe d'anthropologues a démontré récemment que le caractère sacré de la nature est devenu à tel point une partie à part entière de notre système de valeurs en Occident qu'il joue désormais le même rôle qu'un idéal religieux. Nous reviendrons en détail sur ce sujet plus loin dans le chapitre.

En un demi-siècle, la plupart des Occidentaux ont effectué un complet renversement dans leurs croyances sur le monde naturel. Nous avons cessé de le considérer comme un entrepôt dans lequel nous pouvions piller à souhait, ou une source de travail et de richesse, et nous avons fini par l'accepter comme notre maison. La plupart d'entre nous associent et identifient désormais l'avenir de nos petits-enfants avec celui de la nature elle-même. Nous réalisons, comme l'écrit le biologiste David Suzuki, que « nous ne sommes qu'une éphémère génération dans la longue marche du temps et qu'il ne nous appartient pas d'effacer l'avenir »[2]. Cette perspective représente un changement considérable dans la conscience collective. De focalisés sur un confort égocentrique, nous devenons grâce à elle conscients de notre interdépendance avec la nature.

Un changement culturel d'une telle ampleur doit nécessairement avoir plusieurs origines. L'une des raisons, en Occident, de ce changement, a été l'élévation de notre niveau d'éducation

cupation était encore plus élevé quand il s'agissait de la disparition des espèces animales et végétales de par le monde ; ceux qui estimaient que le problème était 'très sérieux' ou 'plutôt sérieux' était de manière régulière entre 85 et 95% (avec les Etats-Unis à nouveau à 85%). Portant un grand coup au projet général du capitalisme, une large majorité des personnes interrogées disaient préférer choisir la protection de l'environnement à la croissance économique. Dans les pays industrialisés, les proportions allaient de 53 à 77% (les Etats-Unis étaient à 58%) et dans les pays en voie de développement, elles allaient de 53 à 71% (à l'exception de l'Inde, de la Turquie et du Nigeria).

2. David Suzuki, sans Titre, dans Roberts et Amidon, *Prayers*, p212.

et de notre niveau de vie. Libérés du combat quotidien pour la survie, nous pouvons plus facilement intégrer de nouvelles informations et prendre en compte de nouveaux éléments dans notre manière de voir le monde. Une autre raison de ce changement, c'est l'action des mouvements écologistes. In fine, ce changement profond dans notre vision des choses provient de la prise en compte croissante de l'urgence des dangers qui menacent la planète et par-là, nous-mêmes. Peu importe avec quelle largesse nous avons pris l'habitude de nous servir, nous reconnaissons tous désormais la vérité du proverbe indien : la grenouille ne vide pas l'eau de l'étang où elle vit.[1]

Au tout début du mouvement écologiste, le naturaliste Aldo Leopold décrivit ce qu'il ressentait au plus profond de lui face à la nature. Une fois que l'on a changé sa manière de comprendre pour quoi est fait l'environnement, disait-il, alors on change sa manière de comprendre tout le reste[2]. Cinquante ans après, cette déclaration pourrait servir à résumer les valeurs et la vision du monde des Créatifs Culturels. Ils ont changé leur manière de comprendre « pour quoi c'est fait », et cela change tout. Des trois sous-groupes culturels, ils sont les plus fortement engagés et les plus cohérents dans leur sentiment de responsabilité envers la Terre, leur manière de considérer la nature en elle-même et pour elle-même, et de la considérer comme sacrée. La Terre ne nous appartient pas, disent-ils. Nous appartenons à la Terre.

Si cette préoccupation dans le monde se développe à grande vitesse, la détérioration de l'environnement au niveau planétaire est plus rapide encore. Tout le monde s'accorde à dire qu'à moins que tous les pays du monde, comme une seule planète, ne se décident rapidement à agir, nous allons nous retrouver confrontés à une avalanche de catastrophes. Pourtant, certaines des institutions les plus importantes et les plus puissantes du monde moderne s'opposent encore à ce changement dans le simple but de protéger leur puissance et leurs profits. A l'heure qu'il est,

---

1. Cité par Steve Van Matre et Bill Weiler, eds, *The Earth Speaks* (Warrenville, IL : Institute for Earth Education, 1983) p. 67.

2. Aldo Leopold, *A Sand County Almanac, With Other Essays on Conservation From Round River* (New York : Oxford University Press, 1981).

la situation semble bloquée, coincée entre les préoccupations des trois-quarts de la population mondiale et les prérogatives des entreprises, des gouvernements et des élites influentes qui bénéficient de l'état actuel des choses.

Sous l'influence des Créatifs Culturels, les mouvements écologistes sont déjà en train de passer à une nouvelle phase. Les militants ont utilisé manifestations et campagnes d'information pour 'éduquer' et sensibiliser le public. Certains Créatifs Culturels sont déjà passés à l'étape suivante, à un niveau d'engagement qui leur fait développer de nouvelles formes d'entreprises, de nouvelles technologies et des initiatives coopératives. D'autres créent des sculptures, des pièces de théâtre rituel, des spectacles de danse, des romans et des poèmes. Ces nouvelles solutions, ces inventions sont autant de premiers pas vers ce qui pourrait bien être une nouvelle façon de vivre, voire une nouvelle forme de civilisation, au niveau planétaire.

Mais avant de poursuivre, nous devons revenir un instant aux nombreuses sources qui ont alimenté ces nouvelles formes d'engagement. Dans ce chapitre, nous allons nous attarder sur la naissance et le développement du mouvement écologiste, car il représente l'un des éléments les plus importants de l'histoire des Créatifs Culturels. Ce sont les points de vue, les trouvailles et les solutions développées par ce mouvement depuis plus d'un siècle qui ont servi de guide à la nouvelle culture aujourd'hui.

La fin de l'âge d'or

Le mouvement écologiste date d'à peu près un siècle. Sa naissance marque la fin de l'âge d'or, celui de l'exploitation massive conduite par des « barons voleurs [1] ». Mais à cette époque, on n'employait pas encore le mot 'environnement'. Le mot clé, c'était la protection. Le partisan le plus célèbre de cette cause était le naturaliste John Muir. Ses écrits sur le désert de la Sierra Nevada sont à l'origine d'initiatives pour la création de parcs naturels et pour la protection de la forêt. La vie nouvelle au

1. Nom donné aux premiers géants industriels américains, accumulant de vastes fortunes avec peu de scrupules moraux. (NDT)

sujet de laquelle il écrivait, la beauté « qui s'offre à vous dans toute sa glorieuse et extravagante exubérance » et que l'on découvre dans les montagnes « ébahi, réduit au silence par la solennité bruyante des cascades et le murmure apaisant de toutes ces voix éparses », ont séduit profondément tous ceux qui le lisaient. Plus que séduit. Les textes de Muir gravèrent en fait dans l'esprit de chacun des images indélébiles.[1] Des générations après, nombreux sont les activistes du mouvement écologiste qui racontent que leur action a commencé le jour où ils ont lu les textes de John Muir sur la joie et le bonheur d'être dans la nature.

Le mouvement de protection de l'environnement fut le fruit des actions de riches amoureux de la nature qui souhaitaient préserver la beauté de sites naturels et des forêts anciennes et les protéger des dégradations et du pillage destructeur des bûcherons, des mineurs, des propriétaires de ranchs et de promoteurs aux vues un peu courtes. Le Sierra Club et la Audubon Society sont des exemples de ces clubs de protection de la nature, qui, au départ, étaient réservés aux hommes blancs riches, aux WASP. Au fur et à mesure qu'ils dépassaient la simple défense de la beauté des sites pour se lancer dans une vraie prise de position en faveur de la nature en tant que telle, ces clubs devinrent plus démocratiques et diversifiés. Mais ils se heurtèrent très vite à l'hostilité et l'opposition virulentes des intérêts financiers, agricoles et industriels des entreprises d'exploitation des ressources naturelles, notamment les industries du bois, des mines et de l'élevage. Le président Roosevelt, du fait de ses actions en faveur de la protection de l'environnement, fut accusé par les riches républicains de l'Est d'avoir « trahi sa propre classe ».

Le don de nos Ancêtres

Willian Kent, riche propriétaire foncier, qui devint par la suite législateur de l'Etat de Californie fut un autre de ces parias. Ses efforts eurent une telle influence qu'on peut le considérer, au même titre que John Muir et quelques autres, comme l'un des 'ancêtres' des Créatifs Culturels.

1. John Muir, 'My First Summer in the Sierra', *in* Van Matre et Weiler, *Earth Speaks*, p. 53.

« Cela devait être aux alentours de 1890 », écrit Kent d'une plume appliquée dans ses mémoires, « que pour la première fois j'ai réalisé l'urgence et la nécessité de préserver le dernier sanctuaire de séquoias originels dans la forêt du Marin County, en Californie. » [1] Kent avait activement participé à la réforme gouvernementale de San Francisco et de Chicago et il incarnait sans aucun doute une promesse de survie pour les derniers des grands arbres. Tout ce qu'il restait des forêts des vallées qui longent la baie de San Francisco, c'était un peu plus de 100 ha de séquoias et de sapins de Douglas sauvages. On les trouvait dans le Redwood Canyon, lieu protégé des assauts des bûcherons et des machines à couper le bois de l'époque par une crête très élevée et escarpée.

« Je n'avais jamais vu ce canyon et je n'avais jamais envisagé de m'occuper de préserver ces forêts », écrit Kent. En 1903, Lovell White, président de la Tamalpais Land and Water Company qui possédait le canyon, demanda à Kent de bien vouloir l'aider. Kent, à l'époque très endetté, répondit à White qu'il ne pouvait plus se permettre de telles fantaisies. De plus, demanda Kent, pourquoi l'entreprise ne s'occupait-elle pas elle-même de préserver la forêt ? White répondit que cela était impossible. « Au final, M. White m'informa qu'à moins que je n'achète la forêt, ils allaient probablement l'abattre », écrivit Kent.

Les jours qui suivirent, il passa son temps à réfléchir à la proposition de White, jusqu'à ce que finalement il se décide à se rendre à cheval sur les lieux, afin de voir le canyon. Mettant pied à terre, il s'avança dans la forêt, entouré de ces arbres immenses, et sentit quelque chose d'irrésistible s'emparer de lui. « La beauté de cet endroit venait de se graver dans mon esprit » écrit-il, « et je ne pouvais plus l'oublier ».

Kent acheta le terrain pour 45.000 dollars. Selon sa femme Elisabeth, « cela voulait dire emprunter encore de l'argent et alourdir plus encore leurs dettes qui à cette époque lui pesaient

1. L'histoire de William Kent est inspirée de sa biographie par Elisabeth T. Kent, 'William Kent, Independent', sans date. Cette biographie est disponible auprès des Archives de la Bibliothèque de Marin County. Une version très aléatoire de cette histoire se trouve dans Galen Rowell, *Bay Area Wild* (San Francisco : Sierra Club Books, 1999).

déjà énormément et l'angoissaient fortement. Si j'exprimais une quelconque objection à ce qu'il ajoute ainsi à sa liste cette responsabilité, il coupait court à toute discussion en répondant : « si nous perdions tout notre argent mais que ces arbres étaient sauvés, cela vaudrait quand même le coup, non ? »

Kent était très clair sur le fait que son acquisition avait pour but « la préservation de la forêt, non son exploitation », mais il lui restait encore à décider qui était le plus à même de s'occuper de cette mission. « Je me suis longtemps posé la question de savoir à qui confier ce terrain — si j'allais le donner à l'Etat, à l'université ou au gouvernement fédéral ». La question devint cruciale lorsque la North Coast Water Company commença à s'intéresser très fortement au terrain et lança officiellement des procédures judiciaires pour son acquisition. Cette entreprise projetait de créer un réservoir dans le Redwood Canyon, de détruire ainsi la forêt et de vendre les troncs. Et comme les sources d'eaux domestiques avaient selon la loi une valeur d'utilisation supérieure à celle d'un terrain tenu par un individu, la forêt était de nouveau menacée de mort, malgré les efforts de Kent.

S'en suivit une longue et complexe valse de négociations et de rencontres avec les plus hautes sphères du gouvernement. L'inspecteur en chef du Service Forestier des Etats-Unis, F.E. Olmsted, suggéra à Kent de recourir au Monument Act, une loi qui autorisait le gouvernement à accepter de personnes privées des terrains et sites présentant un intérêt majeur, historique ou autre. Kent en référa immédiatement à Gifford Pinchot, chef du Service Forestier, qui à son tour s'adressa directement à Théodore Roosevelt.

Pendant ce temps, Kent était occupé sur d'autres fronts. « J'ai la franchise d'avouer », écrit-il dans son journal, « que je me suis attaché à faire le plus de publicité possible pour cette affaire, afin d'attirer l'attention du pays et pour que l'opinion publique se mobilise pour lutter contre la destruction et la ruine » qui résulterait de la perte du terrain au profit de l'entreprise. Il demanda à des photographes de prendre d'innombrables photos des bois, invita des professeurs d'université à écrire l'histoire des grands arbres, et demanda à son ami John Muir et à d'autres amoureux de la nature de composer textes et poèmes reflétant la beauté des lieux. Il se chargea non seulement de publier tout cela, mais aussi de l'envoyer au ministre de l'Intérieur et au président Roosevelt.

Puis finalement, le jeudi 9 janvier 1908, le *Marin Journal* titrait « LE MARIN COUNTY A SON PARC NATIONAL ». et, en caractères à peine moins gros, « GRÂCE À L'ACTION GÉNÉREUSE, RAPIDE ET EFFICACE DE W.M. KENT, LA COMPAGNIE DES EAUX NE POURRA PAS DÉTRUIRE LA FORÊT DES ARBRES GÉANTS ».

Mais malgré les grands titres et l'accueil chaleureux réservé au don de Kent, les propriétaires de la Compagnie des Eaux étaient outrés. Ils prétendirent que Kent leur avait volé le terrain et qu'il privait ainsi les citoyens d'un réservoir d'eau qui serait très certainement d'une grande utilité à la communauté dans l'avenir. Les citoyens eux-mêmes étaient divisés. Certains refusaient de croire qu'un grand propriétaire comme Kent pouvait se comporter en altruiste. Il devait nécessairement avoir d'autres motivations, moins généreuses. Les rumeurs se répandirent à travers les collines assoiffées du Marin County comme un feu de forêt en été.

La femme de Kent, Elisabeth, ses fils et ses belles-filles se trouvèrent dès lors au cœur d'un déluge de ragots. Sa nouvelle belle-fille, Anne, qui venait d'arriver de la côte est, fut très choquée, et quand elle n'y tint plus, elle alla voir le vieux Kent : « Papa, pourquoi vous causer tant de peine, vous endetter à ce point, quand tant de personnes vous attaquent ? Pourquoi ne pas faire marche arrière ? »

« Ma chère Anne, répondit Kent, ne vous inquiétez pas de ces gens. Les enfants pour lesquels j'ai acheté et protégé ces bois ne sont même pas encore nés ».

Kent avait fait une requête particulière au président Roosevelt. Il souhaitait que le Redwood Canyon soit rebaptisé en l'honneur de John Muir. Deux semaines plus tard, il reçut une lettre enthousiaste du président qui le remerciait de son geste mais le pressait de bien vouloir reconsidérer sa requête. « J'ai une grande admiration pour John Muir, écrivit Roosevelt, Mais après tout, cher Monsieur, ceci est votre don... Je souhaiterais, si vous le permettez, que nous appelions ces bois le Kent Monument. »

Kent refusa catégoriquement. Il répondit immédiatement, expliquant : « Tant de millions de personnes plus méritantes sont mortes dans l'oubli, que graver son nom dans la pierre uniquement au titre d'un quelconque bienfait » semblerait vouloir dire que l'immortalité est quelque chose que l'on peut acheter. De plus, il ajouta : « J'ai cinq bons garçons, braves et vigoureux, que j'essaie d'élever dans la connaissance de la démocratie et du respect des droits du prochain... Si ces garçons ne sont pas capables de maintenir la lignée des Kent vivante, alors je préfère qu'il soit oublié. »

La réponse de Roosevelt arriva la semaine suivante : « Par George ! Vous avez raison. Le geste lui-même est bien assez beau pour vouloir en plus 'graver son nom dans la pierre'. Grand bien vous fasse, ainsi qu'aux cinq garçons auxquels il incombe d'assurer la descendance des Kent ! J'en ai moi-même quatre qui, j'espère, feront de même pour les Roosevelt. »

Aujourd'hui, environ deux millions de personnes admirent chaque année les arbres impressionnants du Muir Woods National Monument. Parmi les visiteurs réguliers, on trouve la petite-fille de Kent. Maintenant âgée de plus de soixante-dix ans, la tête ornée de cheveux parfaitement blancs, Martye Kent va de temps en temps se promener parmi les arbres majestueux. Elle nous a dit : « J'aime voir tous ces enfants et ces adultes du monde entier qui se tordent le cou pour lever les yeux au ciel afin de mieux voir ces arbres dans toute leur hauteur, et qui rient et qui essaient de faire le tour des troncs avec leurs bras, tous ces gens qui profitent de ce don que nous a laissé grand-papa, que *leur* a laissé grand-papa bien avant qu'ils ne naissent. »

The Sacred Grove

A notre époque, il est encore possible de faire de tels dons. A cinq heures de route au nord des Muir Woods se trouve le Humboldt County, qui fut au cœur de l'une des batailles de ces dernières années à propos de l'exploitation de l'une des dernières forêts primordiales. C'est ici que plusieurs centaines de femmes se sont regroupées pour sauver 6 ha de séquoias dans une forêt qu'elles appellent The Sacred Grove, la Futaie Sacrée.

Catherine Allport, l'initiatrice du projet, nous a raconté comment tout a commencé. Elle avait été invitée, avec sept autres femmes, à une retraite au monastère de Whitehorn, près de la frontière avec l'Oregon. A son grand plaisir, elles passèrent le week-end à se promener dans les forêts humides le long de la rivière Mattole. Elles étaient guidées le long de la rivière, qui abrite les saumons sauvages, par un moine du monastère. Un après-midi, il emmena les femmes dans une petite forêt de séquoias vieux de plus de mille ans. Lorsque l'une d'entre elles demanda si cet endroit avait un nom, le moine répondit 'Raven's Watch' [1].

Catherine nous expliqua : « dans la mythologie amérindienne, le corbeau est l'oiseau de la mort. Dès que j'entendis ce nom, je sus que quelque chose n'allait pas. Pourquoi quelqu'un voudrait-il appeler un endroit aussi beau le Repaire de la Mort ? »

Elle demanda au moine, qui répondit que c'étaient les tribus de la côte qui avaient donné ce nom à la forêt. « Les membres de ces tribus se souviennent de l'époque où la rivière qui coule ici était fraîche et étincelante. C'est ce que Mattole veut dire — « clair comme le cristal ». Les saumons y étaient tellement nombreux que durant la saison de frai, on pouvait traverser la rivière sur leur dos argenté. La légende disait que chaque année, les poissons revenaient parce que la Femme Brouillard dépliait son manteau pour eux. Il était fait de la brume qui couvre la cime des arbres, il refroidissait la rivière et permettait aux saumons de vivre.

Les saumons passèrent un accord avec les gens de la tribu. En échange de la protection par les humains des forêts et des courants, les poissons promirent de revenir chaque année, pour que les humains aient toujours de quoi manger. Mais les humains n'ont pas tenu leur promesse et les deux espèces de saumon que l'on trouvait ici, le saumon royal et le coho, sont en train de mourir. Des futaies comme le Repaire aux Corbeaux sont les seuls vestiges, bien maigres, de ce qui était autrefois un vaste écosystème forestier. Les saumons sont une espèce qui sert d'indicateur pour tout l'écosystème du Nord-Ouest. Ainsi, conclut

1. Qui peut se traduire par 'Repaire aux Corbeaux'. (NDT)

le moine, ce que vous voyez ici mérite bien son nom de Repaire de la Mort. »

Que peut-on faire après avoir entendu une histoire comme celle-là ? La plupart d'entre nous feraient probablement comme Catherine : profiter encore un peu des arbres immenses et de la compagnie agréable des autres, puis retourner chez soi et retrouver une vie bien occupée. Catherine revenait tout juste d'un voyage de plusieurs mois en Asie et en Australie où elle avait photographié les forêts tropicales. Elle souhaitait redonner un coup de fouet à sa carrière de photo-reporter et reprendre contact avec ses anciens amis. Et c'est exactement ce qu'elle fit. Mais à peu près un mois plus tard, un jour qu'elle faisait du camping avec des amis, elle fondit en larmes, allongée le visage contre la terre, accablée de chagrin. « J'étais envahie par un sentiment d'injustice et de déséquilibre : je pensais à tout ce que la Terre nous donne et comment en échange nous nous servons d'elle et la détruisons », nous dit-elle. Le lendemain matin, durant sa séance de méditation, elle eut une nouvelle certitude : « Je vis très clairement que nous devions racheter le Repaire aux Corbeaux au nom des femmes, en signe de réconciliation avec la Terre et de guérison des blessures qu'on lui a infligées. J'ai appelé mon amie Tracy Gary. Elle n'a pas hésité un instant. Elle a tout de suite dit : d'accord, on y va. »

Lorsque nous avons rencontré Catherine en 1997, le projet avait déjà trois ans. Avec Tracy et quelques autres, elles avaient contacté plus d'un millier de femmes et la plupart avaient déjà fait des dons et accepté de donner plus encore. « Techniquement, c'est une association de protection de la nature, explique-t-elle, ce qui signifie que nous avons inclus dans notre contrat d'achat du terrain des clauses facilitant la préservation de la forêt. Ainsi, les zones les plus anciennes, la rivière, et toute la zone riveraine sont protégées à jamais. » Et en même temps qu'elles s'occupaient de leur terrain et qu'elles faisaient les démarches pour obtenir le statut d'association à but non-lucratif, ces femmes prirent une autre décision : « Nous avons changé le nom de ce superbe morceau de terre. De Repaire de la Mort, c'est devenu The Sacred Grove, la Futaie Sacrée ».

S'appuyer sur l'héritage des Ancêtres

Le legs de William Kent fut l'un des événements symboliques à l'origine du mouvement de préservation de l'environnement. Il entraîna la création de plusieurs parcs nationaux. Véritablement, on peut dire que son altruisme a creusé les fondations qui soutiennent encore aujourd'hui les efforts de Catherine Allport et Tracy Gary et des centaines d'autres femmes qui se sont réunies pour protéger la Futaie Sacrée. Prolongeant ce que l'on pourrait appeler le « don de l'ancêtre », l'histoire de ces femmes va au-delà de ce qu'avait accompli Kent en son temps et révèle comment les Créatifs Culturels s'y prennent pour changer notre culture.

Faire face à l'étendue des dégâts

Au contraire de ceux qui s'occupèrent de préserver les forêts dans les premiers temps, celles et ceux qui s'attachent aujourd'hui à préserver les espaces naturels doivent faire face aux énormes pertes subies. Lorsque nous lui avons demandé quel effet cela faisait de consacrer tant de temps à la protection d'un petit carré de forêt, Catherine nous a d'abord répondu que cela lui faisait du bien et lui donnait de l'inspiration, mais après, elle a parlé des coins de forêt où il lui arrive de trouver des 'cadavres' de séquoias au milieu des troncs éparpillés laissés par les bûcherons. Est-ce que cela ne vous fâche pas, lui a-t-on demandé.

« J'ai le sentiment d'être en train de développer une certaine relation avec la Terre, répond-elle calmement, j'apprends à mieux la connaître et à l'aimer encore plus. C'est vrai que certains endroits sont vraiment abîmés. Il y a eu une époque où je n'aimais pas me promener dans ces coins-là, ça faisait trop mal. Mais une fois, alors que nous étions quelques-unes à nous retrouver à la Futaie, en juillet, et que la terre avait l'air si joyeuse de nous voir, comme si elle s'était fait belle pour nous, je me suis décidée à aller me promener par là-bas, dans ces endroits que j'avais jusqu'alors évités. J'ai découvert qu'en fait la forêt se soigne elle-même. Elle est déjà différente de ce qu'elle était il y a deux ans parce que nous avons été capables de la protéger. Il faudrait quelque chose de très puissant pour réduire à néant les actions de protection que nous avons mises en place. »

Le financement et autres actes mineurs

Si William Kent a pu obtenir un prêt presque uniquement grâce à sa signature, ici les femmes ont dû se regrouper pour créer une fondation féminine et une multipropriété foncière. Elles ont accepté collectivement de négocier et de rembourser elles-mêmes l'emprunt, chacune y contribuant à hauteur de 10 à 500 dollars par trimestre. Plutôt que l'acte grandiose d'un homme isolé, il s'agit ici d'un ensemble de petites actions réalisées par une collectivité. Mais, à l'époque comme maintenant, préserver l'environnement demande un engagement à long terme. A Muir Woods, Kent a pris en charge les routes, l'entretien et l'assurance durant plus de vingt ans après sa donation originale ; les femmes de Sacred Grove continuent à collecter des fonds pour rembourser leur emprunt sur une période de huit ans.

Rebaptiser

Plutôt que de rebaptiser Raven's Watch en l'honneur d'un homme (ou d'une femme) célèbre, les femmes ont trouvé un nom qui reflète les qualités particulières de la forêt : Sacred Grove. Un nom qui reconnaît explicitement le caractère sacré et béni de ce site naturel. Un aspect que reconnaissent aussi la plupart des Américains. Depuis plusieurs années, différentes enquêtes montrent que les Américains, quand on leur demande de penser à quelque chose de sacré, vont plus facilement citer la nature, les séquoias par exemple, qu'une église. La vision du monde de la plupart des gens a désormais évolué vers la considération de la protection de la nature comme une tâche sacrée.

Nombreux sont les Créatifs Culturels qui parlent sans embarras de méditation et de techniques pour atteindre des états de conscience modifiés. Annie Dillard, au nom de tous ceux qui se sont déjà assis au bord d'une rivière et ont ressenti la bénédiction de la renaissance, écrit ainsi : « Mon Dieu ; je regarde le ruisseau. C'est la réponse à la prière de Thomas Merton : 'Donne-nous le temps'. Car il ne s'arrête jamais... Il suffit de l'attendre, les mains vides, et vous êtes comblé. » La Terre, selon elle, est la grande donneuse. « Elle est, par définition, Noël, la réincarnation. Ce vieux rocher de planète reçoit le présent en présent pour son anniversaire, tous les jours. »[1]

Un glissement culturel

Aujourd'hui, il y a dans la culture dans son ensemble une nouvelle forme d'engagement et d'implication au nom de certaines valeurs. Cette conscience à l'échelle de la culture entière n'existait pas en Occident avant les romantiques du 19e siècle. Auparavant, ce que l'on appréciait dans la nature, c'était la productivité des champs et des prairies, et non ce sens du désordre qui émane de la nature incontrôlée. Avant les années 1800, les gens évitaient les montagnes et les régions sauvages. Ni les Américains ni les Européens n'appréciaient véritablement la nature. Mais au 19e siècle, des visionnaires comme Emerson, Thoreau et Muir ont exprimé la pureté d'une journée à la montagne et de toute cette vie nouvelle qui apparaissait partout. Des artistes comme ceux de la Hudson River School et ceux qui les premiers ont peint des paysages comme le Grand Canyon ont révélé aux Américains et aux Européens la magnificence de leurs paysages. Ce n'est qu'à partir de là que les gens ont commencé à rechercher la beauté de la nature sauvage.

Au 20e siècle, un bataillon toujours croissant de poètes et écrivains de la nature ont précisé et développé cette expression et des centaines de millions de touristes et de spectateurs de films sur la nature ont fait écho à cette expérience. Quasiment plus aucun enfant ne peut grandir aujourd'hui sans être exposé à des milliers de superbes images de la nature, en photo ou en film. Les zones naturelles comme symboles de croyance, et la planète Gaia comme une nouvelle réalité dans nos cœurs, sont des thèmes fondamentaux de la culture émergente.

Devenir les nouveaux ancêtres

Contrairement à Kent, les femmes qui ont acheté Sacred Grove sont en contact avec d'autres groupes aux Etats-Unis et dans le monde entier, qui, comme elles, s'attachent à protéger les forêts, les lacs et les terres sauvages. Leur sens collectif de l'avenir est que, comme ce que Kent et d'autres avant eux ont fait, ce qu'ils font aujourd'hui servira au bien-être des générations futures.

---

1. Annie Dillard, *Pilgrim at Tinker Creek* (New York : Harper and Row, 1974), p201.

C'est cette connexion à travers les âges qui étend la portée des bienfaits d'un petit nombre de visionnaires jusque dans le futur. Comme les femmes de Sacred Grove et des milliers d'autres groupes qui prennent collectivement des engagements pour l'avenir, ces personnes deviennent véritablement l'équivalent de nouveaux ancêtres.

Joanna Macy, une activiste bouddhiste, exprime cela de façon très claire dans un poème qu'elle a écrit pour le nouveau millénaire : « O vous qui viendrez après nous, vous accordez notre âme sur des mesures du temps où la guérison est possible... Vous révélez en nous un courage que nous ne suspections même pas, un amour qui ne nous appartenait pas ». C'est le souvenir de cette relation avec les enfants de demain, sans visage et sans nom, écrit-elle, qui permet aux gens d'aujourd'hui de réaliser comment nous sommes tous connectés à la vie, comment nous sommes tous engagés sur la même voie, dans la même direction.[1] Ce réseau de connexions s'étend au travers des espèces autant qu'au travers des âges, embrassant l'écosystème dans son ensemble, des ancêtres aux enfants des générations futures. C'est la grande toile, le délicat tissu de la vie que les Créatifs Culturels sont décidés à préserver avec tant de ferveur.

Les nouvelles cathédrales

En y consacrant leur temps, leur énergie et leur argent, les femmes à l'origine de Sacred Grove sont en train de créer des espaces sacrés, tout comme au Moyen-Age les villes et les villages construisaient des cathédrales. C'est un besoin partagé par tous les peuples du monde : se réserver un espace au milieu de leur monde consacré à l'ineffable mystère. Les adorateurs des déesses des temps pré-bibliques avaient créé les *asherah*, des autels en bois de lauriers, dans tout le Moyen-Orient ; les Celtes priaient au cœur des forêts de l'Europe ancienne ; les bouddhistes, les hindous et les musulmans ont bâti de gigantesques cités religieuses dans toute l'Asie. De la même façon, les mouvements écologistes de par le monde protègent, avec la même ferveur sacrée, les sites naturels et les espèces menacées.

---

1. Joanna Macy, sans Titre, dans Roberts and Amidon, *Prayers*, p.1958.

Bien qu'une bonne partie de ces efforts soient le fait d'individus ou de communautés, sans référence explicite à une culture plus large, ils sont tout de même le reflet d'une nouvelle prise de conscience collective. Pour Catherine Allport, il était très clair que la protection d'une forêt de séquoias signifie beaucoup plus que le simple accomplissement d'une tâche. « Les personnes qui viennent visiter le Sacred Grove repartent toutes avec une espèce de supplément d'énergie », disait-elle. « C'est comme si chacun ramenait les arbres chez soi, et découvrait qu'ils nous nourrissent à distance. De là où nous sommes en ce moment, je peux puiser dans l'énergie de ces arbres, tellement la connexion est solide et réelle. Chacune des femmes qui est allée à Sacred Grove intègre la forêt en elle d'une façon très personnelle et se construit une relation avec les arbres. »

A la différence de nos préoccupations citadines et industrielles, la protection de ce petit bout de forêt procure à ces femmes le sentiment d'être connectées, reliées les unes aux autres dans la réalisation d'un but commun, plus profond, et plus élevé. De telles actions rendent manifestes des valeurs sacrées qui sont en train de changer la culture.

Si la naissance du Muir Woods National Monument avait fait la une des journaux, en revanche, la création du Sacred Grove et de milliers d'autres projets équivalents restent pour la plupart invisibles aux yeux du public. Dans tous les domaines de la vie quotidienne, à travers tout le pays, les Créatifs Culturels trouvent de nouvelles solutions à des problèmes urgents. Or, leurs solutions et leurs actions ne faisant pas 'l'actualité', ils sont persuadés qu'« il n'y a que nous et quelques-uns uns des nos amis ». Cela ne les empêche pas d'agir, mais cela les ralentit sans doute dans leur action. S'ils savaient combien d'autres sont également occupés à rendre le monde meilleur, pour « les enfants qui ne sont pas encore nés », cela changerait-il vraiment quelque chose ? Combien d'autres idées nouvelles pourraient-ils avoir, et combien d'autres solutions pourraient-ils encore trouver ?

Contre la disparition de la nature

Entre 1910 et 1960, le mouvement environnementaliste naissant fut alimenté par quatre courants séparés :

- Le mouvement conservationniste centré sur l'amour des espaces naturels encore vierges et des terres sauvages.
- Le mouvement de protection de la Terre, qui essaya de ralentir l'érosion des sols et la destruction des forêts et des terres cultivables par des agriculteurs peu prévoyants, et des entreprises d'exploitation des ressources naturelles à court terme.
- Les mouvements pour la sécurité et la santé des travailleurs, qui se sont développés à partir des syndicats qui voulaient protéger les ouvriers contre les risques d'empoisonnement sur les sites de production d'entreprises plus soucieuses de leur rentabilité financière que de la sécurité de leur main d'œuvre.
- En extension du mouvement pour la santé publique, les protestations des citoyens contre la pollution et les déchets industriels.

Ces quatre courants n'avaient pas de projet commun. Dans leur grande majorité, ils sont nés de confrontations locales entre des parties très fortement autocentrées. Cependant, il arrivait généralement qu'après s'être confrontés un certain temps à des problèmes particuliers, ces activistes locaux en arrivent à considérer les problématiques environnementales plus larges auxquelles ces questions étaient liées. Leur égocentrisme se transformait alors en quelque chose de plus proche de l'altruisme. Comme autant de sources neuves, en réponse à la destruction toujours plus inquiétante de l'environnement, des milliers d'actions communautaires se sont ainsi mises en place localement et de façon tout à fait inattendue. D'autres actions sont apparues en réaction à la dégradation parallèle de la qualité de la vie dans le monde moderne. Mais, faute de disposer d'une vue d'ensemble suffisamment large, et à cause aussi de la puissance des intérêts du monde des affaires, la plupart de ces mouvements n'ont pas rencontré le succès ni l'efficacité escomptés. De plus, comme les gouvernements n'avaient pas encore mis en place de techniques systématiques de collecte d'informations, ces mouvements ne disposaient pas de bases suffisantes pour mener des actions légales. Au même moment, à tous les niveaux du gouvernement, les entreprises et les groupes conservateurs exerçaient de fortes pressions, encourageant les autorités à ignorer les dégâts dans le simple but de protéger leurs propres intérêts, l'emploi ou leurs droits de propriété.

Le printemps silencieux

En 1962, *Printemps Silencieux*, le livre de Rachel Carson, introduisit le terme 'environnement' dans toutes les conversations. Ecrivain talentueux de la nature, Carson a suscité chez un public considérable une réaction passionnée face à la disparition des « chants et sifflements des rouges-gorges, des colombes, des geais, des troglodytes et autres oiseaux des villes et des campagnes ». Comme ses contemporains Martin Luther King Jr, et Betty Friedan, Carson a redéfini, avec la force d'un électrochoc, le cadre d'analyse et de compréhension d'un problème important. L'environnementalisme ne signifiait plus simplement protéger de la pollution les jardins des particuliers ou empêcher les coupes défigurant le cœur des forêts ; il s'agissait désormais d'empêcher la mort de la nature. C'était un débat qui prenait à cœur et à corps une menace réelle sur la vie des enfants et petits-enfants de chacun. Même les cyniques les plus endurcis étaient obligés d'y prêter attention.

Carson démontra que la science peut être achetée et par là-même corrompue parce que les connaissances scientifiques et technologiques ont été détachées du bien public au sens large et de ses apports. L'avènement des pesticides marque le début d'une « ère dominée par l'industrie, dans laquelle le droit de faire de l'argent, quel qu'en soit le prix pour les autres, n'est jamais remis en cause ». Et de révéler comment de nouvelles technologies dangereuses, comme les pesticides justement, pouvaient polluer les environnements humains et naturels tout à la fois.[1]

L'accueil que réservèrent les milieux concernés à de tels propos fut terrible. Critiques de livres, scientifiques, consultants, 'experts en pesticides', et particulièrement l'industrie chimique,

---

1. Rachel Carson, *Silent Spring* (New York : Fawcett 1962), p.262.

ce furent partout les mêmes injures et la même désinformation. Cette femme, disaient-ils, n'était pas objective, écrivait avec une 'emphase hystérique' et ne pouvait certainement pas prétendre maîtriser des sujets aussi scientifiques et techniques que les pesticides. Un journaliste respecté de *Newsweek* mit en garde la population : « à cause d'une certaine Rachel Carson, on a fait tout un tas d'histoires dont le seul effet est de terrifier le public américain au-delà du raisonnable ».[1] Certains allèrent jusqu'à sous-entendre à la manière des maccarthystes qu'elle était communiste.

Bientôt des milliers de révélations vinrent briser la glace du déni et du mensonge. Des millions d'Américains purent très vite s'apercevoir par eux-mêmes que l'air et l'eau, les champs et les forêts, les montagnes et les mers se dégradaient sans cesse, parfois presque à vue d'œil. De nouvelles méthodes de mesure scientifique, auxquelles les militants commençaient tout juste à avoir accès, permirent d'élever le débat bien au-delà des simples échanges enflammés d'opinions et de combat de bordées. Des secteurs entiers qui avaient retardé les nettoyages et la mise en place de mesures 'propres' en demandant qu'on leur apporte les preuves de leurs méfaits, se voyaient soudain confrontés à ces preuves — et bien plus encore. Les activistes gagnèrent une bonne partie des procès et des combats sur la régulation et la réglementation des pratiques environnementales, et petit à petit tout un tas d'actions et de mesures furent mises en place.

Repenser le paradigme de la croissance

La Journée de la Terre en 1970 a marqué un tournant dans l'histoire du mouvement environnementaliste. Pour la première fois, les différents courants reconnurent d'un commun accord qu'il ne s'agissait plus seulement d'un problème touchant à la régulation des déchets industriels, la protection des voies d'eaux ou l'arrêt de la déforestation, mais qu'il s'agissait bien plutôt d'un problème d'ordre planétaire. En 1972, le mot d'ordre du

1. Les citations sur l'accueil réservé à *Silent Spring* sont tirées de l'excellent ouvrage de Robert Gottlieb sur l'histoire du mouvement environnementaliste américain, *Forcing the Spring*, (Washington DC : Island Press, 1993), pp.85-86.

mouvement, qui connaissait alors une croissance rapide, était 'survie' — survie de nos enfants et petits-enfants, survie de toutes les formes de vie sur terre. Ce thème fut développé dans deux ouvrages de référence : *Les limites de la croissance* du Club de Rome et le *Plan de survie* du magazine *The Ecologist.*

Mené par la théoricienne et analyste des systèmes Donella Meadows, le groupe des *Limites de la croissance* utilisait des modèles informatiques pour démontrer que la planète dans son ensemble ne pouvait continuer longtemps à supporter les croissances illimitées de la population, de l'économie et de la pollution. Continuer à ce rythme, sans rien changer, ne pouvait produire comme seul résultat qu'un dépassement des ressources de la Terre, un effondrement rapide de la population, et l'effondrement général de l'ensemble du système écologique naturel.

La démonstration n'était pas qu'un simple exercice de prospective universitaire. C'était une remise en cause directe et frontale du projet principal du Modernisme — la croissance sans fin de la prospérité — et une menace directe envers les méga-organisations du capitalisme et du socialisme. Comme le livre de Rachel Carson, le groupe de Meadows fit l'objet de virulentes attaques de la part de quasiment tous les défenseurs du paradigme en place : tous les valets de l'industrie, les universitaires, les économistes, les banquiers, les experts des médias et les officiels du gouvernement (plus particulièrement en Europe). De nombreux experts prétendaient que le rapport était incomplet, inexact et plein d'erreurs — ce qui permit rapidement aux politiciens et décideurs de la vie publique, soulagés, de se désintéresser du sujet, et d'oublier tout cela. Malheureusement pour la planète, depuis 1984, nous savons que le rapport était juste dans son ensemble, grâce aux preuves apportées par le Worldwatch Institute. La capacité de charge de la planète est effectivement, réellement limitée — même si nous ne savons pas exactement où se situent les limites.

Ce que l'on sait, par contre, c'est que, comme le démontraient Meadows et ses collègues, le risque d'effondrement de l'écosystème, dû aux effets combinés de la dégradation de l'environnement et de la pression démographique, est réel et croissant. Les mesures des scientifiques et des satellites sont infaillibles : si nous ne changeons pas notre manière de faire, nous allons droit à la faillite et la mort de tous. Et bien que les décideurs politiques aient attendu 15 ans avant de bien vouloir reconnaître le problème et le regarder en face, pratiquement tous les autres étaient conscients depuis longtemps de l'éventualité de 'l'effondrement' planétaire, du dérèglement et de la destruction de l'écosystème mondial. Dans les années 90, les *Limites de la croissance* avait déjà été vendu à plus de 9 millions d'exemplaires et traduit en 29 langues. En 1992, avec un second volume intitulé *Au-delà des limites*, les auteurs relançaient le débat avec de nouveaux arguments, en montrant les erreurs de ceux qui les avaient critiqués. A l'aide de données plus fiables, ils affirment dans cet ouvrage que l'humanité, lancée à tout va dans la croissance, pourrait bien se retrouver au volant d'un bolide incontrôlable qui foncerait tout droit dans le mur. Et pendant ce temps, les décideurs politiques continuent de faire la sourde oreille.

Le *Plan pour la survie* fut le premier document à déclarer ouvertement que le mode de vie industriel et urbain, et à vrai dire tout ce qu'entraîne la civilisation moderne, n'est pas durablement viable. Au départ, c'est surtout en Europe que son impact fut le plus important. Il y devint le document de référence de plusieurs partis écologistes et fit l'objet de nombreux débats. Mais, l'idée centrale de ces deux ouvrages est devenue aux Etats-Unis l'un des piliers fondamentaux de la manière de voir des Créatifs Culturels : il faut ralentir la croissance et trouver, pour la survie de notre civilisation, une nouvelle façon de vivre, plus en harmonie avec l'environnement.

Une nouvelle relation

Les premières photographies de la Terre vue de l'espace ont eu un impact sur l'imagination collective plus grand que toutes les preuves scientifiques réunies. Elles devinrent très populaires dans les années 1970, et, sauf pour les entreprises des secteurs industriels qui s'enrichissent en exploitant les 'ressources naturelles', elles firent réaliser à la population que la Terre elle-même est vivante et que, en elle-même, elle représente un bien inestimable.

La poétesse Susan Griffin est l'une de ces innombrables artistes à avoir exploré et analysé cette relation. Dans *La Terre et Moi*, elle écrit : « Je rentre en elle, elle perce mon cœur. Je pénètre plus encore, elle me dévoile. Une fois que j'ai atteint le centre, je pleure à chaudes larmes. Je la connais depuis toujours, et pourtant elle me révèle des histoires nouvelles, et ces histoires sont des révélations qui me transforment. Chaque fois que je viens à elle, je viens au monde. Son renouveau, comme la pluie, me lave sans fin, et ses blessures me caressent ; je prends conscience de tout ce qui s'est mis entre nous, tout le bruit, tout le brouillard ». [1]

Les étoiles, le vent, les oiseaux, l'herbe, notre corps et toutes les préoccupations humaines — la plupart des gens ayant un certain niveau d'éducation se découvraient non seulement un sens de 'l'environnement', mais aussi d'une nouvelle notion de l'espace et du temps. Il ne s'agissait plus d'une relation de l'utilisateur à l'utilisé. Notre relation à la Terre était devenue intime et mystérieuse. Les finalités de la nature, ses objectifs, ses justifications et ses beautés ne dépendaient pas de notre entendement, de notre manière de les comprendre ou même de les apprécier. On s'est mis à comprendre que sa variété et ses multiples possibilités étaient précieuses en elles-mêmes et pour elles-mêmes. Et notre conscience de tout cela était d'autant plus aiguë que tous les dangers qui menaçaient la planète nous devenaient de plus en plus évidents et pressants.

Obstacles et détournements

En plein cœur de sa croissante popularité, le nouveau mouvement environnementaliste a rencontré trois obstacles majeurs. Le premier fut le mouvement conservateur rétrograde qui s'est élevé, dans les années 80, contre tous les nouveaux mouvements de société. Un autre fut la force de séduction d'une direction qui semblait être la bonne à l'époque : l'idée que la seule chose vraiment importante dans le mouvement était sa frange politique et les alliances stratégiques qu'elle arriverait ou non à passer. Et le troisième fut la puissance de conviction de

1. Susan Griffin, *Woman and Nature* (New York : Harper Colophon, 1978), p.219.

l'ancien paradigme, qui dicte ce qui est raisonnable et ce qui ne l'est pas, ce qui est pensable et ce qui ne l'est pas. Ce sont là trois obstacles habituels pour qui veut s'aventurer sur le terrain du changement socioculturel.

De nouveau pièges

Si au début le mouvement environnementaliste était très classe moyenne, respectable et poli, « Faites un procès à ces bâtards ! » est vite devenu un refrain bien connu des activistes sur le terrain. Les organisations environnementalistes ont fait pression pour accélérer l'adoption de lois, à l'échelle nationale, afin d'empêcher les entreprises polluantes de s'en sortir en déménageant d'un Etat à un autre, aux législations moins strictes, ou en achetant les législateurs. La protection de l'environnement avait besoin du soutien de la loi. Il fallut faire appel à un bataillon d'avocats à Washington pour que cela puisse avoir lieu. Grâce aux nouvelles lois et régulations qu'ils firent passer, il y eut enfin moyen d'arrêter les pollueurs, et les procès pouvaient forcer les acteurs principaux de l'économie et de la politique, à s'asseoir à la table des négociations.

C'est à ce moment que ce qui semblait être la partie la plus visible et la plus puissante du mouvement a commencé à sérieusement se détacher à la fois du peloton et du tracé de la course. Mark Dowie dans *Losing Ground* explique les choses ainsi : pour les grosses organisations environnementalistes nationales, « le principal avait toujours lieu dans la capitale » [1]. Grâce à leur nouvelle base financière et à leurs nouveaux moyens de communication, ces organisations ont cru qu'elles pouvaient tout simplement se détacher de la pagaille de la participation des citoyens et fonctionner à l'ancienne, en négociant avec l'élite des agents du pouvoir. Selon Dowie, « pour eux, les actions locales des associations de proximité, auxquelles les médias nationaux n'accordent pas ou peu d'attention, sont au mieux une aide intéressante, au pire une troupe un peu encombrante de spectacles amateurs, en marge du grand spectacle de la scène principale. » [2]

---

1. Mark Dowie, *Losing Ground* (Cambridge, MA ; MIT Press, 1996), p.5.
2. Ibid.

Ce fut de nouveau le piège. On l'a déjà vu avec Thurgood Marshall [1], lors des procès pour les droits civiques, ainsi qu'avec les activistes politiques du mouvement féministe. Si l'on veut effectuer un véritable changement culturel, on ne peut pas se fonder sur les cadres de référence et les modes d'action que propose la culture que l'on veut changer. Autrement, on se retrouve forcément, un jour ou l'autre, empêtré dans le bourbier. En laissant l'aile politique du mouvement s'occuper du gros œuvre, les ailes culturelles perdirent un peu de leur entrain, tandis que la toile des réseaux souterrains commençait à se desserrer.

Les organisations nationales comme le Sierra Club et la Société Audubon recrutaient des gens qui avaient les moyens de devenir des agents du pouvoir eux-mêmes, et qui avaient déjà des contacts avec le grand capital. La règle, c'était la négociation polie, les méthodes approuvées par les grands cabinets d'avocats qui avaient un droit de regard et de veto sur tout ce qui se passait. Ce veto, de manière effective, s'exerçait au travers des fondations qui étaient les principales sources de financements des associations environnementales. Il était important d'être modéré et respectable, étant donné que ces associations voulaient devenir des acteurs politiques de premier plan, au niveau national. « Laissez faire les grands », disaient-ils. Pendant vingt ans, c'est effectivement ce que les gens ont fait.

Alors qu'en fait, pour qu'un mouvement se développe, il faut que les gens se sentent engagés, que des relations se créent entre les membres, qu'ils explorent et partagent leurs préoccupations et leurs passions, qu'ils construisent ensemble des manières de voir communes. Mais avec leur élitisme, les associations nationales peuvent réduire à néant les efforts d'un mouvement social, parce qu'elles retirent son sens à la participation des citoyens. Ceux-ci deviennent, par leur biais, les destinataires passifs de douzaines, voire de centaines, d'appels de dons financiers. Ils y répondent assez souvent en signant un chèque pour l'une de ces organisations, mais tout ce qu'ils obtiennent en échange, c'est encore plus de demandes de financement. Ce sont ces sollicitations par courrier direct qui empoisonnent la

1. Premier juge noir nommé à la Cour Suprême de Justice des USA, en 1967. (NDT)

source de l'action citoyenne. Elles retirent aux citoyens toute possibilité, toute forme d'engagement, tuent la discussion, éliminent le contact entre les personnes concernées par ces problèmes. Lorsque les psychologues béhavioristes veulent éliminer une habitude chez un rat de laboratoire, ils s'y prennent de la même façon. Ils émettent d'abord un stimulus d'encouragement, comme l'odeur de la nourriture, une récompense initiale, puis ils s'assurent que rien ne se passe. L'habitude perdure quelque temps, puis disparaît. De la même manière, après un certain temps, les personnes qui se sentaient concernées par les problèmes d'environnement se sont rendu compte que, quel que soit le nombre de chèques qu'elles envoyaient, il ne se passait pas grand chose de concret au final.

L'ancien paradigme

On ne peut résoudre les problèmes qu'on a créés à l'aide de la manière de penser qui les ont créés.

Albert Einstein

Les environnementalistes ont été confrontés à la même impasse que les militants et militantes des mouvements de libération des noirs et des femmes et ont dû en tirer les mêmes leçons. A savoir : quand ce sont les acteurs du et au pouvoir qui décident de la manière de formuler les problèmes et la manière dont on les aborde, tout se joue à l'intérieur de l'ancien paradigme et tout est donc perdu d'avance. Lorsque vous essayez de changer une culture, comme le faisaient les environnementalistes, vous ne pouvez pas jouer en respectant les règles et l'état d'esprit de cette culture.

Or, les négociations à Washington étaient entièrement conçues et envisagées suivant la logique économique conservatrice traditionnelle de l'utilisation des ressources, plutôt que suivant des perspectives politiques plus libérales de régulation gouvernementale visant à protéger l'intérêt général. Mais ni l'économie, ni la loi, qui toutes deux sont des émanations de l'idéologie moderniste, ne pouvaient intégrer des notions comme l'écologie ou la mort de la nature. L'idée qu'il fallait changer les lois de l'économie, pour protéger la nature sur le long terme, était tout simplement impensable.

Même les plus belles réussites de ce genre de négociations se sont révélées des échecs sur le long terme. [1] Sur les trente dernières années, des centaines de régulations environnementales et autres résolutions ont été passées, mais trop souvent le soutien financier ne suivait pas. Et dès que les vents politiques tournaient, les conservateurs au Congrès faisaient marche arrière.

---

1. Dès les années 80, comme on aurait pu s'y attendre, on assista à un important mouvement conservateur de retour en arrière en réaction aux progrès du mouvement environnementaliste. Premièrement, la droite religieuse initia une résistance culturelle face à tous les nouveaux mouvements sociaux. Deuxièmement, l'envolée des exigences du mouvement environnementaliste — en faveur d'usines moins dangereuses, de moins de pollution, de produits plus sains, de limitations de l'exploitation des ressources naturelles, et de réductions des risques de catastrophes liées au pétrole ou aux produits chimiques — menaçaient de réduire les profits et d'entraîner une montée en flèche des coûts — ou en tout cas c'est ce que croyaient les entreprises. La crainte était que l'on fasse des procès de millions de dollars aux industries polluantes, et qu'en plus elles soient régulées par le gouvernement.

Un troisième facteur fut l'émergence d'un nouveau mouvement conservateur, qui fut créé lorsque l'ancienne droite radicale (comme la John Birch Society), les Républicains de la SunBelt de Barry Goldwater et les Taft Républicains du Nord Est décidèrent d'unir leurs forces à celles des secteurs industriels les plus exposés aux risques de régulations — en faisant aussi appel au soutien de quelques Traditionalistes. Ce nouveau mouvement fut financé par le même genre de fortunes inquiètes que celles qui s'étaient opposées aux actions de William Kent et Théodore Roosevelt à la fin de l'âge d'or. Quand tous ces courants unirent enfin leurs forces et que les industriels commencèrent à acheter les législateurs aux niveaux fédéral et national, la puissance des opposants à l'environnementalisme devint sérieusement inquiétante. Et avec l'avènement des années Reagan, ils pouvaient souvent tout simplement neutraliser l'action des organisations environnementalistes nationales.

Les parties en présence à la Conférence de Washington représentaient : les grandes entreprises qui détérioraient l'environnement, le mouvement conservateur (financé par ces mêmes entreprises), des officiels du gouvernement (souvent liés eux-mêmes à ces mêmes entreprises par les financements des campagnes électorales ou l'espoir de postes dans les directions de ces entreprises au cas où leur carrière devait prendre un autre tournant) et les grandes organisations environnementalistes (souvent liées aux cabinets juridiques qui espéraient décrocher des contrats auprès de ces mêmes entreprises, ou qui espéraient obtenir des financements de fondations dont les comités directeurs étaient liés à ces entreprises). Ce n'est donc pas une surprise que les compromis auxquels on arriva à la conférence avaient tendance à favoriser les intérêts des grandes entreprises. Et les mouvements locaux, les associations de terrain et de proximité ne furent à peine qu'un petit spectacle de rue, complètement isolé de la scène principale où les stars jouaient leur grand numéro.

Tout au long des années 90 cependant, le soutien du grand public à la cause écologiste a atteint des niveaux records — et pourtant l'efficacité du mouvement à Washington était quasi-nulle. Tandis que l'opinion nationale s'orientait vers 'toujours plus d'action', les organisations nationales tombaient peu à peu dans l'impuissance et le hors-sujet [1]. Presque tous les jours, on apportait au grand public de nouvelles preuves scientifiques de la nécessité d'agir. Face à une telle frustration, le mouvement environnementaliste a effectué un retour sur lui-même, se détachant des grandes organisations pour se retourner vers ses racines locales. Dans les faits, ce fut un véritable nouveau départ. Et cette fois-ci, il était enrichi d'un nouveau courant radical.

Le mouvement écologiste

De nos jours, le large consensus de soutien à la protection de l'environnement est en train de se transformer en mouvement écologiste. A sa pointe, on trouve des Créatifs Culturels qui portent le mouvement plus loin et plus en profondeur que les environnementalistes des premiers jours n'auraient jamais pu l'imaginer. Exaspérés par l'insistance des politiciens à tout ramener à des questions économiques, ils disent : « c'est l'économie aveugle qui est en train de nous tuer ». Le mouvement environnementaliste des débuts, qui se satisfaisait d'avancées technologiques plus propres et d'une croissance économique moins salissante, restait confortablement installé au milieu du paradigme moderniste. Le mouvement écologiste tend à être le fait des Créatifs Culturels qui vont en fait bien au-delà de cela.

Le changement d'attention vient désormais principalement de l'existence de nouvelles informations beaucoup plus précises : les nouvelles mesures confirment et élargissent les modèles de 'systèmes intégrés' utilisés pour représenter la croissance à l'échelle planétaire. Et en même temps qu'ils font des découvertes scientifiques, les experts s'attaquent enfin aux vrais problèmes (plutôt que de défendre telle ou telle industrie), et pour

1. Mark Dowie rend un rapport très détaillé de ce glissement dans *Losing Ground.* On peut aussi se reporter à Gottlieb *Forcing the Spring*, pp.117-161, 316-319.

certains problèmes importants, on peut enfin mesurer les évolutions sur le long terme, et voir ainsi l'ampleur des dégâts sur la durée. Les photos satellite et aériennes permettent désormais des comparaisons sur plus de vingt ans, alimentées par les nouvelles sciences de la climatologie et de l'écologie, ainsi qu'une nouvelle biochimie. Nous avons de meilleures théories permettant une meilleure compréhension des océans et de l'atmosphère. Et toutes ces sources arrivent à la même conclusion : la destruction de la nature est plus rapide que jamais. En 1992 [1], l'ouvrage *Au-delà des Limites* transposait les théories systémiques du groupe de Meadows dans le contexte du 21e siècle. Et concluait qu'il était urgent de réduire de manière substantielle la consommation des ressources, des produits, de l'énergie et des matières premières, ainsi que de contrôler la démographie. Il est encore temps d'éviter l'effondrement général du système, concluait l'ouvrage, mais la planète a déjà dépassé, dans certains domaines, ses limites.

Le problème, c'est que comme gouvernements et entreprises se lancent à bride abattue dans la course à la croissance, sur le mode « le plus vite sera le mieux », la dégradation de l'environnement s'est accélérée. Dans le monde entier, les conservateurs du monde des affaires ont réussi à élever des barrages contre l'action pro-environnementale. On a seulement réussi à réduire une partie de la pollution de l'air et de l'eau, mais l'extinction des espèces est plus rapide de nos jours qu'elle ne l'a jamais été depuis la disparition des dinosaures. Le réchauffement climatique n'est plus une spéculation mais un consensus général au sein de la communauté scientifique. Tous ces facteurs ont contribué à l'éclosion et la montée en force du mouvement écologiste. De nos jours, les mouvements écologiste et environnementaliste ressemblent à l'Amazone en période de crue, où une douzaine de courants aux complexes connexions se rejoignent pour modifier tout ce qu'ils touchent.

1. Donella H. Meadows, Dennis L. Meadows et Jorgen Rangers, *Beyond the Limits* (Post Mills, VT : Chelsea Green Publishing Company, 1992).

Le consensus américain

A n'importe quel moment, si vous faites un sondage d'opinion vous allez trouver que près de 85% des Américains se disent 'environnementalistes' ou 'pro-environnement', avec de légères variations en fonction de la formulation de la question. Et il s'agit de bien plus que d'un simple réflexe sentimentaliste. Une équipe d'anthropologues de l'Université de Delaware, dirigée par W. Kempton, a récemment mené une étude sur les valeurs environnementales dans la culture américaine. Leur étude a montré que pour les Américains, la nature est sacrée, d'une manière qui rappelle les idéaux religieux ; qu'ils sont très préoccupés par leur responsabilité et le devoir de laisser derrière eux un environnement décent pour leur descendance et que la biosphère revêt pour eux une valeur intrinsèque. La seule différence entre les activistes et le reste de la population, c'est que les activistes se montrent plus cohérents d'une question à l'autre. L'équipe de Kempton en a déduit que les croyances et valeurs des Américains sur l'environnement étaient fondamentales et fondatrices, et qu'elles revêtaient un caractère sacré.[1] Ce qui signifie qu'elles orientent les choix de vie et les perceptions des Américains. Notre propre étude confirme et prolonge ces résultats.

En 1998-1999, dans une étude pour l'EPA et le Conseil Présidentiel pour le Développement Durable (PCSD), American Lives a dirigé neuf groupes échantillons et un sondage au niveau national pour demander : « Qu'est-ce qu'il faudrait pour que les Américains intègrent le développement durable dans leur vie quotidienne ? »

Beaucoup d'Américains n'aiment pas le terme de durabilité écologique, qu'ils trouvent un peu pompeux et lourd, et trop technique. En revanche, ils se sentent très concernés par les problèmes qu'il recouvre quand on le reformule de la manière suivante : « Qu'est-ce qu'il faudrait pour que les Américains arrêtent de détruire l'environnement et le restaurent de façon à ce que l'on puisse vivre décemment et longtemps ? » On a posé cette question a deux types de groupes échantillons. D'un côté,

1. Willett Kempton, James S. Boster et Jennifer A. Hartley, *Environmental Values in American Culture* (Cambridge, MA : MIT Press, 1996).

ceux que l'on a identifiés comme pro-environnement (l'EPA voulait connaître les réactions de gens qu'elle considérait comme son 'électorat'. Mais, à les écouter dans les salles de réunions, on s'est aperçu qu'ils n'avaient rien en commun en dehors de leurs attitudes face à l'environnement). Les autres étaient des Créatifs Culturels (et comme d'habitude, ils avaient énormément de choses en commun).

L'une des découvertes frappantes de cette recherche est que tout le monde se sentait responsable du monde dans lequel vont vivre nos enfants et petits-enfants. Tout le monde parlait de la manière dont l'environnement s'est détérioré au cours des trente dernières années, et tout le monde voyait clairement ce que cela signifiait pour l'avenir. Ces résultats des groupes échantillons ont été confirmés par le sondage mené ensuite auprès de 2181 personnes.

On a demandé à ces personnes si elles étaient prêtes à changer leur mode de vie vers plus de 'durabilité', par exemple en installant une meilleure isolation pour leur maison, en recyclant plus et plus régulièrement, et en utilisant moins leur voiture. C'est là que sont apparues les différences entre les deux types de groupes. Les pro-environnement, qui pour la plupart avaient plutôt un profil de Modernistes, disaient des choses comme « je vois ce que vous voulez dire, et si ça ne me coûtait pas trop de temps ni d'argent et que j'étais sûr d'une contrepartie décente, je le ferais très probablement. Mais il faudrait me dire très précisément ce que vous voudriez que je fasse. » Au contraire, les Créatifs Culturels disaient des choses comme : « Je fais déjà certaines de ces choses, et bien sûr je souhaite en faire plus. Je suis bien content que vous en parliez, parce que je suis vraiment agacé par le fait que les grandes entreprises et le gouvernement ne se montrent pas plus proactifs et directifs dans ce domaine. Il faut mobiliser nos communautés pour que le plus de monde possible se mette à ce genre de changements. » Il apparaît donc clairement que la plupart des Créatifs Culturels sont très orientés vers le bien de la communauté plutôt que vers l'individu, et un grand nombre semble être des leaders d'opinions dans ces domaines dans leur quartier, leur paroisse ou autres communautés locales.

Pour notre étude, nous avons mis en place un ensemble de mesures des positions les plus marquées envers la durabilité écologique, telles que les encourage le mouvement écologiste. L'échantillon interrogé est représentatif de la population nationale et les réponses en disent autant sur les Américains en général que sur les Créatifs Culturels en particulier. Il apparaît dans les résultats que 79% des Américains approuvent la 'position forte'. Parmi les plus forts 'supporters', les Créatifs Culturels sont, vous vous en doutez, une large majorité, alors qu'ils ne représentent qu'un quart de la population. Il apparaît donc clairement que les Créatifs Culturels sont de loin les plus forts leaders d'opinion pour ce qui est des positions écologiques. Mais ils ne se distinguent pas tellement d'un consensus général déjà assez puissant. Ils ont juste des positions plus marquées et plus cohérentes que le reste de la population en ce qui concerne les problèmes environnementaux.

Dans l'encadré suivant, les quatre premiers éléments sont les thèmes et les résultats essentiels de l'étude. Chaque thème présenté recouvre en fait des groupes de questions de l'enquête qui étaient très étroitement reliées entre elles. Le cinquième thème résume les quatre premiers, afin de fournir une évaluation générale du soutien à la cause de la durabilité écologique[1].

Les chiffres de la réponse au thème n°1 rejettent catégoriquement la position des Modernistes Conservateurs Pragmatiques adeptes de l'économie libérale. Dans une dizaine de déclarations qui recouvrent tous les aspects de la question, les Américains dans leur grande majorité déclarent que l'écologie et la croissance pourraient tout à fait être compatibles, si seulement on voulait bien faire une meilleure utilisation des technologies, faire des affaires différemment et changer notre mode de vie. Quand 90% des Américains sont d'accord sur tous ces points, il semble que l'on puisse parler sans trop de risques d'unanimité sur la question.

1. Par 'thème', on désigne ici un groupe particulier d'éléments du questionnaire que nous avons identifiés sur une échelle de mesure à l'aide d'analyses factorielles et d'évaluations multidimensionnelles. *In fine*, un 'thème' est nettement plus fiable que n'importe laquelle des questions du questionnaire.

Mesures thématiques pour l'étude epa/pcsd

1. La croissance économique et la protection de l'environnement sont totalement compatibles : 90% de la population américaine est d'accord, tandis que les chiffres s'élèvent à 96% chez les Créatifs Culturels.
2. La crise écologique justifie de changer de mode de vie : 77% des Américains, et 95% des Créatifs Culturels sont d'accord.
3. La planète est un système vivant et il nous faut la protéger (la position Gaia) : 49% des Américains, et 65% des Créatifs Culturels sont d'accord.
4. Les actions envers plus de justice sociale sont justifiées ; en particulier pour les enfants pauvres : 54% des Américains et 62% des Créatifs Culturels sont d'accord.
5. Mesure 'résumé' de la durabilité écologique (combinaison des thèmes 1 à 4) : 79% des Américains, et 96% des Créatifs Culturels sont en faveur de la durabilité écologique.

Les résultats pour le thème n°2 révèlent un consensus incroyablement fort : une crise écologique sérieuse menace actuellement toute vie sur terre, et assombrit considérablement les horizons de vie de nos enfants. De toute évidence, cette perception du danger est la cause de cette réelle volonté des gens de changer leur mode de vie, ainsi que de leur souhait de voir les entreprises et les gouvernements protéger l'environnement. Avec 77% d'agrément, ce résultat est un véritable mandat d'action pour la nation. Mais, comme pour les groupes échantillons, l'enquête révèle que la plupart des gens ne savent pas trop ce qu'il faudrait faire et attendent des entreprises et du gouvernement qu'ils montrent le chemin.

Pour le thème n°3, les résultats montrent un changement, d'une position où l'on considère la planète comme une réserve de ressources dans laquelle il n'y a qu'à se servir, à une position où la Terre apparaît comme un être vivant en elle-même et, qui, comme tel, doit être protégée. Bien qu'il ne s'agisse pas là encore d'une opinion majoritaire, mis à part chez les Créatifs Culturels, ce résultat est surprenant, parce que ce changement de vision du monde a des implications très importantes sur le long terme. Qui plus est, on peut le considérer comme intimement lié à la notion commune chez les Américains que la nature est sacrée.

Les réponses au thème n°4 sont également surprenantes. Plus les gens approuvaient les trois premiers thèmes, plus ils étaient en faveur d'actions gouvernementales visant à améliorer la justice sociale, la protection des droits civiques, les perspectives d'emploi pour les pauvres, et le soutien aux enfants en difficulté. Contrairement à ce qu'ont répété pendant des décennies les politiciens de tous bords, une majorité d'Américains, et en particulier des Créatifs Culturels, ne voient aucune incompatibilité entre l'écologie et la justice sociale. Ce qui signifie que les communautés des milieux urbains défavorisés, qui s'inquiètent autant de l'environnement que du chômage, peuvent faire cause commune avec le mouvement environnementaliste, plus puissant et plus 'classe moyenne'. En fait, en plus d'objectifs communs, l'étude montre qu'ils ont une base démographique commune.

Le thème n°5, qui résume toutes les autres données pour donner une mesure 'générale' des positions envers l'environnement, montrent une très forte position pro-durabilité. Avec 79% d'agrément, les croyances des Américains sont très proches des positions du mouvement écologiste. Comme d'habitude, les Créatifs Culturels sont quasiment unanimes sur ce point, avec 96% de réponses positives.

Le tableau « Consensus sur les positions du mouvement écologiste » montre quelques-unes des déclarations du questionnaire pour lesquelles les interviewés devaient choisir entre « d'accord » et « pas d'accord ». Ce sont ces déclarations, entre autres, qui constituent les 'thèmes' dont on vient de parler. Les résultats du tableau montrent à quel point la durabilité écologique est devenu un souci du grand public. Ce qui est surprenant c'est de voir que les Américains sont d'accord avec ces déclarations même lorsqu'elles sont formulées de manière un peu extrême et brutale. Le grand public américain est de loin en avance sur ses hommes politiques, et en total désaccord avec les réticences et l'opposition des milieux des affaires et de la finance. Les Créatifs Culturels ne diffèrent sur ce point du reste des Américains que par leur plus grande cohérence et surtout par le fait qu'ils sont mieux informés.

A la recherche d'une nouvelle culture

Les Créatifs Culturels qui adoptent la position des Ecologistes [1] pensent que le monde occidental est en train de traverser un changement profond dans sa culture et sa nature. Selon eux, il y a énormément de choses à changer. Mais les écologistes veulent partir sur de nouvelles bases, et non répéter les erreurs du passé.

Ce que souhaitent les théoriciens de l'écologie, ce n'est pas un simple ralentissement de la croissance économique actuelle. Selon eux, cela ne marchera jamais, tout simplement parce que la culture industrielle qui est la nôtre aujourd'hui implique nécessairement une croissance plus importante que ce que peut supporter la planète. Un bon nombre de ces écologistes voient la communauté financière d'un mauvais œil ; elle est pour eux l'un des problèmes clé de la situation actuelle, car elle exige de notre économie une croissance exponentielle : accumuler toujours plus de richesses, pousser les ventes et les transactions toujours plus haut, élever toujours plus le prix des actions, demander toujours plus d'argent pour couvrir les paiements d'intérêts... Le système financier international aime à croire qu'il n'est pas limité par le monde naturel. Mais en fait, la nature est cyclique et la notion de croissance y existe à peine. Selon les écologistes, si notre système économique continue à essayer de puiser toujours plus dans les ressources de la nature et à y rejeter toujours plus de déchets, la nature va tout simplement mourir, et c'est précisément ce qui est en train de se passer. Mais le problème vient d'une énorme entité qui est resté jusqu'à présent totalement imperméable à tous les mouvements sociaux.

---

1. Nous mettons une majuscule à Ecologiste pour identifier et distinguer clairement ces activistes politiques des penseurs et scientifiques de l'écologie. Nous évitons de les appeler 'verts', afin d'éviter la confusion avec les Créatifs Culturels 'écologistes' ou encore avec les partis 'verts' de différents pays.

Positions consensuelles des mouvements écologistes

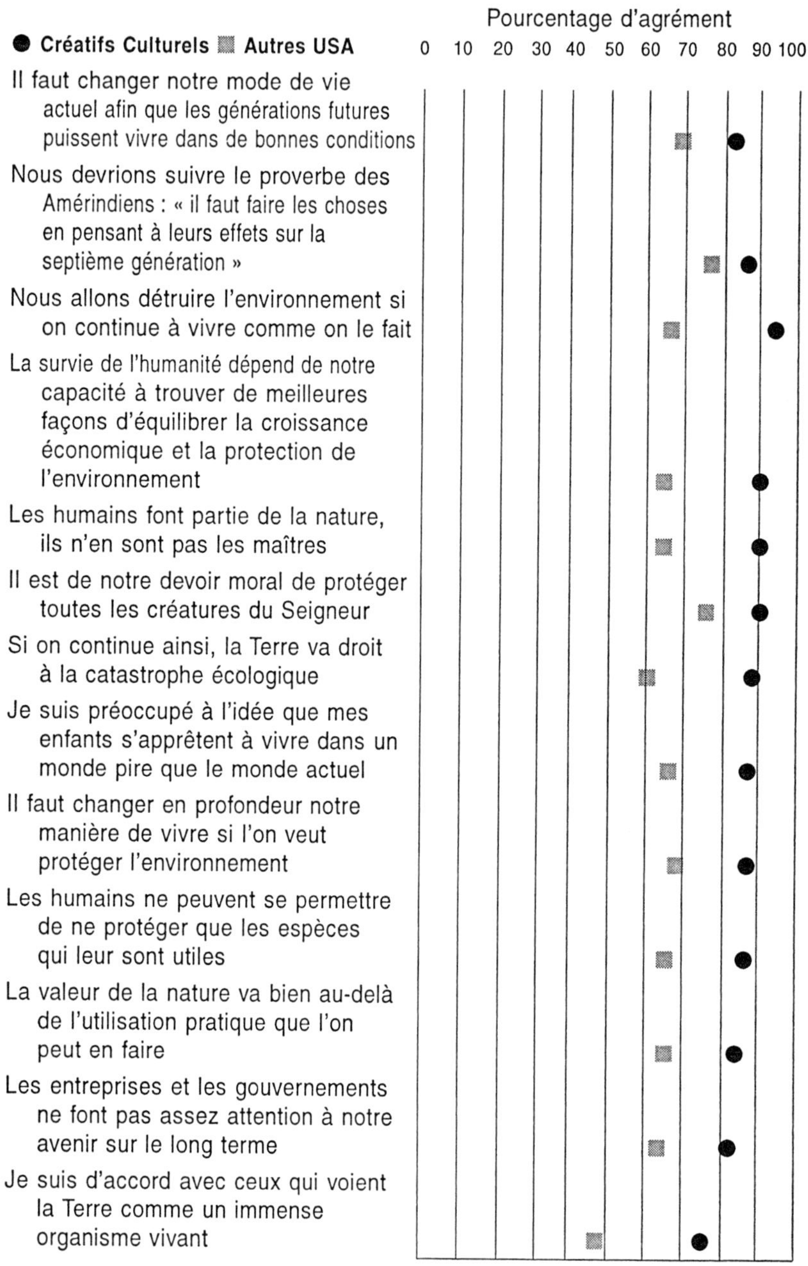

Wall Street : une bombe à retardement

La plupart des gens, y compris la plupart des Créatifs Culturels, ont du mal à comprendre l'énorme pression qu'exercent les marchés financiers sur les cadres des entreprises, exigeant d'eux un engagement permanent pour une croissance sans fin. Ne sont-ils donc pas conscients des dangers qu'encourt la planète ? Et bien, il faut le dire, parfois non. Mais le vrai problème ne réside pas dans ce déni, mais bien dans le pouvoir des chiffres, les comptes de résultats, les analyses financières et les taux d'intérêts des banques et des financiers. C'est toute une vision du monde, qui s'est progressivement imposée en même temps que le Modernisme. Il fut un temps où les rois et les gouvernements se sentaient encore assez forts pour dire aux banquiers qu'ils ne pouvaient pas toujours obtenir tout ce qu'ils voulaient. Mais depuis la deuxième guerre mondiale, le pouvoir de la communauté financière internationale n'a cessé de croître, au point que chaque semaine, il s'échange plus d'argent dans le monde qu'aucun gouvernement ne peut en contrôler en une année. Dans le monde entier, ce sont désormais les gouvernements qui sont à la merci des marchés financiers, et c'est aussi le cas pour les cadres des entreprises. Les financiers peuvent désormais obtenir tout ce qu'ils veulent, et ceci représente un véritable danger pour la planète Terre.

Les fameux 'intérêts composés' des marchés financiers sont la manifestation la plus flagrante des liens étroits entre le Modernisme et la croissance exponentielle. La croissance exponentielle est une courbe ascendante dont la pente accélère sans limite — et on l'évalue souvent en fonction de la rapidité avec laquelle elle 'double'. La suite de doubles 2, 4, 8, 16, 32, 64, 128, 256, 512, 1024, 2048, etc. atteint des valeurs impressionnantes et irréelles après à peine une centaine de points. Il est facile de dire que des dollars qui doublent à cette vitesse sont devenus virtuels, pour la simple raison qu'après un temps assez court, ils seront plus nombreux que le total des atomes de l'univers. Si l'économie mondiale continue de doubler en l'espace de seulement quelques années, et d'exiger pour cela une utilisation massive des ressources naturelles, alors la mort de la nature est vraiment proche. Mais si l'on se contente de voir l'économie doubler sur des intervalles de l'ordre de plusieurs décennies, voire de plusieurs siècles, alors on peut éloigner le danger pour un bon moment. Sur une planète comme la nôtre, une croissance exponentielle illimitée est tout simplement physiquement impossible, de même qu'elle l'est biologiquement en termes de survie des espèces — y compris la nôtre. C'est une chose à laquelle les financiers préfèrent ne pas penser.

Supposons qu'une entreprise ait le désir de se comporter en bon citoyen. Qu'elle décide de ralentir la croissance de ses profits et de penser sur le long terme. On peut être sûr que les analystes financiers seraient vite contrariés par une telle attitude, et ne verraient pas cela d'un bon œil. Au bout d'un certain temps, les financiers auraient vite fait de renvoyer un PDG aussi zélé. Qu'un pays se comporte ainsi, et les spéculateurs se dépêcheraient de couler sa monnaie. Ensuite, les analystes financiers aux 'griffes acérées' prendraient le relais : réductions d'emplois, braderie des ressources naturelles et de l'actif du pays, agonie des programmes sociaux, disparition progressive des actions philanthropiques communautaires, etc. Mais les profits eux, sont au top. Wall Street applaudit, en délire. C'est ainsi que le capitalisme moderne se protège de toute tentative de changement sérieux dans la conduite de l'économie d'un pays et du monde.

Aujourd'hui, la plupart des Créatifs Culturels semblent absolument démunis face à ce problème. Il existe cependant d'excellentes solutions, des nouvelles approches qui semblent fonctionner, et il y a de fortes chances qu'elles arrivent assez rapidement à la connaissance des Créatifs Culturels. C'est ce dont nous parlerons dans la troisième partie. Mais arrêtons-nous plutôt ici sur l'une de ces nouvelles approches, particulièrement engageante.

Une nouvelle mission

William McDonough est le doyen du département d'architecture de l'Université de Virginie. Il a l'habitude de donner à ses élèves des travaux de design plutôt originaux, dont le but est de les sortir de leur vieux cadre de référence technologique trop aveuglant. Lors de son premier cours, il propose deux exercices à réaliser chez soi ou en groupe. Le premier : « Essayons de réaliser un travail de design rétroactif sur la première révolution industrielle. Pouvez-vous imaginer un système qui produise des milliards de tonnes de matières toxiques et qui les rejette dans votre sol, l'air que vous respirez et l'eau que vous buvez ? Pouvez-vous imaginer un système qui mesure votre richesse en fonction de la quantité de capital naturel que vous pouvez puiser, couper, enterrer, brûler et autrement détruire ? » Il continue de la sorte, jusqu'à terminer son exposition du travail à faire en demandant : « Est-ce qu'un tel système est éthique ? » Puis il expose le deuxième exercice : « Créez un système qui ne produise aucune matière toxique et qui ne rejette rien de tel ni dans le sol, ni dans l'air, ni dans l'eau. Mesurez votre richesse en fonction de la quantité de capital naturel que vous pouvez réinjecter dans un système fermé permanent qui soit sain et favorable ». Et il ajoute : « Construisez un système qui ne provoque pas de tyrannie à distance d'une génération à l'autre. Est-ce que ça ne serait pas intéressant ? » demande-t-il d'un ton engageant. N'aimeriez-vous pas réinventer le monde ?

En réalité, Bill McDonough est déjà en train de créer ce que lui et quelques autres appellent 'la prochaine révolution industrielle'. Comme pour Amory Lovins au Rocky Mountain Institute et Ray Anderson à Interface, les réussites de McDonough sont une source incroyable d'inspiration et de motivation. L'une d'entre elles est venue d'un exercice qui a l'air plutôt anodin : « Imaginez une chaîne de production de revêtements textiles dont les produits puissent retourner à la Terre sans danger ». McDonough et ses collègues se sont lancés dans une recherche de par le monde, mettant à profit non seulement d'impressionnants talents de chercheurs, mais aussi une incroyable force de persuasion. Commençant avec la laine de Nouvelle Zélande, ils trouvèrent ensuite des fibres des Philippines puis se tournèrent vers l'Europe pour les teintures, les finitions, les polissages et les produits ignifuges qui étaient les plus 'propres', c'est-à-dire sans mutagène, ni substance cancérigène, sans métaux lourds, ni toxines non-dégradables, substances bioaccumulatives ou déséquilibrants hormonaux. Qui veut travailler avec nous ? demandèrent-ils alors. Soixante entreprises chimiques refusèrent.

L'équipe s'est alors dirigée vers le président de Ciba Geigy et lui expliqua le protocole et l'impact profond que pouvait avoir son travail sur ses affaires. Le président accepta et aida personnellement l'équipe à examiner plus de 8000 produits chimiques du secteur textile. Ils durent en éliminer 7962. « On s'est retrouvé avec seulement 38 produits chimiques », raconte McDonough à ses étudiants. « On a conçu la chaîne de production uniquement avec ces 38 produits. Elle est complètement 'propre', et ne présente plus aucun danger. Vous pouvez presque la manger ! » Cette chaîne de production a remporté plusieurs médailles, et il affirme qu'elle se porte plutôt bien en terme de ventes. Ce qui surprend le plus sont deux détails pour les moins révélateurs. Le premier, c'est que le club de jardinage local utilise les pertes et déchets de la chaîne comme paillis. Le second, c'est que lorsque les inspecteurs suisses vinrent à l'usine pour examiner l'eau rejetée au cours de la chaîne de production, ils ne purent pas trouver les éléments qu'ils trouvaient habituellement dans l'eau potable. Ils pensèrent que leurs machines étaient en panne. Alors ils testèrent leur équipement sur l'eau en amont de la chaîne, et découvrirent qu'en fait la chaîne agissait comme un filtre ! Comme McDonough l'explique à ses étudiants : « Quand vous vous rendez compte que l'eau qui sort de votre chaîne est plus propre que l'eau qui y entre, alors vous vous dites que ça y est, la prochaine révolution industrielle est bien en cours ! » [1]

Comme Bill McDonough, ce que veulent les écologistes, c'est une forme d'économie radicalement nouvelle, basée sur autre chose que l'industrialisme. Ils veulent des technologies qui garantissent la survie de l'humanité : des technologies 'appropriées', ou des technologies à petite échelle, locale, qui n'utilisent que peu d'énergie ou de matières premières, ou qui ne soient pas polluantes et où tout soit recyclable et recyclé. Mettre au point ce genre de technologies va bien plus loin que simplement s'opposer à la construction de telle centrale nucléaire, autoroute ou usine chimique, ou de se battre pour de meilleures régulations ou outils de contrôle de la pollution. Mettre en place ce genre de technologies, c'est créer une nouvelle base industrielle bénéfique, c'est chercher de nouvelles utilisations de la technologie. La plupart des écologistes seraient ravis de trouver des

---

1. William Mc Donough, 'The Next Industrial Revolution' dans *Collective Heritage Letter* (publication du Collective Heritage Institute, Santa Fe, NM), 1(2), 1998.

nouvelles technologies qui mettent en faillite les grandes entreprises des secteurs de l'énergie, de l'automobile ou de l'exploitation des ressources naturelles (le bois, l'agriculture, les mines, les produits chimiques...). Ils recherchent activement des alternatives à pratiquement toutes les technologies existantes, et une nouvelle manière de faire fonctionner l'économie qui ne crée pas, pour reprendre l'expression de Bill McDonough, « de tyrannies intergénérationnelles dont nos arrière-arrière-arrière petits-enfants seront les victimes ».

Une merveilleuse complexité

Les Créatifs Culturels ne sont pas nécessairement plus capables que les autres de s'adapter aux besoins de l'écologie, mais ils en ont le désir. Dans leur vie privée ou dans les aventures sociales dans lesquelles ils se lancent, ils sont impatients — parfois maladroits, parfois hésitants — d'apprendre de nouvelles manières de travailler. Et ils prennent le temps, ou au moins ils essaient, d'écouter les réactions de leur conscience.

Amory Lovins, cofondateur du Rocky Mountains Institute, a passé plusieurs années à dessiner le bâtiment d'une grande banque à Amsterdam. Il a créé un bâtiment 'biologique', inspiré par et fonctionnant selon les principes des systèmes intégrés, à l'aide d'un procédé particulier. S'il y a une histoire particulièrement emblématique de comment les Créatifs Culturels sont capables de prendre leur temps, c'est bien celle-là.

Pour ce bâtiment d'une surface habitable de 5600 m², la direction de la banque avait donné à Lovins les instructions suivantes : « Nous voulons un bâtiment organique, avec beaucoup de lumière, d'eau et d'air, des plantes, des bruits agréables, des gens heureux. Mais tout cela ne doit pas coûter un sou de plus qu'un bâtiment 'normal' ». Il fallut à Lovins et son équipe plusieurs années pour dessiner un tel bâtiment, car il voulait vraiment le concevoir comme un être vivant et le construire suivant les mêmes principes. Or l'évolution ne conçoit jamais un élément de façon isolée des autres, selon Lovins, « parce que, comme on s'en rend compte actuellement dans la conception industrielle, une telle façon de penser un élément séparément des autres diminue les performances du système ». C'est-à-dire que vous obtenez le minimum de l'ensemble des éléments, plutôt que le maximum. Ainsi chaque dépense, chaque élément, devait être conçu en fonction des autres, avec comme objectif de multiples bénéfices croisés. Cela prit énormément de temps.

L'équipe au complet regroupait des architectes, des designers, des artistes, des constructeurs, des futurs usagers du bâtiment, celles et ceux qui allaient le diriger, et des architectes paysagistes. Leur accord, d'après Lovins, était le suivant : « S'il y avait quelque chose que quelqu'un ne comprenait pas, il fallait tout arrêter jusqu'à ce que la chose soit clarifiée. Il fallait expliquer l'aménagement du paysage à l'ingénieur mécanicien, et les mécaniques de traitement de l'air aux paysagistes. » Cette directive extraordinaire a créé, selon lui, « un niveau d'intégration presque magique de chaque élément du building, où les jointures des murs sont des œuvres d'art en cuivre et pierres colorées, et où la lumière du jour rebondit le long de l'atrium sur ces bouts de métal de couleurs différentes que l'artiste a installé, si bien qu'au fur et à mesure que tourne le soleil, la lumière en bas change, à chaque heure de la journée. » Et pour contrôler l'humidité et créer comme un voile acoustique, une fontaine-sculpture de bronze et d'eau coule le long des rampes du grand escalier.

Une fois le bâtiment achevé, la banque a observé d'importantes augmentations de productivité. Ce ne fut pas une surprise pour Lovins, qui connaît au moins huit cas d'école illustrant les réussites de lieux de travail où les employés voient et se sentent mieux et peuvent s'écouter penser. Et quid de la rentabilité ? Au final, le bâtiment consomme un dixième seulement de l'énergie normalement utilisée par des constructions conventionnelles et n'a pas coûté un sou de plus à ériger. Qui plus est, l'équipe a mis au point une manière de travailler qui finalement reflète exactement ce qu'elle recherchait : un environnement dynamique et organique beaucoup plus vivant, créatif et humain que le contexte de travail conventionnel, statique et mécanique que la plupart des Modernistes considèrent comme allant de soi. Les gens, selon Lovins, sont des organismes réellement complexes, et le plaisir que l'on prend à travailler avec cette idée en tête, c'est en partie de chercher « les moyens de faire de cette complexité quelque chose d'absolument merveilleux ». [1]

---

1. Amory Lovins, 'Designing with Biology', *Collective Heritage Letter*, 1(2), 1998.

Ni à droite, ni à gauche : en avant !

Les observateurs politiques sont généralement perplexes face au mouvement écologiste. Ce mouvement en effet ne semble que vaguement intéressé par les jeux de pouvoir, que ce soit pour les élections ou le lobbying. Il semble au contraire nettement plus occupé à essayer de repenser tous les aspects de notre culture afin de les rendre écologiquement viable : comment réaménager nos villes ; comment améliorer nos systèmes de transport ; comment utiliser de nouvelles technologies dans les produits, les entreprises ou les procédés industriels ; comment repenser l'organisation et la manière de travailler des entreprises ; comment mieux évaluer une entreprise ou le coût d'un projet gouvernemental ; comment vivre dans nos maisons ; comment impliquer nos clubs et associations dans la recherche d'un nouveau mode de vie ; comment vivre ensemble ; comment s'impliquer dans la vie civique. A moins d'effectuer de tels changements technologiques et culturels, être impliqué dans la machine politique ne présente, selon les écologistes, aucun intérêt.

La plupart des écologistes ne sont ni libéraux, ni conservateurs, ni Traditionalistes, ni Modernistes. Pour l'observateur politique, ils ont l'air d'être un étrange mélange de tout cela à la fois, ou de rien de tout cela. Lorsqu'ils prônent la prudence dans l'utilisation des technologies, et s'attachent à préserver les forêts anciennes, les sites naturels, les vieilles constructions, des valeurs anciennes et parfois même des modes de vie anciens, ils ont l'air de Traditionalistes. (L'ancien rédacteur en chef de *The Ecologist* peut parfois même avoir l'air carrément conservateur quand il défend les 'cultures vernaculaires', la vie des fermes et des petits villages des premiers temps de la modernité. Mais c'est uniquement parce qu'il pense que ces modes de vie avaient un impact minime sur l'environnement et garantissaient ainsi sa durabilité). Mais un bon nombre de ces écologistes veulent aussi une société plus participative et plus égalitaire. Pour cette raison ils rejettent la droite religieuse et les conservateurs de l'économie libérale, qu'ils considèrent comme trop autoritaires et rétrogrades. En même temps, la plupart rejettent aussi à la fois le libéralisme et le marxisme comme étant tous deux trop centrés sur la notion de croissance, et trop attachés au bien-être matériel. Ils ne sont pas non plus une espèce de 'centre radical'. Ils sont tout simplement en dehors du spectre 'droite-gauche'. Comme le dit le parti vert allemand pour résumer sa position : « Nous ne sommes ni à gauche, ni à droite : nous sommes en avant ».

De manière assez intéressante, les écologistes reconnaissent souvent leur inter-dépendance vis-à-vis des autres nouveaux mouvements sociaux. L'une des raisons de cela est qu'ils savent que s'ils veulent changer tous les aspects de notre culture, ils vont avoir besoin d'aide. Une autre raison, c'est qu'un bon nombre d'entre eux étaient déjà, et sont encore, liés au mouvement de libération de la femme ou aux mouvements pacifistes ou d'autres mouvements de ce genre. Aussi sont-ils à la recherche d'une communauté élargie qui partage leurs intérêts personnels et leurs engagements. Ce sens de l'inclusion et des regroupements d'intérêts était presque tangible tous les jours, à chaque réunion. Si vous rencontrez les activistes du Rainforest Action Network à San Francisco (connus comme les 'pitbulls' de l'action écologique), par exemple, vous entendrez bien plus que la simple perspective planétaire des jeunes de vingt ans en face de vous. Ils vous parleront en fait aussi bien de l'émancipation des femmes et des droits des gays et lesbiennes que de justice sociale, de nourriture bio, ou de spiritualité et des peuples du tiers-monde. Tous ces sujets font partie de leur environnement immédiat, comme l'air qu'ils respirent. Ils s'emparent de leur créativité et s'attaquent à leur prochain devoir : réinventer toute une nouvelle culture.

En réalité, les écologistes sont à la pointe d'un changement révolutionnaire de notre vision du monde. Dans notre enquête pour l'EPA, c'est la position Gaia : « La planète est un système vivant et nous devons le protéger ». 61% des Créatifs Culturels approuvent cette déclaration, et 47% des Américains aussi. Or cette position prend l'exact contre-pied de la vision anthropocentrique qui prétend que la Terre n'est là que pour être exploitée et subvenir à nos besoins — cette vision vieille de plus de 10.000 ans est apparue avec la révolution agricole puis s'est intensifiée avec la révolution industrielle. La nouvelle vision écologiste du monde est biocentrée, ou écocentrée, semblable en cela aux visions de certains peuples du monde, comme ceux des forêts tropicales. Plutôt que d'envisager la planète comme une pyramide dont les humains occupent le sommet, ils voient la Terre comme un réseau, une toile ou un tissu de vie, où les hommes ne sont qu'un élément, un fil parmi les autres. Ce que l'on fait à la Terre, on se le fait à nous-mêmes. Nous appartenons à la nature, et pas l'inverse. Et nous avons des obligations envers Mère Nature. Pas seulement pour nous. Pour elle.

Chapitre 6.

L'éveil

De même que les nouveaux mouvements sociaux, les mouvements d'éveil de la conscience (que l'on appellera aussi courants psychospirituels) eurent une importance capitale dans la structuration de la vision du monde et des valeurs des Créatifs Culturels. Mais tandis que les mouvements sociaux ont eu une influence importante sur *l'ensemble* du nouveau groupe culturel, l'effet des mouvements d'éveil de la conscience fut nettement plus concentré, concernant surtout les Créatifs Culturels 'avancés'. Près de la moitié de la population du groupe, soit 24 millions de personnes, en sont en effet les leaders d'opinion et porte-parole les plus influents. Ils diffèrent en cela du reste des Créatifs Culturels, les 'écologistes', qui s'intéressent beaucoup plus aux questions sociales et environnementales qu'aux problèmes du développement personnel. Les Créatifs Culturels du groupe Cœur, eux, sont profondément préoccupés par les trois aspects en même temps : environnement, société, éveil de la conscience. Dans ce chapitre, nous allons essayer de voir comment ce noyau dur s'est développé, et comment il est à l'origine d'un intérêt croissant de notre société pour les questions de spiritualité et de développement personnel.

La brise de l'aube a des secrets à te dire
ne te rendors pas
Il faut que tu demandes ce que tu veux vraiment
ne te rendors pas
Les gens passent et repassent le seuil de la porte
où les deux mondes se touchent
La porte est ronde et ouverte
ne te rendors pas

Jelaludin Rumi [1]

Depuis des siècles, les poètes et les mystiques nous disent : réveillez-vous, ouvrez les yeux. Sur votre vrai moi. Sur vos propres connexions avec le monde qui vous entoure. Regardez dans les yeux de quelqu'un et découvrez qui vous regarde en retour. Découvrez les mystères au croisement des mondes. Ne vous rendormez pas. Les qualités d'une conscience qui s'est éveillée au monde sont infinies. C'est tout ce qui se cache sous la surface de nos vies, derrière tout les « cela va sans dire », les a priori et les présupposés, derrière tous les actes de la vie 'en pilotage automatique', derrière les « faites vite, il me faut ça pour hier », tous ces ordres qui ne s'inquiètent ni de comment ce sera fait, ni de qui le fera. Bien que difficile à décrire par écrit, on peut tout de même essayer d'identifier l'éveil, d'en dessiner les contours. James Joyce en parle comme d'une épiphanie. Aldous Huxley évoque les portes de la perception qu'il faudrait nettoyer. Il est omniprésent dans les poèmes de Mary Oliver, qu'elle parle des chardonnerets, des pivoines ou des buccins craqués et cassés sur la plage.

L'éveil peut prendre la forme d'une sensation physique immédiate, un contact profond et serein entre vous et le monde. Il peut aussi être le résultat d'une longue pratique quotidienne, qui vous laisse apaisé et reconnaissant. Ou bien encore il peut être ressenti comme la grâce, ou la simplicité, ou bien une soudaine intelligence, claire et brillante. Mais l'éveil peut aussi être douloureux. Comme un pic à glace entre les omoplates. Une déchirure des tissus du cœur. Quand on réalise comme on a pu

1. John Moyne et Coleman Barks, *Open Secret : Versions of Rumi* (Putney, VT : Threshold Books, 1984), quatrain 91.

blesser quelqu'un, comme on a pu se trahir soi-même, ou manquer une occasion de s'élever contre une injustice. Quand on voit la pauvreté, la solitude ou le chagrin à côté desquels on est passé sans faire attention, pendant des années, ou toute une vie.

Mais quelle que soit la teneur de l'expérience, quand on commence à s'éveiller, c'est qu'on a découvert quelque chose d'authentique. On ne s'éveille jamais à ce qui est faux, mais toujours à une forme de vérité inconnue jusqu'alors. Ou alors qu'on avait oubliée. Ce qui se passe alors, c'est ce que la psychologue Mihaly Czikszenmihalyi appelle le « courant », la philosophie zen la « réalité telle qu'elle est » (*suchness*) et les maîtres spirituels de tous bords, 'la liberté'. La fragile coquille du moi se dissout — ne serait-ce que pour un instant — et d'un seul coup on n'est plus qui l'on croyait être. Et peu importe que ce soit une plénitude, une fraîcheur, ou une solide présence, un 'être-là', ou n'importe lequel des milliers de modes de l'être, ce qui compte c'est que vous êtes enfin arrivé, vous avez enfin atteint le centre rayonnant de votre vie.

S'ouvrir à la conscience

A toutes les époques, ceux qui se sont engagés dans des disciplines comme la prière, les arts martiaux ou les formes alternatives de médecine ont cherché différents moyens de s'ouvrir à leur conscience. Depuis des millénaires, on connaît les pratiques de la concentration, de la méditation et de la contemplation, ainsi que les richesses des plantes sacrées et des lieux saints, ou des pratiques singulières comme marcher sur des charbons ardents et autres formes de transe. Mais à notre époque, l'humanité se trouve pour la première fois dans une situation toute particulière pour ce qui est du grand art de l'éveil spirituel.

En effet, tandis que nos ancêtres ne reconnaissaient comme vrai qu'un seul chemin de l'éveil, nous avons accès à une multitude de possibilités spirituelles, psychologiques et physiques. On en sait plus aujourd'hui sur l'ensemble des pratiques et des savoirs de toutes les cultures et religions du monde qu'à aucune autre période de l'histoire. Désormais chaque jour de nouvelles portes s'ouvrent et nous invitent à venir voir et découvrir, sentir et comprendre ce que c'est qu'être humain. La démarche culturelle de l'éveil va bien au-delà du simple processus d'alternance dichotomique sommeil/éveil ou ivresse/sobriété. Elle nous projette aussi bien loin des attitudes traditionnelles de repli intégriste qui ont causé tant de guerres de religion et d'inquisitions. Cette démarche s'apparente par contre beaucoup plus à la fonte d'une banquise, à l'irrigation d'un désert — comme de nouvelles manières de savoir, de connaître et d'être qui se dévoileraient sous nos yeux, en nous et autour de nous.

Cette démarche de l'éveil est au cœur des préoccupations d'un grand ensemble hétérogène de mouvements, de tendances et d'organisations dans notre société. Parmi eux, on trouve le mouvement du potentiel humain, les expérimentations psychédéliques, la soi-disant nouvelle spiritualité qui s'appuie en fait sur de très anciennes traditions bouddhistes, hindoues, taoïstes, amérindiennes, celtes, et d'autres croyances et pratiques des mysticismes juif, soufi et chrétien, et du *wicca* (qui est très vieux ou très nouveau, ou les deux) ; le travail et les explorations du corps, le yoga et les divers arts martiaux ; les médecines alternatives, y compris l'acupuncture, la chiropraxie, l'apposition des mains et autres formes de toucher thérapeutique ; ainsi qu'un large éventail de prières et de pratiques de méditation. Nous les appelons « mouvements d'éveil de la conscience » car tous partagent la même intention d'ouvrir en grand les fenêtres et les portes du vieil état d'esprit moisi et rabougri dans lequel nous stagnons, de secouer la poussière des couvertures épaisses dans lesquels nous enfermons nos corps, et par mille autres moyens, récents ou très anciens, de guider quiconque en a la volonté sur le chemin d'une nouvelle expérience de sa propre humanité et de l'humanité en général.

Les mouvements d'éveil de la conscience

On peut faire remonter l'origine des mouvements d'éveil de la conscience aux religions européennes et aux mouvements sociaux des 1500 dernières années, ainsi qu'aux transcendantalistes américains du 19e siècle et du début du 20e siècle. Ralph Waldo Emerson, Emily Dickinson, Margaret Fuller et Henry Thoreau sont bien connus, ainsi que le psychologue William James et le naturaliste John Muir. Mais d'autres jouèrent un rôle tout aussi important : le physicien canadien Richard Bucke, qui écrivit *La Conscience Cosmique*, ou Mary Baker Eddy, qui fonda la 'Christian Science'. Mais ce n'est que récemment que le mouvement a connu son véritable essor, dans un contexte particulier : celui d'une génération sacrifiée, une génération qui s'était battue durant la crise de 1929 puis la deuxième guerre mondiale. De nombreuses personnes issues de cette génération perdirent leurs amis et leur famille. Ils abordèrent les années 50 fermement décidés à accumuler un certain capital matériel, afin de se protéger eux-mêmes et leurs enfants. Pour l'écrivain et éducatrice Elisabeth Lesser, cette génération « avait formé son identité à une époque de vaches maigres, dominée par la peur... En réaction à tout ce dont ils ont manqué, ils ont développé un goût prononcé pour l'ordre et la propreté, une attitude sacrificielle envers leurs besoins émotionnels, une grande prudence vis-à-vis de l'argent et un grand respect pour toutes les possessions matérielles. » [1]

Vers la fin des années 50, une partie de cette génération – l'Amérique blanche et protestante des WASP et de la croissance — eut du mal à admettre certains aspects de la dure réalité dans laquelle elle évoluait. Les droits des Noirs américains étaient en permanence bafoués. La liberté que l'on vantait tant — clamée haut et fort, comme un étendard, durant la deuxième guerre mondiale et au début de la guerre froide et des années du maccarthysme, de la bombe et d'Eisenhower — ne paraissait d'un seul coup plus très propre. Et pour combler le tout, un catholique venait d'être élu président.

Puis l'année 1962 fit sans doute l'effet d'une bombe, comme si tous les chiens de l'enfer venaient d'être lâchés. Partout, on déchirait le voile sur de vieilles peurs étouffées, on élevait la voix pour dénoncer les cadavres puants, cachés dans les placards de la nation. Et ceux qui dénonçaient et révélaient tous ces présupposés sous-jacents, les « cela-va-sans-dire » cachés, étaient, bien évidemment, les enfants de cette génération frileuse et angoissée. Cette nouvelle génération fougueuse, fervente et détermi-

1. Elisabeth Lesser, 'Wisdom and Folly : The New Age comes of Age', *New Age Journal* (jan-fév. 1997). On trouvera un exposé beaucoup plus complet dans son livre *The New American Spirituality* (New York : Random House, 1999).

née était décidée à abandonner l'ordre et la propreté et les structures qui avaient tant étouffé leurs parents pour se lancer dans l'exploration de nouvelles façons de penser, de connaître — en un mot, ils partaient à la recherche d'expériences. Et, comme la génération de leurs parents, ils avaient une idée très précise de leur objectif. Mais il ne s'agissait plus de se battre contre un ennemi lointain comme Hitler ou Tojo. Leur objectif à eux était beaucoup plus proche d'eux-mêmes.

Mais quel était précisément cet objectif et comment allaient-ils l'atteindre ? Ces questions taraudèrent cette génération pendant des années. Et de ce désir de changement émergèrent deux grands courants. L'un fut celui qui regroupait les mouvements sociaux dont on a déjà parlé. L'autre regroupait les mouvements d'éveil de la conscience.

Les alarmes sonnent

1962, ce fut un peu comme si tous les réveils, toutes les alarmes de la nation avaient été réglés sur cette année, et comme si tout s'était mis à sonner en même temps, sans que personne ne puisse les arrêter. Sur une période incroyablement serrée, des événements qui avaient mûri en silence pendant les années 50 firent soudainement surface, tandis qu'un chœur agité de voix puissantes et rebelles s'élevait d'un coup contre des idées et des modes de vie qui avaient jusqu'alors semblé indiscutables. Les nouveaux mouvements sociaux déchiraient le voile de complaisance que l'Amérique posait sur sa démocratie et sa liberté si parfaites. Au même moment, les mouvements d'éveil de la conscience se tournaient vers l'intérieur, remettant en doute un tas de présupposés intimes à propos de tout, depuis la notion d'identité personnelle jusqu'à la perception de la réalité elle-même. Toutes les alarmes se mirent à sonner en même temps, à tous les niveaux de la culture américaine, et c'est la nation entière qui fut réveillée de son long et profond sommeil..

De toute évidence, les années 60 furent bien plus qu'un patchwork excentrique de gourous exotiques, de bains chauds et de religions étranges, le tout servi par de jeunes chevelus manifestant dans les rues. Comme nous l'avons déjà vu, les événements de cette décennie ont donné lieu à des innovations culturelles et sociales de toute première importance. Mais tandis que les réactions et manifestations des nouveaux mouvements sociaux s'élevaient dans l'urgence et au grand jour, comme autant de bombes lancées à la face de la nation, à tout moment et autant que possible, les mouvements d'éveil de la conscience se manifestèrent de façon nettement plus calme et subtile. Il était tout à fait envisageable d'être transporté, bouleversé par l'une ou l'autre des découvertes des mouvements de spiritualité sans avoir de notions claires de ce à quoi on appartenait vraiment. On sentait juste que quelque chose était en train de se passer, quelque chose de tout à fait excitant, et en cherchant bien, on pouvait réussir à se renseigner grâce à des livres comme *Les Religions de l'Homme* de Huston Smith, *In and Out the Garbage Pail* de Fritz Perl, *Joy* de Will Schutz, et d'autres livres d'Alan Watts, Krishnamurti, et plus tard Carlos Castaneda, Mary Daly et Ram Dass, pour n'en nommer que quelques-uns.

Et on trouvait aussi des choses intéressantes dans certains endroits : Esalen en Californie, la communauté Findhorn en Ecosse, la Ferme au Tennessee, et plus tard encore l'Omega Institute au nord de l'Etat de New York, ou bien l'Open Center de New York.

Rassemblée dans des ashrams, des zendos, des églises ou des salons dans tout le pays, cette première génération d'enthousiastes donnait l'impression que rien ne pouvait être plus important que ce dans quoi ils s'étaient lancés : chercher à se comprendre soi-même. Apprendre à se trouver des bases solides, des fondations, apprendre à se recentrer, se sentir tellement protégé dans sa propre vérité que rien, ni personne ne puisse les perturber. Incarner l'entraide, l'empathie, la compassion. Etre libre, véritablement.

L'une des notions de base de ces mouvements d'éveil de la conscience était que les qualités que l'on attribue généralement aux saints, aux poètes et aux grands penseurs ne sont pas des réalisations ou des réussites exceptionnelles dont ils auraient l'exclusivité, mais qu'elles sont au contraire un héritage à la portée de tous. Si l'on pouvait arriver à se libérer des carcans du passé (comme l'ignorance et la répression), et si l'on mobilisait ses énergies pour dévoiler ce potentiel, quiconque prêt à y investir suffisamment de temps et d'efforts pouvait accéder aux plus profondes vérités de l'être humain. C'était là un droit que l'on considérait comme naturel, acquis à la naissance. Mais comment y accéder, à qui faire confiance, où trouver les maîtres — c'était cela la grande énigme. C'était tout de même autrement plus compliqué que de participer à une manifestation sur la 5e Avenue ou de retrouver ses amis au bureau du SNCC en plein centre d'Atlanta.

D'autres questions apparurent également, dont on parlait moins ouvertement mais dont on était néanmoins conscients. Combien de temps cela allait-t-il prendre ? Jennifer Welwood, une psychothérapeute d'une quarantaine d'années, se souvient être allée pour la première fois dans un ashram à l'âge de 15 ans. « Je me disais que, en me laissant du temps, j'aurais accompli mon 'éveil' en moins de deux ans ! » dit-elle en riant. Ils voulaient savoir : est-ce qu'il n'y a pas un moyen plus facile ? Combien de chagrins, de joies, de bonheur et de désespoir m'attendent sur la route ? Et comment ferai-je pour savoir quand je serai arrivé au bout du chemin ? Et une autre inquiétude permanente était : comment je fais pour savoir la différence entre ce qui est bon et ce qui ne l'est pas, entre les sages et les imposteurs ? Caroline Alitot, qui est aujourd'hui lama dans la lignée des Tibétains Kagyu, se souvient d'avoir participé à 'l'été du Vietnam' quand elle était encore adolescente. « A la fin de l'été, ce que j'avais appris c'était que la guerre était en moi, en nous tous, autant qu'elle était dans les soldats qui partaient au front. Et j'étais donc décidée à arracher cette agression des tréfonds de mon cœur, avant de pouvoir agir pour la paix. Mais il me fallut plusieurs années de recherche avant de trouver un maître digne de confiance qui puisse me montrer la voie. »

Un éveil de deux générations

Avec du recul, on s'aperçoit que cette première génération du mouvement était concentrée sur ce que l'on pourrait appeler l'éveil personnel. Ses interrogations étaient essentiellement individuelles. Souvent honnêtes et intimes, parfois douloureuses, pour certains observateurs extérieurs ces problématiques avaient un aspect incroyablement égocentrique. Les maîtres spirituels qui venaient d'Asie étaient souvent perplexes devant le peu d'intérêt des étudiants occidentaux pour les principes traditionnels essentiels de la morale et de la spiritualité.

Cette focalisation sur la personne fut pourtant l'élément clé des deux premières décennies du mouvement, que ce soit pour les nouvelles psychothérapies, les explorations corporelles ou les approches spirituelles. Les jeunes 'chercheurs' et 'explorateurs' avaient une tendance certaine à couper les ponts avec le passé, déclarer leur indépendance personnelle, et se mettre à la recherche de leur propre voie. Ce fut en partie parce que souvent, ils quittaient littéralement le foyer familial. Ils souhaitaient en effet s'éloigner de l'environnement qui avait auparavant ap porté sens et soutien à leur vie, même si, au fond d'eux-mêmes, ils ne se sentaient pas très sûrs de leurs propres ressources, ni de ce qu'ils cherchaient. Mais c'était bien plus que cela. Ils ressentaient un réel besoin de se défaire du carcan contraignant de leur éducation, imprégnée de vieilles traditions culturelles, pour s'ouvrir à de nouveaux développements.

Au cours des années 80 et 90, la seconde génération du mouvement se développa quant à elle autour de ce que l'on pourrait appeler 'l'éveil sociétal'. On commença enfin à s'intéresser à des questions qui avaient paru jusqu'alors sans intérêt aux *pionniers* endurcis de la première génération en intégrant leur souci immédiat de la personne dans une perspective beaucoup plus large qui s'inquiétait du bien et du bien-être de la planète et de la société. Les femmes en particulier s'intéressèrent avec passion aux questions de l'éthique et de la morale, ainsi qu'aux problèmes des femmes et des enfants dans le monde. Ceux qui étaient devenus parents désiraient désormais pouvoir vivre dans des communautés qui se préoccupent du sort de leurs enfants, en même temps qu'ils commencèrent à ressentir un certain besoin d'anciens : des anciens pour les apaiser et les guider. Certains fondèrent ou rejoignirent des associations de quartier ou des groupes locaux d'actions communautaires. Tout d'abord en privé, dans leurs propres pensées, puis plus tard au sein de groupe de réflexion ou dans des lettres internes, ils poussèrent les principes de la première génération un peu plus loin. Si les accomplissements des saints, des poètes et des grands penseurs sont l'héritage de tous, demandèrent-ils, alors comment rendre cet héritage effectivement accessible à tous ? Ne pourrait-on pas trouver des façons de rendre l'éveil de chacun plus facile, plus accessible et plus... normal ?

D'une certaine façon, cette deuxième génération reformulait, en des termes nouveaux, la perspective orientale traditionnelle. En Orient, le travail sur soi n'avait jamais eu pour but le seul bénéfice de l'individu. Tous ces efforts ne pouvaient pas être destinés à une seule personne. Particulièrement dans ses aspects spirituels, la 'voie' n'était pas juste un moyen de s'envoyer en l'air ou de 'planer', ni de s'élever au-dessus des petits problèmes du quotidien, ni non plus de faire baisser sa tension. La 'voie' consistait à éveiller toute conscience, pas seulement vous-même, mais, comme le dit le vœu bouddhiste, tous les êtres.

C'est une chose, cependant, d'exprimer ses intentions les plus profondes, mais c'en est une autre de se tirer du confort moelleux de son canapé, de quitter un temps ses petits groupes d'expression artistique ou ses centres de soins alternatifs et de se confronter pour de vrai aux problèmes du monde. Cela a été précisément tout le travail de la deuxième génération : voir, ressentir et développer la conscience de sa propre vie tout en aidant à bâtir un monde meilleur.

Nous allons tout d'abord essayer d'examiner les expériences chaotiques du début, celles de la première génération, et voir comment elles ont permis d'introduire des perspectives spirituelles dans la propre vie de ces précurseurs. Puis nous tâcherons de comprendre comment la deuxième génération en est arrivée à développer de nouvelles formes culturelles au cœur même de la vie américaine.

La première génération

Tandis que les militants politiques manifestaient contre la bombe, les hippies gobaient des acides. Tandis que des étudiants faisaient des sit-in devant des restaurants racistes du Sud, d'autres écoutaient sagement les enseignements du zen. Et tandis que des femmes se rassemblaient en groupes de prise de conscience, d'autres apprenaient les techniques des médecines douces ou les massages traditionnels. Tout au long des années 60 et 70, les explorateurs de la conscience et les activistes sociopolitiques donnent l'impression de deux pôles opposés. Et bien qu'il y eut quelques altercations, dans l'ensemble ils s'ignoraient plutôt les uns les autres. Chaque mouvement se voyait comme l'apothéose de ce qui était essentiel dans la vie. Alors à quoi bon se préoccuper de ce qui se passait chez les autres ?

Les mémoires de Joan Tollifson, *Bare-Bones Meditations*, présentent un compte-rendu très terre-à-terre de cette période. En tant qu'activiste politique des années 70 (elle s'est notamment battue pour les droits des handicapés), elle décrit ainsi ce qui se passa quand elle décida de quitter son association de gauchistes radicaux : « J'étais persuadée, quelque part, qu'ils étaient vraiment la seule solution aux problèmes de la planète et qu'en les quittant, je quittais tout espoir de sauver le monde, que je n'étais finalement qu'une lâche, une égoïste de plus. » [1]

Ce qui lui rendait la séparation encore plus difficile, c'était qu'elle abandonnait ses camarades militants pour se consacrer à la méditation. En effet, tout ce qu'elle voulait, c'était pouvoir « se poser un moment, se taire et écouter ». Et à la fin elle passa effectivement le pas et devint une étudiante fervente de la philosophie zen. Un jour elle fit un rêve qui, avec le recul, semble caractériser l'abîme profond qui séparait les mouvements sociaux d'un côté et les nouveaux courants psychospirituels de l'autre. « Je rêvais que j'étais dans une grande manifestation politique. Je manifestais avec un groupe de fidèles Hare Krishna dans leur robe safran, qui chantaient et tapaient sur des tambourins. Et puis on passait devant mes camarades gauchistes. Ils étaient tous choqués et horrifiés de me voir manifester avec ces gens-là. J'avais honte, comme si je venais de faire une chose horrible. Mais bon, voilà, c'était moi. Et je ne pouvais plus faire marche arrière. » [2]

Mais en dépit de différences superficielles, beaucoup de gens connurent ce même type 'd'éveil', au même moment. Et pour les membres et futurs membres des courants psychospirituels, les appels les plus tentants à l'éveil de la conscience venaient d'une petite station thermale perchée au bord de l'Océan Pacifique.

---

1. Joan Tollifson, *Bare Bones Meditation* (New York : Bell Tower, 1992), pp. 26-27.

2. Ibid., p.31.

ESALEN

Comment décrire la naissance d'un mouvement qui puise ses racines au plus profond de la vie des gens, sous la surface du quotidien ? Peut-être en présentant l'une des manifestations les plus visibles de cette genèse : l'Institut Esalen. Créé par Michael Murphy et Richard Price en 1962, cet institut est devenu une sorte de tremplin pour tout un tas de maîtres, praticiens, porte-parole et écrivains du mouvement d'éveil de la conscience.

Au début d'Esalen, il y a un ambitieux projet d'exploration de la conscience humaine.[1] Les premiers séminaires étaient de véritables cours, avec des lectures conseillées. Une vingtaine de participants assis sur des chaises en bois, écoutaient attentivement des discours exploratoires sur les grandes idées ('Les visions de Sri Aurobindo', 'L'évolution de l'expérience humaine'). On discutait des potentialités d'ouverture et d'exploration de nouvelles ressources de l'esprit humain, on lisait des poèmes, parfois même on organisait des concerts de folk ou de musique de chambre. Le spécialiste des sciences politiques Walter Truett Anderson se souvient que « c'était absolument excitant, très stimulant intellectuellement, et sans aucun danger ».[2]

En moins d'un an, Esalen connut cependant un changement significatif, en glissant du purement intellectuel vers l'expérimental. Une retraite de prière et de méditation sur un week-end pouvait facilement se retrouver entre deux séminaires sur le psychédélisme (où les participants étaient invités à « venir avec leurs propres provisions »). C'était tout à la fois un groupe de rencontres, pratiquant la Gestalt thérapie et le travail corporel. Les années suivantes, ce type d'explorations personnelles fut tellement associé à Esalen que beaucoup de gens croyaient qu'elles étaient nées en Californie. Alors qu'en réalité, toutes étaient issues de philosophies et psychologies européennes qui dataient du début du 19e siècle [3].

---

1. Notre récit des premières années d'Esalen s'appuie sur Walter Truett Anderson, *The Upstart Spring : Esalen and the American Awakening* (Reading, MA : Addison Wesley, 1983) et sur notre entretien avec Michael Murphy en 1984, à Mill Valley, CA.

2. Ibid., p.69.

3. Ibid., p. 80.

La véritable contribution d'Esalen fut d'un tout autre ordre. Tout d'abord, c'était le premier centre de ce genre aux Etats-Unis et de plus, l'endroit était tellement éclectique que l'institut fut un véritable creuset de tendances et de mouvements. Esalen étant par ailleurs une entreprise lucrative, il permit à ces idées et à leurs professeurs de s'adresser à un public plus large. Et comme les créateurs et leurs collaborateurs des premiers temps, conseillers et enseignants, étaient pleinement impliqués, non seulement dans l'entreprise mais dans l'aventure dans son ensemble, Esalen s'est installé dans la durée.

Ce dernier aspect fut sans doute la plus importante contribution d'Esalen au développement des mouvements psychospirituels. Dans un domaine où la majeure partie du travail accompli demeure invisible, il était essentiel que ceux qui souhaitaient se lancer dans l'exploration de la conscience aient un point de rencontre, un endroit où aller. Quiconque souhaitait se plonger dans les zones reculées de la nature humaine n'avait qu'à suivre la superbe route N°1, dont la belle simplicité était tout appropriée, pour rejoindre la source bouillonnante du mouvement.

Pourtant, Esalen ne fut jamais aussi grand et noble que ses fondateurs l'avaient souhaité. Ce ne fut en fait qu'un embryon, une initiative tâtonnante, idéaliste et un peu floue de tout ce qui pouvait et allait devenir les mouvements d'éveil de la conscience au cours des quarante dernières années du 20e siècle. C'était un institut visionnaire et naïf à la fois, attirant et repoussant, souvent brillant, remarquable et riche d'une incroyable énergie, et en même temps un vivier inquiétant d'ambitions personnelles dévorantes et de compétition. Il était très facile de s'en moquer — ça l'est encore plus aujourd'hui avec le recul — et pourtant c'est à Esalen que les questions d'éveil de la conscience et d'épanouissement personnel ont acquis, aux Etats-Unis, la visibilité et l'importance qui sont les leurs aujourd'hui. Comme d'autres projets qui virent le jour par la suite, les débuts chaotiques et expérimentaux d'Esalen étaient les manifestations visibles de l'apparition progressive de formes culturelles résolument nouvelles.

Findhorn, un centre spirituel au nord de l'Ecosse, fut créé en 1962, la même année qu'Esalen. Dans nos interviews, de nombreux Créatifs Culturels évoquent avec gratitude leurs expériences dans l'un ou l'autre de ces centres pionniers. Ces endroits, disent-ils, étaient des hâvres de soutien et de réconfort, des refuges où l'on venait soigner ses blessures et celles de la société, traverser les nuits les plus sombres de sa vie. Tous nous ont confié que ces deux centres avaient procuré à ceux qui en avaient besoin de précieuses ressources et un important soutien à une époque où cela n'existait nulle part ailleurs.

L'histoire qui suit s'est passée à Esalen dans les années 70. Elle décrit l'expérience d'une jeune femme qui est arrivée au centre, sans trop savoir à quoi s'attendre, et qui en est ressortie radicalement transformée, confrontée à un niveau de conscience tout à fait différent de tout ce qu'elle avait connu jusqu'alors.

A la rencontre du Bouddha

En 1975, écrasée par le ciel de plomb du mois de janvier canadien, j'ai fait un truc absolument inimaginable pour le professeur d'université bien sage que j'étais. C'est venu d'un chagrin que j'essayais d'ignorer depuis longtemps. En apparence, tout allait pour le mieux dans ma vie. A l'âge de trente-deux ans, ce qui était encore relativement jeune, j'avais réussi à obtenir un poste de professeur à l'université, un contrat pour un livre avec une grande maison d'édition, et j'habitais un très bel appartement en centre ville. Et pourtant, à l'intérieur, je me sentais étouffée. J'avais quitté, un an auparavant, mon mari et les enfants issus de son premier mariage, je vivais seule, et rien de tout ce que je faisais ne semblait avoir tellement d'importance.

Un jour je suis allée à une conférence dans un institut voisin et il s'est passé quelque chose de tout à fait particulier. Le poids que je sentais en permanence dans mon cœur sembla avoir disparu l'espace de quelques instants, je fus envahie d'un sentiment de paix qui me prit comme ces averses soudaines au printemps. J'étais complètement intriguée, fascinée. C'était très étrange. Qu'est-ce qui pouvait bien se passer ? Je n'en avais pas la moindre idée, mais je savais que j'en redemandais ! A la fin de son intervention, le professeur nous dit qu'il dirigeait un programme à Esalen pour les 'thérapeutes et les guérisseurs'. Moi, j'étais chercheuse en psychologie, et en aucun cas je ne me considérais comme une guérisseuse, ni même n'étais-je intéressée par soigner qui que ce soit, mis à part moi-même. Mais je me suis tout de même inscrite.

Quelques mois plus tard, j'étais à l'aéroport, attendant mon avion pour la Californie, et bien contente de pouvoir me fondre dans l'anonymat des salles d'embarquement. Personne ne savait que je me rendais dans ce fameux institut au bord du Pacifique où tous ces gens se laissaient aller à des activités pas toujours très catholiques. L'officier des douanes qui vérifiait les destinations sur mes documents de voyage me regarda avec malice : « Esalen ? J'ai vu un reportage sur cet endroit. Envie d'un petit bain chaud, hein ? ». Je me fis toute petite. J'aurais voulu disparaître quinze pieds sous terre.

A la dernière minute, une semaine supplémentaire fut ajoutée en préliminaire au mois que j'avais prévu de passer au centre. « Pour la plupart, vous travaillez tous », m'avait dit au téléphone la personne qui organisait la retraite. « Vous aurez la tête tellement pleine de tout ce que vous savez que vous serez incapable d'intégrer quoi que ce soit de nouveau. Nous vous recommandons vivement cette semaine supplémentaire afin de vous aérer et de vous ouvrir l'esprit. » Tout ce voyage me paraissait tellement insensé, je me suis dit que tant qu'à faire, pourquoi ne pas s'offrir une petite semaine supplémentaire. Elle serait consacrée à une '*sesshin* zen', quatorze heures par jour assis en face d'un mur, en alternance avec des sessions de marche en cercle au ralenti, m'avait expliqué cette même personne. Comme nous n'étions pas habitués à rester assis dans la position zen aussi longtemps, nous aurions le droit de nous lever de temps en temps, quand nous en aurions besoin, mais il faudrait essayer de continuer à méditer. Et il était aussi prévu une conférence d'une heure, donnée par le maître zen, pendant laquelle nous aurions le droit de poser des questions. Je haussais les épaules, dans ma tête. Ça ou autre chose...

Le premier jour de la retraite, nous étions environ vingt-cinq assis sur d'immenses coussins et matelas dans une pièce très spacieuse, au bord d'une des fameuses falaises d'Esalen. C'était une pièce vraiment superbe, très bien éclairée par la lumière du soleil qui se reflétait sur le Pacifique et l'on entendait les vagues s'éclater contre les rochers. Mais à en juger par le bruit et l'agitation de tous autour de moi, visiblement nous étions nombreux à trouver cela déjà un peu dur. Pour moi en tout cas, c'était le cas. Mes genoux me tuaient et j'avais la tête pleine de signaux d'alertes et autres trompettes qui me criaient : « Lève-toi, sors et retourne vite chez toi ! »

Puis arriva l'heure de la conférence du maître zen. Je pus enfin me reposer en m'appuyant au mur et écouter autre chose que les bavardages incessants de mon cerveau. Avec un accent coréen très prononcé, il nous raconta l'histoire d'un maître zen qui s'appelait Unmun et de son élève. Unmun travaillait dans les champs. Le jeune apprenti s'approcha de lui, le salua en s'inclinant et lui demanda : « Qu'est-ce que l'illumination ? » et le maître répondit : « De la merde sèche sur un bâton ». L'étudiant, surpris, s'éloigna. Il voyagea jusqu'à ce qu'il arrive au temple de Dong Sahn, un autre maître zen. Dong Sahn était en train de peser du grain. A nouveau, l'étudiant s'inclina et demanda : « Qu'est-ce que l'illumination ? » Et le maître répondit : « Trois livres de lin ».

Et le maître zen coréen nous regarda en souriant, et dit : « Alors je vous pose la question : quelle est la meilleure réponse ? ». Plusieurs participants tentèrent des réponses, et il les entraîna adroitement dans une danse de l'esprit, un 'combat dharma', où, comme à la boxe, le lutteur avance et recule par un habile jeu de jambes. « Il faut trouver l'esprit qui précède la pensée », criait-il, « « si vous pensez, vous avez le bien et le mal, les lumières et les ténèbres, l'éclairé et le non-éclairé. Mais ouvrez donc votre esprit, et tout devient tout simplement ce qu'il est. Juste ce qu'il est. » Il regarda autour de lui. Quelques participants remuaient, changeaient de place. Il ne dit rien pendant quelques instants. Puis, d'une voix emplie de joie, ravi, il explosa : « Au cœur de la montagne, on sonne la cloche du grand temple. La vérité est juste comme ça. »

J'avais l'impression de devenir folle, me rongeant les ongles nerveusement. Je comprenais bien chacun des mots qu'il prononçait, pris isolément, bien sûr, mais j'avais l'impression que mon cerveau tapait contre un mur de brique. En même temps, tout cela était plutôt rigolo. Tout le monde riait de voir comment il nous titillait, comment il nous mettait en face de la lourdeur empâtée de notre manière de penser et de voir. Puis quelqu'un posa une question qui provoqua quelques ricanements entendus.

« Soen Sa Nim », demanda cette personne, utilisant le titre coréen du maître, « j'ai entendu dire que vous aviez été invité à enseigner à l'équipe de Werner Erhard ». Erhard, le fondateur des trainings EST, était l'un de ces nouveaux maîtres qui mélangeaient la psychologie, le bouddhisme, et sa propre version de « comment percer sur le marché ». Oui, reconnut le maître, il avait enseigné au gourou américain et à ses assistants.

Il y eut un murmure d'excitation dans la salle. « Et alors, il est comment en réalité ? » demanda une autre personne. « Est-il aussi éclairé qu'il le prétend ? ». Nous avions tous un petit sourire sur le visage, on se sentait tellement supérieurs à tous les autres 'amateurs', nous qui avions passé notre matinée à faire de la vraie méditation, certifiée authentique, et à endurer nos courbatures assis avec un vrai Maître.

« Werner Erhard est le Bouddha », répondit calmement le maître zen.

Consternation générale. Je regardais les autres autour de moi. Ils avaient l'air presque fâchés, contrariés, perdus. Comment Werner Erhard pouvait-il être le Bouddha, lui qui était tellement manipulateur, beau parleur, et surtout tellement occupé à se mettre en avant. Est-ce que ça pouvait être la vérité ? C'était lui le Bouddha ? Peut-être le maître zen avait-il été soudoyé, acheté. Erhard lui avait sans doute offert une jolie somme.

« Et il en est de même », annonça le maître zen, radieux, « de la merde séchée sur le bâton. »

ZAP ! Ce fut mon premier, mais sûrement pas le dernier, 'coup de zen', comme un éclair. Toutes les opinions que je portais en moi d'un seul coup se sont effondrées. Je ressentis comme une clarté soudaine, violente, comme le froid qui vous mord quand vous ouvrez votre fenêtre les soirs d'hiver. « Essayez un peu de vous sortir de vos opinions, de vos situations, de votre condition », criait encore le maître zen, « alors votre esprit sera clair comme l'espace. Et clair et obscur, éclairé et non-éclairé deviendront pour vous des mots vides de sens. »

Il avait l'air incroyablement satisfait. Quant à moi, j'étais plus 'éveillée' que jamais auparavant. Après ces cinq semaines passées à Esalen, je me suis décidée à m'engager dans une nouvelle voie, un nouveau chemin de vie qui allait me ramener auprès de mon mari et ses enfants, me faire quitter l'université, pour finalement créer mon propre centre zen et une émission de radio sur l'éveil de la conscience dans ma ville natale. »

Les manqués de la psychologie

Avant les années 60, il y avait deux courants principaux dans la psychologie du 20e siècle. Le premier était issu de l'université, où il suivait en fait le chemin tracé par la physique (entre eux, les psychologues admettent souvent leur 'jalousie' pour la physique). Mais l'importance accordée aux mesures quantitatives faussa toute la discipline, en imposant constamment des modèles de laboratoires simplistes aussi bien pour la psychologie expérimentale que pour la psychologie comportementale. Tout ce qui était 'trop humain' devait être exclu : la pensée, les sens, la créativité, l'amitié et l'amour, sans parler des états de conscience modifiés et mystiques, les guérisons spontanées et l'altruisme. L'apparition, plus tard, de la psychologie cognitive, basée sur des analogies avec les systèmes informatiques, n'allait pas vraiment arranger les choses.

Le second courant provenait des hôpitaux et des cliniques, où les médecins essayaient d'alléger les souffrances de leurs patients. Mais ce modèle 'médical' proposait lui aussi une image un peu tronquée de l'être humain. L'individu en bonne santé, la famille soudée, responsable et à l'écoute, les différentes étapes de la relation amoureuse, qui pour mûrir peut passer par le conflit et doit apprendre à gérer les différences — tout cela était absent des analyses méticuleuses de la psychopathologie. La vie spirituelle était tout simplement mise sur la touche comme une régression indésirable vers le désir, infantile, d'unicité.

Dans les années 60, un troisième courant apparut comme une source neuve et fraîche au milieu de ce paysage bien balisé de la psychologie. Les thérapies de groupe s'imposèrent sur le devant de la scène, accompagnée d'écoles entières dédiées à de nouvelles techniques censées évoquer ce qu'Aldous Huxley appelait « la potentialité humaine ». Abraham Maslow, en insistant sur le fait que « le développement optimal doit être le vrai sujet de la recherche scientifique », ouvrit d'un seul coup en grand les portes de ce qui allait devenir un immense intérêt du grand public pour les questions de santé et de bien-être.[1]

Plus la psychologie et la spiritualité étaient influencées par ce troisième courant, plus elles entraient en contact et parfois se mélangeaient avec des disciplines qui auparavant leur semblait hors de portée : les nouvelles sciences, y compris la biologie, la cosmologie et la physique quantique ; les médecines alternatives ; l'art, les thérapies par l'art, ou l'art comme thérapie ; les thérapies par la danse, les mouvements intuitifs, et toutes sortes de combinaisons entre les explorations corporelles et la psychologie ; et enfin la spiritualité et la religion, y compris le conseil paroissial et la psychologie transpersonnelle.

Cette éclosion, ce foisonnement de variétés et de mélanges rendirent la psychologie et la spiritualité infiniment plus attrayante aux yeux du grand public. Dès les années 90, une nouvelle psychologie, plus accessible et 'facile à utiliser', intégrant des aspects spirituels, commença à s'infiltrer dans presque tous les mouvements sociaux et dans tout un tas d'autres aspects de la société américaine. Au même moment, les religions conventionnelles se mettaient à redécouvrir leurs propres racines spirituelles, ainsi que la nécessité d'apprendre à mieux écouter et conseiller les fidèles.

Ces nouvelles préoccupations liées à l'éveil de la conscience finirent donc par infiltrer tous les aspects de la société. En pratique, ce qui se passait réellement avec les nouvelles spirituali-

---

8. Ibid., p. 66.

tés et psychologies avait des implications qu'il était quasiment impossible de bien cerner, tant le mouvement était diversifié, énorme et varié. Chacun était soit impliqué, plongé dedans et essayait de regarder vers l'extérieur, soit extérieur et non impliqué, et essayait de comprendre ce qui se passait à l'intérieur, terrifié par tout ce tintouin. Ils avaient beau essayer d'être honnêtes, même les commentateurs les plus habiles avaient une tendance à exagérer, idéaliser ou dénigrer ce qui se passait. Il fallut attendre les années 90 pour que des notes plus modérées se fassent entendre et que le mouvement se trouve des porte-parole plus objectifs et équilibrés, et des commentateurs plus justes.

Une initiation de vingt-cinq ans

John Davis est professeur de psychologie. Il est mince, plutôt timide et sa capacité à exprimer de manière simple et directe la vérité de sa propre expérience peut facilement surprendre. On ne s'attend pas généralement à ce que quelqu'un d'aussi modeste puisse être aussi direct et ouvert. De la même façon qu'on ne s'attend pas à ce qu'un intellectuel de l'un des programmes de psychologie expérimentale les plus prestigieux du pays s'occupe de programmes de découverte de la nature sauvage, ni qu'il enseigne dans une école de spiritualité. Mais John a réussi à faire le lien entre son amour de la nature, sa passion pour la psychologie et la quête spirituelle dans laquelle il s'est engagé. Cette manière de mélanger, de connecter entre eux différents aspects de la vie est caractéristique des Créatifs Culturels 'avancés', qui systématiquement cherchent des moyens d'intégrer dans leur vie quotidienne les valeurs auxquelles ils croient. En écoutant John raconter sa vie, on percevait bien comment ce 'tissu' d'interconnexions apparaît graduellement à la surface de la vie consciente, et combien de fils il faut tirer pour y arriver. [1]

John avait déménagé avec sa femme et son fils à Boulder, Colorado, pour terminer son doctorat de psychologie cognitive. Quelques années plus tard, il se retrouva un peu perdu entre

---

1. John Davis est un professeur confirmé de la Diamond Approach (l'approche Diamond). Ces citations sont tirées de son ouvrage, *The Diamond Approach : An Introduction to the Teachings of A. H. Almaas* (Boston, Shambhala, 1999), pp.XIX-XXXII.

deux univers de conscience radicalement différents. D'un côté, il tirait une immense jouissance intellectuelle de ses recherches de pointe sur la nature de la pensée et de la conceptualisation. De l'autre, il était en train de se plonger dans le nouveau monde des mouvements d'éveil de la conscience, qui était en plein essor au début des années 70. « Je venais de découvrir une toute nouvelle dimension de ma vie au travers des groupes de rencontre, de la méditation, l'hypnose, le biofeedback et d'autres techniques d'éveil de la conscience. En même temps, la pratique de l'escalade me permit d'acquérir une nouvelle confiance en moi et aussi de développer ma force physique, et, avec le massage et le yoga, me sensibilisa aux énormes potentiels de développement que représentaient le travail et l'exploration corporels. »

Ses commentaires sur toutes ces activités pourraient presque servir de modèles pour tous les Créatifs Culturels novices de cette époque : « Boulder était un vivier du mouvement pour le potentiel humain, et je m'essayais à tout ce que je pouvais ». Mais accumuler ainsi les expériences pouvait, comme beaucoup allaient le découvrir, se révéler quelque peu décourageant. « Mon esprit avait plutôt tendance à se protéger de tout ce qui pouvait véritablement modifier ma perception du monde et de moi-même », nous expliqua John. « J'accumulais les expériences, mais je ne changeais pas vraiment. »

Une nouvelle forme de travail

Après plusieurs années passées à s'essayer à toutes sortes de choses, John Davis rencontra enfin le professeur avec lequel il allait rester pendant plus de vingt-cinq ans. Hameed Ali possédait ce que John appelle une « qualité inébranlable », qui était en fait une présence exceptionnelle, « la plus ferme, la plus ouverte des présences que j'avais jamais rencontrée jusqu'alors — une présence sans contraintes. Et quelque chose en moi y était très sensible, et réagissait très violemment ».

Ce ne fut pas facile. « Cette nouvelle forme de travail sur soi » commença par trois mois de recherche psychologique, à faire remonter des colères et des douleurs refoulées, enfouies à côté des expériences plus ou moins traumatisantes de l'enfance. A la fin, John avait réussi à s'ouvrir en partie, mais il conservait encore son habituel sentiment de déception. Une partie centrale, un noyau dur de sa vie demeurait inchangée, et il fut une nouvelle fois tenté de passer à l'étape suivante.

« J'étais une coquille difficile à casser », reconnaît-il. Ses défenses intellectuelles étaient très élevées, car son esprit était constamment en train d'essayer de comprendre et d'analyser ce qui se passait. Sa manière de décrire le procédé est très claire : « J'étais toujours soucieux de mon apparence, de comment on allait me percevoir et surtout j'essayais toujours de faire bonne impression auprès de mes professeurs. En même temps, j'essayais en permanence d'intégrer ces expériences nouvelles dans mes catégories préexistantes, celles du passé, que j'avais déjà en moi, en ne m'éloignant jamais trop de ces schémas habituels. Et quand ça ne marchait pas, je m'endormais, aussi bien au sens propre qu'au sens figuré ».

Mais finalement, cette fois-ci il refusa de se 'rendormir', et décida de continuer à chercher. Il s'inscrivit à un petit groupe d'études qui se réunissait avec le maître le week-end, deux fois par mois. En même temps, il commença à modifier sa manière de ressentir les choses, de voir et d'écouter, suivant des méthodes qui devaient l'aider à 's'éveiller' — examiner et comprendre son expérience afin de ne pas retomber dans le sommeil de la conscience. Il lui fallut cinq ans avant de pouvoir vraiment sentir que sa vie émotionnelle jusqu'alors plutôt limitée était véritablement en train de s'ouvrir. Alors pouvait commencer le véritable travail spirituel.

« Au début, je pensais que Hameed avait tout inventé de A à Z parce que je n'avais rien dans ma vie à quoi rattacher tout ce dont il parlait. Mais petit à petit, en allant chercher plus loin, je me suis mis à vraiment voir et ressentir ces choses qu'il décrivait. » Même si les idées étaient neuves, les expériences, elles, avaient un air familier. Parfois, John avait l'impression de découvrir en lui quelque chose qui était longtemps resté caché. D'autres fois, il sentait au contraire qu'il était en train d'acquérir des facultés radicalement nouvelles. Mais chaque fois, il éprouvait toujours une certaine gratitude lorsqu'il découvrait qu'une chose dont il pensait avoir fait le tour s'ouvrait plus encore et apparaissait comme inscrite dans un contexte plus large. « C'était comme si la voie que je suivais était un ensemble de poupées russes. J'avais commencé par la plus petite des boîtes, et à chaque étape je me retrouvais dans une boîte plus grande qui contenait toutes celles d'avant, et à chaque fois je ressentais un soulagement et une liberté immenses. Au lieu de découvrir des boîtes de plus en plus petites à l'intérieur, je trouvais des boîtes toujours plus grandes à l'extérieur, à chaque fois plus rayonnantes et raffinées que celles d'avant. »

L'une de ses grandes surprises fut qu'il n'eut pas besoin de « se débarrasser de mon ego ». Le travail consistait seulement à essayer de se comprendre lui-même et de laisser l'ego se dévoiler. « C'est alors que j'ai compris que tout ce travail émotionnel et psychologique ne représentait qu'un seuil, une porte d'entrée — un passage nécessaire, mais qui n'en était pas moins que le tout début du voyage ». Avec le temps, il découvrit des états de plus en plus subtils de paix intérieure, de force, d'estime de soi, d'amour et de liaison intime et profonde avec la vie dans son ensemble. Mais tout cela était en même temps étroitement lié à des systèmes de défense, des problèmes personnels, des souffrances et des craintes. De plus en plus, John réalisait qu'il aimait, au vrai sens du terme, la démarche elle-même de recherche de la vérité. Il réalisa qu'il était intéressé non seulement par les expériences, mais aussi par tout ce qui allait avec. « La question importante c'était : et alors ? Comment je me rattachais à mes expériences ou comment je les rejetais ? Est-ce que cela me touchait réellement ? Comment je les laissais pénétrer ma vie, comment je les vivais moi-même ? »

In fine, cette dernière question se révéla être la plus importante. Le travail consista à « modifier en profondeur la qualité de ma vie quotidienne, et non pas à vivre des expériences hors du commun. Ces moments exceptionnels sont les plus riches, les plus clairs, les plus visibles — et les plus faciles à décrire, mais ils ne sont que les moments forts, la partie visible de l'iceberg. Le reste, l'essentiel du paysage de ma vie, est plus ordinaire et pourtant tout aussi précieux et riche. Avec le recul, quand je regarde les vingt-quatre années que j'ai passées, ce que je vois, ce que j'ai appris, c'est à être plus en phase avec ma vie et avec le monde. La plupart du temps, je reste intrigué par toute cette expérience, mais je sais que j'ai désormais en moi tout ce dont j'ai besoin pour pouvoir vivre ma vie pleinement ».

Et c'est bien, au final, l'objectif de ce voyage.

La deuxième génération

Durant les vingt premières années, malgré les effets de mode et les projecteurs aveuglants des médias, les mouvements d'éveil de la conscience ne concernaient que quelques milliers de personnes. Mais petit à petit, les personnes concernées se sont comptées en dizaines, puis en centaines de milliers. Et tandis que les rangs de novices grossissaient, les centaines de milliers qui étaient déjà engagées dans la voie continuaient leur chemin et approfondissaient leurs recherches. Ainsi, dès les années 80, les estimations dépassaient le million de personnes, pour atteindre les dizaines de millions dans les années 90. Et à chaque décennie, les rangs de plus en plus nombreux de pratiquants expérimentés étaient pratiquement submergés par les arrivées massives de novices.

Ce type de croissance ressemble à celle qu'ont connu certains sports qui se sont répandus très rapidement, comme le golf ou le tennis à leur époque, ou aujourd'hui l'incroyable accélération du nombre d'utilisateurs d'internet. A chaque instant de cette évolution, les professionnels ne sont qu'un petit nombre, les joueurs confirmés aux alentours de 20% du total, et les débutants enthousiastes un bon 80%. Quand on observe le phénomène dans son ensemble, l'impression générale est que le niveau de 'qualification' n'est pas très élevé, et surtout qu'il n'augmente pas. Mais c'est uniquement dû au fait que le nombre de débutants et de dilettantes grossit beaucoup plus vite que celui des joueurs sérieux et expérimentés, qui lui n'augmente que graduellement.

Il faut en effet beaucoup de temps pour bien saisir la substance de l'enseignement des mouvements d'éveil de la conscience. On peut se mettre à de nouvelles idées, s'initier à de nouvelles techniques ou se trouver un nouveau hobby en quelques semaines, mais il faut des années, voire des décennies pour se changer soi-même. L'histoire de John Davis est un bon exemple de cette nécessaire durée. Et il faut aussi beaucoup de temps pour devenir un thérapeute confirmé, qui connaisse non seulement les techniques, mais surtout qui sache comment les utiliser.

Quand on met côte à côte la popularité croissante d'un mouvement et la lenteur de son cycle d'apprentissage, il est facile de s'arrêter uniquement aux excès de la vulgarisation, la spiritualité 'syncrétique' et la psychologie de comptoir dont certains médias adorent se gausser. Mais confondre ainsi la surface du mouvement et sa substance profonde est une erreur. Si l'on veut vraiment comprendre ce qui se passe, il est nécessaire de bien faire la différence entre la masse croissante de ceux qui sont à la recherche de nouvelles sensations, d'un parfum nouveau pour leur vie ou de quelque chose d'authentique d'une part, et d'autre part les *adeptes* de longue date qui ont appris petit à petit à vivre une vie 'authentique', à transformer leur vie en profondeur en fonction de ce qu'ils ont appris. Les deux ensembles ont grandi durant les quarante dernières années, mais ce sont surtout les débutants qui sont les plus visibles, avec leur population en perpétuelle croissance.

Pour avoir une idée de ce taux de croissance impressionnant — qui ne semble pas vouloir diminuer — il suffit de choisir un indicateur facile à mesurer et à suivre : le nombre d'entreprises sur le 'marché' de l'éveil de la conscience. Des entreprises qui fournissent des produits et des services pour l'épanouissement de soi, des soins alternatifs, des produits naturels et de l'alimentation biologique. Le marché des livres et cassettes vidéo est énorme. L'acupuncture et le yoga connaissent des taux de croissance impressionnants. Le nombre des nouveaux supermarchés de *nourriture diététique et de santé* est impressionnant. Tandis que le taux de croissance de l'économie américaine est de 2 à 4% par an, les secteurs liés au mouvement d'éveil de la conscience connaissent eux une croissance annuelle de 10 à 20%. La taille de leur marché, en nombre de 'consommateurs' et en dollars, double sur des intervalles de seulement quelques années. Les gains attendus pour l'année 2000 pour le secteur dans son ensemble s'élèveraient à 70 milliards de dollars [1] (nous examinerons ces aspects dans la partie III).

Au cœur de l'arbre

Le mouvement d'éveil de la conscience dans son ensemble n'augmente pas seulement en taille mais aussi en profondeur.

1. *Natural Business*, n° 41 (oct. 1999)

Si les débutants sont comme le bois vert à la croissance rapide, juste sous l'écorce de l'arbre, les adeptes de la première heure sont comme le bois, mûr et solide, au cœur de l'arbre. La proportion de l'un à l'autre est probablement toujours restée aux alentours de 80/20. Et tandis que le bois vert mûrissait, le bois au cœur de l'arbre faisait de même. Dans les années 80, cette croissance fut telle qu'elle entraîna une modification du mouvement lui-même. Il fit preuve notamment d'une plus grande maturité, comme le prouvent les critiques profondes, parfois remarquablement honnêtes et franches, publiées dans les magazines comme *Tricycle*, *Yoga Journal* ou *Inquiring Mind*, ou dans des livres comme *The New American Spirituality* d'Elisabeth Lesser, *Paths Beyond Ego* de Roger Walsh et Frances Vaughan, et *After the Ecstasy, the Laundry* de Jack Kornfield, pour ne citer que quelques exemples.

Les pratiquants expérimentés eux-mêmes font désormais preuve d'un sens de l'humour qui faisait sérieusement défaut depuis les premières années, ainsi que d'une réelle volonté de faire le point sur leur propre parcours en adoptant un regard critique. Ils commencent enfin à bien vouloir collaborer avec les autres et tirer les enseignements de leurs expériences et disciplines respectives. L'individualisme de la première génération a été tempéré par plus de vingt années d'expérience. A leur niveau, les membres confirmés ne sont plus impressionnés par les grands noms et les célébrités. Celles-ci ont énormément servi la popularisation du mouvement, ouvrant des portes et accueillant les débutants. Mais après un certain temps, les adeptes ont éprouvé le besoin de s'éloigner des projecteurs pour se poser un peu et cultiver la vérité dans leur propre jardin. Comme nous l'a dit Sage Kimble, une infirmière d'Albuquerque, « il y a eu un moment où j'ai vraiment eu besoin de m'écarter un peu de tous ces maîtres et gourous, d'arrêter d'être constamment à la recherche de nouveaux outils, de nouvelles méthodes et autres, et de commencer à vraiment chercher les réponses au plus profond de moi-même ». Et Gay Luce, une adepte des premiers temps, résume tout cela très bien quand elle dit : « il y a un moment où on ne cherche plus le réconfort ou l'inspiration. On ne cherche plus que la vérité ».

De plus en plus, les adeptes de longue date introduisent leurs pratiques spirituelles, psychologiques et holistiques au cœur de leur vie personnelle et communautaire, et apprennent ainsi à 'passer à l'acte', à vivre au quotidien leurs valeurs et leurs discours. Avec la naissance de leurs enfants, et toutes les années passées à s'occuper d'eux, ainsi que de leurs amis ou de leurs parents vieillissants, ils ont pu confronter leurs enseignements à la réalité, et ainsi élargir leur sens et leur portée. Et puis, quand la vie leur a livré son lot de chagrin, de maladies graves et de décès, ils ont pu tester par eux-mêmes la force de leur conscience et des enseignements des 'professionnels'. Et c'est ainsi qu'ils rassemblent, en un savant mélange, leurs préoccupations spirituelles et des préoccupations plus sociales. C'est sans doute là le plus intéressant pour notre société, ils cherchent des moyens d'étendre leur action en créant des écoles, centres, instituts, programmes de services sociaux et groupes communautaires d'un nouveau genre.

Comme une déchirure dans le tissu culturel

Les Créatifs Culturels, comme tous ceux qui ont un véritable intérêt pour les évolutions de la conscience, se retrouvent confrontés à une situation qui rappelle celle à laquelle des générations de femmes artistes et écrivains ont été confrontées. Personne n'ayant préservé l'héritage de ce que les femmes elles-mêmes écrivaient sur leur propre expérience, ce qu'elles avaient créé et pensé au cours des siècles, pour chaque nouvelle génération de femmes, ce fut comme si tout était à refaire, comme si rien d'important n'avait jamais été réalisé dans ce domaine. Des générations de femmes eurent à faire, défaire et refaire encore la toile de leur compréhension du monde et d'elles-mêmes, à l'infini. Les Créatifs Culturels aussi sont constamment obligés d'inventer et de réinventer les bases qui leur permettent de vivre comme ils l'entendent. Cela demande beaucoup de temps et d'énergie, et précisément parce que bon nombre de ces questions sont nouvelles, cela crée pas mal de confusion et de situations conflictuelles.

Ne pouvant bénéficier directement de la tradition des ashrams, des églises, des pèlerinages et même des bibliothèques qui assuraient la transmission de l'héritage spirituel pendant des siècles, les Créatifs Culturels doivent recourir à des analogies pour avancer. « Bon, ça ressemble à ce problème qu'on a déjà résolu... » Parfois les analogies fonctionnaient bien. L'histoire des sciences montre que même les esprits scientifiques les plus brillants abordent les nouveaux phénomènes à l'aide d'analogies avec ce qu'ils connaissent déjà, et ensuite seulement mettent en place de nouvelles catégories qui permettent d'aller au-delà de leurs perceptions et conceptions habituelles. Il en est ainsi pour chacun d'entre nous. Nos nouveaux schémas culturels ne sont souvent que des adaptations de ceux d'avant à de nouvelles situations.

Dans les années 70, tandis que de nouvelles formes de psychothérapies, de spiritualités et de médecine se développaient un peu partout, on assista à une émulation particulièrement excitante : les gens pouvaient avoir une inspiration soudaine et la tester, se réunir le samedi avec quelques collègues et amis dans un salon, une salle de classe ou une salle communautaire, et mettre en place un cours ou un programme aussi vite que possible afin de pouvoir le proposer au grand public et partager leurs nouvelles découvertes. « On prépare notre show et on part en tournée », se disaient-ils les uns les autres, en riant. Mais c'était du sérieux.

C'était souvent de l'improvisation totale, du travail avec des bouts de ficelle — et souvent c'était épuisant, des années d'acharnement. La première génération n'avait aucun moyen de s'organiser, aucune structure, aucun standard de référence sur « comment bien faire », et même pas de lieu où se réunir régulièrement. Ils n'avaient aucune source fixe de revenus, pas d'équipes permanentes sur qui compter dans la durée, et ne savaient pas toujours comment s'y prendre pour s'exprimer en public. Chaque fois qu'ils arrivaient à mettre en place quelque chose de prometteur qui commençait à prendre de l'ampleur, ça ne tenait pas et il fallait tout recommencer.

C'était comme s'il y avait une déchirure dans la culture, une béance qui laissait couler l'énergie, comme une fuite. Personne ne savait comment faire pour créer des institutions culturelles qui puissent encadrer et soutenir leurs actions — et d'ailleurs personne n'y pensait. La première génération était très centrée sur la psychologie, très individualiste, et avait en conséquence beaucoup de mal à s'organiser sur le plan pratique.

Au début, certaines personnes s'imaginaient qu'il fallait à l'Amérique des ashrams et des dojos, comme en Inde ou au Japon, ou tout simplement des églises avec de nouveaux noms et de nouveaux décors. D'autres voulaient des conférences dans des universités d'un nouveau genre. Beaucoup pensaient qu'il suffisait de trouver des nouveaux noms pour les cabinets médicaux existants pour pouvoir exercer les nouvelles médecines alternatives. Certaines de ces solutions se révélèrent appropriées, mais d'autres échouèrent complètement. Parce que bien souvent, utiliser les habitudes et moyens du passé en se contentant d'en changer le nom ne pouvait tout simplement pas marcher. En effet, les habitudes du passé étaient remarquablement inappropriées, inadéquates : à ne jamais contester l'autorité des gourous et des maîtres, on aboutit à de nombreux abus ; et le vieux modèle de l'église, du prêcheur et de la congrégation ne semblait plus mener nulle part. Il y avait donc véritablement une béance dans la société, un trou dans la culture. Les anciennes pratiques étaient inadaptées, et les nouvelles n'avaient pas encore été inventées.

Ce qui s'est passé ensuite — les innovations sociales, le développement du 'commerce responsable', les groupements d'anciens, les cercles et les initiations, la proposition et l'avènement de nouveaux mythes — tout cela se retrouve dans l'effort des Créatifs Culturels de remédier à ce manque de notre société et notre culture. Mais cela ne correspond pas, contrairement à ce que voudraient croire les médias, à une invasion de solutions New Age.

Se défaire du New Age

Plus personne ne souhaite se voir accoler l'étiquette New Age. Même pas David Spangler, cet enseignant et philosophe du Midwest qui fut probablement le premier dans les années 60 à utiliser le terme. Sûrement pas les Créatifs Culturels. Et pas non plus l'association commerciale NAPRA, qui signifiait auparavant New Age Publishing and Retailing Alliance — l'association des éditeurs et commerçants New Age — qui se rebaptisa elle-même en 1998 le Network Alternatives for Publishers, Retailers and Artists (le réseau alternatif des éditeurs, commerçants et artistes). L'acharnement des médias contre les concepts et les systèmes New Age a fait que pratiquement tout le monde fuit désormais cette appellation comme la peste. L'article de Lance Morrow dans le numéro de mai 96 de *Time Magazine*, pour ne citer qu'un exemple parmi tant d'autres, présentait les propositions et produits du New Age comme « une camelote criarde et sans valeur, un idéalisme de pacotille, béat, abruti et narcissique » [1].

Mais cela ne signifie nullement que la catégorie générale de la psychologie et de la spiritualité populaire ait disparu. Elle a juste pris d'autres noms, mais dispose toujours d'un public aussi large et intéressé. Les créateurs de tendances et les entrepreneurs du mouvement d'éveil de la conscience au sens large utilisent maintenant des termes comme produits et services 'naturels', médecine 'naturelle' ou 'douce', le 'bien-être', les soins de santé alternative, les médecines complémentaires, l'épanouissement personnel, l'accomplissement de soi, la nouvelle conscience, *la « philosophie éternelle »*, les livres de la sagesse, la psychologie spirituelle, le développement personnel, etc.

La seule utilisation du terme New Age qui perdure, de par son 'efficacité', c'est en tant que catégorie fourre-tout pour les livres, les magazines, les disques. Les libraires reconnaissent qu'un bon nombre des publications en relation avec le New Age se sont éparpillées en plusieurs thèmes qui renvoient à d'autres rayons. Et les concepts qui furent innovants durant les premières années du mouvement sont désormais passés dans la culture dominante et le grand public. Comme le remarque Amy Hertz, un éditeur de Harper San Francisco, « il se passe vraiment quelque chose dans ce pays. Ouvrez n'importe quel magazine féminin — ils sont tous un peu New Age sans se l'avouer — et vous êtes sûrs de tomber sur des thèmes sur lesquels Harper San Francisco a déjà publié des ouvrages ». [2]

Que se passe-t-il ? Comment le New Age, désormais tant méprisé, trouve-t-il sa place dans le mouvement d'éveil de la

1. Lance Morrow cité dans Lesser, *Wisdom and Folly*, p. 27.

2. Amy Hertz cité dans *Publisher's Weekly*, 6 décembre 1993.

conscience ? Ne s'agit-il pas là d'un cas de pensée magique où, par une simple opération du langage, on a changé la boue en or ? A cela, il nous semble qu'il faut répondre par la négative. Il y a une logique, un ordre derrière le chaos, qui explique l'incroyable croissance du mouvement. Le chaos, c'est les débuts expérimentaux, avec le degré d'incertitude et le taux d'échecs et d'erreurs inévitables qui accompagnent toujours les véritables innovations.

Avec toute la ferveur et la naïveté des débutants impatients de s'améliorer, il y a forcément une bonne dose de ce que le maître bouddhiste tibétain Chogyam Trungpa Rimpoche appelle « matérialisme spirituel », c'est-à-dire, selon lui, « quand on se trompe soi-même en pensant atteindre un certain niveau spirituel à l'aide de techniques et produits soi-disant spirituels alors qu'on est uniquement en train de renforcer son égocentrisme ». [1] Mais tout le monde sait cela très bien. Comme nous l'expliquait un homme du Midwest qui a étudié le soufisme pendant vingt ans : « Au début, ça ressemble à l'espoir puéril qu'on peut, en achetant quelque chose, rendre l'ineffable accessible. Je vais m'acheter l'encens et les amulettes de méditation et les *tchotchkes* spirituels et comme ça je vais pouvoir, euh... je ne sais pas. Faire partie du mouvement. Participer. Me réconforter. »

Selon Elisabeth Lesser, avec tout ce qu'elle a pu faire dans les années 60, son activisme féministe et pacifiste, et les années 70, quand elle a créé l'Institut Omega au nord de l'Etat de New York, elle a tout ce qu'il faut pour figurer au panthéon du New Age. Comme elle l'écrit : « J'ai vu arriver à l'Omega Institute des gens qui cherchaient à perdre leurs illusions sur eux-mêmes et le monde, et qui en repartaient encore plus chargés : un nom hindou, un mantra étranger, et un ensemble de règles ancestrales pour gouverner chaque détail de leur vie, depuis leur alimentation jusqu'à leur vie sexuelle. Ce qui commence comme une authentique quête spirituelle devient très vite une manière de s'habiller et de se protéger derrière des explications ésotériques ». Elle conclut : « C'est une honte de voir que la possibilité d'une véritable transformation spirituelle peut se changer de la sorte

---

1. Chogyam Trungpa Rinpoche, *Cutting Through Spiritual Materialism* (Boston : Shambhala, 1987).

en matérialisme spirituel ». [1]

Mais ce matérialisme spirituel, au même titre que le chaos et les paillettes, fait partie intégrante de l'ensemble. C'est ce qui se passe quant on se trouve à la croisée de deux âges culturels, et il était normal et inévitable que les adeptes des mouvements d'éveil de la conscience se retrouvent coincés dans la mode New Age, aussi bien que dans l'expérimentation créatrice. Certains observateurs dans les médias vont sans aucun doute continuer à confondre les 24 millions de Créatifs Culturels 'avancés' avec les quelques 5 millions d'entre eux qui pourraient effectivement être qualifiés de New Age, ou le même nombre de personnes New Age que l'on trouve chez les Modernistes.

Le plus important à propos du New Age, c'est de comprendre qu'il s'agit d'un phénomène transitoire, quelque chose qui va disparaître quand les nouveaux arrivants auront trouvé le moyen de mieux comprendre ce que demande vraiment une vie spirituelle, et quand la nouvelle culture sera considérée comme 'normale' dans notre société. En réalité, les détracteurs du New Age sont bien souvent les mêmes qui rejettent tout bonnement toute perspective d'idéalisme et de changement culturel, essayant par-là de les caricaturer et d'amoindrir leur popularité. Ce type de résistance est caractéristique des périodes de changements fondamentaux.

Utiliser le terme New Age pour désigner les Créatifs Culturels est tout simplement déplacé. La grande majorité de celles et ceux qui sont impliqués dans les mouvements de l'éveil de la conscience n'ont tout simplement rien à voir avec le New Age. La plupart appartiennent aux Créatifs Culturels 'avancés' et parce qu'ils sont les leaders d'opinion et les voix les plus puissantes de la nouvelle culture, il est probable que leur grand intérêt pour toutes les questions spirituelles et psychologiques aura un impact important sur le siècle à venir

1. Lesser, *Wisdom and Folly*, p. 30.

Le cœur des Créatifs Culturels

Ce qu'il y a de plus surprenant avec ces Créatifs Culturels, c'est leur manière de traiter ensemble et sur un même front les questions spirituelles et les problèmes sociaux. Les résultats de notre enquête montrent que plus leur taux d'agrément est élevé sur les propositions d'ordre psychologique et spirituel du questionnaire, plus il est élevé dans les domaines sociaux et environnementaux, de même que le taux de participation dans les activités de volontariat et de militantisme. Ceci signifie que pour la deuxième génération du mouvement d'éveil de la conscience, le groupe des 'avancés' comprend en fait les activistes les plus engagés aussi bien des mouvements spirituels que des mouvements sociaux.

Le tableau ci-après permet de se faire une meilleure idée des opinions des Créatifs Culturels des 'avancés' sur les sujets de la conscience. Les questions auxquelles ils ont répondu sont regroupées suivant quatre thèmes qui sont essentiels aux yeux des 'avancés' : ce qu'ils considèrent comme spirituel et/ou sacré ; l'amour de la Planète ; l'accomplissement de soi ; et l'altruisme.[1]

Il est intéressant de remarquer que sur les questions portant sur le spirituel et le sacré, les membres de ce groupe sont ouverts à diverses manières de voir, de ressentir et d'expérimenter. Ils déclarent qu'ils croient aussi bien aux phénomènes (para)-psychiques que spirituels. Ils ont tendance à croire que le divin est autant présent dans le monde qu'il est transcendant (en d'autres termes ils sont pan*en*théistes, c'est-à-dire qu'ils adoptent la position 'et/ou' au sujet de l'immanence et de la transcendance de Dieu.) Bien qu'ils ne soient qu'une minorité à pratiquer la méditation ou à croire en la réincarnation, les autres ne les rejettent pas complètement et admettent ces possibilités. Par contre, ils ont tendance à rejeter les déclarations fondamentalistes, comme celles qui affirment que la Bible est 'littéralement' la Vérité.

Comme on peut le voir, les Créatifs Culturels 'avancés' considèrent la nature comme sacrée. L'accomplissement de soi, ainsi

1. Les personnes qui attachent de l'importance à certains de ces éléments ont tendance à attacher de l'importance à l'ensemble de ces éléments. (C'est-à-dire que, statistiquement, tous ces éléments ont un degré de corrélation très élevé).

Valeurs et convictions des mouvements d'éveil de la conscience

Note : ce tableau oppose les Créatifs Culturels 'avancés' au reste de la population. 'Reste de la population' n'est en fait pas le total des autres Américains, mais uniquement la

somme des Traditionalistes et des Modernistes. Les Créatifs Culturels sont tellement nombreux que lorsqu'on les inclut dans le 'reste de la population', ils font s'élever les pourcentages et il devient plus difficile de voir qu'ils ont des positions nettement plus fortes que les autres sous-groupes sur ces sujets.

que l'altruisme, font également partie de leur système de valeurs. Ils n'appartiennent ni au Modernisme séculier, ni au Traditionalisme fondamentaliste. Dans l'ensemble, on peut considérer qu'ils partagent un sens du spirituel qui est au cœur de leur vie et de leur manière de voir. Mais bien que la plupart d'entre eux soit membres de religions conventionnelles, ils mènent leurs recherches et explorations du sacré hors des sentiers habituels, suivant des routes innovantes.

Il est tout à fait remarquable de voir qu'environ 89% d'entre eux disent qu'il est très important pour eux d'atteindre un certain niveau de conscience, de « ne pas traverser la vie comme un somnambule », contre 61% pour le reste de la population. Près de 95% affirment que les aspects d'écoute, d'entraide et de compassion sont essentiels dans leur relation avec les autres, tandis que 77% d'entre eux déclarent qu'il est plus important pour eux de trouver un sens à leur vie plutôt que d'accumuler de l'argent. Ces résultats sont respectivement 25 et 36% au-dessus de ceux du reste de la population.

Enfin, une grande partie du groupe des 'avancés' tend vers une espèce de libéralisme théologique, avec relativement peu de catholiques et de protestants conservateurs (comparativement au reste de la population), et une proportion tout à fait attendue de protestants modérés et de non-chrétiens. Ils sont aussi plus nombreux, proportionnellement, à être agnostiques que dans les autres groupes, ainsi qu'à faire leur propre synthèse de diverses traditions. Et même ceux qui appartiennent à des religions conservatrices sont d'accord sur le caractère sacré de la nature, ainsi que sur l'importance d'un certain nombre de questions spirituelles et psychologiques, comme l'accomplissement de soi.

Par contraste, les 26 millions de Créatifs Culturels 'écologistes' ont les mêmes dispositions que ceux du groupe 'avancés', tout aussi fortes et marquées, sur les questions sociales et environnementales, mais quand il s'agit des questions spirituelles et psychologiques, leur profil devient nettement plus proche de celui du reste de la population. En fait, comme la plupart des autres Américains, les 'écologistes' ne sont pas tellement intéressés par les expériences intérieures. Par contre, environ 30 millions de Modernistes se disent intéressés 'de temps en temps' par ce genre d'expériences, et on peut les inclure dans le mouvement d'éveil de la conscience. Ce groupe de Modernistes est plus matérialiste et moins préoccupé de problèmes écologiques que la plupart des Créatifs Culturels. D'après notre étude, il semble probable que la prochaine décennie voie un nombre croissant d'"écologistes', et sans doute aussi de Modernistes dans les franges les moins actives du mouvement d'éveil de la conscience, s'engager sur la voie du groupe 'avancés'.

En tentant d'intégrer les problèmes spirituels et psychologiques au cœur de leur vie quotidienne, les Créatifs Culturels 'avancés' ne manquent pas de se heurter aux lacunes de notre société quant au soutien qu'elle apporte à ce genre d'activités et de préoccupations, et de révéler ainsi un véritable manque au sein de notre culture.

Nous allons maintenant aborder les questions de la santé et des soins, où les Créatifs Culturels révèlent cette 'absence' de trois manières différentes : en tant qu'individus, en tant qu'inventeurs de nouveaux discours, et en tant que créateurs de ce que l'on pourrait appeler des institutions centrées sur la personne.

Soins et santé dans la deuxième génération

Dans l'introduction à son ouvrage *L'anatomie de l'Esprit*, Caroline Myss raconte une histoire qui lui est arrivée juste à la sortie de l'université. Elle venait d'arriver en Alaska où elle allait effectuer un stage d'été et s'était rendue chez une vieille Indienne de 80 ans. Après avoir discuté avec elle pendant quelque temps, la vieille dame lui annonça que le lendemain elle devait se rendre à une cérémonie pour un homme « qui se prépare à quitter la terre ». Ce serait une cérémonie connue sous le nom de *potlatch*, expliqua-t-elle, durant laquelle l'homme en question distribuerait toutes ses possessions au reste de la tribu, avant de les quitter.

« Comment cet homme sait-il qu'il va mourir ? Il est malade ? », demanda Myss.

« Oh, répondit la vieille dame, il est juste allé voir l'homme-médecin, qui lui a regardé son énergie. Et son énergie a dit à l'homme-médecin ce qui était en train de lui arriver.

— Et comment l'homme-médecin sait-il ces choses-là ? »

La vieille dame avait l'air surprise de l'ignorance de son hôte. « Dis-moi, comment se peut-il que tu ne saches pas cela ? Comment peux-tu vivre sans savoir ce que ton esprit fait et ce qu'il te dit ? » [1]

Comment en effet ? Comment peut-on vivre aujourd'hui sans connaître l'état de notre âme ? Comment peut-on prétendre que notre corps est séparé de notre esprit, ou que nous existons en dehors du grand réseau de la vie ? La première génération du mouvement d'éveil de la conscience posait ces questions presque tout le temps, et presque systématiquement y répondait en termes des besoins de l'individu. Même dans les cercles de soins alternatifs et les groupes de prière, on insistait toujours en priorité sur une personne ou un groupe de personnes. De temps en temps, un groupe priait ou méditait pour le pays ou pour la Terre. Mais il fallut attendre la seconde génération pour que l'on commence à envisager des solutions d'ordre socioculturel.

Pour mieux saisir ce changement du personnel vers le culturel, nous allons maintenant étudier un cas précis de ce que l'on appelle généralement 'la médecine douce'. Nous allons voir en effet comment les préoccupations spirituelles et psychologiques ont réussi à pénétrer un champ de connaissances et de pratiques — la médecine — qui avait plutôt tendance à leur résister.

Blouses blanches (un peu trop étroites)

Il suffit d'un coup d'œil rapide sur la situation actuelle de la médecine occidentale pour voir qu'elle traverse une période de crise assez déconcertante, entre l'augmentation des coûts, la réduction des durées de formation des docteurs et des infirmières, l'exigence de soins plus rapides, et la diminution des ressources consacrées aux soins des pauvres et des personnes âgées. La plupart des docteurs et des infirmières travaillent à l'heure actuelle avec des HMO [2], que de nombreuses personnes consi-

1. Caroline Myss, *Anatomy of the Spirit* (New York : Harmony, 1996), p. 17.

2. HMO = Health Management Organisation, filière de contrôle des soins propre aux Etats-Unis dont l'un des rôles est de contrôler les coûts. (NDT)

dèrent comme l'ennemi public n°1. Pour toutes ces raisons, nombreux sont les docteurs qui se demandent de nos jours si cela vaut vraiment la peine de continuer [1].

Bien que de nombreux docteurs aient laissé aux vestiaires leurs étroites blouses blanches depuis quelques décennies déjà, au sens littéral, nombreux sont ceux qui, au sens figuré, ont encore l'air tout à fait prisonniers de ce carcan. D'incroyables pressions en terme de temps et d'argent, ont transformé en robots des hommes et des femmes qui voulaient soigner les gens. Un nombre important d'études ont révélé qu'un grand nombre de patients estiment que les approches impersonnelles de la médecine moderne deviennent insupportables et qu'elles sont finalement mauvaises pour la santé de tous — patients, infirmières et docteurs. En 1998, l'Institut d'Etude des Résultats de la Santé du Centre Médical de Nouvelle Angleterre étudia les cas de plus de six mille couples patients/docteurs. Quels que soient les critères d'évaluation, il est apparu presque à chaque fois que la relation entre le médecin et son patient jouait un rôle essentiel dans le bien-être du patient et sa santé. L'un des résultats les plus intéressants fut que la connaissance qu'avaient les docteurs de la vie personnelle de leurs patients, de leurs croyances en matière de santé et de leurs valeurs personnelles avait une influence tout à fait significative sur les progrès de la santé des patients. Une étude des chercheurs de l'Ecole de Médecine de l'Université de Californie, également réalisée en 1998, produisit des résultats à peu près identiques [2].

Quand ceux qui donnent les soins n'ont plus ni le temps ni l'énergie de procurer autre chose qu'un simple soin 'physique', il n'y a en fait pas que les patients qui souffrent. Les docteurs eux-mêmes sont exposés à des degrés très élevés de fatigue nerveuse et émotionnelle et de stress, et ils se sentent tiraillés entre les HMO d'un côté, et les risques de litige pour 'mauvaise pratique professionnelle' de l'autre. Il est tout à fait significatif — et tout aussi surprenant — de voir que, suivant

1. David E. Rosenbaum, 'The Gathering Storm over Prescription Drugs', *New York Times*, 14 novembre 1994.

2. Zee E. Neuwirth, MD, 'The Silent Anguish of the Healers', *Newsweek*, 13 septembre 1999.

une étude récente, près de 30% des docteurs déclarent aujourd'hui que s'ils pouvaient recommencer, ils choisiraient une autre profession. [1]

Les nouveaux guérisseurs

Au sens premier, guérir signifie « rendre complet, faire un tout ». Au niveau le plus universel, guérir signifie « s'éveiller à notre vraie nature ». Au niveau de l'individu, cela signifie reconnaître l'unicité du corps, de l'âme, des émotions et de l'esprit en un grand tout. Au niveau de la communauté, cela signifie reconnaître les interdépendances et interactions, et réparer ce qui a été cassé. Et au niveau de la Terre, guérir — en hébreu, *tikkun* — signifie rappeler au foyer ceux qui sont en exil, se racheter et amener la paix sur la Terre.

Les 'guérisseurs' les plus visibles aux Etats-Unis aujourd'hui sont ceux qui se sont consacrés à la guérison physique du corps. Des gens comme Deepak Chopra, Larry Dossey, Rachel Naomi Remen, Christian Northrup, Bernie Siegel et Andrew Weil, et des chercheurs en médecine comme Joan Borysenko ou Caroline Myss sont sans aucun doute beaucoup plus célèbres que la plupart des maîtres spirituels et des psychothérapeutes du mouvement d'éveil de la conscience. Peut-être est-ce lié au fait que, dans notre culture profondément matérialiste, le corps est considéré comme notre point d'ancrage dans la réalité. Ceux qui peuvent soigner le corps ou éloigner la mort, sont certains de faire autorité, avec leur capacité d'apaiser notre chaos intérieur, nos angoisses et notre confusion.

Les médecins, les chercheurs en médecine et autres guérisseurs du mouvement se détachent plus ou moins radicalement du modèle médical contemporain. Ils se sont tous débarrassés de leurs blouses blanches trop étroites, au sens propre comme au sens figuré, dans un effort commun de rassembler les morceaux éparpillés, de nous-mêmes et de notre société. Certains ont bâti des passerelles entre des disciplines qui avaient jusqu'alors été séparées. D'autres établissent des liens entre des personnes de professions différentes. Et tous accueillent dans leur salle de

---

1. Ibid.

consultation des réalités que la médecine occidentale moderne avait chassées : l'âme, les émotions mais aussi l'esprit, les mystères, les miracles. Selon Larry Dossey, qui est à la fois médecin et écrivain, nous sommes entrés dans la troisième ère de la médecine, où les thérapies combinent à la fois le spirituel et le physique, les approches conventionnelles occidentales et les approches holistiques, les aspects émotionnels et physiques de la guérison [1].

Rachel Remen, médecin directeur du Commonweal Cancer Help Program de Bolina en Californie, précise un peu ce que cela signifie. La santé, selon elle, n'est pas la simple manipulation du corps, ni même de l'âme et des émotions, dans le but d'atteindre une espèce de fonctionnement optimal. « La santé est un moyen. La santé nous aide à atteindre des buts dans nos vies, mais ce n'est pas le but de la vie. » Les vraies interrogations de la santé, précise-t-elle, ne portent pas sur les mécanismes de guérison mais sur ce qui donne un sens et un but à nos vies. S'exprimant non seulement en tant que médecin, mais aussi comme patiente 'expérimentée', personnellement concernée (elle souffre depuis des années de la maladie de Crohn et a subi plusieurs grosses opérations), elle écrit que la maladie, comme phénomène ou processus, avec tout ce qu'elle implique de limitation, de souffrances, et de terrible isolation, « éveille en nous le chercheur, qui est tellement plus que le scientifique. On commence alors à faire le tri dans nos valeurs, entre ce qui compte et ce qui ne compte pas. On s'ouvre à la vie, on accepte de s'interroger sur ce qui lui donne un sens. Pas seulement ce qui donne un sens à la maladie et à la douleur, mais ce qui donne un sens à la vie elle-même. » [2]

Cette manière de voir — selon laquelle il ne faut rien ignorer, tout prendre en compte, et ne rien considérer en nous-même comme inutile, indésirable ou bon à jeter — place 'la guérison',

---

1. Larry Dossey, *Meaning and Medicine : A Doctor's Tale of Breakthrough and Healing* (San Francisco : HarperCollins, 1992).

2. Rachel Naomi Remen, intervention à la conférence 'Helping Heal the Whole Person and the Whole World', Kalamazoo, MI, 25 juin 1988 ; cité dans Barbara McNeill et Carol Guion, *Noetic Sciences Collection, 1980-1990 : Ten Years of Consciousness Research* (Sausalito, CA : Institute of Noetic Sciences, 1991), pp.60-65.

la combinaison de pratiques de soins et de conceptions de la santé, au cœur même du mouvement d'éveil de la conscience. A partir de là, essayons maintenant de nous intéresser à trois manières différentes d'inclure ces conceptions dans notre culture.

95% de compassion et de bon sens

Avant sa retraite en 1998, Mariquita West était un professeur de psychiatrie très appréciée au Centre Médical de Stanford. Les jeunes résidents du centre disaient d'elle qu'elle était comme un bol d'air frais, dotée d'une honnêteté et d'une ouverture d'esprit remarquables à une époque où ces qualités semblaient plutôt rares. Ses collègues, psychologues et travailleurs sociaux (souvent les deux à la fois), les infirmières et les autres psychiatres de Stanford, ainsi que ceux qui avaient le plus d'importance à ses yeux — ses patients — étaient tous d'accord là-dessus. Ils nous apprirent qu'elle s'était intéressée de près aux médecines alternatives, qu'elle avait étudié l'hypnose et la Gestalt thérapie et divers autres aspects spirituels de la médecine, intégrant une partie de toutes ces choses qu'elle avait apprises dans sa pratique clinique quotidienne. Nous nous sommes demandés comment cette approche très ouverte et personnelle (dans tous les sens du terme) pouvait avoir sa place dans le programme d'un enseignant de l'un des centres médicaux les plus prestigieux et efficaces du pays.

En 1996, lorsque nous avons rencontré Mariquita à San Francisco, notre première question porta sur sa vision de la médecine. Souhaitait-elle changer la manière de pratiquer la médecine aujourd'hui ? Elle rit, secoua la tête et eut l'air un peu embarrassée. Elle dit qu'elle était un peu comme l'ancien président Bush, « plutôt passive quand il s'agit de faire des déclarations de mission ou d'exprimer une vision pour l'avenir ». Puis elle nous raconta sa manière très personnelle de pratiquer la médecine et de construire des ponts entre les disciplines et entre les gens.

« Je suis restée 'à l'école' jusqu'à l'âge de trente ans, aussi j'ai toujours baigné dans la tradition du professionnalisme ». Dans cette tradition, explique-t-elle, les gens apprennent à faire un *métier*, bien défini, délimité et particulier, qui va leur permettre de gagner leur vie — et parfois un certain prestige. Bien sûr, il n'y a pas que les docteurs qui désirent avoir de l'argent et du prestige — c'est un trait ô combien répandu dans notre société contemporaine. « Il y a comme une course au prestige, à l'autorité. Très tôt, j'ai pressenti les inconvénients d'une telle démarche — l'angoisse de devoir toujours protéger, maintenir ce prestige ou cette autorité, et le fait que même au sein de votre profession, il y a une telle hiérarchie que vous êtes constamment en train de vous demander où vous vous situez par rapport aux autres ». Justement, au contraire de bon nombre de ses pairs, dans son travail avec ses patients, elle a toujours essayé de se garder de cette approche 'professionnaliste'. C'est sans doute cela qui donna à ses soins un impact et un aspect aussi humains

Mais comment fait-on pour s'opposer au modèle dominant de la médecine moderne, surtout quand on travaille dans l'un des établissements médicaux les plus pointus du pays ? « Je crois que, dans mon éducation, on m'a toujours appris à croire que l'amour était ce qu'il y avait de plus important », nous dit Mariquita, « et même quand j'étais encore une étudiante horriblement timide, je savais que dès que je pourrais commencer à exercer comme je l'entendais, je pourrais faire quelque chose de spécial et d'important : m'intéresser aux gens, les écouter, leur prêter attention. C'était aussi simple que ça. Tout le reste, tout ce qu'on nous apprend dans les cours de médecine, bien sûr c'est important, mais ça ne représente en tout et pour tout que 5% du total. C'est ça que j'enseigne à mes étudiants. C'est 95% de compassion et de bon sens, et 5% de connaissances expertes. Il faut des années pour acquérir ces 5%, mais c'est le reste qui compte le plus. Je crois que c'est un enseignement très utile ».

Un bon nombre de ses collègues admirent chez Mariquita sa capacité à gérer la concurrence et la compétition féroce qui domine le monde universitaire. Vers la fin de l'interview, nous lui avons demandé comment elle faisait. « Je crois que j'ai en quelque sorte servi de passerelle. Une personne-passerelle. J'avais une place tout à fait solide dans le monde médical conventionnel, en même temps que j'explorais les nouvelles approches, et j'ai réussi à intégrer les deux dans mon travail et dans mes cours. » Elle dit qu'elle trouvait cela amusant et que ces connexions apaisent les fractures de sa propre vie. Et qu'il valait mieux que ça soit amusant et plaisant, car si on n'aime pas ce qu'on fait, alors personne ne voudra le faire avec nous.

Miracles quotidiens

Le genre de passerelles que Mariquita a construites avec ses centaines d'étudiants, de patients et de collègues, établissent des connexions entre les statuts et les rôles sociaux d'un côté, et les valeurs et les visions du monde de l'autre. Un grand nombre de Créatifs Culturels établissent ce même genre de passerelles. C'est ainsi que se met en place une nouvelle culture, avec des gens qui ont un pied dans le courant dominant, la majorité conventionnelle, et l'autre dans des courants alternatifs qui ne sont pas encore acceptés.

Un autre type de passerelles, c'est la constitution de nouveaux groupes et de nouvelles organisations suivant de nouveaux critères. En termes de soins et de santé, des passerelles solides ont été établies par le regroupement de personnes qui ont souffert de l'isolation liée à la maladie, la disparition d'un proche ou la dépendance aux drogues. Le choc de leur propre souffrance les a éveillés à la souffrance des autres. Si on les a aidés, alors ils veulent à leur tour faire bénéficier d'autres personnes du même genre de soutien. Et quand ils n'ont pu obtenir de secours de rien ni personne, ils ont encore plus envie d'aider les autres. L'histoire qui suit raconte une guérison spirituelle et la réponse créative qui en découla.

Nous avons rencontré Maureen Redl à l'anniversaire d'un ami en septembre 1999, où bon nombre d'invités étaient des médecins, des infirmières et des thérapeutes. Au cours d'une conversation animée sur les mérites des médecines alternatives, quelqu'un décrivait d'une voix presque murmurée une guérison miraculeuse dont il avait été le témoin, quand une femme aux cheveux grisonnants et au regard vif se mêla à la conversation : « Le miracle de la guérison, c'est son côté ordinaire, quotidien » dit-elle sur un ton très sérieux. « Souvent, on pense qu'il faut être un saint ou un mystique pour être 'guéri' de la sorte. Alors que non, en fait c'est la chose la plus naturelle qui soit ». Elle s'arrêta un moment, mais personne ne disait rien. « Mais ça n'empêche pas le phénomène d'être tout à fait miraculeux ».

Nous étions dans l'assemblée nous-mêmes, et impatients d'en savoir plus sur cette 'quotidienneté' de la guérison. Quelques semaines plus tard, nous nous retrouvâmes dans le salon de Maureen, à boire du thé devant de vertes collines couvertes de brume. Après quelques échanges de bienvenue, Maureen nous a raconté comment en 1989 on lui avait diagnostiqué des métastases aux ovaires, une forme virulente de cancer dont « le pronostic n'est pas très bon ». Elle avait entendu parler de Rachel Remen (ce médecin dont nous avons parlé plus haut), et prit rendez-vous avec elle, s'attendant à recevoir des conseils médicaux carrés et directs. En fait, au cours de ses consultations, Rachel changea la manière qu'avait Maureen de voir et de comprendre ce qui lui arrivait et ce qu'il fallait y faire. Voilà ce qu'elle nous a raconté :

« Pendant une consultation, Rachel me demanda : 'Quel effet ça vous fait de perdre la santé ?'

J'étais complètement décontenancée, j'ai répondu : 'Mais je n'ai pas perdu ma santé'.

— Et bien Maureen, m'a dit Rachel de sa voix douce et lente, vous êtes là assise en face de moi sans plus aucun cheveu sur la tête, en pleine cure de chimiothérapie à forte dose, totalement incapable de faire les choses que vous faisiez auparavant, comment vous croyez que cela s'appelle ? Qu'est-il en train de se passer d'après vous ?' »

Maureen s'arrêta un instant pour boire son thé et regarder la brume, qui semblait se lever. Elle voulait juste nous faire comprendre, nous expliqua-t-elle, qu'elle avait à l'époque le pressentiment très fort qu'elle n'allait pas mourir de ce cancer. C'était uniquement une étape à traverser, un moment dur à passer. Elle ne dit pas cela à Rachel. Au lieu de cela, elle lui dit : « Je pense que ce cancer va m'apprendre beaucoup de choses ».

Rachel resta calme, puis plia les mains sous le menton et dit : « Qu'il vous apprenne ou non quelque chose, sachez juste qu'il a son propre programme de travail, bien défini.

— Comment ça ?

— Son programme est de vous tuer ».

Maureen s'arrêta de parler et regarda à nouveau par la fenêtre. Puis elle nous regarda droit dans les yeux : « Pour la première fois depuis qu'on m'avait diagnostiqué ce cancer, je commençais à réaliser ce qui m'attendait ».

Puis, durant l'année qui suivit, Maureen dut prendre une décision très difficile. « Après quelques temps passés à réaliser ce travail sur moi-même avec Rachel, j'ai commencé à comprendre qu'il me fallait être à 100% à l'écoute de ce qui en moi essayait de guérir, et capable de réagir immédiatement. J'ai compris ça à force de rester parfois éveillée toute la nuit, à écrire de la poésie, dessiner ou jouer des percussions. A l'époque j'habitais avec un ami qui était à la fois mon ami et mon compagnon. L'endroit où il habitait avait été détruit dans un incendie quelques mois auparavant et il avait paru normal qu'il vienne me rejoindre dans ma maison qui était plutôt grande.

C'est à ce moment que j'ai dû lui demander de partir. Prendre cette décision a été la chose la plus difficile que j'aie jamais eu à faire dans ma vie. Pourtant, en apparence c'est la chose la plus banale. Bon nombre de femmes auraient pu le faire sans aucun remords, scrupule ou angoisse.

Mais pour moi cela paraissait absolument infaisable. Petit à petit, après des mois de travail avec Rachel, je me mis à comprendre ma crainte. Il s'était passé quelque chose de terrible plus tôt dans ma vie qui m'avait convaincue que si je demandais ce que je voulais, quelqu'un serait nécessairement gravement blessé ou bien mourrait. A la suite de cela, j'avais fait tout mon possible pour devenir parfaitement indépendante, tellement indépendante que je ne savais même plus en fait ce que je voulais. C'était du coup terriblement plus facile de ne rien demander.

Quand je pris conscience de cette nécessité fondamentale et absolue de rester à l'écoute de mon cancer et d'y réagir et d'être totalement disponible pour la démarche de guérison en elle-même et en moi-même, je n'y arrivais pas et je n'arrivais pas à écouter les besoins quotidiens de quelqu'un d'autre. Cela n'avait rien à voir avec mon ami. C'était plutôt lié à ce que je devais faire. A ce que je devais faire dans ma vie, la tâche qui m'avait été assignée.

Il m'a fallu des semaines pour me préparer. Il fallait que je mette par écrit ce que j'allais dire. Je peux encore le sentir en moi aujourd'hui, un peu comme si je devais jeter le bon vieux chien fidèle de la famille dans le froid et le vent de l'hiver du Minnesota. Quand finalement je me suis assise avec lui et que j'ai commencé à lui expliquer qu'il allait devoir partir, à peine avais-je terminé la première phrase qu'il se passa quelque chose d'incroyable. D'un seul coup, c'était devenu la chose la plus simple du monde. Je me sentais comme la mère oiseau qui pousse ses oisillons hors du nid, sachant parfaitement qu'ils allaient réussir à voler de leurs propres ailes. Le reste de la conversation coula naturellement. Et des mois plus tard, quand je lui avouais comment ça avait été difficile pour moi, il s'écria : 'Mais je n'en avais aucune idée ! Pour moi ce n'était pas du tout un problème' ».

Ce fut le grand tournant. « Quand on affronte des maladies graves, explique Maureen, il faut tuer quelque chose de tout à fait central. Ça peut avoir l'air tout à fait banal en apparence, mais au plus profond de nous-mêmes, on serait presque prêts à tout pour ne pas se séparer de ce quelque chose de notre moi habituel. Mais si on trouve le courage de provoquer l'événement, de le laisser se dérouler, alors on peut véritablement atteindre un autre état de conscience — que l'on retrouve la santé ou qu'on s'apprête à mourir. »

Des espaces sacrés pour que naissent les histoires

En 1999, dix ans après sa guérison, Maureen Redl avait déjà créé des cercles de rencontres et de soutien pour les gens atteints de maladies mortelles aux Etats-Unis et en Europe. Sous la houlette d'une association à but non lucratif appelée 'Les voix de la guérison', ces cercles se réunissent pour partager « des aventures qui commencent quand on vous diagnostique une maladie qui menace de tout détruire, vous et tout ce que vous aimez dans la vie ». Dans ce que Maureen appelle « l'espace sacré d'un cercle de confessions », ces voyages, ces épopées de l'âme et du corps, du cœur et de l'esprit, peuvent s'épanouir pleinement. Avec le temps, les gens apprennent ainsi à être à l'écoute de la signification personnelle de leur maladie, à ressentir la peur et la colère et le désespoir, et à savoir qu'ils seront soutenus au travers de toutes ces épreuves. Ils laissent remonter à la surface de la conscience les images et les énergies et la sagesse de l'âme.

Et c'est de cette manière, explique-t-elle, que l'intégrité de la vie de chacun peut refaire surface.

En entendant parler des cercles que Maureen organise en tant que bénévole en plus de son activité de psychothérapeute, nous avons tout de suite fait le rapprochement avec les groupes de prise de conscience du mouvement féministe. Là aussi, les cercles de témoignages étaient et sont encore des endroits où l'on « s'encourage, par l'écoute, à parler ». Tandis que les gens commencent à prendre la parole, et se lancent dans une reformulation des significations de la mort, de la vie et de la maladie, c'est un peu comme s'ils récoltaient les fruits de deux générations d'activistes et de militants et d'explorateurs avant eux. C'est une démarche plus riche et plus développée que pour la première génération parce qu'ici on intègre complètement un certain sens du sacré.

Maureen espère que de tels groupes vont permettre de faire avancer les choses. « Que la guérison soit physique ou qu'elle ait lieu au niveau de transformation de la conscience, de toutes façons je voudrais être sûre que tous puissent y avoir accès. Et plus on sera nombreux à pouvoir partager nos histoires de guérison, plus on pourra mettre en avant son côté ordinaire et quotidien beaucoup plus facilement. En écoutant toutes ces histoires vécues, ce qu'on espère c'est qu'une véritable sagesse collective va se développer et se répandre. En écoutant ce qui est unique dans l'histoire de chacun, ce qu'on entend, *in fine*, c'est quelque chose d'universel ». [1]

C'est cela la promesse que représente la multiplication de tels groupes et organisations 'spirituels' : atteindre à quelque chose d'universel par le biais de l'individuel et du particulier. C'est un travail de création culturelle en profondeur. Nous n'en sommes qu'aux débuts du processus, aux premières étapes du voyage. Mais de toute évidence, il a déjà commencé.

---

1. Pour plus d'informations, écrire à Voices of Healing, à l'adresse e-mail suivante : *voicesofhealing@infoasis.com*, ou par voie postale au 33 Millwood Avenue, Mill Valley, CA 94941.

Pour les enfants

Après avoir passé un certain temps à écouter de telles histoires, et particulièrement des histoires dans lesquelles on se retrouve, on peut se sentir envahis d'une certaine tristesse. Si on la laisse nous toucher, et si on se demande ce qui ne va pas, on peut peut-être découvrir en fait le genre de lassitude et de dégoût dont certains Créatifs Culturels 'avancés' nous ont parlé. Ou bien on peut aussi ressentir comme une impatience, un sentiment fort de l'urgence de la situation et des besoins qu'elle entraîne. Non que les histoires en question ne soient stimulantes et porteuses d'espoir, mais pour certains elles ne sont pas encore suffisantes. Il est temps, selon eux, d'aller de l'avant, de faire bouger vraiment les choses de façon à ce que les changements engendrés durent longtemps.

En 1992, le militant et théologien Thomas Berry, qui avait déjà soixante-dix ans bien passés, dirigea une retraite d'un an pour des nonnes, des étudiants et des militants écologistes. Le premier soir de la retraite, il avait l'air particulièrement fatigué. A la fin de son intervention, il demanda s'il y avait des questions. Un jeune homme se leva : « Pourquoi vous insistez tellement pour travailler autant, Thomas ? Pourquoi ne pas prendre un peu de repos ? »

Il y eut un murmure d'approbation dans le public. « Ce que je fais, je le fais pour les enfants », répondit-il. « Je veux guérir les blessures infligées à la planète par ma génération. Le pire, c'est qu'on pensait bien faire. Et pourtant les faits sont là : nous avons abîmé la Terre, de manière irréparable. L'autre manière que j'ai de voir mon action est la suivante. On assiste actuellement à la naissance d'un mouvement très important pour le changement. J'espère qu'il s'agit d'un mouvement de guérison, de bienfaisance. Et j'espère que je peux participer à constituer une base active à ce mouvement, à en recruter et former les futurs membres actifs. » Il s'arrêta puis répéta « une base active ». On entendit des oui et des ok dans le public. « Il faut dès maintenant constituer une base à ce mouvement, recruter des membres actifs. L'ère industrielle est terminée. Elle n'en a plus que pour quelques décennies. Le pétrole petit à petit va disparaître. Ma génération n'en verra sans doute pas les conséquences, mais les enfants, oui. La planète, sa survie, c'est cela l'enjeu principal de notre époque. Alors voilà pourquoi je dis que c'est pour les enfants que je fais ce que je fais. »[1]

A la recherche d'agents multiplicateurs

Rencontrer quelqu'un qui a consacré sa vie entière à la protection de la planète est toujours très émouvant. Mais que peuvent faire les gens 'ordinaires' pour participer au changement ? L'une des réponses est qu'ils peuvent créer des institutions qui résistent au temps, qui tiennent sur le long terme, où des gens différents, avec des talents différents peuvent réaliser ensemble plus que ce que l'on pourrait accomplir par des efforts isolés.

Après, le genre d'aide et de soins que l'on se sent d'apporter à la communauté, et à quelle échelle, c'est une question purement individuelle. Mais depuis qu'ils ont atteint une certaine maturité, les adeptes du mouvement d'éveil de la conscience s'attachent à la réalisation et la création de programmes, de projets et de solutions qui durent plus longtemps que l'espace de quelques saisons. Ils en ont assez de devoir encore et toujours tout reprendre à zéro. Ils veulent créer de nouvelles institutions ou changer les anciennes, plutôt que simplement rester prisonniers du cadre étroit de l'existant, sans pouvoir avancer.

Les Créatifs Culturels 'avancés' nous ont dit vouloir que leurs actions soient efficaces pour le plus de monde possible. Ils veulent maximiser leurs ressources pour tirer un profit maximum, pour le plus grand bien du plus grand nombre. L'un des mots qu'ils employaient tout le temps était 'agents multiplicateurs'. Ça nous a fait penser aux 'membres actifs' de Thomas Berry. Ce qu'ils veulent, c'est plus de monde qui soit réellement impliqué, et ce qu'il faut aussi, c'est un moyen de démultiplier leur action.

L'une des réalisations les plus intéressantes dans le domaine des soins et de la santé est le centre de recherche sur la santé et l'environnement, à caractère non lucratif, où travaille Rachel Remen. Commonweal a été créé dans les années 70, et au bout de trente ans il est devenu ce que nous considérons comme l'un

---

1. Thomas Berry, intervention au Couvent Santa Sabina, San Rafael, CA, 21-23 février 1992.

des meilleurs exemples d'institution de Créatifs Culturels, où les questions psychologiques et spirituelles, les problèmes d'environnement et l'action sociale sont combinés et traités dans une même perspective. Ce type d'intégration et de croisements est caractéristique des institutions des Créatifs Culturels, et c'est la signature même de Commonweal.

L'institut travaille avec des docteurs et d'autres professionnels de la santé et s'attaque avec eux au problème du 'découragement' des médecins dont nous avons parlé plus haut. Il propose des week-ends de méditation et de réflexion, des retraites contemplatives pour les médecins qui s'occupent de personnes atteintes de maladies mortelles. Il propose aussi des ateliers où les docteurs peuvent apprendre à utiliser tout un éventail de ressources spirituelles et émotionnelles ou de techniques mentales pour soutenir leur travail 'physique' sur le corps. Dans leurs courriers et e-mails, sur les hotlines et les fiches d'évaluation du programme, les patients disent apprécier le caractère très émotionnel de ces sessions, leur impact réel sur la vie et la personnalité des gens, et le fait qu'elles soient si pleinement riches de sens. Plus significatif encore, le fait qu'une bonne partie des 'anciens élèves' du programme rejoignent souvent les 'équipes pédagogiques' du centre pour former à leur tour, au cours 'd'ateliers d'échange', d'autres médecins et professionnels de la santé aux Etats-Unis, au Canada ou même en Nouvelle Zélande. Les documents de l'institut prétendent que la plupart des anciens élèves ont « des positions importantes dans l'enseignement clinique, les universités ou les organismes de services de santé au travers du pays ». En d'autres termes, ils ont du pouvoir et de l'influence. Si vous formez les leaders d'opinions et les leaders de la profession aux techniques et concepts de la médecine intégrée, et si votre programme est bon, alors vous tenez les 'agents multiplicateurs' qu'attendent tous les promoteurs du changement.

Comment cela fonctionne-t-il ? La moitié des participants du programme forment ensuite d'autres docteurs. Les anciens élèves se regroupent par régions, tous les mois, pour des séminaires où ils explorent des sujets comme la souffrance et la douleur, l'écoute, la dignité, le mystère, l'espoir, la joie, la crainte, la gratitude et la grâce. Chaque médecin vient avec une histoire tirée de son expérience ou un récit, ou un poème, et quelques-uns préparent même des exercices pour que le groupe puisse approfondir le sujet. Puis l'équipe pédagogique se joint aux 'anciens élèves' pour aller enseigner auprès des étudiants de première et de deuxième année de médecine. Ils furent 45 étudiants de première année (soit un tiers de la promotion) de l'Ecole de Médecine de l'Université de Californie à San Francisco à suivre des cours de médecine douce en 1999, dont l'un des modules était intitulé 'le Mystère de la Mort'.

Il est difficile d'expliquer en quelques mots le contenu et l'impact d'un programme de médecine intégrée. Voici ce qu'écrit Michael Lerner, qui a participé avec Commonweal à plus d'une centaine de programmes et à peu près autant de retraites, au sujet de la profondeur et la continuité de son engagement : « Pourquoi continue-t-on à organiser de tels programmes ? Pourquoi les gens continuent-ils à venir de tous les coins des Etats-Unis pour les suivre ? Pourquoi y a-t-il une liste d'attente de plus d'un an pour le programme de traitement du cancer ? Je crois qu'une bonne partie de ce qu'apprécie le public dans notre programme, c'est la qualité de la relation entre les participants d'un côté, et de l'autre une équipe qui est restée soudée pendant plus de dix ans, et dont les membres ont appris, ensemble, à créer et maintenir une communauté d'une manière originale et avec un profond sens de l'engagement. Ce qui est important, ce qui donne autant de force et de pouvoir à cette expérience, c'est non pas une technique, mais une relation — et dans ce cas, la relation à une communauté. » [1]

Tenir la distance

Avec le temps, le mouvement d'éveil de la conscience dans son ensemble apprend beaucoup des histoires de ces 'guérisseurs'. Quand on essaye de changer une culture, la persévérance est toujours récompensée. Comme le disait le boxeur Rocky Balboa quand il s'entraînait pour son grand combat, il faut pouvoir tenir la distance. Dans le cas qui nous intéresse, ce sont celles et ceux qui ont persévéré pendant dix, vingt, parfois trente ans qui sont les plus susceptibles d'avoir un impact majeur sur

1. Voir le website de Commonweal, *www.commonweal.org*.

la culture — parce que c'est là la seule échelle temporelle valable pour ce type d'action. Ceux qui veulent des résultats rapides et des gratifications immédiates ont plutôt intérêt à s'intéresser à d'autres objectifs. Comme nous l'ont dit un bon nombre de Créatifs Culturels 'avancés', il faut être capable d'apprécier les gens et la démarche en elle-même, et il faut suffisamment de maturité pour travailler sur des échelles de temps plus longues.

A notre époque, le mouvement d'éveil de la conscience n'en est qu'à sa phase émergente. Nous avons vu que ce n'est qu'après une bonne centaine d'années que les idées du mouvement environnementaliste, apparues à la fin du siècle dernier, ont pu être largement acceptées par presque toute la population américaine. Les modes de vie écologiquement viables et durables n'ont pas encore été vraiment implantés, mais ils font déjà partie de notre cadre de référence culturel, et presque tout le monde s'accorde désormais à dire que nous en avons besoin plus que jamais. Mais le mouvement d'éveil de la conscience, lui, n'en est qu'à sa phase de croissance, rapide certes, mais par-là même brouillée par sa propre effervescence et ses propres contradictions.

Aujourd'hui, tandis que les Créatifs Culturels 'avancés' sont en train de créer une gigantesque demande de ressources pour alimenter leur insatiable intérêt pour les questions psychologiques et spirituelles, ils ont aussi besoin de quelque chose d'encore plus fondamental : des institutions qui puissent soutenir et promouvoir leurs valeurs, pour ne plus perdre leur temps à constamment construire et reconstruire eux-mêmes des structures de soutien qui ne tiennent pas la route. Ils n'ont pas seulement besoin de 'guérisseurs' et de praticiens de médecines douces, mais aussi d'universités pour former ces praticiens ; pas seulement de cours et de programmes, mais aussi de professeurs, d'écoles pour les professeurs, et de centres où suivre ces cours. Parfois, ce ne sont pas des guérisseurs ou des professeurs qui manquent, mais des endroits où se réunir, où des personnes qui partagent certains intérêts, passions et manières de voir puissent explorer ensemble de nouvelles méthodes de connaissance, et partager leurs talents et leurs expériences.

Mais qui pourra fournir les fonds nécessaires ? Comment ces personnes vont-elles entrer en contact ? Les Créatifs Culturels doivent pouvoir se trouver et se retrouver dans des magazines, sur des sites web ou des chaînes de télévision qui soient des reflets justes et honnêtes de leur réalité, et qui soient aussi des points d'accès, des portes d'entrée à ce monde en formation. Il leur faut des cours et des instituts de formation qui forment de nouveaux professionnels des médias, et des entreprises qui soutiennent le tout. Ce qui manque, en d'autres termes, ce qu'il faut désormais, c'est un squelette, une armature, un échafaudage pour soutenir la nouvelle culture.

Chapitre 7.

Convergences, le changement en marche

C'est un peu comme si une centaine de rivières d'Amérique du Nord se jetaient dans l'Océan Atlantique. Chauffées par le soleil, elles créent un nouveau Gulf Stream qui s'étend jusqu'en Europe. A la surface, ce courant est presque invisible, parce que, contrairement aux rivières, il n'a pas de berges, pas de limites tangibles. En plein cœur de l'océan, au sein de ce courant, se développent des formes de vies tout à fait nouvelles,.

Il nous semble que c'est à peu près ce qui se passe actuellement dans notre société : différentes influences sont en train de converger et cette convergence est à l'origine d'un grand changement général. Dans ce chapitre, nous allons observer trois types de convergence. La première concerne un changement dans les mouvements sociaux des quarante dernières années, leurs manières de voir le monde et d'aborder les problèmes sociaux se rapprochent ; de plus en plus, ils travaillent ensemble et ils se rapprochent en même temps des mouvements psychospirituels. La seconde concerne la naissance d'une base socioculturelle commune à tous les mouvements : les Créatifs Culturels. Et la troisième est l'apparition de nouveaux mouvements qui intègrent cette convergence en eux-mêmes, dans leur conception même. A l'instar du Gulf Stream qui réchauffe les climats modérés de l'Europe et influence le climat mondial, cette confluence d'influences diverses pourrait bien entraîner un changement radical de notre civilisation.

Convergence

L'une des premières personnes à avoir observé ce phénomène fut un déserteur nommé Mark Satin. En 1978, après 12 ans passés en exil au Canada, Satin écrivait : « Par un froid matin d'hiver à Montréal, je buvais un chocolat chaud en lisant le *New York Times*. D'un seul coup, j'ai réalisé que tous ces mouvements alors encore marginaux — féminisme, écologie, mouvements spirituels, mouvements pour le potentiel humain, etc. — étaient en train de se rapprocher, de se rassembler, d'une façon tout à fait intéressante et nouvelle... jetant les bases d'une nouvelle forme d'action et de réflexion politique, tout à fait cohérente. Mais j'ai eu beau chercher, nulle part je n'ai trouvé un individu ou un groupe qui formulait explicitement cette politique d'un nouveau genre. » [1]

Satin ne trouvait pas ce qu'il cherchait, mais il coucha ses idées par écrit et en fit une brochure qu'il vendit depuis chez lui, par correspondance. Une deuxième édition, publiée par un ami, se vendit à plus de dix mille exemplaires en moins d'un an. Satin ayant accepté son amnistie en 1978, il fut invité à s'exprimer en public, lors d'un rassemblement aux Etats-Unis. Il venait tout juste de revenir dans son pays et ne put dormir la veille de son intervention, tant il était excité et angoissé. Juste avant son discours, il fit une longue promenade avec un ami et il se demandait si les gens auraient envie d'entendre ce qu'il avait à dire. Quelques heures plus tard, son discours fut salué par une volée d'applaudissements et Satin éclata en sanglots. Sa vision de ce qu'il était possible de faire pour l'avenir et sa manière de comprendre ce qui était en train de se passer dans notre société avaient de toute évidence fait vibrer dans le cœur du public une corde sensible. Il appelait cela « une troisième force dans la politique américaine », et déclarait qu'elle incarnait « tous les

1. Mark Satin, *New Age Politics* (New York : Delta, 1978), préface.

idéaux qui ont fait la force des Etats-Unis dans ce qu'ils ont de meilleur : la responsabilisation et l'indépendance de chacun, la confiance en soi et en l'individu, la liberté de choix, la foi dans des valeurs et des idéaux éthiques, et un amour pour ce que certains d'entre nous choisissent d'appeler Dieu, un amour qui englobe tout ce qui nous entoure. »

Vingt ans après, il apparaît clairement que cette nouvelle plate-forme politique dont Satin rêvait n'a jamais vu le jour. Mais durant toutes ces années passées au Canada, il avait pressenti et envisagé, dans les détails, la convergence de tous ces mouvements à laquelle nous assistons aujourd'hui. De nos jours, contrairement à ce qui se passait alors, ces mouvements — ceux qui étaient sur le devant de la scène mais aussi ceux qui restaient en marge de la société, là où ont souvent lieu les véritables genèses et les vraies découvertes — ces mouvements donc ne sont plus cachés, repoussés dans un coin obscur de la conscience collective. Ils sont juste sous nos yeux, droit devant nous, au centre, au cœur même de notre vie, et notre conscience collective les a en fait déjà intégrés, pour la plupart.

Durant toutes ces années passées au Canada, où, malgré lui, il ne pouvait s'empêcher de se languir de son pays, Satin eut la possibilité d'observer avec attention tout ce qui se passait aux Etats-Unis, et en particulier l'émergence de tous ces mouvements sociaux. Il lisait tout ce qui lui tombait sous la main : journaux et livres, publications de ces mouvements, lettres internes, périodiques, affiches, ainsi que les lettres que lui écrivaient certains de ses amis militants. Depuis sa position d'exilé, il percevait ce que peu d'activistes virent à l'époque : chacun de ces mouvements n'était en fait qu'une partie d'un grand tout. Aujourd'hui, cette convergence est visible pratiquement à tous les coins de rue.

Satin ne fut pas le seul visionnaire à envisager cette évolution. Le livre de George Leonard, *La Transformation,* publié en 1972, prit tout le monde de court en annonçant qu'une modification de l'organisation sociale était en route, à l'échelle de la civilisation.[1] Au début des années 80, d'autres observateurs vinrent ajouter leurs propres prédictions : *Les Enfants du Verseau*

1. George B. Leonard, *The Transformation* (New York : Delacorte, 1972), pp.163.

de Marilyn Ferguson, *La troisième vague* de Alvin Toffler, *Le temps du changement. Science, société et nouvelle culture*, de Fritjof Capra, *The Politics of the Solar Age* de Hazel Henderson et *Person/Planet* de Theodore Roszack. Comme Satin, ces auteurs partaient de remarques anecdotiques pour se lancer dans des projections générales pour l'avenir. Mais personne ne se risquait à prédire combien de temps il faudrait avant que ce changement n'ait un impact réel et profond sur notre culture. En fait, tout au long des années 80 et 90, bon nombre d'activistes et de personnes impliquées dans ces mouvements, finirent par se demander, comme Wendy Wasserstein : « Mais que sont-ils donc tous devenus ? »

La bataille de Seattle

Le sommet de l'OMC à Seattle de 1999 aurait dû n'être qu'une de ces interminables réunions de plus entre représentants du commerce international, à laquelle pour rien au monde un journaliste n'aurait voulu se rendre. C'était un événement pour la page 27 de votre quotidien, entre les rubriques 'chiens écrasés' et nécrologie. Au lieu de cela, cela ressembla à une reviviscence des sixties, avec des manifestants déchaînés derrière des nuages de gaz lacrymogènes, qui scandaient « Le monde entier vous regarde ! Le monde entier vous observe ! », tandis que les forces de l'ordre affrontaient des anarchistes vêtus de noir sous l'œil des caméras de télévision. A bien des égards, ces manifestations rappelaient les mouvements de libération des Noirs et les manifestations pacifistes des années 60. Mais les manifestants s'étaient très adroitement organisés grâce à internet, et ils réussirent à porter l'art de la manifestation à un degré suprême en combinant leurs défilés avec des célébrations loufoques, des fêtes et festivals excentriques qui redoublèrent l'attention et la curiosité des médias. La convergence de toutes ces organisations et de leurs préoccupations fut une surprise pour tout le monde.

Déguisés en tortues de mer ou en papillon 'monarque', en tête de mort ou en victimes de la violence, 50.000 militants en provenance du monde entier se rassemblèrent à cette occasion. Ecologistes et féministes, camionneurs et ouvriers de la sidérurgie en bleu de travail, adeptes de mouvements spirituels divers, utilisateurs des médecines naturelles, représentants de minorités ethniques, militants des droits de l'homme, opposants à la mondialisation et aux multinationales, tous s'étaient préparés pour un grand rituel spectaculaire — manifester, chanter des slogans, barricader et bloquer les rues, se faire arrêter, tabasser, puis relâcher. Mais la police ne voulait pas rejouer le même jeu qu'il y a quarante ans. Sans qu'elles soient provoquées, les forces de l'ordre ont agressé avec des gaz lacrymogènes et des balles en caoutchouc une foule plutôt paisible, et souvent assise, et allèrent jusqu'à matraquer certains manifestants. La plupart du temps ils n'arrêtèrent personne, pas même les casseurs des vitrines des magasins d'électronique ou des cafés Starbucks. Apparemment, tout ce qu'on leur avait demandé, c'était d'éparpiller les manifestants afin que les négociateurs puissent se rendre tranquillement à leurs réunions de l'OMC et signer de nouveaux accords commerciaux.

Ces cinq jours de manifestations laissèrent les deux camps aigris et mécontents, et les négociations furent abandonnées. De toute façon, même si les manifestations n'avaient pas eu lieu, les représentants des pays du tiers monde auraient probablement décidé de quitter les négociations afin de les faire capoter. A la fin, tout le monde était furieux, et chacun rentra chez soi. Les centaines d'organisations qui avaient appelé à la manifestation célébrèrent, elles, leur victoire, estimant qu'elles avaient joué un rôle important dans l'échec des discussions, et fières d'avoir réussi à imposer de nouvelles questions à l'ordre du jour des prochaines rencontres.

L'un des aspects frappants de ces manifestations fut l'impression que les manifestants savaient exactement ce qu'ils devaient faire. Tous respectèrent une sorte de code de bonne conduite pacifique lors des défilés et des cortèges, quelles qu'étaient les organisations ou mouvements auxquels ils appartenaient, ou le pays d'où ils venaient. Mis à part quelques douzaines d'anarchistes qui arrivèrent à causer quelques violences, les milliers d'autres manifestants adoptaient plutôt l'attitude de désobéissance civile non-violente prônée par Gandhi. Suivant les rapports publiés sur internet, le DAN (Direct Action Network), qui avait fourni l'infrastructure organisationnelle pour les manifestations, avait travaillé pendant des mois pour coordonner la logistique, s'occuper de l'hébergement, organiser des programmes de formation à la non-violence, mettre en place un service de conseil juridique, et préparer la session d'ouverture 'Convergence des Peuples' à l'OMC. Durant tous ces mois de préparation, ils avaient également travaillé en étroite collaboration avec la police et s'étaient engagés à maintenir une atmosphère de non-violence tout au long des manifestations.

Que s'est-il vraiment passé à Seattle ?

Contrairement à ce qu'ont voulu faire croire les lobbyistes et les officiels qui participaient aux négociations, les manifestants savaient très bien ce qu'ils faisaient, et ils étaient tous d'accord — peut-être pas sur ce pour quoi ils se battaient, mais certainement sur ce contre quoi et contre qui ils étaient. Et malgré la très forte divergence de leurs intérêts, multiples et variés, tous partageaient un certain nombre de valeurs communes et surtout une même façon de concevoir le rôle des entreprises multinationales et de la mondialisation dans la situation actuelle.

Les manifestations avaient un objectif simple, sur lequel tous s'accordaient : mettre en avant, aux yeux du monde, les aspects négatifs et les dysfonctionnements des accords de l'OMC, et en gêner l'avancée ; mais il n'y avait pas de structures de commandement centralisées, ni de quartiers généraux pour diriger les opérations. Cependant, la coordination entre les groupes était très développée et ils s'étaient mis d'accord sur les stratégies, la logistique et le contrôle des informations, aussi bien avant que pendant les manifestations. Ce furent les premières manifestations à utiliser à ce point les nouvelles technologies : internet, le fax et surtout les téléphones portables. Lorsque le système de communication du DAN fut coupé par les autorités, un autre groupe équipé de radios portables prit immédiatement le relais pour le reste de la journée.

Cette capacité à garder le contrôle et à ne pas se disperser face à la violence policière dépendait d'un fort consensus entre des centaines de groupuscules 'affiliés', c'est-à-dire partageant certaines valeurs. Tous avaient suivi des formations communes à la non-violence et chacun travailla minutieusement sur sa propre partie de la manifestation. Dans l'ensemble, ces manifestations révélèrent l'existence d'un système créatif auto-organisé qui faisait preuve d'une grande intelligence collective. Cela les rendait d'autant plus difficiles à disperser et à stopper.

Dans un éditorial du *Business Week*, juste après l'échec des négociations, le commentateur économique Robert Kuttner écrivit : « Après ce qui s'est passé à Seattle, les stratégies géopolitiques de l'économie mondiale ne seront plus jamais comme avant. Pour la première fois, on a clairement formulé la question clé : les droits de l'homme doivent-ils avoir la même place que les droits de la propriété dans le système économique mondial ? » Avec des institutions comme l'OMC ou le FMI, « les investisseurs du monde entier sont en train d'essayer de faire revivre le capitalisme du siècle dernier — une charte internationale des droits de la propriété, mais rien pour les droits de l'homme. »[1]

Les manifestants, eux, n'étaient pas foncièrement opposés au commerce en lui-même. Ce à quoi ils sont opposés, ce sont ses règles actuelles de fonctionnement, fixées par les entreprises, contrôlées par les entreprises, pour les entreprises et leur seul bénéfice. Ils s'opposent à la démarche et au fonctionnement de l'OMC, qu'ils perçoivent comme antidémocratique : les réunions secrètes d'un club de nantis qui ne représentent que les pays développés et les grandes entreprises, et les relations confortables qu'entretiennent de nombreux gouvernements avec ces entreprises. Ils s'opposent aussi aux conséquences de ces réunions — l'exploitation croissante des travailleurs et des enfants du tiers monde, les diminutions de salaires pour les employés des pays occidentaux, la dégradation de la santé des êtres humains et de la planète, l'extinction des espèces, le développement des produits génétiquement modifiés (avec leurs conséquences néfastes pour les humains et la planète), les menaces que font peser les grandes entreprises sur les petits pays et leurs populations, et la violation des droits de l'homme. Ce que craignent, en fait, ceux qui ont participé à ces manifestations, c'est une spirale infernale, un nivellement par le bas, où la compétition mondiale entraînerait les pays à sacrifier les protections sociales et environnementales.

1. Robert Kuttner, 'The Seattle Protesters Got It Right', *Business Week*, 20 décembre 1999.

Un nouveau point de vue

Finalement, l'impact le plus significatif de ces manifestations fut de voir un éventail aussi large de mouvements sociaux et d'ONG se regrouper et faire cause commune autour de certaines valeurs et d'une certaine manière de voir le monde. Richard Flacks, sociologue à l'Université de Californie à Santa Barbara, qui en son temps avait participé à la formation d'un groupe d'étudiants radicaux contre la guerre du Vietnam, a déclaré dans le *San Jose Mercury News* : « Ce fut une première historique... Dans l'histoire des mouvements sociaux aux Etats-Unis, un tel rassemblement de groupes et organisations qui jusqu'alors n'avaient presque jamais été en contact — comme les ouvriers et les écologistes, par exemple — représente une évolution fondamentale, une nouveauté absolument significative. » Selon Flacks, les manifestants de Seattle « engagent le public à regarder l'économie mondiale sous un nouveau jour, tout comme les mouvements féministes forcèrent les gens à reconsidérer les canons de la beauté, ou les personnes habitant à proximité des centrales nucléaires firent prendre conscience au grand public des dangers qu'elles représentent pour la sécurité publique ».[1]

Lorsque Flacks parle d'un 'nouveau jour', il fait référence à la démarche désormais classique de reformulation, de remise en question, en doute et en cause et de 're-pensée' des codes et conventions, telle que nous avons pu la rencontrer au cours des chapitres précédents. Il désigne aussi par là la convergence politique accélérée, de par le monde, entre différentes organisations et courants, comme ceux réunis à Seattle. Ce processus politique de cohésion et de convergence n'en est encore qu'à ses débuts, aussi les coalitions politiques ne sont-elles pas toujours très faciles. Mais comme on l'a vu, les branches culturelles de ces mouvements ont connu une convergence similaire depuis plus d'une vingtaine d'années. C'est la convergence politique qui est 'en retard', et non la convergence culturelle, sur cette grande vague de changement qui est en train de secouer la société occidentale.

---

1. Elsa C. Arnett, 'Seattle Protests Put a New Activism in Play', *San Jose Mercury News*, 3 décembre 1999.

Convergence des mouvements sociaux et psychospirituels

Le schéma suivant, intitulé 'Convergence des mouvements' montre comment les mouvements sociaux et les mouvements d'éveil de la conscience se sont rejoints pour donner naissance à une grande force de changement social. C'est comme si toutes les rivières de l'Amérique du Nord représentaient les mouvements sociaux, et toutes les rivières de l'Amérique du Sud étaient les mouvements d'éveil de la conscience, et toutes ces rivières se rejoignaient dans le Gulf Stream.

Le graphe suivant est comme une 'radiographie' du premier, révélant comment les branches culturelles de ces mouvements ont convergé en dehors du regard du public. Au même moment, les branches plus 'publiques' de ces mouvements — par exemple, les groupes d'actions sociales ou les parties les plus visibles des mouvements d'éveil de la conscience — sont restées, en apparence, bien séparées.

Le vieux modèle du 'mouvement politique' hérité des années 60, qui était bâti autour des notions dichotomiques d'opposition et de conflit, est encore très vivace aujourd'hui dans la perception de nombreux observateurs. Beaucoup parlent encore des mouvements 'contestataires', comme si ce *contre* quoi un mouvement se positionne pouvait suffire à le définir. Dans presque tous les mouvements sociaux, c'est comme si l'on pouvait savoir qui l'on est uniquement en sachant ce contre quoi on se bat, ou ce que l'on déteste.

Mais petit à petit, les bases de l'identité collective se sont déplacées, glissant de la 'contestation' vers une vision plus positive et volontariste des choses, de l'activisme et de l'avenir. Il a fallu presque deux décennies pour que les mouvements 'contre la guerre' deviennent des mouvements 'pour la paix', ou pour que les mouvements féministes finissent par se détacher des accusations et de la haine systématiques envers les hommes pour mieux se (re)définir de façon affirmative, en fonction de ce *pour* quoi elles étaient. L'une des causes principales de ce glissement fut l'influence des mouvements d'éveil de la conscience. La spiritualité et la psychologie introduisirent de nouvelles manières de penser : les idées des militants à propos des processus et des objectifs de leur engagement commencèrent à évoluer, et les notions de communauté, les aspects 'relationnels' devinrent de plus

Convergence des mouvements importants pour les Créatifs Culturels

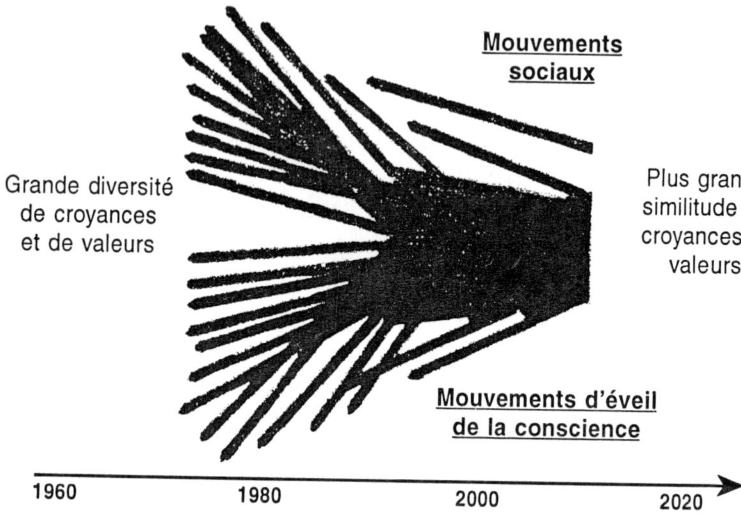

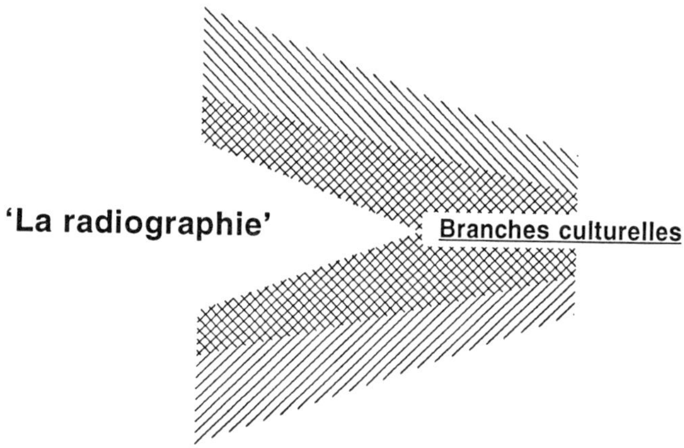

Les mouvements sociaux remettent en question l'ordre social établi et ses institutions. Les actions directes, dans les domaines conventionnels de la politique et de l'économie, sont dirigées vers l'extérieur, la société et le monde.

Les branches culturelles des mouvements remettent en question les conventions. Leur action directe, dont le but est de changer plusieurs aspects et domaines de la vie sociale, va bien au-delà de l'action politique conventionnelle. Ils essaient de sensibiliser et d'éduquer le public à des questions de morale et d'éthique, de changer les règles du jeu, et, au final, d'imposer de nouvelles visions du monde et de nouveaux paradigmes.

Les mouvements d'éveil de la conscience changent les vies et les cultures au niveau individuel. Ils modifient les psychés individuelles, la culture, la vision du monde, le mode de vie, au travers d'actions et de changements personnels, 'à l'intérieur', au niveau de l'individu. Le changement est plus généralement 'privé' et apolitique.

en plus importants. A nouveau, les femmes furent, en partie, mais de façon tout à fait significative, à l'origine de cette évolution.

Pour ne prendre qu'un exemple récent, tiré de l'expérience des manifestations de Seattle, on peut citer Starhawk ; écrivain et leader du mouvement wicca, qui fut arrêtée avec d'autres manifestants. Durant son séjour en prison, ses préoccupations sociales, son intérêt accentué pour le 'relationnel' et le 'communautaire' devinrent évidents. Dans une lettre ouverte publiée sur le Net, elle décrit son expérience en prison : « Nous avons chanté des chansons, nous avons raconté des histoires, médité et invoqué les éléments. Une cinquantaine d'entre nous ont improvisé un rituel impromptu dans la cellule où nous attendions notre jugement, et plus tard nous avons dansé une danse en spirale. Nous avons pratiqué 'l'art de changer de conscience à volonté'. Les gardes, les menaces, la violence et le béton, rien ne pouvait chasser ou diminuer l'amour, l'engagement et la pure joie que nous partagions. Les femmes qui étaient en prison avec moi étaient très jeunes pour la plupart, mais incroyablement fortes, intelligentes et perspicaces, et faisaient preuve d'une grande conscience politique. Il y avait aussi quelques femmes plus âgées avec nous, dont le courage et le sens de l'humour ont été une source importante d'inspiration pour nous toutes. »

Réfléchissant à ce qu'elle avait ressenti pendant tout ce temps, Starhawk évoque un sentiment très fort de connexion avec les aspects personnels, spirituels et communautaires des manifestations : « J'avais faim, j'étais malade, épuisée et je souffrais la plupart du temps — mais jamais, à aucun moment je ne me suis sentie malheureuse d'être où j'étais. Au contraire, je faisais l'expérience d'une profonde joie rayonnante et vibrante, comme le courant pur, clair et frais d'une rivière dans laquelle je pouvais me ressourcer à chaque fois que mon esprit commençait à flancher. Je fermais les yeux et je pouvais voir les ancêtres qui marchaient avec nous, traversant les grands fleuves et inversant les marées. Et je ressentais alors en moi une force et une profondeur que je ne me connaissais pas. Cela a été l'expérience initiatique la plus forte que j'aie jamais connue. » [1]

---

1. Lettre ouverte de Starhawk sur internet, 10 décembre 1999. Pour une vidéo internet produite par le Independent Media Center et le 'This is what democracy looks like' de Beth Sanders (à paraître), se reporter au site *www.indymedia.org*.

Il faut aussi envisager cette convergence des mouvements 'spirituels' et sociaux à la lumière de l'ère de l'information. La lettre de prison de Starhawk s'inscrit dans une longue tradition de témoignages moraux où de telles lettres mettaient des mois, parfois des années, avant d'atteindre leur destination. Tandis qu'il attendait d'être jugé par les nazis, entre 1942 et 1945, le jeune pasteur allemand Dietrich Bonhoeffer écrivit à ses parents et ses amis. Ses lettres, censurées, ne furent publiées qu'en 1970, des années après son exécution. En 1963, Martin Luther King écrivit de la prison de Birmingham une lettre à huit membres blancs du clergé qui avaient critiqué les manifestants noirs. Ce ne fut qu'un mois plus tard que sa lettre put enfin atteindre ses supporters et, ce n'est que plus tard encore qu'elle fut accessible au grand public. Au contraire, la lettre ouverte de Starhawk et son appel à la prise de conscience politique atteignirent immédiatement le cyberespace tout entier, touchant directement la conscience collective, sans aucune censure et à la vitesse de l'éclair. Désormais, en se répandant indépendamment des autorités et des rédactions des journaux, les témoignages personnels 'en direct du front' peuvent atteindre des millions de citoyens en l'espace de quelques heures.

Partout, les preuves, l'évidence et l'urgence

En cette ère des technologies de l'information, l'un des moteurs les plus puissants de cette convergence des mouvements est la nature même des problèmes en question. Il suffit d'un minimum d'attention et d'honnêteté pour voir que le moindre problème aujourd'hui s'inscrit en fait dans un réseau complexe de problèmes non résolus, eux-mêmes inscrits dans un système beaucoup plus vaste. Et, en l'occurrence, à notre époque, il semblerait que le système en question soit la planète dans son ensemble.

Des troupes massacrent des civils dans des endroits 'excentrés', bien loin de chez nous comme le Timor Oriental, le Kosovo ou la Tchétchénie, et d'un seul coup le monde entier est sur le pied de guerre. Les Européens s'opposent à ce que la Turquie intègre l'Union Européenne, tant qu'elle n'aura pas cessé de massacrer et d'opprimer les populations kurdes. Il y a seulement quelques dizaines d'années, le reste du monde aurait à peine fait attention à ces problèmes, et mis à part quelques ONG isolées, personne n'aurait rien dit ni rien fait. Aujourd'hui, ces sujets mobilisent les gouvernements et les populations, qui font ensuite pression sur les acteurs locaux, avec parfois une certaine efficacité.

Que se passe-t-il ? Il semblerait que les problèmes soient plus généraux et interconnectés qu'ils ne l'ont jamais été. Nous avons un meilleur accès à des sources d'informations de plus en plus nombreuses et variées, qui fournissent des informations de meilleure qualité, et chaque problème concret se retrouve connecté à plusieurs autres. Après la deuxième guerre mondiale, il y avait à peu près 200 ONG qui s'occupaient des problèmes des droits de l'homme. Elles sont aujourd'hui plus de 10.000. Et si chaque organisation est restée focalisée sur son objet initial (par exemple, les réfugiés, la faim, les enfants, les femmes, les homosexuels, les peuples du monde, les handicapés, les personnes âgées), parallèlement, elles ont toutes appris à travailler avec les autres et à renforcer mutuellement leurs actions. C'est ce qui leur permet d'attirer avec autant de succès l'attention du public quand c'est nécessaire. Après tant d'années, la conscience morale du monde est enfin en train de s'éveiller aux autres, en dehors des limites étroites de la communauté ou de la nation.

Les mouvements pacifistes et les mouvements de défense des droits de l'homme illustrent bien ce réseau vivant de connexions qui est en train de se créer de nos jours. Tous les deux sont les fruits d'une longue évolution qui remonte, aux Etats-Unis, à plus de trois cents ans de traditions Quaker et Mennonite. [1] Le mouvement pacifiste moderne a débuté avec des manifestants qui criaient « Interdisez la bombe » en Europe et aux Etats-Unis. Au début des années 60, le slogan avait changé. C'était

1. Les Mennonites sont les descendants des Anabaptistes allemands et français du 14e au 19e siècle, qui furent persécutés par les autorités catholiques et les régimes politiques de plusieurs pays européens, avant de finalement trouver refuge en Amérique du Nord et du Sud. Comme les Quakers, ils mettaient l'accent sur la conscience individuelle, refusaient l'autorité des gouvernements nationaux et soutenaient souvent divers mouvements sociaux, comme les mouvements pour le droit de vote des femmes, contre la guerre ou contre l'esclavage, qui ont donné naissance à plusieurs mouvements décrits dans ce livre.

« Hell no ! We won't go ! », « Non, nous n'irons pas nous battre là-bas », contre la guerre du Vietnam. Puis, les deux mouvements commencèrent à converger, centrant leurs actions sur le désarmement nucléaire, notamment après que les Américains ont perdu la guerre du Vietnam. Puis ils unirent leurs forces contre les mines anti-personnel et les armes biologiques. Ensuite, porté par son souci constant de protéger les droits de l'homme, le mouvement s'est intéressé aux mauvais traitements infligés aux prisonniers politiques du bloc de l'Est, puis s'élargit pour inclure dans son champ d'action la défense des victimes des dictatures des pays du tiers-monde, ainsi que les problèmes des réfugiés.

Tandis que les ONG se multipliaient, chacune à son tour découvrait cette notion d'interdépendance et d'interconnexion. Dès que l'une d'elles s'emparait d'un problème concernant les droits de l'homme, elle voyait soudain s'étendre ses ramifications à l'infini. Le résultat est que, désormais, plus aucun mouvement ne peut prétendre détenir à lui seul la meilleure solution. L'exemple du commerce sexuel dans les pays asiatiques est un bon exemple d'une situation urgente aux interconnexions complexes et multiples.

Face aux millions de femmes et d'enfants tenus en esclavage dans les bordels asiatiques, les militants des droits de l'homme, les associations féministes et les groupes pacifistes ont vite réalisé qu'ils ne pouvaient agir efficacement en restant isolés. Leurs actions devaient être concertées pour être efficaces. La première réaction, pourtant, ne fut pas celle-là. Des aspirations à l'héroïsme ont poussé pas mal de gens à croire qu'il suffisait d'aller sauver les femmes et les enfants des bordels, de les libérer de leurs prisons du sexe et de réguler l'activité des gangs criminels pour résoudre le problème. Il semblait évident pour beaucoup que c'était là tout simplement un problème de droits des femmes. Mais la réalité était beaucoup plus complexe. Les raisons d'une telle situation étaient à chercher plutôt du côté de la pauvreté des femmes, la précarité de leur situation économique, leur analphabétisme et leur accès insuffisant aux structures éducatives, leur endettement élevé et les contraintes qui en découlent, les conditions de travail insupportables ainsi que les discriminations inscrites dans les lois et les traditions. Et les travailleurs sur le terrain, en creusant, ont fini par comprendre que cette tragédie prend racine dans la situation des zones rurales, où la déforestation et les dégradations de l'environnement condamnent les populations à une pauvreté croissante. Que les familles émigrent vers la ville ou restent à la campagne, certaines d'entre elles sont souvent contraintes de vendre leur fille, et parfois leur garçon aussi, à des exploiteurs du sexe. Et c'est donc là que les travailleurs des programmes de développement et les écologistes essaient d'intervenir — en agissant sur tous ces problèmes de fond, qui sous-tendent la manifestation la plus visible du cercle infernal. Et c'est là aussi que les interactions entre les différents mouvements sociaux, les différentes ONG sont les plus fortes.

En Afrique et en Asie, le sida est devenu cette énorme bombe à retardement de l'industrie du sexe, car c'est par la prostitution que le virus se répand le plus rapidement. L'épidémie échappe désormais à tout contrôle dans des dizaines de pays où pratiquement personne n'est prêt ni à agir, ni même parfois à en parler. Dans ces cas-là, les questions de santé publique et de défense des droits de l'homme sont intimement liées. Un médecin népalais, Dr Aruna Uprety, révèle encore un autre degré de complexité dans cette affaire. Il raconte comment les 'recruteurs' des bordels indiens viennent au Népal, et prétendent proposer à ces jeunes filles du travail ou des contrats de mariage. Les familles rurales auxquelles ils rendent visite, qui sont dans un état d'extrême pauvreté, se retrouvent devant le choix suivant : soit ils auront à payer une dot importante pour le mariage de leur fille dans un avenir incertain, soit ils reçoivent immédiatement une 'grosse' somme d'argent. Les familles qui acceptent l'argent se doutent peut-être qu'elles sont en train de vendre leurs filles à des réseaux de prostitution, mais elles sont souvent dans un tel état de pauvreté qu'elles n'ont pas vraiment le choix. « Le problème ne fait qu'empirer, parce que les filles sont vendues de plus en plus jeunes. Avec le sida, le marché et ses acteurs demandent toujours plus de chair fraîche. De nos jours, on peut vendre parfois des filles qui n'ont que six ans. De plus en plus d'enfants disparaissent, garçons et filles. » [1]

---

1. Aruna Uprety citée par China Galland dans *The Bond Between Women* (New York : Riverhead Books, 1998), p.28.

Si l'on peut se réjouir de cette réunion, cette convergence et cette collaboration tant attendue de tous ces mouvements et de toutes ces actions, l'heure n'est pas vraiment aux félicitations. L'urgence est telle que ce qu'il faut, plutôt que de se laisser aller à l'autosatisfaction, c'est travailler à une interconnexion, une collaboration plus étroite encore, afin de mettre en place des discours et des pratiques communes plus efficaces. Ce faisant, les mouvements convergent plus encore, non dans leurs programmes, mais dans leur langage, leur diagnostic des problèmes, et leurs analyses des causes sous-jacentes. Et les preuves de cette convergence sont presque partout présentes :

- Le mouvement féministe est étroitement lié à l'action pour les droits de l'homme dans le monde entier, mais il se mélange aussi aux aspects spirituels, psychologiques et familiaux du mouvement du potentiel humain, ainsi qu'au mouvement écologiste au travers de l'éco-féminisme.
- Le mouvement pour le potentiel humain est relié aux nouvelles spiritualités et aux courants de médecines alternatives, ainsi qu'aux mouvements féministes. Il touche aussi à des problèmes de psychosociologie des organisations, en s'intéressant par exemple aux questions de la qualité de la vie sur les lieux de travail.
- Les mouvements de médecines alternatives sont reliés aux mouvements de développement psychospirituel, mais ils ont aussi abandonné leurs discours purement personnels et individuels pour s'attaquer aux institutions et à l'establishment médical dans son ensemble. Ils établissent aussi des connexions essentielles avec l'agriculture biologique et l'alimentation naturelle, et s'opposent aux rôles des entreprises de biotechnologies dans les manipulations génétiques en agriculture et en médecine.
- Le mouvement de libération des Noirs a repris à son compte les problèmes de justice sociale et d'emploi, ainsi que les problèmes de justice environnementale, commençant par s'intéresser aux aspects sociaux de la dégradation de l'environnement dans les quartiers urbains, pour ensuite s'intéresser aux campagnes et aux autres pays. Bien évidemment, il est aussi lié aux mouvements féministes et aux mouvements de défense des droits de l'homme.

- Le mouvement environnementaliste s'est transformé en mouvement écologiste qui s'est attaqué à la croissance industrielle du monde moderne. Il s'est rallié aux mouvements syndicaux en mettant en avant les parallèles et les connexions entre l'exploitation des travailleurs et l'exploitation de l'environnement, dans la manière d'opérer des entreprises dans les pays du tiers monde. Et par ailleurs, le mouvement écologiste recoupe tous les mouvements cités plus haut.

Un élan général en Europe occidentale

Notre idée et notre perception de cette convergence générale des différents mouvements culturels, et d'un grand changement culturel en cours sont confirmées par l'un des sociologues les plus respectés. Selon Ralph H. Turner, analyste des mouvements sociaux, on a assisté au cours des vingt-cinq dernières années à un grand élan général dans toute l'Europe occidentale, mouvement qui regroupe et recouvre toutes les préoccupations des nouveaux mouvements sociaux. C'est un mouvement qui regroupe les 'publics' de tous ces mouvements autour de convictions morales comme de prises de positions très pratiques et concrètes. Turner explique que tous en effet reposent sur une même conviction, « un sens particulier de la valeur de chacun, une certaine conception du sens de la vie, qui serait un droit fondamental que nos institutions sociales se doivent de protéger » [1]. Et il démontre comment cette conviction se manifeste dans chacun des mouvements concernés. Pour les écologistes, en particulier, l'accent est mis sur la nécessité pour les humains de trouver leur place dans l'ordre naturel, « plutôt que de se prendre pour une race à part, coupée de la nature et au-dessus d'elle ». Les courants anti-nucléaires et pacifistes, ainsi que ceux en faveur du « ralentissement de la croissance » partagent également cette manière de voir. Le féminisme quant à lui se préoccupe activement des possibilités d'accomplissement de soi, de dignité humaine, pas seulement pour les femmes mais pour tout le monde. Si vous ajoutez à cela les premiers discours des mouve-

1. Ralph H. Turner, 'Ideology and Utopia after Socialism', dans Enrique Larana, Hank Johnston and Jospeh R. Gusfield, eds., *New Social Movements* (Philadelphia : Temple University Press, 1994), pp. 79-81, 89-97.

ments étudiants à propos de l'épanouissement personnel, de la valeur et du rôle de chaque individu, vous obtenez, suivant Turner, un impressionnant courant de changement dans la culture occidentale.

Au cœur, les Créatifs Culturels

C'est peut-être déjà clair, mais il nous semble nécessaire d'insister sur le point suivant. Notre recherche révèle que les Créatifs Culturels sont au cœur même de ce grand changement. Ils sont la base commune des mouvements d'éveil de la conscience et des mouvements sociaux. Pratiquement toutes les personnes que nous avons interviewées nous ont dit avoir participé activement à plusieurs mouvements différents, et être intéressées par les actions et les publications d'autres mouvements encore. Nous avons entendu cela tellement de fois qu'au bout d'un certain temps, cela nous est apparu comme étant la norme. Et au fil des ans, les Créatifs Culturels ont introduit, dans chacun des nouveaux mouvements qu'ils rejoignaient, ce qu'ils avaient pu apprendre dans ceux auxquels ils avaient déjà participé. Un peu comme les femmes qui jadis partageaient recettes et patrons pour leurs coutures, ou les hommes qui s'échangeaient des techniques de chasse et de culture, les Créatifs Culturels ont partagé croyances et convictions, sentiments et expériences personnelles, lectures et réflexions, et, plus que tout, ils ont partagé leurs préoccupations morales.

Pour chacun d'entre eux, cela a signifié une très grande implication et de nombreuses lectures, beaucoup de temps passé à réfléchir et à débattre, et une très forte interaction avec d'autres personnes qui s'intéressent aux mêmes problèmes. Et cela a aussi signifié repenser les vieilles positions et les opinions habituelles, réinterpréter les sagesses conventionnelles et 'le bon sens' transmis par les parents, les professeurs et la société dans son ensemble. Et, bien qu'il soit envisageable de participer à ces mouvements sans changer ses valeurs ou son mode de vie, c'est tout de même très peu probable.

Les résultats de notre enquête confirment ces impressions. Nous avons observé les sympathisants et supporters — le 'groupe d'intérêt moral' — de cinq mouvements principaux :

- le mouvement écologiste (à distinguer de l'environnementalisme conventionnel),
- le féminisme,
- les médecines alternatives (la participation à ce mouvement a été évaluée en demandant si la personne interrogée avait eu ou non recours à des médecines douces l'année précédente),
- les psychologies de l'accomplissement de soi,
- la spiritualité orientée vers la psychologie (par opposition aux spiritualités purement religieuses traditionnelles).

Comme on peut le voir dans le tableau 'public moral', les Créatifs Culturels sont deux fois plus susceptibles que les autres d'être impliqués dans ces mouvements. [1]

Et leur engagement ne se limite pas à ces seuls cinq mouvements. Par exemple, dans une étude réalisée en 1999 pour l'EPA, il est apparu que les Créatifs Culturels font partie, à hauteur de 67%, du 'public moral' des mouvements pour l'emploi et la justice sociale, et représentent 60% du public de ceux qui sont en faveur de la durabilité écologique. Ainsi le mouvement pour la justice sociale montre la même tendance à recouper les autres, et, à nouveau, les Créatifs Culturels sont au cœur de ces croisements.

1. Pour cette analyse, nous avons classé chaque individu suivant trois catégories : globalement d'accord avec un mouvement, neutre (ne se prononce ni pour ni contre) ou bien globalement pas d'accord avec ce mouvement. Puis nous avons additionné le nombre total de mouvements avec lesquels ils sont d'accord parmi les cinq cités. On a ainsi obtenu une indication sur le nombre de 'groupes d'intérêt moral' auxquels ils appartiennent. (Nous n'avons pas de preuves pour chacun des vingt mouvements, mais tout tend à montrer que les recoupements sont similaires). Au cas où vous vous poseriez la question, aucune des variables utilisées ici n'a servi à déterminer qui appartient au groupe des Créatifs Culturels. Ce dernier point a été mesuré à l'aide d'un ensemble de variables totalement différent.

Ciment culturel

Il nous reste à indiquer une autre preuve importante de cette convergence. Tandis que les mouvements étaient jusqu'alors bien distincts, aujourd'hui leurs 'publics moraux' — cette population immense dont les priorités dans la vie ont été modifiées par le mouvement — se croisent et se recoupent [1].

Chacun des cinq mouvements que nous avons étudiés partage avec chacun des autres entre 40 et 80% de sa base (à la fois sympathisants et activistes). Et à chaque fois que les mouvements partagent ainsi leur public, on trouve toujours un grand nombre de Créatifs Culturels dans cette population commune. Les Créatifs Culturels, au risque de se répéter, sont à l'intersection de tous ces mouvements. En fait, on peut les considérer comme le ciment culturel qui rassemble les mouvements entre eux.

Regardons un peu comment cela fonctionne. Sur le tableau 'Valeurs et Croyances' (voir p. 332), on voit bien le schéma de connexion. Pour chaque mesure, il y a plus de Créatifs Culturels qui sont d'accord ou approuvent chacune des valeurs citées qu'il n'y a de Modernistes ou de Traditionalistes. Remarquez que les questions d'écologie sont importantes pour presque tout le monde, tandis que les questions spirituelles et psychologiques ne semblent compter en priorité que pour les Créatifs Culturels. C'est parce que les mouvements d'éveil de la conscience contemporains sont plus récents, et ne concernent pour l'instant que certaines franges de la population — la culture dans son ensemble ne les a pas encore intégrés. Les Créatifs Culturels sont également deux fois plus nombreux que les autres Américains à déclarer qu'ils souhaitent s'impliquer activement dans le changement social.

Qu'est-ce que cela signifie ? Est-ce que ce sont les Créatifs Culturels qui dessinent les mouvements ou bien l'inverse ? Les deux, en fait. Ce à quoi nous assistons n'est pas un système linéaire de causalité classique, du type les bœufs avant la charrue, mais un système complexe et global en changement perpétuel, avec des boucles de réactions positives qui reflètent des

---

1. Mais les activistes radicaux d'un mouvement ne s'engagent que rarement avec la même intensité dans les autres mouvements.

Publics moraux des nouveaux mouvements sociaux

Nombre de groupes d'intérêt éthique commun auxquels appartiennent :

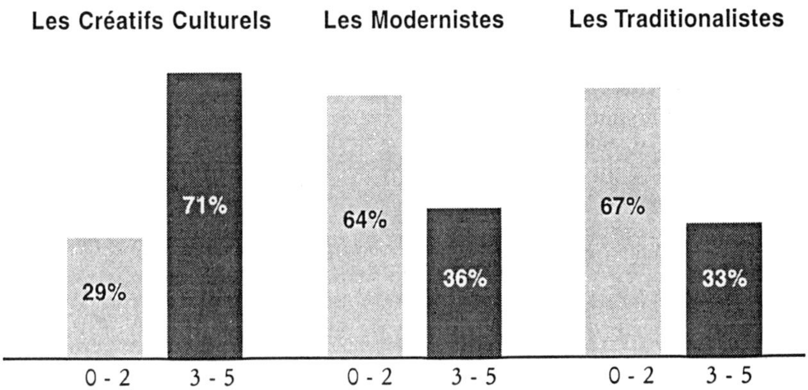

milliers d'interconnexions se renforçant les unes les autres. Tous les mouvements ont puisé dans la population des Créatifs Culturels qui a ainsi constitué une sorte de réserve commune où chaque organisation pouvait trouver un public. Et après plus de quarante ans, ces implications multiples et croisées des Créatifs Culturels ont influencé en retour les valeurs et les perspectives de l'ensemble des mouvements concernés.

Si les mouvements n'avaient pas eu de bases communes qui puissent ainsi les relier, il est difficile d'envisager comment les Créatifs Culturels auraient pu émerger avec tant de force. Mais réciproquement, s'il n'y avait pas eu les Créatifs Culturels, la convergence de tous les mouvements à laquelle nous sommes en train d'assister n'aurait sans doute jamais pu avoir lieu. Il suffit de penser aux années 60 et 70. Les pacifistes n'avaient que très peu de connexions avec les écologistes, qui eux-mêmes étaient bien séparés des féministes, qui n'avaient elles-mêmes aucun lien avec les médecines alternatives, ou les différentes formes de spiritualités ou de psychologies transformatives ou 'humanistes'. On verrait encore aujourd'hui des enclaves séparées de militants, chacun se considérant comme unique et isolé et spécialement équipé pour résoudre un problème crucial mais bien défini du monde de demain. Et l'on aurait sans doute assisté à de nom-

Valeurs et Croyances dans les Mouvements convergents

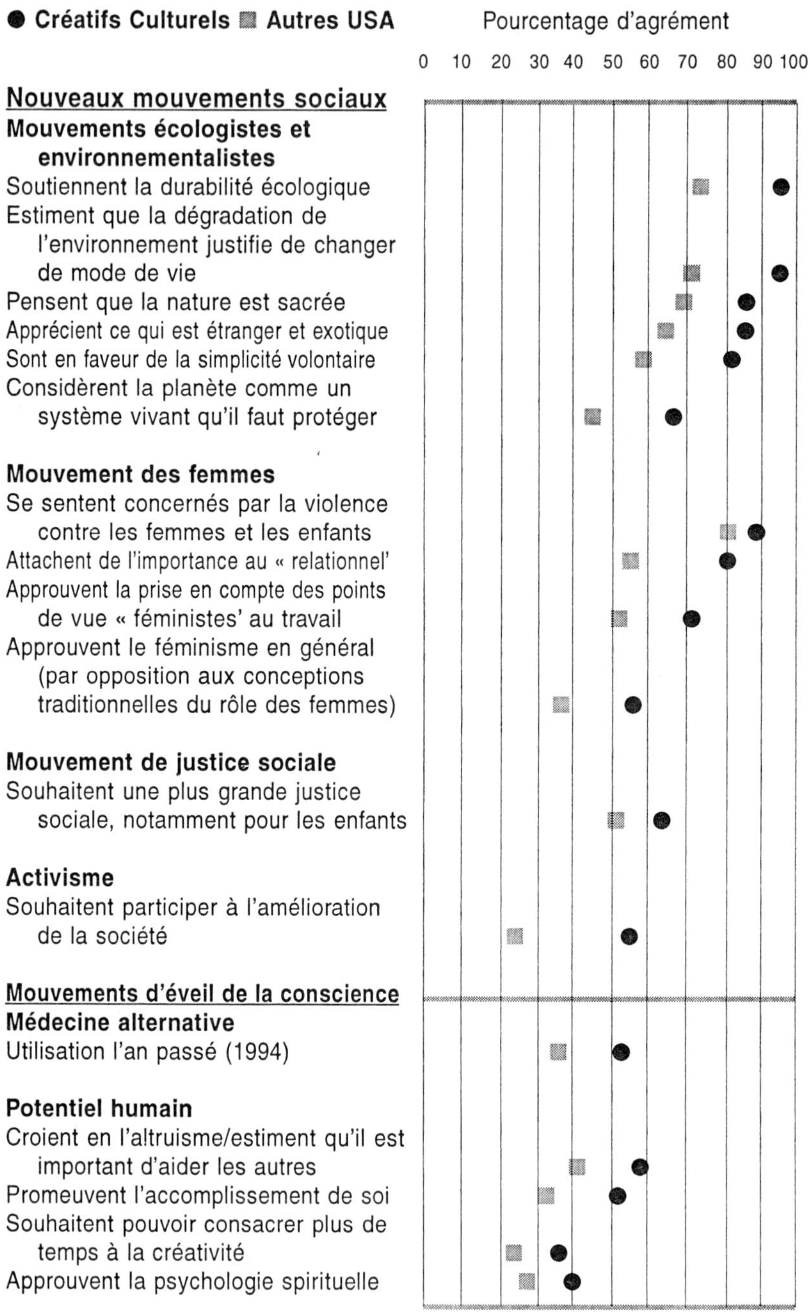

breux conflits, chacun contribuant à sa manière à accélérer la fragmentation du Modernisme.

Un mouvement d'un nouveau genre

Jusqu'à présent nous avons vu deux types de convergences, toutes deux dirigées vers un même mouvement général de changement culturel : d'une part, les mouvements deviennent de plus en plus proches et similaires, et collaborent de plus en plus sur des sujets importants, et d'autre part, les Créatifs Culturels représentent une base démographique commune à tous ces développements. Il nous faut à présent nous intéresser à un troisième élément tout aussi important. C'est l'émergence d'un mouvement d'un nouveau genre, dont les participants considèrent que cette convergence entre les différentes tendances, mouvances et mobilisations va de soi, car elle fait partie de leur bagage 'naturel'.

Pour mieux comprendre de quoi il s'agit, nous allons nous intéresser à la 'santé environnementale', un mouvement naissant que décrit le chercheur en médecine Michael Lerner [1].

Le terme de 'santé environnementale' a un double sens. D'un côté, il fait référence à l'impact de l'environnement sur la santé des gens, et de l'autre, il désigne l'impact des humains sur la santé de l'environnement. Mais le mouvement va en fait encore plus loin dans son souci de travailler sur les interconnexions, et révèle ainsi une fois de plus que les problèmes sont beaucoup trop vastes et englobent beaucoup trop d'aspects et de dimensions différentes pour que des solutions étroites et fragmentaires puissent fonctionner. Voici les données de base, les faits principaux qui sont à l'origine du mouvement de 'santé environnementale' :

- Nous vivons au beau milieu d'un océan de produits chimiques fabriqués par l'homme, dont l'impact sur la santé

1. Michael Lerner, 'The Age of Extinction and the Emerging Environmental Health Movement', article inédit, Commonweal Institute, Bolinas, CA, 12 mars 1999 ; disponible sur le site *www.commonweal.org*. Cité avec la permission de l'auteur.

de l'homme, dans la plupart des cas, n'a jamais été testé. Certains sont en partie responsables de la très forte augmentation du nombre de cancers observée à notre époque, et d'autres (parfois les mêmes) sont à l'origine d'accidents dans le développement fœtal, et ont des conséquences néfastes sur l'intelligence, la fertilité et la santé en général.

- Les trous dans la couche d'ozone entraînent des augmentations importantes du nombre de cas de mélanomes malins et affaiblissent les systèmes immunitaires humains. De plus, ils ont des effets catastrophiques sur d'autres espèces
- Le changement climatique est à l'origine d'importantes modifications dans l'ordre des saisons, et a des conséquences néfastes sur l'ensemble des espèces, y compris les êtres humains, avec des tempêtes, des cyclones, des inondations et des sécheresses toujours plus catastrophiques. Parmi les autres conséquences désastreuses du changement climatique, il faut ajouter des modifications dans les schémas de développement des maladies infectieuses, la fonte des glaciers et la moitié du niveau des océans.
- Les modifications et les dérangements des écosystèmes en Amérique, en Europe, en Afrique, et en Asie sont à l'origine de l'explosion de nouvelles maladies infectieuses, tandis qu'en même temps, les systèmes immunitaires des humains sont affaiblis par les produits toxiques et la diminution de la couche d'ozone.

Où faut-il se placer pour avoir une vue d'ensemble suffisamment large et fidèle à la réalité pour inclure tous ses aspects ? Il y a des dizaines de points d'observation possibles, chacun permettant d'avoir un aperçu, comme les facettes d'un diamant, procurant une vision claire mais chaque fois différente d'un tout insaisissable. L'un de ces points d'observation est la conscience spirituelle profonde de la grande unité de toute vie. Que vous l'appeliez 'l'Inter-être', comme le fait le moine vietnamien Thich Nhat Hanh, ou la 'Grande Toile de la vie', comme de nombreux Amérindiens, ou 'Gaia', c'est toujours la même vision de la planète Terre et de toutes les formes de vie qu'elle porte comme un Grand Tout interdépendant.

Un autre point de vue est celui partagé par tout un tas de mouvements spirituels, psychologiques et sociaux qui sont à l'origine de la nouvelle culture en train de se mettre en place. La perspective ici peut être strictement environnementaliste ou dériver des mouvements de médecine alternative ; elle peut venir des syndicats ou d'autres organisations préoccupées de santé du travail ; ou bien encore des féministes, des militants des droits civiques, ou de groupes spirituels, pour ne nommer que quelques-unes des multiples possibilités.

Une autre perspective encore vient de celles et ceux qui se préoccupent de justice sociale. Ceux-là voient très clairement comment les charges les plus lourdes, conséquences terribles de la destruction de l'environnement, sont presque systématiquement portées et supportées par les plus pauvres, que ce soient dans les pays du tiers monde ou dans les pays développés, par les fermiers, par ceux qui vivent à proximité des décharges toxiques, et par celles et ceux qui n'ont pas les moyens de s'offrir des produits issus de l'agriculture biologiques, ni de l'eau propre.

Une autre perspective est celle des entreprises 'socialement responsables', ou celle des politiciens qui se disent concernés par les désastres écologiques et sanitaires. C'est pour eux l'occasion de saisir d'intéressantes opportunités de marché, ou bien de remporter des élections en se montrant impliqués dans les problèmes de santé publique.

Et finalement, le point de vue le plus basique et le plus évident, et aussi le plus largement répandu, est celui des gens 'ordinaires' qui voient clairement que ce qui se passe est néfaste et dangereux pour eux, leurs familles, leurs amis, leurs enfants et leurs petits-enfants. C'est peut-être bien cette perspective qui sera la plus efficace.

Combler l'écart

A l'heure actuelle, tous ces points de vue ne se sont pas encore regroupés en tant que force unifiée. Mais le potentiel que cela représente pour un nouveau type d'action sociale est impressionnant. Comme le demande Michael Lerner : « Que va-t-il se passer quand les gens 'ordinaires', dont les vies sont souvent mortellement atteintes par la destruction de la biosphère, vont réaliser que leurs blessures sont intimement liées à celle de la Terre ? »[1] C'est-à-dire, en fait, que va-t-il se passer quand l'écart habituel entre l'individuel et le planétaire sera annulé, quand les deux apparaîtront comme intimement liés ? Quand la réalité intime et personnelle de mon cancer du sein, le mélanome de mon frère, la dyslexie de ma fille, les déficiences du système immunitaire de mon ami, apparaîtront comme liés à la stérilité des poissons, aux changements d'orientation sexuelle des oiseaux ou à la disparition de certaines espèces de grenouilles ?

Les schémas qui permettent d'expliquer ces changements, selon Lerner, « pourraient bien nous raconter une histoire qui est aussi la nôtre... une histoire qui raconte que toute vie sur Terre est véritablement, très concrètement, et à un degré saisissant, connectée immédiatement à toutes les autres, et que ce qu'on fait aux rats des champs, ou aux oiseaux des forêts, on le fait tout de suite, immédiatement, à nous-mêmes et à nos familles ». Et de conclure : « Je ne pense pas que l'on puisse continuer à se mentir à ce sujet encore longtemps. Je ne pense pas qu'on puisse se permettre de refuser d'entendre ce discours encore longtemps. C'est l'une des grandes vérités de notre époque. »[2]

Pourquoi est-ce si difficile pour la plupart des journalistes de décrire ces interconnexions ? Pourquoi est-ce que les peuples n'exigent pas plus fermement que tout ce réseau de liens soit présenté et discuté en public ? Il y a deux raisons à cela. L'une est qu'on ne dispose à l'heure actuelle d'aucun grand récit de référence, aucune histoire qui puisse nous guider et nous faire comprendre que chacun des éléments, chacun des fils isolés que l'on voit, fait en réalité partie d'un grand tout. Les Modernistes et les Traditionalistes ne se perçoivent pas comme faisant partie d'une grande communauté planétaire interdépendante, et ils ne voient pas non plus que leurs problèmes sont interconnectés. Mais si l'on ne comprend pas cela, comment peut-on poser les bonnes questions, les questions cruciales ? Comment trouver l'histoire qui nous guide vers et dans l'avenir ? Le discours de la culture Moderniste n'est pas assez proche de la réalité, et les récits des Traditionalistes n'ont plus aucune pertinence face

1. Ibid., p. 5.
2. Ibid.

aux énormes problèmes auxquels doit faire face le monde actuel. Le tout nouveau mouvement de santé environnementale pourrait bien être le berceau d'une histoire à venir, de ce discours qui pourra nous guider dans l'avenir.

La seconde raison pour laquelle ces interconnexions ne sont pas discutées en public, ce sont les intérêts corporatistes des grandes entreprises. Dans leur manière de traiter l'actualité, les médias sont devenus de plus en plus dépendants de la manne financière de leurs sponsors privés, c'est-à-dire des grandes entreprises, et de leurs cabinets de conseil en relations publiques, et ont ainsi peu à peu abandonné leur mission d'enquêteurs indépendants. Par exemple, ils ont souvent du mal à faire la différence entre le tapage médiatique bien orchestré autour du lancement d'un nouveau produit d'une entreprise de biotechnologies et une véritable avancée scientifique. Comme le disait un critique, sur les dix grandes dernières découvertes médicales, les médias en ont annoncé une centaine. Que certaines de ces entreprises comptent parmi les plus gros annonceurs entraîne souvent la création de fausses histoires, favorables et positives, et l'omission d'histoires vraies, nettement moins favorables et négatives. Le magazine indépendant *Brill's Content*, spécialisé sur les médias d'actualité, a rapporté de nombreux cas en 1998 et 1999, où des entreprises ont tenté de brouiller des informations qui n'étaient pas de leur goût.

L'un des aspects essentiels du travail d'information, c'est d'appeler les choses par leur nom. C'est précisément l'objectif que s'est fixé un mouvement qui ne représente qu'une petite fraction du mouvement de santé environnementale et qui se fait appeler 'Breast Cancer Action', action contre le cancer du sein.

Une armée de femmes avec un seul sein

Avant sa mort d'un cancer du sein en 1992, l'écrivain et militante afro-américaine Audre Lorde avait eu une vision d'une « armée de femmes avec un seul sein » descendant dans les rues et s'avançant vers le Congrès afin de réclamer plus de fonds pour la recherche sur les causes et les traitements du cancer du sein. En moins de dix ans, il semblerait que cette armée se soit constituée. Mais plutôt que de se contenter de manifester devant le

Congrès, elle se répand sur tout le continent, ainsi qu'en Europe et en Australie. Elle ressemble moins à un bataillon de soldats qu'aux multiples doigts d'une déesse hindoue à plusieurs bras, ouvrant des portes fermées depuis bien longtemps et réussissant à pénétrer tout en finesse dans des endroits jusqu'alors interdits.

Le groupe Breast Cancer Action (BCA), de la région de San Francisco, est l'un des multiples doigts de cette déesse. Il fut créé en 1990 par Elenore Pred, quand celle-ci en eut assez de perdre son temps à chercher en vain des informations précises et compréhensibles sur cette maladie qui devait la tuer quelques années plus tard, la métastase du cancer du sein. Plutôt que d'abandonner, elle décida d'organiser une campagne de proximité avec d'autres survivantes, ainsi qu'avec les personnes qui les avaient soutenues. En l'an 2000, l'association comptait plus de cinq mille membres et était en liaison avec quelque trois cents autres groupes dans tous les Etats-Unis.

BCA est un très bon exemple de la façon dont le mouvement de santé environnementale est en train de prendre forme. Dans une telle organisation, la peur est partout présente, et intense. Toutes les personnes impliquées ont eu le cancer du sein elles-mêmes ou bien connaissent des femmes qui en sont atteintes. Le nombre de malades du cancer du sein a augmenté de presque 1% par an depuis 1940. Au cours des vingt dernières années, il y a eu plus de victimes du cancer du sein que d'Américains tués durant les première et deuxième guerres mondiales, les guerres de Corée et du Vietnam réunies. [1] Généralement, les femmes qui doivent affronter toutes seules un cancer du sein se retrouvent dans une telle situation d'isolement, et éprouvent un tel sentiment d'abandon et de crainte viscérale qu'elles en sont presque paralysées et ont l'impression de ne pas pouvoir faire grand chose. Mais si elles se regroupent, alors elles acquièrent une force sur laquelle elles savent compter. Remettant directement en question les clichés qui veulent que les malades du cancer soient des victimes, elles s'érigent au contraire comme groupe actif de manifestantes et de contestataires ; comme leaders de

1. Tiré de '#2 Censored : Chemical Corporations Profit Off Breast Cancer', dans Peter Phillips et Project Censored, *Censored 1999* (New York : Seven Stories Press, 1999), p. 35.

groupes, et témoins qui viennent raconter leurs expériences lors de conférences communautaires ; comme porte-parole des questions de santé publique et d'écologie auprès des législateurs ; comme observatrices des médias et comme chercheuses. Chaque mois d'octobre, elles se réunissent à l'occasion de ce qu'elles appellent le Mois National de l'Industrie du Cancer. Il s'agit en fait d'une reformulation musclée, pour dire le moins, de ce que l'on appelle généralement 'le Mois National de Sensibilisation et d'Information sur le Cancer du Sein'.

Octobre est le mois où les femmes s'entendent dire partout : « Faites-vous faire une mammographie », ou « Dépistage rapide, meilleure protection ». Les membres de BCA, avec d'autres activistes du Canada et des Etats-Unis, rejettent ce discours de 'gentille petite fille'. (Est-ce que tu as bien fait ce qu'on t'a dit de faire ? Alors c'est bien, tu n'auras pas de problèmes). Elles disent au contraire qu'en insistant sur la nécessité des dépistages rapides, ce genre de campagne détourne l'attention du grand public des causes environnementales du cancer du sein — la recherche a prouvé en effet que le cancer du sein a des causes liées à la dégradation de l'environnement et au mode de vie — et du fait que ce genre de recherches reçoit des financements ridiculement faibles. Elles demandent en fait : qu'en est-il des causes environnementales du cancer du sein ? Qu'est-ce qu'on peut faire à ce sujet ?

Afin de bien creuser cette question, BCA a cherché à remonter la chaîne des financements des entreprises jusqu'à ce qu'elles appellent 'Cancer Inc'. Il est impossible de trouver les causes du cancer sans en identifier les acteurs principaux, ceux qui ont des intérêts en jeu, qu'on appelle 'les stakeholders' — il est nécessaire de les nommer, et d'informer le public. Le premier pas vers la sagesse, selon elles, est d'appeler les choses par leur vrai nom.[1]

Un des chemins qu'elles ont suivi pendant longtemps est celui de AstraZeneca, une multinationale anglaise qui produit le tamoxifène, l'un des médicaments contre le cancer, mais qui

1. Barbara A. Brenner, 'Seeing Our Interests Clearly : Follow the Money, II', Breast Cancer Action (1998) ; disponible sur internet : *www.beachon.org/news/9902-02.html.*

produit aussi des fungicides et des herbicides, dont certains sont cancérigènes. Son usine chimique dans l'Ohio est considérée comme la troisième plus grosse source de pollution cancérigène aux Etats-Unis, émettant en 1996 plus de 25 tonnes de substances cancérigènes (et officiellement reconnues comme telles). Et c'est cette même entreprise qui a lancé le Mois de Sensibilisation et d'Information sur le Cancer du Sein en 1985. A cette époque, elle appartenait à un gigantesque groupe multinational qui produisait, entre autres, pesticides, papiers et produits plastiques. Ce même groupe fut poursuivi en justice par l'Etat et les agences fédérales en 1990 — il était accusé d'avoir déversé du DDT et des PCB dans les eaux portuaires de Los Angeles et de Long Beach.

AstaZeneca reste pourtant le sponsor principal du Mois de Sensibilisation et d'Information sur le Cancer du Sein. Est-ce donc une surprise si sur les jolis papiers glacés des prospectus et autres communications, aucune mention n'est faite de ces produits chimiques cancérigènes ? C'est la question que posent les femmes de BCA. Mais ce n'est pas tout. Elles dénoncent aussi l'étape suivante de la spirale infernale de AstraZeneca : l'acquisition par l'entreprise, en 1997, de Salick, une chaîne de centres de traitement du cancer. Selon le Dr Samuel Epstein, professeur des médecines du travail et de médecine environnementale à l'Ecole de Santé Publique de l'Université d'Illinois, cette acquisition représente « un cas de conflit d'intérêts sans précédent dans l'histoire de la médecine américaine ». Il s'explique : « Vous avez une entreprise qui est une filiale de l'un des plus gros producteurs de produits cancérigènes au monde, et cette même entreprise a le contrôle du traitement du cancer du sein, ainsi que des recherches en matière de prévention, et maintenant elle contrôle en plus le traitement 'concret', physiologique, du cancer dans les 11 centres qu'elle vient d'acquérir — et qui, de toute évidence, vont prescrire les médicaments qu'elle produit ». [1]

Mais le cas d'AstraZeneca n'est en rien isolé. Plusieurs autres entreprises produisent en même temps pesticides et médicaments contre le cancer. Les activistes de BCA et d'autres associations

---

1. Samuel Epstein cité par Sharon Batt et Liza Gross, 'Cancer, Inc.', *Sierra* (septembre-octobre 1999)

similaires suivent également ces pistes, tout en ajoutant d'autres sujets à leurs recherches. En voici quelques-uns :

- Un nouveau partenariat 'public-privé' s'est créé entre l'Université de Californie à Berkeley et Novartis, l'une des plus grandes entreprises de biotechnologies du monde, qui, comme AstraZeneca, fabrique en même temps des substances cancérigènes et des médicaments de traitement du cancer du sein. En échange d'une donation de 50 millions de dollars, des représentants de la société sont devenus membres du comité collégial universitaire et ont obtenu le droit de négocier les brevets sur les découvertes effectuées au Département des Ressources Naturelles de l'Université.
  Les financements du département de management et politique de la santé à l'Université de Santé Publique de Harvard proviennent en partie d'un grand nombre de grandes entreprises chimiques et pharmaceutiques. Les militantes posent la question suivante : y aurait-il un lien avec le fait que dans son rapport de 1997 sur la Prévention du Cancer, l'université mettait l'accent sur la responsabilité individuelle dans la prévention du cancer, prétendait que les principaux risques liés à l'environnement étaient comportementaux (la cigarette, par exemple), et ne faisait aucune mention du rôle des entreprises et du gouvernement dans la propagation de la maladie ?
  Les militantes analysent ainsi les dossiers de la recherche médicale et posent un certain nombre de questions fondamentales : Quels aspects du cancer du sein sont étudiés ? Qui finance ces recherches, directement et indirectement ? Qui bénéficie des résultats de ces études ? Quand les revues médicales et scientifiques publient des critiques de ces recherches, qui est derrière ? Pour prendre un exemple récent, *The New England Journal of Medicine* publia récemment une critique assez sévère du livre de Sandra Steingraber, *En bout de chaîne alimentaire : le point de vue d'une écologiste sur le cancer et l'environnement.* L'article, signé de Jerry H. Blerke, médecin, reprochait à Steingraber son obsession pour l'environnement, et son acharnement à vouloir présenter la pollution comme la cause principale du cancer. Or il se trouve que Blerke est membre de la direction de

W.R. Grace, l'entreprise de produits chimiques dont l'EPA a exigé qu'elle verse une partie des 69 millions de dollars nécessaires au nettoyage de sources contaminées à Woburn, Massachusetts (cet événement servit de base au livre, puis au film *A Civil Action* [1]). Plusieurs personnes qui ont lu ou écrit à ce sujet ont été frappées par les ressemblances avec le cas de Rachel Carson, dont le livre *Printemps Silencieux* fut victime du même 'lynchage médiatique' de la part des entreprises de produits chimiques.

La spiritualité à vitesse accélérée

Barbara Brenner, directrice de BCA, se vit diagnostiquée d'un cancer du sein en 1994. Son engagement a commencé quand elle écrivit une lettre au *San Francisco Chronicle* pour se plaindre d'un grand article qu'il avait publié, intitulé : « Nous n'avons plus besoin d'argent pour la Recherche contre le Cancer du Sein ». Comme elle nous l'a expliqué : « pour moi c'était normal de rejoindre un groupe dont les activités étaient fondamentalement politiques. Ma mère m'avait amené plusieurs fois à des manifestations à Baltimore, dès l'âge de dix ans. Je m'étais moi-même directement impliquée dans les mouvements contre la guerre du Vietnam. BCA parlait de ce qui me semblait être les vrais problèmes. Et donc maintenant c'est mon métier, et ma passion. »

Il y a des centaines d'associations de lutte contre le cancer du sein, mais, selon elle, la plupart se concentrent plus sur des aspects spirituels et psychologiques, et pas trop sur le politique. Nous avons évoqué les groupes de 'témoignages' de Maureen Redl, ainsi que le travail de Rachel Remen auprès et avec des docteurs à Commonweal (voir ch. 6). Est-ce que les activistes politiques de BCA se sentaient pareillement engagées dans une démarche spirituelle ? La question était un peu naïve, mais nous l'avons quand même posée. Barbara a réfléchi un moment avant de répondre : « Ecoutez, il n'y a rien de tel qu'une maladie mortelle pour vous ramener directement à l'essentiel. Parmi les femmes atteintes de cancer du sein, un grand nombre sont ex-

---

1. Ibid. Voir aussi les articles de Barbara A. Brenner 'Cash and Cancer : An Unholy Alliance' et 'New England Jounral of Industry ?' *Breast Cancer Action* (1997) ; disponible sur internet *www.bcactionorg/news/index.html.*

plicitement engagées dans une démarche spirituelle. Pour d'autres, comme moi, ce n'est pas le cas. Mais nous sommes toutes déterminées à trouver le meilleur moyen, c'est-à-dire le plus honnête, d'utiliser cette expérience dans un sens positif. C'est une expérience radicale et radicalisante que de vivre avec un cancer du sein. Ça vous mène droit à vous poser les questions essentielles de votre existence. Et chacune d'entre nous essaie de chercher les réponses à sa façon. »

Audre Lorde serait sans doute d'accord avec cette idée qu'il faut poser, haut et fort, et le plus clairement possible, ces questions essentielles. Comme elle l'écrit : « Ce que je regrette le plus, ce sont mes silences. De quoi avais-je donc peur ? J'allais mourir, tôt ou tard, que je me taise ou non. Et mes silences ne m'avaient protégée en rien. Votre silence ne vous protègera pas non plus. Ce n'est pas la différence qui nous immobilise, mais le silence. Et il reste tellement de silences à briser. » [1]

Pourquoi sont-ils aveugles ?

Plus on regarde ces différents types de convergence, plus on s'aperçoit de la récurrence d'un thème commun à chacune d'entre elles : l'interdépendance. Dès que l'on suit l'une de ses confluences — entre les mouvements, la présence des Créatifs Culturels eux-mêmes et les nouveaux types de mouvements avec leur convergence inhérente — on voit comment les problèmes sont intimement liés, et combien il est nécessaire de trouver des solutions aux ramifications multiples. L'étape suivante est facile à franchir : tous ces problèmes, et toutes leurs solutions apparaissent parce que nous vivons dans un réseau, un tissu de connexions interdépendantes — une toile de correspondances. Cueillez une fleur, vous dérangez une étoile, disait William Blake. Les poètes et les mystiques ont toujours vu, su et ressenti cela, mais désormais on peut en faire l'expérience au quotidien. Certains appellent ça la spiritualité à vitesse accélérée

On le sait, et en même temps on ne le sait pas. En tant qu'individu, on sait bien que nous faisons tous partie d'un grand système vivant, et que tout ce qu'on peut faire à une quelcon-

1. Audre Lorde, *Sister Outsider* (Freedom, CA : Crossing Press, 1984).

que partie de ce système a tôt ou tard des conséquences sur tout le reste, y compris sur nous-mêmes. Mais en tant que 'société' nous n'en sommes pas encore conscients. Nous n'avons pas encore de discours de références ou de 'mythe' originel qui nous place dans un contexte d'interrelation avec la planète. Et nos institutions et nos manières de penser habituelles ont des œillères, des angles morts suffisamment importants pour nous empêcher de voir ces interconnexions. Voici quelques-unes de ces œillères qui nous aveuglent :

Ainsi vont les affaires...

La bureaucratie moderne exige un fonctionnement 'normal' des affaires. On peut repenser l'organigramme, introduire de nouvelles technologies, changer les acteurs — managers, politiciens, entreprises — mais la logique du système reste la même. Les trois piliers de la société américaine moderne — un gouvernement fort, de grandes entreprises et des médias tout-puissants — ont tous du mal à traiter des problèmes 'interconnectés', des problèmes qui ne puissent être traités séparément et résolus immédiatement [1].

Cette œillère n'est pas seulement une question de bureaucratie politique. Les experts auxquels on fait appel, y compris les scientifiques 'maison' et les spécialistes en communication et relations publiques et même les avocats, tous ont réussi grâce à leur capacité à focaliser sur un problème précis et pointu. Mais ils sont presque toujours incapables de s'intéresser aux aspects systémiques de ces problèmes et encore moins de les envisager — presque toujours incapables de les replacer dans leur contexte d'interconnexions avec leurs effets directs et indirects sur des éléments apparemment indépendants les uns des autres. Ils ont appris à exceller dans l'art de découper en fines tranches de salami chaque problème. Envisager les choses autrement, c'est ouvrir la boîte de Pandore, mettre le feu aux poudres, réveiller tous les chiens de l'enfer — en d'autres termes, s'engager dans des eaux troubles et boueuses, s'empêtrer dans une jungle épineuse de problèmes interconnectés et potentiellement explosifs. Qui serait assez fou pour vouloir faire ça ?

1. Le politologue Charles Linblom appelle cela 'la disjonction différentielle'.

Le film *L'initié* (*The Insider* de Michael Mann) raconte l'histoire vraie de la confrontation triangulaire entre l'équipe de l'émission *60 Minutes* de CBS News, le scientifique Jeffrey Wigand ('l'initié') et le géant du tabac Brown & Williamson. Cette entreprise menaça de faire un procès très coûteux et potentiellement dévastateur si *60 Minutes* diffusait une interview du Dr Wigand. Celui-ci avait été vice-président du département de recherche de l'entreprise et il comptait révéler comment la direction avait dissimulé le caractère de dépendance au tabac et manipulé la rapidité d'émission de nicotine de leurs cigarettes, afin de produire sur le fumeur un effet plus fort.

Comme à cette période, l'entreprise CBS était sur le point d'être rachetée, la diffusion de l'interview (et le procès qui aurait suivi) constituait une menace pour le contrat en cours de négociation. Le film montre comment le directeur de CBS News et Mike Wallace, le présentateur de *60 Minutes*, furent contraints de céder devant la direction générale de CBS, au nom du 'réalisme'. Ils annulèrent l'interview, en dépit de leurs efforts permanents, depuis les débuts, pour défendre les valeurs d'intégrité et d'indépendance journalistique, qui devaient être la signature de CBS News, et en particulier de *60 Minutes*.

Face à la pression des entreprises, comme l'explique le journaliste dans le film, le 'réaliste' n'a pas d'autre choix que de s'incliner. Rien n'est plus proche de la réalité. Etre 'réaliste' en matière de politique, de législation et dans tous les types de gouvernement et d'entreprises de par le monde, cela signifie 'faire des compromis' et 'faire avec pour s'en sortir'. Cela signifie aussi faire comme si chaque problème était séparé et indépendant, comme si l'on pouvait les isoler les uns des autres et les traiter séparément. Cela signifie ne pas 'se perdre dans des considérations existentielles', mais bien cerner le problème, bien en dessiner les limites et, à l'intérieur de celles-ci, le traiter avec les solutions à portée de mains — ne surtout pas aller en chercher de nouvelles. Un 'réaliste' traite les problèmes nouveaux avec de vieilles formules qui ne sont que le reflet de compromis politiques et d'arrangements entre les pouvoirs en place. Dans les systèmes totalitaires, tout le monde doit apprendre à être 'réaliste' ou s'expose à de terribles conséquences. Et plus le système est rude, plus le réaliste sera cynique et endurci.

Quand ils se retrouvent en face de nouvelles exigences, inconnues jusqu'alors, la plupart des bureaucrates et des politiciens vont chercher des manières de les éviter : ils vont prétendre qu'ils ne relèvent pas de leur compétence ou autorité, qu'ils n'ont pas les budgets suffisants ou les bases légales nécessaires, qu'il leur manque encore l'accord des autres, ou les études de terrain qui justifieraient d'agir, que les parties concernées ne sont pas encore d'accord entre elles, que les grandes entreprises du secteur et les gouvernements des pays développés non plus, et que s'ils acceptaient de satisfaire une telle exigence, cela déclencherait un tonnerre de critiques chez leurs supérieurs.

Celles et ceux qui se disent 'réalistes' déclarent qu'il n'y a tout simplement pas d'autres solutions. Si les choses sont comme elles sont, c'est pour des raisons tout à fait évidentes et inévitables, et personne ne peut rien y faire. Alors qu'en réalité, l'histoire de l'Occident depuis la fin de la deuxième guerre mondiale n'est qu'une série d'événements qui prouvent le contraire. Des changements que l'on estimait 'impossibles' jusqu'alors ont eu lieu envers et contre tout : la course aux armements nucléaires a été abandonnée, des réglementations et des lois pour la protection de l'environnement ont été adoptées, la sécurité sur les lieux de travail a été améliorée, et tout l'éventail des droits de l'homme a été abordé.

L'aveuglement des médias de l'information

Essayons de réfléchir à ce qui fait qu'un problème va attirer l'attention du public. N'est-ce pas son côté dramatique et spectaculaire, son caractère d'urgence immédiate ? Quelque chose de choquant et de scandaleux, ou bien un sujet bien conflictuel, une situation bien alarmante où il faut 'agir ou s'enfuir' ? Les médias de l'information, et en particulier les relativement récents programmes 'd'infotainment', l'infodivertissement, ont l'habitude de jouer sur cette corde du scandale et de l'urgence, et il en est en fait de même d'une bonne partie des messages publicitaires et de tout ce qui, en général, essaie de capter notre attention. Les regards impatients des médias sont en permanence à la recherche de drames isolés, sans lien les uns avec les autres — un peu comme si, avec les yeux d'une grenouille, ils ne pouvaient voir les choses qu'en mouvement. Qui plus est, les journalistes, tout comme les scientifiques 'modernes', sont formés précisément à constamment resserrer leur objectif. Si la manifestation d'aujourd'hui n'a attiré que 49.000 participants alors que celle du mois dernier en avait regroupé 50.000, alors cette manifestation n'est pas 'd'actualité', à moins qu'elle ne fasse avancer les choses d'une manière ou d'une autre. Les journalistes ne sont pas formés à essayer de voir les implications et les effets plus larges, moins directs mais tout aussi réels, ni les significations indirectes des événements, ce qu'ils représentent vraiment. Encore moins ont-ils appris à prendre du recul pour avoir une vision d'ensemble, la fameuse vision 'grand angle' dont on parle depuis le début. Aucune ligne éditoriale ne les y pousse. Les manières de faire du journalisme, non pas les technologies, mais la manière de prendre des décisions, sont vieilles de plus de cinquante ans, à une époque où les notions de système n'était même pas encore reconnues.

Si un sujet est livré replacé dans son contexte, présenté avec tout un cadre analytique intellectuel qui l'inscrit dans une vision globale, les journalistes s'en méfient et généralement le rejettent et l'ignorent. « C'est trop compliqué » ou bien « Je ne capte pas, ça ne rentre pas ». Quelle que soit l'importance du sujet, il sera ignoré jusqu'à ce qu'il soit trop tard, jusqu'à ce que la situation devienne suffisamment urgente et dramatique pour qu'on s'y intéresse. Ce qu'il faut donc, ce sont des manières efficaces de transmettre des notions un peu abstraites (ces connexions qui ne sont pas évidentes au premier coup d'œil) en des termes humains, pertinents et qui veuillent dire quelque chose pour tout le monde.

L'aveuglement des mouvements eux-mêmes

Finalement, comme les trois piliers de notre société — gouvernement, entreprises et médias —, la plupart des mouvements sociaux eux-mêmes, notamment ceux qui ont une base politique, sont prisonniers de perspectives étroites et spécialisées. La plupart continuent de se comporter comme l'épicerie du coin de la rue qui ne vend qu'à son petit quartier : cultiver une clientèle, ne s'intéresser qu'aux problèmes qui nous concernent vraiment et dont on se sait spécialiste, et se dire sans cesse, à soi et aux autres, qu'on est vraiment unique, qu'on est vraiment les meilleurs. Ils insistent sur cette 'exclusivité' dans leurs lettres de demande de dons et leurs publications. L'une des raisons pour lesquelles ils agissent ainsi, c'est qu'ils pensent être en compétition sévère avec les autres pour un marché limité de bénévoles, de financement et de couverture médiatique. Finalement, les militants aussi sont les enfants des Modernistes : eux aussi sont convaincus qu'il leur faut absolument devenir des 'spécialistes'.

Certains de ces activistes se contentent de simplement manifester, protester et s'arrêtent là, sans se lancer dans des analyses économiques ou des négociations politiques. Les Créatifs Culturels eux, estiment que manifester n'est pas suffisant, qu'il faut mettre en place de nouvelles institutions qui dans leur conception même s'attaquent à ces problèmes, et qu'ils n'apporteront leur soutien qu'à des groupes qui ont des programmes d'action positifs et concrets pour l'avenir.

Il se pourrait bien, en dernier ressort, que si certains mouvements insistent tellement sur ce contre quoi ils s'élèvent, c'est pour la bonne et simple raison que de nombreux militants pensent encore qu'il suffit de manifester pour changer la société. Ils sont convaincus que ce qui compte vraiment pour un mouvement, c'est sa couverture médiatique et ses réalisations politiques. Et ils ignorent superbement l'énorme puissance de changement des fractions culturelles de leur mouvement.

En route pour une nouvelle Terre

Nous venons de voir comment un grand courant de changement est en train de s'imposer, recoupant des dizaines de problèmes sociaux et touchant des centaines de millions de personnes, et pas seulement des Créatifs Culturels. Les différents mouvements sociaux eux-mêmes sont en train de se rejoindre sur des thèmes communs, et leur base démographique commune est de plus en plus importante. Cette base démographique commune, qui est aussi généralement l'avant-garde de ces mouvements, est largement composée de Créatifs Culturels. A ces deux facteurs — le mouvement général de convergence et la présence des Créatifs Culturels comme base commune — il faut ajouter, on l'a vu, ces nouveaux mouvements pour lesquels cette convergence d'intérêts et d'action est inhérente, intégrée dès le début. Ces trois facteurs rassemblés représentent une énorme puissance de changement culturel. Et comme on va le voir, il faut ajouter encore un élément dans le mixeur : la période de transition. Quand une force de changement arrive à une époque fortement instable, son pouvoir n'en est que décuplé.

Ce qu'il nous faut maintenant, ce sont des cartes et des plans pour une nouvelle Terre, territoire inconnu. Dans la troisième partie, nous allons voir que ces cartes routières peuvent prendre plusieurs formes : des scénarios, des modèles scientifiques, des modèles historiques, des récits personnels, des mythes ancestraux, des rites de passage. Rien de tout cela n'indique précisément la destination finale, à peine la direction à suivre. Mais ce sont des schémas qui expliquent comment faire quand la route devant nous semble se perdre dans une sombre forêt, et que l'avenir semble incertain, ou que la confusion menace.

Troisième partie

Aller de l'avant, quels chemins pour l'avenir ?

Karl Polyani, le célèbre historien de l'économie, avait choisi d'intituler son livre, sans doute l'un des meilleurs sur l'apparition du monde moderne, urbain et industriel, *La Grande Transformation.*[1] C'est un titre qui conviendrait tout à fait à notre époque. Tout semble montrer en effet que nous entrons précisément dans une période de grande transformation — des changements structurels fondamentaux dans nos manières de vivre et de travailler, dans notre perception de nous-mêmes, dans notre manière de faire de la politique et des affaires, ainsi que dans notre rapport à la technologie. Si nous parvenons à nous sortir au mieux de ces changements, peut-être l'humanité sera-t-elle capable de vivre sur cette planète sans la détruire, et nos petits-enfants auront un futur qui vaille la peine d'être vécu.

A cette fin, il faut non seulement 'traverser' cette période de grande transformation, mais aussi, et c'est le plus important, évaluer les meilleures façons de la traverser. C'est l'objet de cette troisième partie : étudier les cartes, les modèles et les métaphores qui vont nous aider à traverser cet 'Entre-deux' vers un nouveau mode de vie intégré et durable. Dans le livre de James Cowa, *A Mapmaker's Dream*, Fra Mauro, cartographe à la cour vénitienne au 16e siècle, décrit les rôles respectifs du cartogra-

1. Karl Polyani, *The Great Transformation* (Boston : Beacon Press, 1944).

phe et des marchands, voyageurs, érudits, missionnaires et ambassadeurs qui l'informent sur le grand monde, bien au-delà de sa propre expérience. « Nous sommes assis sur des tabourets, face à face, écrit-il, et la brise de l'Adriatique rafraîchit nos visages par ces chaudes après-midis d'été. Nous regardons les cartes que nos yeux devinent dans le cœur de chacun. Ensemble, le cartographe et l'aventurier discutent de distances et de routes, tandis qu'ils savent bien intérieurement que tout n'est que diversion et qu'en fait, ils s'efforcent simplement de donner un sens à une connaissance morcelée. Nous sommes alors comme les rameurs d'un bateau, essayant de rester en rythme avec les autres et de tirer une puissance motrice de cette synchronisation, tout en sachant que nous allons tous de toute façon dans la même direction. » [1]

Il en sera de même pour nous aussi, au moment où s'étendent devant nous les différentes routes à suivre pour notre voyage à venir. Les Créatifs Culturels sont en avant, devant nous, aventuriers du 21e siècle qui nous sommes déjà détachés du Modernisme. Ils ne seront pas les seuls à nous indiquer le chemin ; nous allons faire appel à d'autres informateurs : historiens et scientifiques, artistes et marchands, et aux voyageurs qui ont traversé cet 'Entre-deux' avant, alors que nous n'étions pas encore nés. Bien sûr, nous garderons une certaine distance critique par rapport à leurs idées et nous nous efforcerons d'analyser minutieusement leurs observations. Mais comme le dit Jean Houston, nous sommes « ceux de la parenthèse » et il nous faut donc nous libérer de nos visions du monde trop étroites et commencer enfin notre voyage sur le nouveau territoire, en terre inconnue.

1. James Cowan, *A Mapmaker's Dream* (Boston : Shambhala, 1996), pp. 6-7.

Chapitre 8.

L'Entre-deux

« Nous vivons une époque entre parenthèses, une époque entre deux époques », déclarait John Naisbitt en 1984 dans son best-seller *Méga Tendances.* Nous ne nous sommes pas encore complètement détachés des valeurs du passé — le vieux monde de l'économie centralisée et industrielle, avec ses institutions et ses hiérarchies toutes puissantes et ses solutions à court terme. Et nous ne sommes pas encore entrés de plain-pied dans le monde du futur. Ce que nous sommes en train de faire est « tout à fait humain : nous nous accrochons à un passé familier par crainte d'un avenir inconnu ». [1]

Près de vingt ans plus tard, la situation est toujours à peu près la même. Plus que jamais, nous nous trouvons dans cet 'Entre-deux', cette époque entre deux époques. Ce passage d'une époque à l'autre peut en effet être parfois très long. Cet Entre-deux n'a rien à voir avec le changement de millénaire, bien que cet événement puisse donner à certains d'entre nous l'envie et le prétexte d'essayer des choses nouvelles. L'Entre-deux est bien plus un 'passage', une époque entre deux visions du monde, deux ensembles de valeurs, deux modes de vie — une époque entre les récits, entre les discours. Cette période de transition, selon Naisbitt, est « une période fructueuse et fantastique, pleine d'opportunités ». Mais ce, à une seule condition : que nous puissions

1. John Naisbitt, *Megatrends* (New York : Warner Books, 1984), pp. 249-50.

« faire de l'incertitude notre compagne » et « que nous ayons en tête une idée claire de la route à suivre ». [1]

N'y a-t-il pas là une contradiction dans les termes ? Pourquoi doit-on faire de l'incertitude notre compagne, si l'on doit aussi avoir une idée claire de la route à suivre ? Pourquoi ne pas tout simplement aller de l'avant ? La réponse, c'est que quand la route qui s'étend devant nous s'enfonce tout droit au cœur d'une sombre forêt, le point d'entrée dans le futur devient l'incertitude elle-même. A la lisière, un panneau nous signale : « la route est inconnue ». Si l'on va plus loin, si l'on s'engage dans l'étape suivante, on est sûr de se sentir perdu, et confus, voire même un peu idiot. Mais c'est précisément ce qu'il faut pour être en bons termes avec l'incertitude et en faire son amie.

Si par contre on refuse de pénétrer dans l'obscurité de cette forêt devant nous, de s'enfoncer dans le marécage ou dans les méandres inconnus qui s'offrent à nous, on est certain de faire du sur place, de n'aller nulle part. A l'opposé, si l'on est déterminé à foncer droit devant sans réfléchir, on a de fortes chances, comme Don Quichotte, de partir dans toutes les directions à la fois. Dans une pièce de Naomi Newman, un vieux personnage plein de sagesse nommé Rifka dit : « Et ne crois pàs que tu sais où tu vas. Parce que si tu sais où tu vas, ça veut dire que tu y es déjà allé, et à l'arrivée, tu vas te retrouver exactement à l'endroit d'où tu es parti. » [2]

Cette vision, cette idée claire de la route à suivre est en fait peut-être plus une affaire de conscience que d'information. Nous ne sommes pas seulement au cœur de cette « époque fructueuse et fantastique, pleine d'opportunités » dont parlait Naisbitt, mais bien plus à un tournant crucial de notre civilisation, un carrefour plein de dangers pour notre planète. Cette nécessité de trouver la meilleure route à suivre pour avancer est en fait, sans aucun doute, l'une des questions les plus importantes et les plus urgentes de notre époque. Comme le dit très succinctement le critique d'art Suzi Gablick, « la question n'est plus : comment

1. Ibid. p. 250.

2. Le personnage de Naomi Newman est tiré de sa pièce de théâtre écrite avec Martha Boesing, *Snake Talk : Urgent Messages from God the Mother*, (produit par A Traveling Jewish Theater, San Francisco, 1988).

en sommes-nous arrivés là, et pourquoi ? Mais plutôt : où pouvons-nous bien aller maintenant, et comment ? »[1] La réponse à la première question, où aller, c'est vers un nouveau mode de vie plus responsable et soucieux de durabilité. La réponse à la deuxième question, comment faire pour y aller, c'est précisément ce que nous allons tenter de voir maintenant. Et la première chose à faire avant de partir est de rassembler, comme les explorateurs de jadis, nos cartes et plans de route pour le voyage qui nous attend. Ces documents, ces informations sur le chemin à suivre, nous allons les trouver dans les scénarios des futurologues, dans les enseignements de l'histoire, ainsi que dans les modèles scientifiques, culturels et mythologiques qui tous tentent de présenter les dangers qui nous attendent au sein de cet 'Entre-deux'.

Scruter l'Entre-deux

Depuis notre avant-poste aux frontières terminales du Modernisme, là où l'époque se finit, nous voyons s'étendre devant nous, sous nos yeux, une terre inconnue : 'l'Entre-deux'. Que l'on détourne le regard et qu'à la place on se concentre sur les morales absolues des fondamentalismes et des orthodoxies religieuses, on se retrouvera happé par les forces du Traditionalisme. Comme eux nous croirons alors qu'après un lent déclin de la morale, la fin nous attend, toute proche, avec son lot de récompenses et de punitions, comme ils le répètent sans cesse dans leurs discours. Qu'au contraire on se tourne vers le Modernisme, on sera confronté à un autre discours, quelque chose comme le « long essor » décrit par le futuriste Peter Schwartz[2], la course effrénée « d'une économie en pleine et rapide expansion qui s'attache à résoudre des problèmes en apparence insolubles, tels que la pauvreté, et d'apaiser les tensions de par le monde. Et tout cela, sans toucher à l'environnement ». Mais si, avec les Créatifs Culturels, on adopte la manière de voir de l'écologie, on

---

1. Suzi Gablik, *The Reenchantment of Art* (London : Thames and Hudson, 1992), p.3.

2. Peter Schwarz, 'The Art of the Long View', *Wired* (july 1997).

s'aperçoit bien vite que le sort de la planète se trouve à un moment crucial de son histoire, un croisement fondamental, et que la suite dépend des choix que nous ferons.

Ainsi, au moment où nous essayons de voir clair dans cette incertitude à venir, nous sommes tiraillés dans toutes les directions par des courants contradictoires. C'est un peu comme si nous nous retrouvions sur Mars, plongés au milieu de champs magnétiques multiples, et que nous nous cramponnions à notre boussole en essayant désespérément de trouver le nord. Mais l'aiguille s'agite dans tous les sens. Pour savoir où il nous faut aller, il faut savoir d'où l'on part. Quelle est cette époque ? Est-ce une période de chaos ou de transition, une étape dans notre évolution en tant qu'espèce ? La mort, ou la gestation vers une nouvelle naissance ? Tout dépend de la manière dont on interprète les signaux et de ce qu'on est prêt à voir. C'est sans doute l'historien William Irvin Thompson qui décrit cela le mieux quand il écrit que nous vivons « à la frontière de l'histoire ».

Trois scénarios

Quand on se trouve à la lisière d'un monde inconnu, au-delà de notre expérience, et qu'il nous faut nous défaire de notre cadre de référence habituel, le mieux est sans doute de partir de ce qui nous intéresse et de commencer à construire des scénarios. L'objectif n'est pas de jouer les devins, mais plutôt de faire comme les plongeurs en haute mer : s'immerger sous la surface, aller sous les apparences pour envisager les différentes alternatives et leurs implications.

Mais les scénarios ne sont utiles que quand on en a plusieurs. L'idée en effet est d'évaluer plusieurs possibilités, plusieurs avenirs possibles, différents les uns des autres. C'est ainsi qu'on se prépare le mieux à affronter l'inconnu. Afin de bien cerner les menaces et les opportunités de cet Entre-deux dans lequel nous avançons, nous avons envisagé trois scénarios pour l'avenir de la planète. Et pour chacun, nous nous intéresserons plus particulièrement aux manières dont les Créatifs Culturels peuvent, ou ne peuvent pas, jouer un rôle dans ce voyage que nous venons tout juste de commencer

Scénario 1 : Désagrégation

Dans ce scénario, on insiste sur la fragilité de la planète, l'énorme pouvoir des marchés financiers et des entreprises multinationales. On suppose aussi que la convergence des mouvements sociaux, psychologiques et spirituels (évoquée dans le chapitre 7) n'a qu'un impact très limité et que les Créatifs Culturels ne prennent pas conscience collectivement de leur potentiel en tant que groupe.

C'est un monde dans lequel nous n'avons pas eu trop de chance et où nous avons pris les mauvaises décisions : nous regardons impuissants les institutions modernistes s'accrocher tant qu'elles peuvent au 20e siècle. La majorité de la population mondiale est exclue des bénéfices de l'économie et la télévision occidentale, vitrine brillante de la société de consommation, renforce encore plus leur sentiment de privation. C'est ainsi que commencent guerres et révolutions, initiées par la masse des exclus insatisfaits. La mondialisation pénètre la vie de chacun et balaie tout sur son passage, comme un train lancé à toute vapeur. Au premier virage un peu abrupt, la machine déraille. En même temps, la prolifération des armes nucléaires, chimiques et biologiques fait ses premières victimes. Les problèmes écologiques se révèlent bien plus catastrophiques que ce qui avait été prévu. La surpopulation entraîne une surmortalité liée aux guerres, aux famines et aux crises sanitaires causées par la pollution et les maladies. Pendant un moment, les superpuissances occidentales continuent de dominer grâce à la supériorité de leur arsenal militaire. Mais à long terme, tout s'effondre : la démocratie et les droits de l'homme sont les premières victimes et le résultat final n'est rien moins que la désintégration de la civilisation.

Scénario 2 : Adaptation

Le second scénario prend comme hypothèse de départ que le grand courant de changement et la convergence des mouvements ont un impact réel sur le monde et que les Créatifs Culturels prennent conscience de leur identité en tant que groupe, et, du coup, renforcent encore plus leur efficacité. Il suppose que les gens sont capables de travailler ensemble pour résoudre les problèmes auxquels ils sont confrontés, s'attachent à mettre en place un système écologiquement viable et durable et qu'ils se détachent des modes de fonctionnement conflictuels et dichotomiques caractéristiques du 20e siècle. Ainsi, certains Modernistes deviennent des Créatifs Culturels et d'autres acceptent de travailler avec les Créatifs Culturels ou les Traditionalistes pour trouver ensemble de nouvelles solutions. Les Traditionalistes, de leur côté, s'associent avec les Créatifs Culturels sur des projets de collaboration basés sur leurs valeurs morales communes.

Dans ce scénario, un mouvement de fond, tourné vers une plus grande efficience dans l'utilisation des technologies et la manière de diriger les entreprises, met sur pied de nouveaux systèmes de production plus respectueux de tous leurs environnements (sociaux et écologiques). La transition coûte cher mais elle se fait en douceur. De la même façon que le nombre d'internautes est passé d'une toute petite minorité en 1995 à presque un tiers de la population adulte américaine en 2000, les entreprises se lancent massivement dans cette voie, ayant compris que c'était la voie de l'avenir. Les droits de l'homme et la justice sociale s'imposent progressivement dans le monde entier, aidés en cela par les nouvelles technologies de communication. L'intégration planétaire se développe, tandis que parallèlement, les gens se montrent de plus en plus soucieux de l'unicité de leurs identités culturelles et individuelles. Il en résulte une importante revalorisation des sagesses traditionnelles, ainsi que des contributions des musiciens, danseurs et autres artistes de par le monde.

Toutes les parties du monde ne changent pas en même temps. Les conflits entre classes sociales, groupes ethniques, régions et religions demeurent un problème préoccupant, mais grâce à la propagation de nouvelles valeurs, ils sont beaucoup plus faciles à gérer. C'est un monde plein d'espoirs pour l'avenir. Et dans ce monde béni par la chance, les pires problèmes écologiques deviennent possibles à gérer.

Les deux scénarios ci-dessus sont des futurs 'sans surprise'. Ils représentent respectivement le pire et le plus rose de ce qu'annoncent les commentateurs de notre époque. Mais il semble peu probable que la réalité sera aussi clairement marquée. Ce qui nous amène au troisième scénario.

Scénario 3 : Un chemin confus

Supposons que les Créatifs Culturels prennent effectivement conscience de leur existence en tant que groupe et que le grand courant de changement dont nous avons parlé exerce une véritable pression sur la société dans son ensemble pour se rapprocher d'un nouveau mode de vie. Mais dans l'ensemble des pays développés, les grandes institutions modernes de la finance et les grandes entreprises décident d'acheter le soutien des gouvernements pour s'opposer à tout prix au changement. Les Traditionalistes eux aussi cherchent par tous les moyens à résister à la menace toujours plus grande de toutes ces modifications culturelles. C'est un scénario de conflit culturel et de changement inégal.

Dans certains domaines, les Créatifs Culturels sont les bienvenus et parviennent même à imposer de véritables améliorations culturelles. Certaines entreprises, en particulier celles qui ont compris qu'une relation saine, viable et durable avec l'environnement, avec la révolution des technologies de l'information, est leur plus grande source de profits, comprennent aussi que les Créatifs Culturels constituent leur marché naturel et décident de s'allier à eux. De même, certains politiciens réalisent que les Créatifs Culturels représentent leur électorat naturel.

Dans ces domaines, l'économie et la culture se renforcent et se développent, offrant ainsi un énorme potentiel pour l'avenir. Mais ces secteurs de pointe ne sont pas forcément les plus importants. Un certain nombre d'autres domaines de la société demeurent farouchement opposés au changement politique et culturel ; non pas nécessairement à cause de conflits d'intérêts individuels, mais tout simplement parce que la plupart des gens sont réfractaires aux nouveaux paradigmes et aux nouvelles visions du monde, même si une telle résistance les dessert économiquement ou politiquement. Ainsi, face à une telle opposition, les conflits culturels empirent.

Pendant ce temps, la dégradation de l'environnement continue, toujours plus catastrophique, tandis que la surpopulation fait des ravages dans plusieurs régions du monde, et les conflits militaires entre les nantis et les déshérités se durcissent. L'instabilité du monde va croissant, ainsi que les risques d'explosions et de chaos. Ainsi, le monde pourrait bien collectivement 'tomber dans un trou' : une autre grande dépression ou une catastrophe écologique partielle qui entraînerait famines et mortalités massives dans certaines régions du monde, ou encore une importante succession de guerres causées par les inégalités croissantes et les conflits ethniques. De même, la destruction de la forêt tropicale ou les changements climatiques pourraient causer de nouvelles épidémies. Quelle que soit la forme que prendra cette crise, les conséquences en termes de souffrances et de mortalité promettent d'être désastreuses.

Ce qui se passe ensuite est sans doute ce qu'il y de plus surprenant dans ce scénario : c'est ce que l'historien Arnold Toynbee appelle « challenge et réaction ». Quand une société se retrouve en période de troubles, une minorité créative (les Créatifs Culturels dans ce scénario) développe des croyances et des modes de vie radicalement nouveaux. Mais une fois tombée au fond du trou, la société dispose encore, grâce à cette minorité créative, de ressources et d'une capacité de récupération suffisantes pour rebondir et remonter à la surface, voire même atterrir ailleurs, à un autre endroit. Et cette réaction d'adaptation pourrait bien avoir lieu à l'échelle mondiale, de par la 'mondialisation' croissante des sociétés, ainsi que l'étroite interconnexion des Créatifs Culturels entre eux, par le biais de réseaux de communications ou d'ONG, réseaux qui dépassent et recoupent les frontières, permettant la propagation rapide de leurs initiatives. Dans ce scénario, le monde puise ses forces dans une importante population qui sait comment repenser les choses et mettre en place de nouvelles solutions culturelles. Un nombre croissant de personnes s'intéresse à ce que propose cette population innovante et tous ensemble participent à la construction d'un avenir meilleur. En même temps, un certain nombre de vieilles autorités et d'anciennes tutelles sont discréditées et certains parmi les nantis et les puissants voient leur statut et leur pouvoir considérablement réduits. Le phénomène dans son ensemble entraîne une refonte de la structure de nos sociétés. Les sociétés peuvent être très innovantes quand elles se retrouvent au pied du mur, en particulier si elles disposent en leur sein d'une telle population qui provoque le changement culturel. Ainsi, de nombreuses cultures de par le monde pourraient bien se tirer de situations désastreuses et découvrir leur nouveau potentiel. C'est une forme d'apprentissage social assez rude, mais au moins on apprend.

Si l'on se lance dans des pronostics, on peut supposer que ce scénario a une chance sur deux de se réaliser, puisqu'il suppose que les humains ne soient ni chanceux ni sages, ni malchanceux ni stupides. C'est la voie du milieu, mais c'est une voie trouble et tordue, dans laquelle différentes combinaisons de plus et de moins amènent au même résultat. C'est un scénario qui prévoit un effondrement général, puis un rebondissement général. Il prévoit que nous apprenons du passé, mais pas aussi vite que nous pourrions l'espérer. Mais surtout, c'est un scénario suivant lequel notre minorité 'créative' est suffisamment importante désormais pour que nous puissions réagir positivement aux défis de notre époque — si, au lieu de se plaindre de la conduite habituelle des affaires, et de se reprocher mutuellement toutes les catastrophes de la Terre ou de fermer les yeux sur ces dangers, nous nous montrons capables d'aller, en toute sérénité, à la rencontre de l'avenir.

Menaces et promesses

A la veille du nouveau millénaire, pris dans la tourmente des bouleversements politiques et sociaux, on nous raconte pour la énième fois l'histoire du *Titanic*. C'est comme si cette tragédie refaisait surface, après être restée enfouie dans les profondeurs océanes de notre conscience collective. Une fois qu'on a vu et revu le film, lu ou feuilleté tous les livres sur le sujet, la chose la plus frappante, celle qui vient hanter nos rêves et nos pensées, c'est le comportement des passagers. Comme nous face à la situation actuelle, on dirait qu'eux non plus ne comprenaient pas bien l'ampleur de la catastrophe, comme s'ils ne comprenaient pas vraiment ce qui était en train de se passer. Comme nous, ils se sont érigés des barrières épaisses de dénégation contre la peur. Même après qu'il eurent entendu la détonation violente du choc avec l'iceberg, ils continuèrent à vaquer à leurs occupations comme si de rien n'était. « Le bateau, de par sa gigantesque taille, avait un côté très rassurant. Il avait été leur maison pendant toute une semaine. Les banquiers, qui étaient encore persuadés de retrouver très bientôt leurs bureaux new-yorkais, continuaient à préparer les contrats à venir. Les professeurs de retour de congés réfléchissaient encore au programme de leurs cours ».[1] La plupart des passagers du pont supérieur préférèrent rester sur le bateau plutôt que de s'aventurer sur les canots de sauvetages dans les eaux glaciales. Pour les passagers de la cale, il n'y eut même pas de canots de sauvetage. Mais finalement, ça n'a pas changé grand chose.

Ce sentiment de confusion, cette espèce de paralysie asthénique des passagers ne nous sont pas tout à fait étrangers. Ils semblent pouvoir s'emparer de chacun d'entre nous. Qu'on attende la grande disgrâce de l'humanité, comme les Traditionalistes, la grande marche du progrès comme les Modernistes, ou la grande transformation et transition des Créatifs Culturels, de toutes les façons, nous allons tout droit au devant de grands changements, face auxquels il va nous falloir faire un certain nombre de choix. Et il est incroyablement difficile de faire la part des choses, entre l'idéalisme naïf et le catastrophisme primaire. Cette ambiguïté, et notre sentiment d'impuissance face à cette impossibilité d'être sûrs de rien, peut facilement nous plonger dans la passivité. Comme quelqu'un qui aurait trop mangé, on se sent lourd, on a sommeil, et la seule chose qu'on a envie de faire c'est de s'enfoncer dans le canapé et de regarder un bon film à la télé. « Puisque les experts ne sont pas d'accord entre eux, dit-on en haussant des épaules, autant les laisser discuter. Qu'ils reviennent nous voir quand ils se seront mis d'accord ». C'est ainsi qu'une crise potentiellement gérable devient une véritable catastrophe : quand ceux qui pourraient faire quelque chose se désengagent et s'installent dans leurs fauteuils en simple spectateur du drame.

Pour le meilleur et pour le pire

Les grands événements au devant desquels nous nous trouvons à l'heure actuelle ne sont pas comme l'iceberg dans *Tita-*

1. Bruce Wallace, 'One Member's View', présenté au Forum Universitaire sur l'Education Libérale, Viriginia Polytechnic Institute and State University, Blacksburg, VA, juin 1990 ; cité par Lester R. Brown et al., *Saving the Planet* (New York : Norton, 1991), pp. 17-18.

nic, bien qu'eux aussi nous prennent par surprise. La différence, c'est que nous les avons nous-mêmes provoqués, pour le meilleur et pour le pire. Pour le meilleur, ce sont les miracles de la technologie que nous avons si souvent célébrés, depuis la production en masse de biens de consommation jusqu'à l'invention de l'automobile et de l'avion, de la radio, de la télévision, des ordinateurs et d'internet, des antibiotiques et de la médecine 'scientifique', des nouveaux métaux et matériaux qui ont modifié notre quotidien, de la plus grande productivité de l'agriculture, de l'exploration de l'espace et d'une vision radicalement nouvelle de l'univers. Les classes moyennes sont plus nombreuses aujourd'hui qu'à aucune autre époque de l'histoire. Le niveau d'éducation s'est amélioré, ainsi que notre santé, notre alimentation, le confort de nos maisons, notre sécurité. Et la perspective d'un monde meilleur pour nos enfants. La charge de travail physique a diminué dans nos activités professionnelles et l'on vit en moyenne deux fois plus longtemps qu'au début de l'ère moderne. Ce sont là de bons acquis, de bonnes ressources, qui devraient nous servir à l'avenir.

Pour le pire, c'est à peu près la même chose, mais vu sous un autre angle : les embouteillages, la pollution de l'air, la télévision qui telle un gigantesque monstre publicitaire transforme notre vie politique en une grande loterie dépendant de financements privés toujours plus importants ; la destruction massive des campagnes par l'exploitation des forêts, les produits chimiques ; l'exploitation abusive des océans, et la pollution de l'air et des eaux ; l'apparition de nouvelles souches de bactéries qui sont devenues résistantes aux antibiotiques ; l'apparition et le développement de nouveaux virus et de nouvelles bactéries liés à la destruction des forêts tropicales ; la production à grande échelle d'armes de destruction totale qui mettent le monde en danger ; des missiles à tête nucléaire qui pourraient nous plonger dans l'hiver nucléaire ; et une explosion démographique mondiale qui pourrait entraîner un sérieux et dangereux dépassement de la capacité de charge de la planète. Comme l'explique la consultante en management Margaret Wheatley : on a essayé de faire en sorte que le monde fonctionne d'une certaine façon, sans s'inquiéter de la partie immergée de l'iceberg. Quand on a commencé, on ne pouvait pas savoir qu'on allait se retrouver empêtrés dans un tel bourbier de conséquences catastrophiques, plus graves et plus surprenantes que tout ce qu'on avait pu imaginer.[1]

Ces 'conséquences', et d'autres que nous ne connaissons pas encore, font peser de lourdes menaces sur notre avenir et celui de la planète entière. Cela on le sait, si ce n'est en détail, au moins en a-t-on conscience, quand on lit les journaux, ou le soir quand on essaie de s'endormir. Ainsi, cet 'Entre-deux' nous terrifie. Le fait que les solutions habituelles soient inefficaces ne signifie pas, en effet, que l'on puisse immédiatement faire confiance à celles de demain, ces nouvelles propositions que l'on n'a pas encore essayées. Il n'est donc pas étonnant, dans ces conditions, que tant de personnes parmi nous se sentent paralysées devant les choix qu'il nous reste à faire.

Une ouverture fertile

Les menaces et les dangers de l'Entre-deux ne doivent pas masquer pour autant son autre caractéristique essentielle : son pouvoir de séduction, l'attraction irrésistible qu'il exerce sur nous. L'invitation, l'appel d'un objet ou d'un territoire vierge de toute exploration fait vibrer en nous ce que nous avons de plus créatif, de plus curieux et désireux de nouveauté et d'inconnu. Les scientifiques, les artistes, les mathématiciens et les explorateurs de toutes sortes connaissent bien ce frisson de plaisir intense qui les prend quand ils soulèvent le voile qui recouvrait l'objet de leurs désirs. Nous connaissons généralement cette sensation au travers des évocations de la poésie romantique et mystique, quand l'amoureux brûle de connaître l'aimée, mais en fait, ces délices attendent quiconque s'attache à découvrir un mystère qu'il souhaite comprendre. L'exploration, cela peut-être d'écrire des poèmes ou de skier dans la poudreuse ; construire des ponts ou démonter des ordinateurs, sculpter le bois ou naviguer sur les eaux troubles d'une rivière inconnue.

Cela peut aussi être une histoire de cacahouètes. Un jour, quelqu'un a demandé à George Washington Carver comment il avait réussi à trouver autant d'utilisations différentes des cacahouètes. Le grand inventeur avait répondu : « Quand vous

1. Margaret J. Wheatley, 'I Once Was Blind But Now I See : The Amazing Grace of Y2K', manuscrit inédit, 1999.

aimez quelque chose, cette chose vous révèle tous ses secrets ». Ou alors une histoire de motifs, de modèles. Ainsi, ce qui excite le plus Christine Nüsslein-Volhard, une biologiste du développement qui s'intéresse aux poissons-zèbres, ce ne sont pas les formidables applications de ses recherches dans le domaine de la médecine, mais plutôt le plaisir immense qu'elle a à déchiffrer ce que les poissons ont à nous apprendre sur les processus de développement, « trouver suffisamment d'éléments et de pièces du puzzle, et suffisamment de connexions entre elles pour pouvoir se faire une idée du tableau dans son ensemble ».[1]

Cette curiosité qui pousse à explorer ou à se fier à une vision se révèle toujours fructueuse et fertile. Elle se nourrit d'amour, du désir de savoir toujours plus au sujet de ce que l'on aime sans jamais envisager de s'en détacher tant que l'on n'en aura pas découvert les moindres secrets. C'est donc toujours une grande affaire de cœur. C'est aussi cet 'Entre-deux' qui est à l'origine de tous les efforts que font les humains pour réaliser des choses fortes et originales. Encourageant hommes et femmes à se sortir de l'apathie de l'esprit, c'est cette extrémité verte de la vie que Hildegarde de Bingen, il y a neuf cents ans, appelait *viriditas*, le vert humide et joyeux de la présence créatrice de Dieu dans le monde.[2]

L'un dans l'autre : la naissance et la mort

Comment cet 'Entre-deux' peut-il être à la fois un espace de mort et d'ouverture fertile ? Pour pouvoir envisager cela, il nous faut nous défaire de nos conceptions habituelles dans lesquelles la naissance et la mort sont très distinctement séparées. Plus vraiment à l'aise avec nos habitudes du passé, mais pas encore suffisamment bien installés dans celles de demain, nous nous trouvons au beau milieu d'un paradoxe. Or, si nous voulons vraiment saisir le grand mystère de notre époque, il faut précisément se laisser porter par ce paradoxe, se laisser écarteler par cette contradiction : la naissance est la mort du passé que nous

---

1. Entretien avec Christine Nüsslein-Volhard, *New York Times Sunday Magazine* (12 octobre 1997), p. 45.

2. Voir, par exemple, Matthew Fox, *Illuminations of Hildegard of Bingen* (Santa Fe : Bear & Co., 1985).

avons connu ; la mort est la naissance du futur dans lequel nous devons nous aventurer.[1] Et l'Entre-deux, avec tout ce qu'il représente de dangers et de promesses, est précisément ici et maintenant, là où nous nous trouvons en ce moment.

Le monde occidental n'est pas très à l'aise avec les idées de mort et de résurrection, sauf si celles-ci ont eu lieu il y a deux mille ans. Nos habitudes quotidiennes sont imprégnées d'une imagerie rose et naïve. La presse économique chante les vertus et les promesses des nouvelles biotechnologies ou du e-business, où l'on peut faire fortune en quelques mois. Chaque nouvelle brochure promet des courbes de vente et de profits atteignant sans heurts des hauteurs enchanteresses. Et en permanence, des entrepreneurs ravis nous sourient depuis la couverture des magazines, sur les étalages de presse des libraires.

Presque personne ne parle du gigantesque 'nettoyage' qui a lieu presque systématiquement en même temps que ce festival de réussites étincelantes. Regardez par exemple l'industrie automobile ou l'informatique ou même l'agriculture. Sur 100 entreprises créées, au moins 80 font faillite. Très souvent, il faut qu'un vieux secteur industriel entier soit en faillite, avant qu'un nouveau puisse voir le jour et soit adopté par le marché. Tous les faux départs, toutes les déceptions des chercheurs, des ingénieurs et des capital-risqueurs, toutes les faillites des entrepreneurs, la confusion et l'incertitude, les espoirs et les engouements, de tout cela, les livres d'histoire ne parleront pas, non pas parce que l'histoire n'est écrite que par les vainqueurs, mais parce qu'elle est écrite comme s'il n'y avait pas de perdants. Ceux qui rêvent de succès ne veulent pas entendre parler des morts qui accompagnent chaque naissance.

Le résultat, c'est que nous ne nous retrouvons pas seulement face à la chute ou à l'ascension d'un ou deux industries, mais aussi face à une gigantesque transition, comme il ne s'en produit qu'une fois tous les 500 ou 1000 ans. Et dans ces cas-là, nous le savons tous, il n'existe pas de mode d'emploi pour les temps à venir. Tous les récits populaires de la révolution industrielle racontent la grande marche du progrès, inexorable avan-

---

1. Cette idée a inspiré la description que fait Marion Woodman de la mort et la renaissance dans *The Pregnant Virgin* (Toronto : Inner City Books, 1988), p. 14.

cée d'un triomphe à l'autre. Et les services de presse des grandes entreprises d'aujourd'hui nous promettent de la même façon de scintillantes opportunités pour un avenir radieux, plus de place pour la créativité et suffisamment de ressources à disposition de (presque) tous ceux qui sont concernés. C'est une variation Moderniste du scénario rose envisagé plus haut. Peut-être est-ce effectivement ce vers quoi on va, mais c'est fort peu probable.

Si nous nous dirigeons vraiment vers une période de changements fondamentaux aussi radicale que celle de la révolution industrielle, nous ferions bien d'étudier l'histoire avec un peu plus d'attention et d'en tirer des enseignements. Le processus d'industrialisation eut des effets dévastateurs pour la plupart des ouvriers impliqués. La façon dont il s'est déroulé reflétait un manque flagrant de considération pour la vie humaine et pour l'environnement. Pratiquement personne ne serait prêt de nos jours à accepter une telle attitude. Nous avons connu un certain développement moral et les populations ont été depuis éduquées à la démarche démocratique, dans un esprit démocratique. Ce coup-ci, il va falloir nous montrer beaucoup plus intelligents et attentionnés si nous voulons mieux gérer des transformations sociales de cette ampleur.

Trouver une troisième voie

Lorsqu'on se retrouve confronté à un paradoxe, on peut être sûr que la réponse qui consiste à choisir son camp, à opter pour l'une ou l'autre des alternatives, ne sera pas la bonne. La seule réponse véritablement créative à cet Entre-deux au milieu duquel nous nous trouvons aujourd'hui sera celle qui relie les différences, tout en recadrant les formulations habituelles du problème à l'aide de nouvelles perspectives. L'anthropologue William Ury, qui est devenu un expert en négociation de conflits, en a fait sa spécialité : trouver de nouvelles perspectives pour résoudre les conflits de par le monde. Il tente toujours de remettre en question la 'nécessité' du conflit, ainsi que le modèle du défi que semble suivre le comportement des empires et des nations depuis des centaines d'années. Dans son dernier livre, *Getting To Peace*, il montre comment la recherche d'une troisième voie peut se révéler bien plus efficace. Il s'agit en fait de rechercher une solution 'gagnant-gagnant-gagnant' qui va au-delà du conflit binaire entre les deux parties en présence, pour inclure une troisième partie, la communauté. Il propose pour illustrer cela de nombreux exemples, depuis la réduction de la criminalité adolescente à Boston jusqu'à l'apaisement des conflits en Afrique du Sud.

En s'appuyant sur ses recherches, Ury explique que selon lui, pour les premiers 99% de notre histoire, nos ancêtres ont raisonné ainsi : « Le mythe, c'est que les êtres humains se sont quasiment toujours entretués, de tous temps, depuis qu'ils sont sur terre — que c'est notre nature de base, et que si on gratte le vernis de la civilisation, on obtient nécessairement l'équivalent d'une Bosnie ou d'un Rwanda. » [1] Mais en fait, ce mythe est une espèce de « diffamation envers nos ancêtres », dit-il. « Il ne s'agit pas de prétendre qu'ils n'étaient pas violents. Mais il est faux de dire qu'ils se battaient tout le temps. Ils recherchaient souvent des solutions pour éviter et résoudre les conflits, et parfois y arrivaient. »

Il se passe à l'heure actuelle quelque chose de tout à fait fascinant, selon Ury, qui rappelle la société de l'époque pré-agraire de l'humanité. Nous sommes en train de passer d'une ressource fixe et stable — comme la terre et le terrain — à une ressource extensible — l'information. Les pyramides du pouvoir et de l'autorité sont en train de s'aplanir avec le développement de réseaux autonomes de coopération. Dans notre monde de plus en plus interdépendant, nous nous trouvons devant « la plus grande occasion depuis 10.000 ans de développer une co-culture : une culture de co-existence, de coopération et de confrontation constructive ». Selon lui, on ne pourra pas empêcher, dans un premier temps, l'augmentation des conflits, tout simplement parce que nous vivons dans un monde de plus en plus interdépendant. Mais par contre, il est convaincu que notre vulnérabilité toujours plus grande face aux conséquences dramatiques de ces conflits va nous forcer à trouver toujours plus de solutions non violentes.

---

1. William Ury cité dans Jane Lampman, 'Challenging the *Necessity* of Conflict', *Christian Science Monitor*, 20 janvier 2000., p. 15.

Défi/Réponse

Au 20e siècle, la vie semblait correspondre à une variation particulière du modèle défi/réponse décrit par Arnold Toynbee : un modèle de conflit violent. L'ampleur et la capacité de destruction des guerres de notre siècle ont été considérables. C'est comme s'il n'y avait pas eu d'autres alternatives que d'être pris dans ce jeu de perdants et gagnants. C'était soit tu tues, soit tu te fais tuer, soit tu défends tes frontières, soit tu te fais envahir ou détruire. Ce fut particulièrement vrai pour les empires coloniaux qui ont conquis les territoires de différents peuples au cours des trois derniers siècles.

La plupart des institutions du monde occidental — industrielles, gouvernementales et militaires — furent créées dans le but de « dépenser nos finances et payer de notre sang » pour faire la guerre. Et une bonne partie de l'identité des pays développés s'est construite sur la base des victoires et défaites de ces différents empires. En permanence, l'Ouest a été 'en croisade'. Nous savions qui nous étions parce que nous étions 'anti-eux', contre l'Autre craint et haï. Et c'est ce même modèle conflictuel qui a façonné les autres grandes tendances du siècle. La plupart des innovations technologiques ne furent pas autonomes, mais servaient en premier lieu des objectifs militaires. Après la dépression de 1929, c'est la mobilisation pour l'effort de guerre qui a reconstruit l'industrie. Et ce n'est qu'après la chute du mur de Berlin, en 1989, que les Américains et leurs alliés se retrouvèrent sans ennemi à combattre, que le grand public a commencé à s'intéresser à la destruction de l'environnement, de la famille et de la communauté, autant de problèmes qui avaient été jusqu'alors ignorés ou mis de côté.

C'est là que devient possible l'introduction d'un nouveau type de modèle défi/réponse. Plutôt que de s'engager dans des conflits violents qui mobilisent une culture entière dans l'effort de guerre, la société peut trouver des types de réponse totalement différents et nouveaux. Le troisième volet de William Ury peut être l'une de ces réponses : introduire l'influence et les préoccupations de la communauté dans des conflits à plus petite échelle. Parmi les autres défis auxquels doit faire face l'Occident, il y a aussi la lente mais inexorable croissance de la pression démographique, économique et écologique sur la planète dans son ensemble, ainsi qu'au sein même des nations et des villes. C'est dans la réponse à ce genre de défis que Toynbee pense que les 'minorités créatives' peuvent avoir une influence essentielle. Dans son impressionnant *Study of History* [1], il explique comment de nouvelles solutions pourraient être mises au point pour réorganiser et mettre en place de nouvelles structures sociales. Face à toutes ces pressions accumulées, plutôt que de s'effondrer et se désintégrer, la société pourrait, par le biais de minorités créatives, s'inventer une nouvelle culture.

Ainsi le 21ᵉ siècle voit apparaître une ère de défis et de réponses radicalement nouveaux. Et les Créatifs Culturels pourraient bien être ceux qui nous guident vers des réponses qui vont dans le sens de l'intégration et de la guérison plutôt que vers le conflit. Mais pour que ces réponses puissent efficacement contribuer à la mise en place d'une nouvelle culture, il faut que l'activisme au niveau local et les mouvements sociaux évoluent et se transforment en véritables institutions. L'avantage des institutions, c'est qu'elles ont les moyens de répondre à des problèmes que la société dans son ensemble veut résoudre. De plus, tandis que les mouvements sociaux sont transitoires, les institutions peuvent aider à transformer l'énergie de ces mouvements en action quotidienne, les ancrer dans la durée. La question clé devient alors : les Créatifs Culturels peuvent-ils nous aider à mettre en place de telles institutions, en réaction aux défis essentiels auxquels nous sommes aujourd'hui confrontés ?

Les jalons laissés par les bouleversements de l'histoire

L'une des meilleures façons d'apprendre du passé, c'est d'étudier comment, au cours de l'histoire, le modèle que vous cherchez à comprendre a pu évoluer. Pitirim Sorokin, un sociologue de Harvard, s'est fait une spécialité de ces grands balayages historiques et nous pouvons le suivre en toute confiance si nous voulons savoir quand et comment sont apparues, par le

1. Arnold Toynbee, *A Study of History* (New York : Oxford University Press, 1972).

passé, des périodes comme cet Entre-deux que nous traversons actuellement.

Sorokin fut particulièrement célèbre, et à juste titre, après la deuxième guerre mondiale, pour avoir mené la plus grande et la plus complète étude jamais réalisée sur le changement social. Il passa les 3000 dernières années de l'histoire de l'Occident au peigne fin et analysa un nombre et une variété impressionnants de tendances historiques en termes de guerre, d'économie, de philosophie, de droit, de science, de technologie, d'art et de religion. Il découvrit ainsi que les différents aspects d'une culture évoluent à peu près en même temps et ensemble, et que les périodes matérialistes alternent avec des périodes plus spirituelles. Les différences entre les deux dépendent de ce que les gens considèrent comme leur réalité. Les Modernistes aujourd'hui, comme les Romains il y a deux mille ans, considèrent que la réalité est essentiellement physique. Les chrétiens du Moyen-Age, l'Inde brahmanique, le taoïsme et d'autres civilisations anciennes considéraient, eux, que la réalité était principalement religieuse, et contrôlée par un dieu omniprésent. Et cette croyance sous-jacente influençait tous les autres aspects de la culture dominante.

Ce qui nous intéresse le plus ici, ce sont les découvertes de Sorokin à propos des époques 'entre' les périodes matérialistes et les périodes spirituelles. Ces temps très incertains, ces points de rencontre pouvaient déboucher soit sur une véritable éclosion, une floraison foisonnante à mesure que les gens faisaient la synthèse entre les deux perceptions de la réalité, soit sur une désintégration, quand les gens ne pensaient plus à rien d'autre qu'à la guerre et leur propre survie. Dans ces périodes de transition, les années obscures sont aussi probables que les lumières de la Renaissance.

Sorokin nouvelle version

Sorokin concluait de tout cela que notre culture moderne, désormais trop mûre et gâtée, allait s'achever avec le 20e siècle. Dans une variation du scénario pessimiste que nous avons présenté plus haut, il envisageait non pas la destruction de la civilisation, mais une désintégration désordonnée où le matérialisme relâcherait son emprise sur notre perception de la réalité. Le talon d'Achille de cette période, selon Sorokin, est son refus de bien vouloir reconnaître ses limites[1]. Il aurait sans doute interprété la thèse écologiste des 'limites de la croissance' comme un signe de plus de cette tendance. Et les déroutes actuelles de notre système politique et autres institutions sont également caractéristiques de ce qu'il prédisait. Mais la mondialisation, l'aggravation des inégalités sociales et les menaces qui pèsent sur la vie de milliards de personnes de par le monde ont pris des proportions qu'il n'avait jamais imaginées.

Pourtant Sorokin était bien plus pessimiste à propos de l'avenir de l'Occident à court terme que ne le justifient les événements des dernières décennies. Soixante ans après, les classes moyennes et inférieures des pays développés s'en sortent nettement mieux qu'à l'époque où il écrivait, en 1940. La désintégration violente et chaotique qu'il décrit comme caractéristique du déclin de notre culture matérialiste n'a pas encore commencé. Mais il y a tout de même un grand nombre de signes du type de décadence qu'il prévoyait dans la culture populaire et artistique. De toute évidence, il n'avait pu envisager le rôle des nouvelles technologies, la prééminence des grandes entreprises et des marchés, ni la réussite impressionnante de la propagation de la modernité dans le reste du monde. Jusqu'à présent, tout ce que nous pouvons dire, c'est qu'il s'agit d'une transition modérée, bien que plusieurs pessimistes aient tendance à pen-

---

1. Pitirim A. Sorokin, *Social and Cultural Dynamics*, vols I-IV, (New York : Bedminster Press, 1937-1941). Malheureusement, l'œuvre de Sorokin est tombée en disgrâce au cours des années 50 et 60. De nombreux universitaires le haïssaient à cause de ce qu'il révélait de leurs propres préoccupations. Les sociologues prétendaient que Sorokin avait une pensée 'trop large' et pas assez rigoureuse, et que, de plus, il manquait de respect envers leurs propres méthodes de recherche. Mais en ce temps-là, la sociologie était profondément ancrée dans le Projet du Matérialisme, et répétait sa conception du progrès matériel et linéaire, tandis que Sorokin rejetait tout cela. Il était radicalement détaché de son époque, en avance sur son temps. (Il pensait que la sociologie de l'époque ne s'intéressait qu'aux choses triviales, sous un angle trivial, et rétrospectivement, on peut dire qu'il avait raison. Il est difficile de savoir ce qui, dans son œuvre, dérangea le plus ses collègues : ses derniers écrits sur les « tendances et faiblesses des sciences sociales » ou ses recherches sur « le chemin et la puissance de l'amour altruiste »). Aujourd'hui il serait sans aucun doute considéré comme un auteur 'culte'.

ser que nous n'avons fait que retarder le désastre prévu par Sorokin.

Mais il y a une autre découverte de Sorokin qui est pour nous significative : selon lui, en période de transition, la perception que les gens ont de la réalité est constamment remise en question, voire même renversée. Et si l'on se place à l'échelle de siècles entiers, ce retournement pourrait bien avoir lieu en ce moment même. L'un des signes de ce changement, c'est le passage, vers la fin de notre siècle, de la détermination du monde physique par des lois bien définies, à l'indétermination de la physique quantique, ainsi que la programmation de la vie grâce à l'ADN et aux codes génétiques, ou bien encore l'avènement de l'ère de l'information. Et dans ce contexte, les valeurs et convictions des Créatifs Culturels correspondent exactement à ce que Sorokin prévoyait : avec les nouvelles périodes de transition apparaissent des courants qui font la synthèse entre les époques spirituelles et matérialistes. Selon les raisonnements de Sorokin, ce qui vient ensuite devrait être une période d'éveil créatif dans le domaine des arts et de la religion, et l'apparition d'institutions sociales plus idéalistes, en réponse à des temps plus difficiles.

Est-il réaliste d'espérer que notre période de transition sera une période de renaissance plutôt que d'obscurantisme et d'années noires ? Allons-nous être capables de réaliser une nouvelle synthèse, de développer une culture intégrative ? Suivant Sorokin et sa lecture de la culture, la réponse est oui, à condition que les débuts prometteurs de cette nouvelle ne s'essoufflent pas, et que nous continuions sur la lancée. Et si, comme nous l'avons vu dans nos trois scénarios, nous faisions preuve de suffisamment de sagesse... et de chance.

La cartographie sous-jacente de l'Entre-deux

Nous avons expliqué qu'il peut arriver parfois qu'une crise entraîne une réponse tellement adaptée, tellement neuve et originale et appropriée aux nouveaux besoins, que la société dans son ensemble rebondit ou même atteint un tout autre niveau de fonctionnement. Mais nous n'avons pas expliqué comment ce phénomène peut avoir lieu, mis à part le fait que c'est parfois une minorité créative qui procure le tremplin. Et même ainsi, il peut paraître bizarre ne serait-ce que de penser qu'une telle chose puisse se produire. Vous tombez dans un trou, et d'un seul coup, comme ça, vous remontez à la surface, ou bien, mieux encore, vous en sortez complètement ?

Il est cependant absolument nécessaire de chercher à comprendre les mécanismes d'un tel phénomène. En effet nous pouvons être sûrs qu'au cours de notre traversée de l'Entre-deux nous allons rencontrer un grand nombre de ces 'trous'. Nous allons étudier maintenant l'une des manières d'envisager ce procédé, tirée des dernières avancées des théories évolutionnistes.

Le changement évolutionniste

Dans son ouvrage *The Choice : Evolution or Extinction* et dans *Evolution : The general theory*, le théoricien des systèmes Ervin Lazslo soutient que les grands 'bonds' de l'évolution, qui débouchent sur des stades plus élevés, se produisent généralement juste après les périodes de grande dépression. [1] L'étude des fossiles aussi bien que de l'histoire révèle ainsi de longues périodes de stabilité qui suggèrent un certain équilibre de l'environnement. Mais survient alors une interruption, un changement soudain et le système dans son ensemble passe d'un stade à un autre. Quand les théoriciens des systèmes observent un tel changement, ils y reconnaissent la présence de ce qu'ils appellent les 'processus chaotiques'. Les grands sauts, les grandes variations discontinues sont 'normaux' dans des écosystèmes qui ne sont pas en état d'équilibre. Tous les systèmes vivants — y compris les hommes et leur société — subissent de telles variations.

Cette figure en escalier montre à quoi ressemblent ces grandes variations dans trois types de civilisations : les anciens empires agricoles, le monde moderne industriel et urbain, et la nouvelle culture émergente. A chaque marche de l'escalier de l'évolution, les cultures deviennent plus complexes, flexibles, créatives et efficaces, y compris dans leur utilisation de l'information. En même

4. Ervin Laszlo, *The Choice : Evolution or Extinction ?* (New York : Tarcher, 1994) ; *Evolution : The General Theory* (Creskill, NJ : Hampton Press, 1996).

L'évolution de l'humanité d'une époque à l'autre

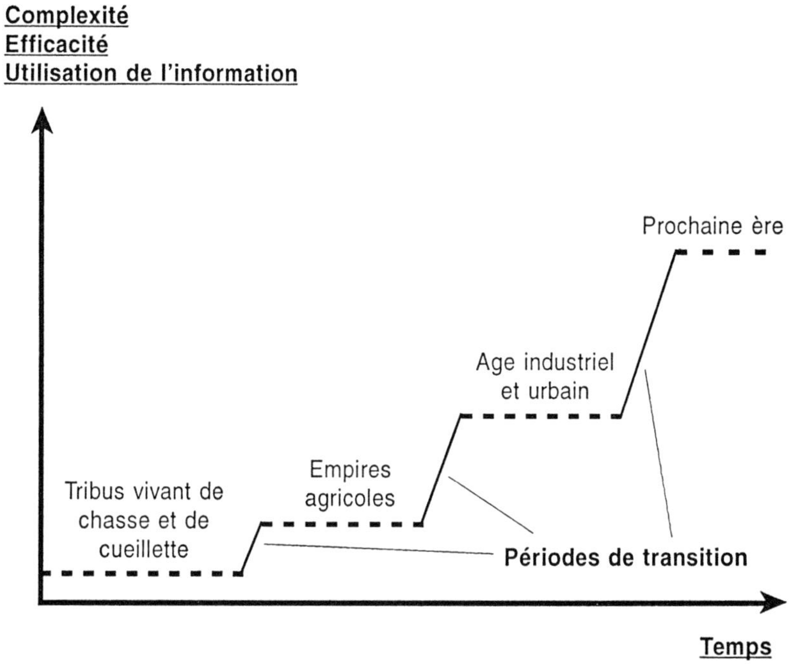

temps, chaque culture résiste au changement. Elle agit comme par instinct de survie, pour protéger et maintenir intacts ses structures et ses modèles, déjà en place depuis bien longtemps. Il en résulte, à chaque stade, une certaine forme d'équilibre. Ce qui ne signifie pas qu'il n'y ait pas de changement, mais plutôt que le système 'auto-corrige' les variations tant qu'il le peut. Tout comme nos cycles de marché, de modes, où se succèdent les gouvernements libéraux et conservateurs, de gauche et de droite, à chaque période les cycles oscillent et s'ajustent en un mode de vie relativement stable.

Transitions

Mais qu'en est-il des transitions, ces petites pentes raides entre les marches du changement culturel ? Comment un système auto-correcteur fait-il pour évoluer et changer ? La figure ci-dessus montre le 'gros plan' que Laszlo effectue sur le fonc-

Les dynamiques d'une époque

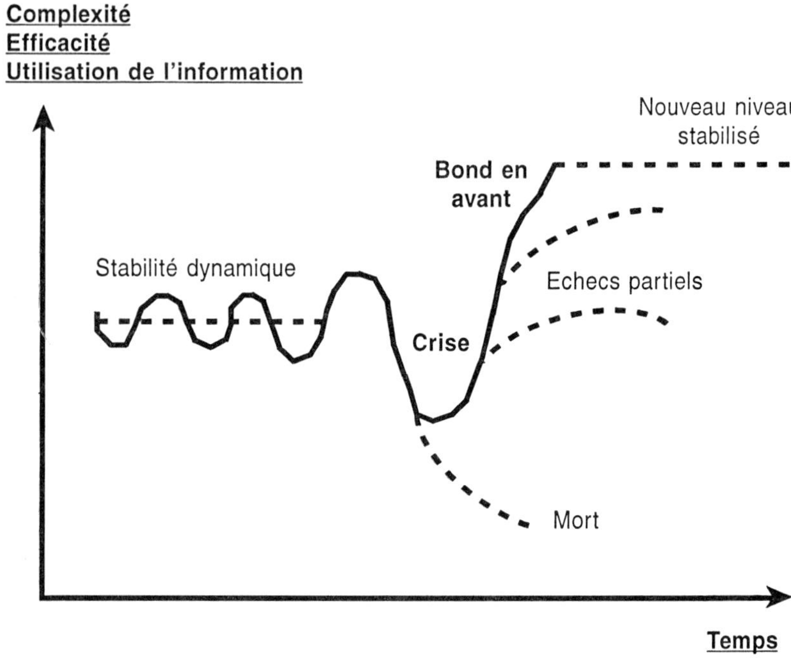

tionnement des changements à grande échelle. Au fur et à mesure qu'un système s'écarte de la situation d'équilibre, il commence à suivre des fluctuations de plus en plus chaotiques et imprévisibles. Ces changements ne sont pas dus totalement au hasard mais ils n'ont rien de cyclique non plus. Ils sont chaotiques au sens littéral — l'une des conséquences étant un dynamisme sous-jacent absolument fascinant que les analystes des systèmes appellent 'la chasse'. Les fluctuations semblent en effet refléter un système 'de chasse' de nouvelles opportunités et possibilités, comme si le système dans son entier se mettait à rechercher activement le stade suivant de l'évolution — et pas n'importe lequel : un stade où le système fonctionne mieux que tous ceux d'avant.

Il faut parfois plusieurs milliers, millions même, d'essais et tentatives aux systèmes inconscients comme les cellules ou les amibes pour passer ainsi au stade supérieur de l'évolution. Une fois qu'elles ont atteint ce niveau, le système le maintient. Par contre, pour les systèmes plus conscients comme les sociétés humaines, quelques dizaines d'essais peuvent suffire. Dans tout système vivant, les grands 'sauts' de l'évolution sont généralement précédés de périodes de recherche chaotiques et de crises que les stades précédents n'ont pu résoudre. Le système tombe alors littéralement dans un trou. Comme on le voit sur le schéma, il est possible que le système meure dans ce trou. Il peut aussi ne pas parvenir à trouver son nouvel équilibre, ou bien n'effectuer que des transitions incomplètes, accompagnées d'échecs partiels. C'est dire si l'évolution d'un système est réellement incertaine. Mais l'avantage considérable de l'espèce humaine, dans une telle perspective évolutionniste, est sa capacité à apprendre de ses erreurs passées, voire même de planifier à l'avance, si tant est qu'elle puisse comprendre ce qui se passe.

Un rite de passage à l'échelle de la planète

A quasiment toutes les époques de l'humanité, les sociétés ont toujours fourni à leurs membres des moyens d'affronter en toute confiance les différentes transitions de la vie humaine. L'anthropologue hollandais Arnold Van Gennep a donné à ces rituels leur appellation la plus usitée : les rites de passage. Les changements parfois violents de l'individu et de la communauté se retrouvaient ainsi, grâce à ces rites, étroitement tissés dans la grande toile de la vie, et chacun de ces changements prenait son sens et s'inscrivait de la sorte en relation avec les autres, et avec la vie dans son ensemble. Les membres de ces sociétés disposaient de procédures sacrées pour les aider à traverser les étapes difficiles telles que la naissance, la puberté, le mariage, la vieillesse et la mort, ainsi que de manières ritualisées d'affronter les famines et les guerres.

Et si nous avions nous aussi des rites de ce genre, des procédures qui nous aident à affronter les changements, des mythes de références qui nous aident sur notre chemin, quelques cartes bien établies pour nous indiquer la route à suivre ? Si l'histoire et les théories des systèmes nous offrent quelques modèles intéressants, les rites de passage sont en eux-mêmes des modèles, inspirés des processus biologiques que les anciens observaient quotidiennement dans leur environnement immédiat et moins immédiat. La chenille qui passe de l'état de ver rampant à celui de papillon est un être nouveau, de même que l'ours qui disparaît au cœur de l'hiver pour renaître au printemps. Entourés d'une nature toujours changeante, nos ancêtres comprenaient le changement comme faisant partie de l'ordre sacré des choses.

Bien que notre culture ne nous offre pas officiellement de tels rituels aujourd'hui, il se peut que nous soyons en fait actuellement en plein milieu de l'un d'entre eux. Richard Tarnas, un historien des cultures qui a écrit *The Passion of the Western Mind*, défend l'idée que la culture occidentale est en train de vivre un rite de passage collectif. C'est selon lui une trajectoire imposée à l'humanité et à la planète entière par la civilisation moderne. Nous avons déjà vécu l'étape de la séparation et nous nous trouvons désormais à l'un des points cruciaux du mystère de la mort et de la résurrection, propulsés à ce stade par « la rencontre avec la mortalité à l'échelle du globe — d'abord avec la crise nucléaire, ensuite avec la crise écologique ». La rencontre n'est plus individuelle mais planétaire et elle nous plonge tous dans ce qu'il appelle « la grande nuit collective de l'esprit » [1] Mais ce qui rend ce passage si radicalement différent de la perspective traditionnelle, c'est que nous le traversons pratiquement sans aucun guide ni aucun modèle à suivre. Les vieux sages qui sont censés nous guider dans notre voyage sont eux-mêmes pris dans la tourmente. C'est un processus absolument nouveau et caractéristique de notre époque, qui nous dépasse et nous concerne tous.

Selon Tarnas, le rite de passage actuel correspond en fait à une transition collective vers une nouvelle vision du monde et de l'univers, et de notre place en son sein. Ce qui est en train de se former, spécule-t-il, c'est un nouveau genre humain très autonome, capable de jouer un rôle dans un univers qui fait enfin sens. La futurologue Barbara Marx Hubbard a une vision des choses assez semblable, quoique encore plus optimiste. Selon elle, nous n'en sommes qu'à l'étape de gestation, et si nous pouvions nous voir avec une perspective planétaire de notre corps dans son ensemble, nous nous rendrions compte que « notre crise est

1. Richer Tarnas, 'The Great Initiation', *Noetic Sciences Review,* n°47 (1998), p. 57.

en fait une naissance »[1]. Nombreux sont les observateurs qui prévoient « un changement de mentalité à l'échelle planétaire », une période d'éveil, ou d'émergence ou de transformation. Tous perçoivent le monde occidental, et avec lui, la planète entière, comme au beau milieu d'un passage critique.

Et si les détails de chacune de ces visions diffèrent, dans leur ensemble elles adoptent toutes la même perspective, décrivant toujours les mêmes étapes caractéristiques d'un rite de passage : la Séparation, l'Entre-deux et l'Intégration. Si nous sommes dans un processus initiatique, comme le laissent supposer les deux premières étapes, alors ce processus devrait faire de nous une communauté humaine plus mûre et plus responsable. C'est en effet la logique du processus, s'il suit son cours jusqu'au bout.

Pour voir comment les étapes du rite de passage peuvent s'intégrer dans une perspective évolutionniste, il suffit de regarder le graphique 'rites de passage'. Au départ, à l'étape de Séparation, le système s'éloigne de plus en plus des vieux soutiens institutionnels et des conventions sociales habituelles. A l'échelle planétaire, on peut s'attendre par exemple à une diminution importante de la prospérité, de la propriété, de la population, de l'efficience et de l'efficacité organisationnelle, ainsi qu'à une disparition des formes traditionnelles : les Etats-Nations, les entreprises multinationales, ou bien encore les mégapoles, ou notre relation d'exploitation à l'environnement, ou encore notre exploitation éhontée de la pauvreté du tiers-monde. Au même moment, on cherche déjà à envisager et à développer de nouveaux modes de vie.

A l'étape suivante, l'Entre-deux, le système subit une ou plusieurs 'méga crise(s)'. La planète ou en tout cas des régions entières du globe, tombe dans un 'trou'. Dans un rite de passage traditionnel, c'est l'étape liminale où le néophyte perd son ancienne identité et son statut protégé se dissout. Il devient 'rien ni personne', entre les deux. Il n'est plus qui il était, il n'est pas encore celui qu'il va devenir. Si l'on n'est pas préparé à cette étape, elle donne l'impression qu'on est mort. Et si l'on est

1. Barbara Marx Hubbard, *Conscious Evolution* (San Francisco : New World Library, 1997).

Les rites de passage comme illustration particulière de La Théorie Générale de L'Evolution de Laszlo

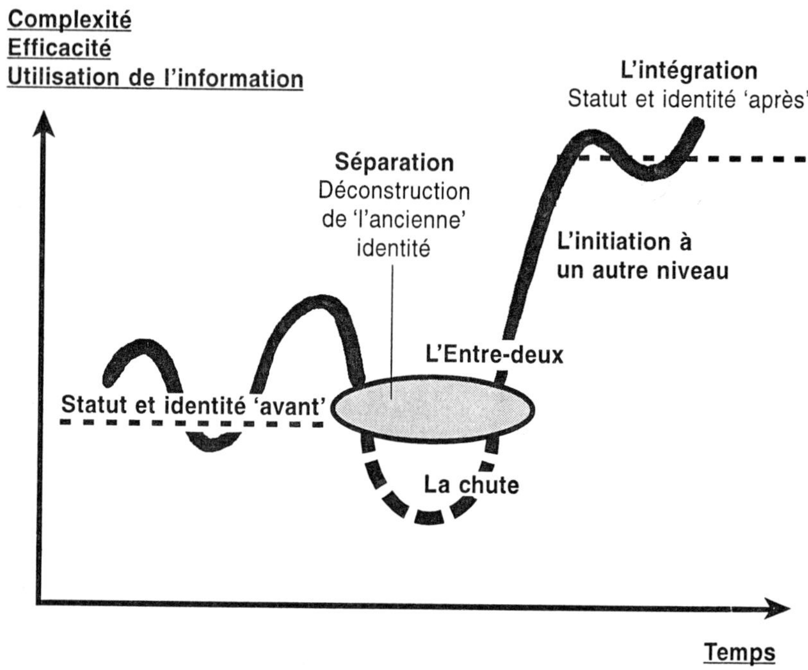

préparé et ouvert aux influx de l'esprit, et bien cela ressemble toujours à la mort. Dans les rites de passage collectifs de nos ancêtres qui passèrent de la chasse et de la cueillette à l'agriculture, ou des Juifs qui erraient dans le désert de l'Exode, c'est aussi une période d'ouverture et d'ignorance. A notre époque, cette étape liminale pourrait bien être une transition planétaire quand, pour reprendre les mots de T.S. Eliot, « pour arriver à ce que tu ne connais pas encore, il faut suivre le chemin de l'ignorance ». [1]

Le modèle de Laszlo, si on l'utilise comme guide pour notre traversée de l'Entre-deux, nous explique que la chute dans le trou n'est ni une catastrophe irrémédiable, ni nécessairement un tremplin vers un degré supérieur d'intégration. Il s'agit plutôt d'une occasion exceptionnelle de chercher comment devenir une so-

1. T.S. Eliot, 'East Coker', *Four Quartets* (New York : Harcourt Brace Jovanovich, 1971, II) 138-139.

ciété humaine qui 'fonctionne', mieux adaptée et adaptative. Comme nous l'avons vu, les systèmes conscients 'chassent' et trouvent leur niveau de stabilité beaucoup plus vite que les systèmes inconscients. La question est la suivante : quels aspects de notre système sont susceptibles de nous propulser vers un nouveau stade de l'évolution, plutôt que de nous précipiter dans la désintégration ?

Pour que le processus aboutisse, il va falloir renforcer un certain nombre de nos compétences qui ne soient pas trop affaiblies par la crise. Parmi elles, il faut sans doute compter notre mémoire collective, notre sagesse et notre savoir-faire technique ; notre compassion, notre générosité, notre imagination, notre intelligence, notre volonté d'apprendre, notre persévérance et notre courage. Un rite de passage doit renforcer ces capacités adaptatives de notre identité collective.

L'apparition des Créatifs Culturels et de leur nouvelle manière de voir le monde font peut-être aussi partie de notre bagage, à condition qu'ils prennent conscience de leur existence en tant que collectivité. Une autre ressource qui peut nous aider dans notre traversée est une capacité 'négative', qui consiste à « se débarrasser des poids morts du passé ». Vers la fin du Moyen-Age, les pays d'Europe du Nord et de l'Ouest se sont débarrassés des pouvoirs de l'Eglise et de la féodalité et sont entrés dans l'ère industrielle et urbaine. Les pays d'Europe de l'Est n'ont pas fait la même chose et se sont retrouvés à la traîne.

Il y a cependant encore un autre élément crucial que l'on retrouve, de manière implicite, aussi bien dans les rites de passage que dans les modèles évolutionnistes. C'est la nécessité de pouvoir envisager notre avenir collectivement. Une vision pour l'avenir, c'est ce qui permet à une société de s'engager à s'efforcer d'améliorer le monde et de le rendre plus viable. Peu importe le nombre de cartes et de modèles qu'on aura étudiés, ce qui compte c'est la promesse en nous d'une vie meilleure pour nos enfants et tous les enfants, c'est cela qui nous donnera la force, l'imagination et la persévérance nécessaires à la construction d'un monde meilleur. Et rien ne touche plus profondément l'imagination collective qu'une bonne histoire qui énonce clairement les vérités qu'il nous faut entendre.

Une histoire inspirante

Dans *Ishmael*, le roman de Daniel Quinn, un étudiant exaspéré se plaint à un moment qu'il est tout simplement trop difficile de se défaire d'une culture et de sa vision des choses : « Les gens ne peuvent tout simplement pas 'abandonner' un discours », dit-il. « C'est ce qu'ont essayé de faire tous les gamins des années 60 et 70. Ils ont essayé d'arrêter de vivre comme des 'preneurs', mais ils ont bien vite compris qu'il n'y avait tout simplement pas d'alternative. Ils ont échoué parce qu'on ne peut tout simplement pas cesser d'être immergé dans un 'discours', il faut avoir un autre discours de rechange dans lequel on puisse continuer à *être.* »

Le professeur Ishmael, demande alors : « Mais s'il y a effectivement un autre discours, est-ce que les gens ne devraient pas être au courant ?

— Si.

— Mais est-ce que tu penses qu'ils ont envie d'être au courant ?

— Je ne sais pas. Je ne pense pas que l'on puisse commencer à avoir envie d'une chose tant qu'on ne sait pas qu'elle existe. » [1]

Mais comme nous le savons désormais, les 'gamins des années 60 et 70' ne se sont pas trompés. C'est seulement qu'il a fallu une bonne quarantaine d'années pour que les fruits de leurs efforts soient progressivement intégrés dans le reste de la société. Et le discours qu'ils ont essayé de mettre en place, avec sa vision du monde et ses pratiques associées, est en partie le même que celui qu'essaient d'imposer et de vivre aujourd'hui les Créatifs Culturels et sans doute d'autres personnes encore. Avant de sortir d'un 'discours', il en faut un autre de rechange, un autre cadre de référence pour nous soutenir ; autrement, on reste toujours prisonnier de l'ancien discours. Et il est fort probable que, comme le dit l'étudiant, la plupart des gens n'iront pas chercher un autre discours avant d'être certains qu'il existe. Ce qu'il faut, c'est une vision de l'avenir qui soit vraie et fidèle à l'esprit d'une culture et qui ainsi puisse servir d'inspiration pour l'instauration d'un nouveau mode de vie.

1. Daniel Quinn, *Ishmael* (New York : Bantham, 1995), p. 214.

L'un des meilleurs exemples de ce genre de visions et du pouvoir qu'elles peuvent exercer nous provient d'un récit qui est vieux de plus de trois mille ans : l'Exode, l'une des histoires les plus importantes des écritures saintes. Parmi toutes les ressources à notre disposition aujourd'hui dans notre traversée — particulières et mondiales, mythiques et scientifiques, vieilles de plusieurs siècles ou aussi fraîches que les rêves de la nuit passée — ce récit est particulièrement utile et intéressant dans la mesure où il raconte l'histoire d'un peuple qui effectue la traversée d'un récit à l'autre, d'un discours à l'autre. L'Exode raconte comment douze tribus distinctes d'esclaves se sont littéralement écartées du passé pour inventer un nouveau modèle. L'Exode est ce récit d'éveil qui décrit un glissement culturel, un manuel de libération à l'usage des populations qui après des générations d'esclavage, veulent se libérer d'une manière de voir, de penser et de faire qui les étouffe.

Les Juifs du monde entier se racontent l'histoire de l'Exode chaque année au printemps, lors des cérémonies rituelles de leur Pâque. Mais l'Exode fut aussi une étoile du berger pour les esclaves africains du Sud des Etats-Unis. Elle leur rappelait constamment que leur libération était toujours possible, à condition qu'ils ne perdent jamais foi ni courage. Harriet Tubman, qui joua un rôle important dans les réseaux clandestins d'évasion des Noirs du Sud esclavagiste, chantait à l'époque les chansons de l'exode des Israélites hors d'Egypte quand elle guida son propre peuple à travers les marécages et les forêts vers la liberté. On dit souvent qu'elle aurait déclaré : « J'aurais sans doute libéré encore plus de gens, si seulement ils avaient su qu'ils étaient des esclaves » [1]. De même, l'Exode, pour beaucoup d'Américains, est lié à leur trajectoire d'immigrés, ou à celle de leurs parents ou grands-parents, traversant les océans comme les Hébreux traversant la Mer Rouge, et fuyant leurs pogroms, leurs famines et autres escadrons de la mort comme les Hébreux échappèrent aux armées du Pharaon. [2]

---

1. Au forum des ONG à Pékin en septembre 1995, le groupe de chanteuses Sweet Honey in the Rock cita Tubman tandis qu'elles apprenaient à d'autres femmes à chanter *Wade in the Water*. Cité par Franck Peavey et Tova Green, dans la lettre d'informations de Crabgrass (1996).

2. Les Juifs sont fiers de savoir que c'est l'une de leurs filles, la poètesse Emma Lazurus, qui a écrit les mots inscrits sur le socle de la Statue de la Liberté, qui sert de symbole de l'accueil réservé aux immigrants « brûlants du désir de respirer librement ».

Chapitre 9.

Chenille, chrysalide, papillon

Si les rites de passage peuvent servir à décrire le passage décisif d'une société entière à un mode de vie radicalement différent, ils sont avant tout, la plupart du temps, des procédures rituelles explicitement 'transformatives', conçues pour accompagner un initié à travers des rencontres bouleversantes avec les aspects les plus sombres de l'existence. Ils commencent systématiquement par une séparation de l'ancien mode de vie. L'initié traverse ensuite un seuil, souvent concrètement matérialisé par un espace ou un endroit séparé du reste du monde, où l'effeuillage de son ancien moi est poursuivi jusqu'à la dissolution complète de son identité habituelle. C'est le vide fertile, le lieu de la mort et de la renaissance. Comme le raconte un shaman caribou esquimau, racontant l'initiation qu'il vécut quand il était petit garçon : « Je suis mort à plusieurs reprises durant ces trente jours et j'ai appris et découvert ce qu'on ne peut apprendre et découvrir que dans le silence et le vide, loin des foules, dans les profondeurs. J'ai entendu la nature elle-même me parler d'une voix douce et maternelle, pleine de sollicitude et d'affection. Parfois aussi, elle sonnait comme des voix d'enfants ou bien encore comme la neige qui tombe, et elle disait : n'aie pas peur de l'univers ».[1]

---

1. Racontée initialement par l'Eskimau Caribou Igjugarjuk à l'universitaire et explorateur Knud Rasmussen dans les années 20, cette citation est tirée de Richard Tarnas, 'The Great Initiation', *Noetic Sciences Review*, n° 47 (1998).

Le rite de passage est conçu pour amener l'initié jusqu'à un point de sécurité intérieure absolue. Il doit lui ouvrir les portes d'une connaissance dont il ne pourra plus jamais se défaire. C'est la certitude de cette connaissance qui 'fait mûrir' le néophyte et rend possible la troisième et dernière étape du rite : le retour, auréolé des dons de la sagesse et d'un sens plus profond de sa responsabilité envers les autres et la communauté en général.

A quasiment toutes les époques qui ont précédé la nôtre, les garçons devenaient des hommes, et les jeunes filles des femmes. Les jeunes hommes devenaient des guerriers, des shamans ou des guérisseurs et les néophytes de toute catégorie traversaient cette phase de déconstruction afin d'atteindre une plus grande maturité. Notre culture n'offre plus aux jeunes de telles initiations ; cela signifie que les adultes et les personnes âgées n'ont pas été initiés non plus. Pourtant, malgré cette absence de rites de passage formels, certaines initiations ont tout de même lieu, tout autour de nous.

Dans ce chapitre, nous allons suivre l'histoire de trois Créatifs Culturels, à la lumière des rites de passage. Dans ces trois récits, l'absence actuelle de rites de passage formels dans notre société apparaît très clairement, en particulier dans les deux premières, qui racontent des passages à l'âge adulte. Comme nous allons le voir, sans le support d'une initiation, chacun doit rassembler lui-même les éléments de son 'départ' du Modernisme, de la transition qui suit, ainsi que de sa réintégration dans la vie quotidienne.

Nous avons choisi ces histoires non pas parce qu'elles sont caractéristiques mais parce qu'elles sont de bons exemples. A une époque qui ne dispose d'aucun modèle structuré d'initiation pour une société en pleine transformation, il est utile d'avoir un aperçu détaillé du processus. De toute évidence, tous les Créatifs Culturels ne connaissent pas de changements aussi déstabilisants, au niveau personnel ou social, que les deux 'passages adultes' que nous racontons ici. Mais bon nombre de Créatifs Culturels vont sans aucun doute y reconnaître des éléments de leur propre expérience.

Notre souhait est que ces histoires puissent apporter un soutien à des Créatifs Culturels qui sont en train d'effectuer leur propre transition, chacun à leur façon. Chaque personne suit sa propre voie, et cette voie est unique, mais les histoires vécues peuvent servir de guide et donner des repères pour les périples à venir.

La forme du changement

La comparaison quintessencielle de la transformation individuelle est la métamorphose de la chenille en papillon. Les étapes successives de cette métamorphose dessinent les contours de l'un des développements extrêmement mystérieux. Un ver disparaît dans une coquille translucide ou une enveloppe poussiéreuse, et puis plus rien ne se passe pendant plusieurs mois, parfois un an. Puis un jour, il se produit quelque chose de tellement bizarre, de tellement inattendu que seule la voix d'un enfant peut véritablement exprimer le miracle que cela représente : une créature ailée émerge de la coquille, se repose en attendant que ses ailes sèchent, puis s'envole. L'analyste jungienne Marion Woodman nous a justement raconté sa propre expérience de ce phénomène alors qu'elle était enfant :

« A l'âge de trois ans, j'ai fait la découverte psychologique la plus importante de ma vie. J'ai découvert qu'une créature vivante, obéissant à ses propres lois, peut traverser des cycles de croissance, mourir et de renaître sous la forme d'une nouvelle création.

Un jour, j'étais avec mon père dans le jardin. J'aimais beaucoup être avec lui quand il jardinait car il comprenait les insectes et les fleurs, et il savait d'où venait le vent. Un jour donc, j'ai trouvé une petite boule collée à une branche et mon père m'expliqua que Cécile la Chenille s'était fabriqué une chrysalide pour elle toute seule. Il me dit qu'on allait l'amener à la maison, l'accrocher aux rideaux de la cuisine et qu'un jour un papillon allait en sortir.

Bon, j'avais déjà vu des choses magiques dans le jardin de mon père, mais là, cela stimulait mon imagination plus que tout. Nous avons accroché la grosse boule au rideau en faisant très attention et tous les matins, je descendais les escaliers avec ma poupée en courant pour lui montrer le papillon. Mais il n'y avait toujours pas de papillon ! Mon père me disait d'être patiente.

La chrysalide avait l'air complètement morte. Pourtant, à l'intérieur, il se passait des changements remarquables. La vie d'une chenille est tout de même très différente de celle du papillon et il leur faut donc des corps différents. Une chenille mâche des feuilles. Un papillon boit du nectar liquide. Une chenille n'a pas de sexe, est quasiment aveugle et reste rivée au sol ; un papillon pond des œufs, voit et vole. La plupart des organes de la chenille se dissolvent et les fluides aident à former les ailes, les yeux, les muscles et le cerveau du papillon 'en construction'. Mais cela demandait tellement de travail que la créature ne pouvait rien faire d'autre en même temps. Il fallait qu'elle reste protégée dans sa coquille.

J'attendais que ce glouton rampant de chenille se transforme en joli papillon, mais au fond de moi, j'étais sûre que mon père s'était trompé. Un matin, alors que je prenais mon petit-déjeuner avec ma poupée, j'eus l'impression que je n'étais pas toute seule dans la cuisine. Je restai immobile. Je pouvais sentir une présence sur le rideau. Et effectivement, il était bien là, ses ailes encore en train de s'épanouir, miroitant dans une lumière translucide — un ange qui pouvait voler. La chrysalide était vide. Ce mystère sur les rideaux de ma cuisine fut ma première expérience de la mort et de la renaissance. » [1]

Le papillon et sa chrysalide vide sont un modèle courant des rites de passage traditionnels. C'est aussi une image que l'on retrouve partout de nos jours, dans les rêves, les peintures et les symboles d'une civilisation au bord d'une grande mutation. Est-ce que la nymphe dans son cocon rêve de s'élever dans les airs sur ses ailes lumineuses, comme les Créatifs Culturels ont la vision d'un mode de vie plus intense et harmonieux ? Le rêve est la première étape du devenir. Rêver des temps à venir, c'est accueillir en nous une réalité que nous désirons mais que nous n'avons pas encore atteinte. Ce n'est pas seulement un acte d'espoir, mais aussi une inspiration.

Dans l'histoire qui suit, nous allons voir comment Elisabet Sahtouris, une biologiste évolutionniste, a rêvé pour la première fois, puis a 'vécu' véritablement des questionnements ancrés dans

1. Marion Woodman, *The Pregnant Virgin* (Toronto : Inner City Books, 1988), p. 13.

sa vie depuis longtemps. Dans son histoire, il est très facile de distinguer les différentes étapes, comme dans les anciens rites de passage. Mais c'est pourtant bien d'un 'passage' *moderne* dont il d'agit ici, dans le sens où Elisabet a suivi seule les différentes étapes de sa transformation : toute seule, elle s'est détachée de sa vie habituelle, toute seule elle s'est repérée au travers de l'Entre-deux, et toute seule, après plusieurs années, elle a préparé son retour.

C'est un cheminement courant aujourd'hui, dans lequel les transitions subtiles de la vraie vie comme un rite de passage avance comme une vrille à travers les phases de séparation, de transition et d'intégration. Ses fruits mûrissent lentement, au fur et à mesure que l'initié trouve le chemin du retour vers le monde, vers une nouvelle communauté et un nouveau type d'action.

Quelque part entre les étoiles et le plancton

Elisabet Sahtouris a accepté de nous recevoir dans la maison de sa fille, dans le nord de la Californie, au retour de l'un de ses nombreux voyages en Amérique latine. Cela faisait quelque temps déjà que nous entendions parler de cette biologiste aux cheveux gris et de son franc-parler, qui était 'tombée amoureuse de la Terre' lors d'un séjour sur une île grecque. Elle passait désormais son temps, nous avait-on dit, entre l'Europe et les Amériques, s'attachant à rendre accessible à tous, dans la prose limpide de ses livres et de ses conférences, la théorie des systèmes et la biologie évolutionniste. « Elisabet a cette capacité absolument déconcertante de dire ce que tous les experts savent et dont personne n'ose parler », nous avait dit un futurologue visiblement convaincu. « Et elle se fait fort de poser les questions épineuses auxquelles les autres experts ne veulent même pas penser ».

Quand finalement nous avons réussi à la rencontrer, un soir du printemps 1998, la première chose qu'elle nous a racontée fut l'histoire de la métamorphose du papillon. C'est une histoire qu'elle raconte souvent, nous a-t-elle avoué, parce que c'est selon elle une excellente entrée en matière pour qui s'intéresse au processus d'évolution que notre société subit aujourd'hui. Cela nous a rappelé l'histoire de Marion Woodman et le « mystère des rideaux de la cuisine », et nous étions curieux de savoir à quoi ressemblerait la version d'une scientifique.

« L'histoire racontée du point de vue de la biologie, c'est que la chenille mange en une journée plusieurs fois son poids, puis forme ensuite une chrysalide dans laquelle elle entre en état de quiétude », nous a expliqué Elisabet avec son parler très rapide. « C'est à ce moment que se constituent des 'entités précellulaires'. Ce sont des cellules encore incomplètes et quand elles apparaissent pour la première fois, le système immunitaire les élimine tout de suite. Tant que ces disques sont indépendants et séparés, ils sont expulsés comme s'il s'agissait de corps étrangers. Mais au fur et à mesure de la métamorphose, ils sont de plus en plus nombreux, leur formation s'accélère, ils se regroupent et le système immunitaire tombe alors en quelque sorte 'en panne'. A ce point du processus, le corps de la chenille est devenu une espèce de nutriment fertile visqueux qui nourrit les disques qui sont eux-mêmes en train d'évoluer en véritables cellules complètes. Ces cellules vont constituer le corps du papillon. » Elisabet fit une pause, s'appuya contre le canapé et nous regarda en souriant. « C'est une vraie transmutation chimique, dit-elle en guise de conclusion. Un miracle, une force de la nature. »

Avec le recul, il nous est apparu que Elisabet nous avait donné les clés de lecture, une sorte de carte des changements de sa propre vie. Une transmutation nourrie par son entêtement précoce à refuser de morceler les questions qu'elle se posait, ainsi que ses actes, en « petites catégories séparées », comme elle le dit elle-même. Depuis sa petite enfance qu'elle a passée dans la vallée de l'Hudson, dans l'Etat de New York, elle « avait toujours posé de grandes questions et franchi les barrières ». Sa mère, une jardinière amoureuse de la nature, la laissait gambader dans les bois au bord de la rivière, une expérience qu'elle juge aujourd'hui très précieuse dans le monde actuel. « Grimper aux arbres quand généralement c'est interdit, franchir les clôtures sur lesquelles il est écrit 'ne pas entrer', marcher sur la glace, tout cela vous apprend à marcher là où même les anges ont peur de s'aventurer », nous a-t-elle confié avec conviction.

Lors de ses expéditions dans les bois, elle apprit à regarder les serpents morts et à communier avec les piverts des grands arbres. A peine âgée de dix ans, Elisabet était déjà convaincue que la nature « est un monde merveilleux et plein de bonté, notamment envers les enfants », et elle avait déjà cette curiosité déterminée d'en savoir plus et d'explorer ce monde merveilleux. A seize ans, elle avait son bac et était sûre d'une chose : il était grand temps de quitter le foyer familial. Elle sauta dans un bus pour New York, s'inscrivit à l'université avec en poche une bourse pour quatre ans d'études et se fiança, tout cela en moins d'un an.

En 1969, elle était plongée dans l'étude comparative de l'évolution au Musée Américain d'Histoire Naturelle, grâce à une bourse post-doctorale. Elle semblait très bien partie pour progresser tranquillement vers le sommet de l'échelle des carrières scientifiques, sauf qu'elle était hantée par quelques questions qui ne la quittaient jamais. « Qu'est-ce que l'être humain ? D'où venons-nous ? Que faisons-nous ici ? Où allons-nous ? Des questions qui restaient sans réponse. Je fus très fortement découragée par l'incapacité de la science à répondre. Personne ne semblait prêt à adopter une vision globale ou même universelle, à considérer l'humanité en tant qu'espèce ».

Ceci s'accompagnait d'autres interrogations, plus proches de son quotidien, qui la laissaient perplexe. « Quand je me promenais dans Manhattan, je voyais tous ces gens exclus, à la rue, tous ces SDF qui dormaient dans les parcs et tout le monde qui respirait un air infect, irrespirable ». Lors d'un petit, mais tout à fait significatif, incident, elle s'opposa au musée en dénonçant la contradiction flagrante qu'elle voyait entre l'organisation d'une exposition coûteuse et fort médiatisée sur la pollution et « les fumées noires qu'il crachait sur le nord de Manhattan, tellement crasseuses que les femmes ne pouvaient même pas étendre leur linge dehors ». Peu de temps après, ses activités politiques s'intensifièrent et elle abandonna sa carrière scientifique si prometteuse.

Séparation

En 1971, Elisabet avait divorcé et élevait ses enfants à Boston où elle travaillait comme chercheuse. En apparence, elle menait la vie normale et active d'une mère célibataire urbaine des classes moyennes. « Toute ma vie était organisée autour de mon travail qui nous permettait d'acquérir et d'entretenir tout un tas d'objets et de choses sans nom qui s'amoncèlent et dont il est par la suite si difficile de se débarrasser. Nous avions aussi entrepris de retaper une vieille maison », nous a-t-elle confié. Le bon temps passé entre amis « était toujours accompagné d'un léger sentiment de culpabilité, et alors passer du temps à penser et méditer, ce n'était même pas la peine d'y penser ! ».

Mais exactement comme la rivière tranquille qui, en suivant son cours, accumule branches, roseaux et feuilles jusqu'à ce qu'un jour ils forment comme un barrage, Elisabet, bien qu'elle ne soit pas à proprement parler une rivière tranquille, réalisa, le jour où son plus jeune enfant eut son bac, qu'elle en avait vraiment assez de toute cette frénésie. Elle eut alors une idée parfaitement séduisante : « Et si j'abandonnais tout cela pour aller m'installer sur une île grecque. » Et à la grande surprise de ses amis, de sa famille et de ses collègues, c'est exactement ce qu'elle fit.

Le plus difficile, selon elle, ce fut de se débarrasser de tout « ce tas de choses » qui occupait huit chambres et une cave, remplies de meubles et d'appareils, une voiture, une télé couleur, des armoires remplies de nourriture et de vêtements, des tonnes de livres et de dossiers, une tente, un canoë, une énorme machine à écrire, et les vieux jeux, jouets et vélos de ses enfants. Ce qu'elle décrit paraîtra sans doute familier à quiconque a déjà déménagé : « Je n'oublierai jamais la chaleur étouffante de cette journée d'été où je me suis retrouvée assise au milieu du salon. entourée de toutes ces boîtes à moitié pleines et ces piles d'objets et de livres, à devoir décider que faire de ces choses. Ça, on le vend ? On le garde ? On l'emmène ? On le donne ? Mais à qui ? Quand est-ce qu'on va s'en sortir ? »

En revanche, sa réaction fut déjà nettement moins courante : « J'en ai eu tellement marre, c'était tellement difficile et douloureux que je me suis jurée que tout ce cirque ne se reproduirait plus jamais. Je n'aurais plus jamais de maison à moi, je n'en remplirais plus jamais une avec tant d'objets inutiles et je n'aurais plus jamais autant de cartons à défaire ensuite, et j'étais tout à fait sérieuse. » Au moment de l'interview, une vingtaine d'années plus tard, Elisabet nous a déclaré qu'elle avait toujours respecté très fidèlement cet engagement. (Cependant, il restait une chose qu'elle n'arrivait pas à éviter : « les piles de papiers ! Elles me suivent partout où je vais. Je crois qu'il n'y a aucun moyen de m'en débarrasser ».)

La ferveur d'Elisabet à essayer de chasser « l'encombrement des choses » de sa vie est caractéristique de la première étape des rites de passage, bien que la plupart des gens ne parviennent pas à s'y tenir aussi longtemps qu'Elisabet. Un grand nombre de Créatifs Culturels ont connu cette étape de séparation d'avec leur ancien mode de vie et leurs anciennes valeurs. Ils vident leurs placards et se débarrassent de tonnes et tonnes de 'trucs' ; parfois, ils mettent un terme à une relation, quittent une profession ou un métier qui ne veut plus rien dire à leurs yeux.

Une ancienne professeur nous a raconté comment elle s'est débarrassée du contenu de ses étagères, de ses classeurs remplis de centaines d'articles de journaux préservés minutieusement depuis plus de dix ans, en mettant tout dans des cartons. Elle a sorti de son bureau des dizaines de cartons, les a mis dans le couloir et écrivit au marqueur noir, avec une jubilation intense : « Servez-vous ! Il y a de tout et c'est pour vous ». Une artiste connue fit la même chose. Il lui fallut plusieurs mois pour se débarrasser de ses sculptures et ses peintures, ses livres d'art, de ses pinceaux et de ses toiles, et ne garder pour elle que quelques petits outils de sculpture. « J'ai ressenti un immense soulagement quand j'ai fermé le studio et que je me suis évadée en voiture dans les montagnes. »

L'anthropologue Victor Turner explique comment, à chaque époque, ainsi que dans la culture actuelle, les initiés se préparent à affronter l'Entre-deux en abandonnant leur statut, leurs propriétés et possessions, leurs insignes, leurs habits de tous les jours, leur rang et leur position au sein de leur communauté et leur famille. Ils n'*ont* plus rien, explique-t-il, car ils s'apprêtent à devenir 'une matière première indifférenciée', invisible pour le monde de la politique et du droit et les autres statuts définis culturellement. Selon Turner, c'est « le type même de la pauvreté sacrée » qui prépare le néophyte à pénétrer dans les mondes sacrés et sans limites [1]. Bien sûr, cela ne se passe pas toujours ainsi. De nombreux rites de passage s'opèrent sans que nécessairement l'on quitte son foyer, sa famille ou son travail. En apparence, rien ne change. Mais au niveau le plus intime, l'initiation signifie toujours que l'on se débarrasse de son identité passée.

Dans l'Entre-deux

Lorsque Elisabet arriva en Grèce, elle avait dans l'idée d'écrire un roman et de rentrer aux Etats-Unis au plus tard un ou deux ans après. En fait, elle y est restée 13 ans. A un premier niveau, elle apprenait des tas de choses : ramasser et couper du bois, faire la lessive à la main, cuisiner simplement et apprécier tous les aspects de la vie sociale grecque, notamment la musique et les groupes d'amis. Mais à un autre niveau, elle apprenait quelque chose de plus compliqué : « Se défaire de l'éthique puritaine, qui, alliée au matérialisme, avait dirigé ma vie et fait de moi une véritable esclave » et l'échanger contre « le grand art grec de s'asseoir et ne rien faire ». Elle eut beaucoup de mal à intégrer ces enseignements, mais après un certain temps, elle réussit à passer de longs moments en silence ou à voguer dans ses pensées, « sans le moindre pincement de culpabilité ».

Dans les rites de passage formels, la période de l'Entre-deux a toujours un double aspect. C'est un espace de mort où l'ancienne identité et perception de soi de l'initié sont dissoutes. Mais c'est en même temps une ouverture riche et fertile où les anciens éléments du moi sont transmutés suivant de nouveaux modèles. Traditionnellement, l'Entre-deux avait souvent lieu dans une hutte que l'on considérait à la fois comme une tombe et un berceau, un cercueil et le ventre de la mère. L'initié y était parfois nu, comme un cadavre et comme un nouveau-né. C'est cette coïncidence d'opposés qui se rejoignent dans une même

1. Victor Turner, 'Betwixt and Between : The Liminal Period in Rites of Passage', dans Louise Carus Mahdi, Steven Foster et Meredith Little (eds.), *Betwixt and Between : Patterns of Masculine and Feminine Initiation* (LaSalle, IL : Open Court, 1987) p. 8.

complétude qui marque l'unité particulière de l'Entre-deux, qui n'est « ni l'un, ni l'autre, mais les deux à la fois. »[1]

Il en fut ainsi pour Elisabet en Grèce. D'un côté, elle n'était « plus rien ni personne », dans ce procédé de déconstruction et lent « déshabillage » de sa vie dans un petit village de pêche. « J'ai connu ainsi l'expérience totale d'être totalement dévêtue, défaite de toute identité, en vivant avec des gens qui n'avaient aucune idée de ce que peut-être un doctorat, et auxquels, de toute façon, vous ne pouvez rien expliquer parce que vous ne parlez pas suffisamment bien la langue pour expliquer quelque chose d'aussi compliqué. Ce fut un grand rite de passage. J'ai réussi à me faire accepter en faisant de bons gâteaux. Mes nouveaux amis venaient chez moi, voyaient mes livres et me demandaient : Mais qu'est-ce que tu fais avec ça ? »

En même temps, elle apprit ce que c'est que de « laisser le courant porter sa vie », au fur et à mesure que la mer Egée et la Grèce elle-même la replongeaient dans la nature qu'elle avait tant aimé enfant. Quand un phasme tomba sur son bras, un jour qu'elle se promenait dans la forêt de l'île où elle habitait, elle fut émue aux larmes de retrouver ainsi cet ami d'enfance qu'elle n'avait plus revu depuis si longtemps. Quand une seiche transpercée par la lance d'un pêcheur la fixa dans les yeux du quai où elle lâchait son dernier jet d'encre avant de mourir, elle pleura encore, ressentant profondément son lien avec cet ancêtre de l'évolution.

Vers la fin de la seconde année, Elisabet épousa un pêcheur grec. Elle commença alors à partir en mer avec lui et ses amis, les aidant à bord et préparant les repas. Les premiers temps, elle passait tout son temps libre à lire. Mais petit à petit, elle découvrit qu'elle pouvait laisser les vagues apaiser et bercer son esprit occupé : « Parfois, la nuit, les pêcheurs dormaient comme des chats sur le pont, tandis que moi je n'arrivais pas à trouver une position confortable sur ces planches de bois. Alors, je me levais et je réfléchissais à ma place dans l'univers, quelque part entre les étoiles et le plancton bio-luminescent de la mer, entre le macrocosme et le microcosme ».

1. Ibid., p. 9.

En paix avec l'infini du ciel et de la mer, Elisabet n'en était pas moins toujours préoccupée par les mêmes questions. Elle voulait savoir, comme elle nous l'a expliqué après, quelle est la place de l'homme dans la nature et elle voulait trouver une explication scientifique de la nature qui soit plus satisfaisante que celle qu'on lui avait enseignée à l'université. Elle se mit à écrire des poèmes, plusieurs essais, puis elle s'attela à la tâche impressionnante de raconter dans un petit livre l'histoire de l'évolution de la Terre et de l'humanité. Il fallait vraiment une bonne dose d'inconscience pour s'atteler à une telle besogne, nous a-t-elle certifié joyeusement. La première version, intitulée *Big Blue Marble*, s'adressait aux enfants de cinq ans. Elle en écrivit ensuite une version pour les adultes, qu'elle intitula *Earthdance*. Elle y décrivait l'évolution de la planète comme une longue danse improvisée à laquelle les humains, une espèce nouvelle et encore immature, s'étaient joints tout récemment. [1]

Son désir d'associer sa formation scientifique et son amour de la nature la poussa à pratiquer une espèce de rituel spirituel, le plus conscient dont elle nous ait parlé : « Parfois je levais les yeux vers le ciel étoilé, je levais les bras vers la nuit et je demandais en toute sincérité : 'Utilisez-moi'. J'avais le sentiment confus qu'il y avait une espèce d'intelligence supérieure capable de comprendre ma volonté de la servir de mon mieux, mon envie de la laisser m'utiliser à sa guise. »

Le retour et l'intégration

En 1987, 10 ans après son départ si précipité des Etats-Unis, Elisabet quitta la Grèce pour donner quelques conférences. Elle recommença à tourner son regard (et ses pensées) vers l'Amérique, mais pas seulement les Etats-Unis — le Costa Rica, le Mexique et l'Amérique du Sud en général semblaient l'appeler. Après quelques voyages exploratoires, elle se rendit compte qu'elle était en train de s'engager de plus en plus sérieusement à travailler avec les populations indigènes. Elle les percevait comme le lien essentiel entre le monde moderne, avec sa vision scientifique de

---

1. Elisabet Sahtouris, *Earthdance : Living Systems in Evolution* (Alameda, CA : Metalog Books, n.d. Le livre peut-être téléchargé depuis son site web, *www.ratical.org/lifeweb*.

l'univers, et la réalité de la nature dont elle s'était imprégnée en Grèce. « La conclusion que je tirais de tout cela, c'était que l'espèce humaine devait très vite apprendre à vivre suivant les principes des systèmes vivants, au cœur d'un système vivant plus grand encore qui englobe toute notre planète, sous peine de tout simplement disparaître. Et il me semblait tout à fait évident que les cultures 'premières' en savaient beaucoup plus long là-dessus que toutes les cultures industrielles occidentales mises bout à bout. »

Au fur et à mesure qu'elle multipliait les conférences sur ce sujet, elle commença à réaliser, à regret, qu'il était temps que son séjour en Grèce s'achève. Elle passa la majeure partie des deux dernières années recluse sur une autre île, Hydra. Parfois elle se promenait toute la nuit sous la lumière de la lune, méditant sur ce qui l'attendait. Mais tout comme les rites de passage s'achèvent généralement sur une période de réintégration parfois très longue mais toujours bien préparée, le retour d'Elisabet lui prit plusieurs années. Se remémorant cette période, elle écrit : « Le choc du retour ! Ce fut beaucoup plus dur que je n'avais pu imaginer, beaucoup plus dur que n'avait été la période d'adaptation à la culture grecque. Je me sentais comme un poisson hors de l'eau, parfois au sens littéral, tant la mer me manquait ». [1]

A la fin de notre visite, nous avons demandé à Elisabet si elle était prête à prendre la même décision, quelque vingt ans après. Sans hésiter, elle nous répondit avec un grand sourire : « Finalement, cela s'est révélé être une inspiration géniale qui m'a précipitée dans une période de transition, de transformation totale qui n'est pas encore finie et qui n'en est que plus fascinante ». Cela signifie-t-il que le voyage n'est pas encore achevé ? « Ce qui s'est passé jusqu'à maintenant n'était qu'un début, affirma-t-elle d'un ton qui ne laissait place à aucun doute. A l'approche de mon soixantième anniversaire, mon envie dévorante de vivre et le plaisir immense que j'en tire et que j'en attends sont devenus encore plus intenses. C'est une période de transition si rapide que nous pouvons tous vivre plusieurs vies en une ». Elle nous confia également qu'elle avait appris à ne plus se consacrer qu'aux activités qu'elle « sentait dans le 'cou-

1. Voir *www.ratical.org/lifeweb.*

rant' de ma vie » et à délaisser toutes les autres. En 1998, elle a publié deux nouveaux livres sur l'histoire changeante de l'évolution et était presque constamment en voyage, à donner des conférences.[1]

Tandis que nous rangions notre matériel d'enregistrement et que nous nous apprêtions à prendre congé, elle ajouta une dernière chose : « Il y a un système intelligent supérieur qui nous entoure et travaille pour nous — appelez-le comme vous voudrez — il suffit d'ouvrir les yeux et de savoir le reconnaître pour qu'il nous guide. Ainsi je reste en quête et en même temps demeure 'au service de'. Et si je ne me soumets pas facilement aux commandements des humains, je me plie tout à fait volontiers aux conseils et directives de l'Esprit, car la vie n'a jamais été aussi bonne que guidée par lui. » C'est ainsi qu'elle acheva de résumer une vie qui fut si pleine de changements et de transmutations que le récit de la chenille se transformant en papillon apparaissait clairement, après coup, comme l'équivalent poétique et scientifique de son propre accomplissement.

Une œuvre en cours d'élaboration

Tous les Créatifs Culturels ont connu un changement profond de leurs valeurs. La plupart ont également changé de mode de vie. Mais intégrer de tels changements dans la vie de tous les jours est un pas de plus à franchir, et pas des moindres. Pour tout le monde, c'est une démarche en perpétuelle élaboration, jamais achevée. Quand Elisabet Sahtouris nous a confié que sa transition, son 'changement de vie' n'étaient pas finis, elle aurait pu s'exprimer au nom de tous les Créatifs Culturels — ceux qui sont entrés et sortis de la chrysalide plusieurs fois au cours des quarante dernières années et ceux qui n'y sont entrés qu'hier. Comme elle nous l'a dit, juste après nous avoir raconté comment le système immunitaire de la chenille 'tombait en panne', « vous savez, les Créatifs Culturels pourraient aussi bien être les 'entités pré-cellulaires' de la nouvelle culture en pleine mutation. Ils peuvent servir de transition vers l'état de papillon. »

---

1. Les livres de Sahtouris publiés en 1998 sont *A Walk Through Time : From Stardust To Us*, avec Sidney Liebes et Brian Swimme (New York : Wiley), et *Biology Revisioned* avec Willis Harman (Berkeley, CA : North Atlantic Books).

Il est bien possible qu'elle ait raison. Tandis que les Créatifs Culturels avancent, petit à petit, vers une nouvelle 'intégration' dans leur propre mode de vie, il se pourrait bien qu'ils soient les chaînons d'un rite de passage collectif qui, dépassant le Modernisme, nous guide vers une nouvelle forme de culture. Comme nous l'avons vu dans la deuxième partie, un fort courant de changement nous pousse dans cette direction depuis le milieu du 20e siècle. Simultanément, les individus aussi changent et chacun d'entre nous contribue ainsi de façon unique à cet élan général de changement. Sans rituels formels et sans la moindre préparation adéquate, des millions de Nord-Américains sont aujourd'hui-même en train de se détacher des valeurs culturelles qui constituaient leur identité et s'aventurent dans l'Entre-deux. Certains, comme le fit Elisabet en son temps, s'éloignent d'une vie qu'ils ne peuvent plus accepter. D'autres s'éloignent aussi, mais sans que la confrontation soit aussi directe.

L'histoire sur laquelle nous allons nous pencher maintenant est celle d'un autre scientifique, un médecin, qui, lui, a commencé son parcours par un combat. Ce qui avait commencé comme l'histoire d'un activiste s'est transformé en un voyage en profondeur au cœur de la conscience, au fur et à mesure que Will Keepin suivait la trajectoire caractéristique des Créatifs Culturels 'avancés' vers un nouveau début.

Faire confiance à l'inconnu

Personne ne fut surpris en apprenant que Will Keepin, fils d'un physicien spécialiste de l'atome, avait décidé de passer un diplôme de physique et de mathématiques à l'université. Ayant grandi à Los Angeles dans les années 50, Will, comme presque tout le monde à l'époque, était animé « d'un sentiment, comme une immense promesse, une conviction presque palpable du pouvoir immense de la science ». En moins de quinze ans, les scientifiques étaient passés de la découverte de la fission à la réussite de la fusion, et avaient inventé la bombe H. « Personne n'osait le dire, mais il y avait presque comme un sentiment général que l'homme allait bientôt pouvoir se passer du pouvoir de Dieu parce que l'espèce humaine s'était donné les moyens d'acquérir ce pouvoir pour elle-même. Et cela a entraîné une espèce de délire, un orgueil démesuré sur le pouvoir de la science. Ce n'était pas de l'arrogance, simplement des spéculations alors tout à fait raisonnables sur l'avenir. »

Will suivit cette promesse tout au long de ses études, se plongeant dans les théories de la mécanique quantique et les nouvelles théories du chaos. En 1981, avec en main son diplôme tout neuf de docteur en physiques mathématiques, il s'envola pour l'Autriche, où il devait rejoindre l'International Institute for Applied System Analysis (IIASA — l'Institut International d'Analyse Appliquée des Systèmes). Ce *think tank* prestigieux venait tout juste d'apporter les touches finales à ce qui était considéré alors comme l'étude la plus sérieuse et la plus complète jamais réalisée sur les problèmes d'énergie de la planète.

L'ampleur de ce projet était tout bonnement impressionnante. Il s'agissait en effet d'une étude qui s'étalait sur plus de sept ans, mobilisant plus de 140 scientifiques originaires de plus de vingt pays. Il était doté d'un budget de recherche qui dépassait les 6,5 millions de dollars et devait proposer les réponses les plus complètes et indiscutables aux problèmes de l'énergie à l'échelle de la planète. Il prétendait être exhaustif, faisant appel aux découvertes les plus intéressantes de la macro-économie comme aux études sur les ressources de pétroles disponibles ou aux plus récentes avancées de la modélisation informatique. Lorsque l'étude fut enfin publiée en 1981, dans le sillage de deux embargos pétroliers, ses scénarios furent présentés en grande fanfare comme des prévisions de référence pour le monde occidental. Son impact sur les politiques énergétiques était censé être énorme. L'étude concluait que l'augmentation de la consommation d'énergie sur les cinquante prochaines années serait telle qu'il n'y aurait pas d'autres choix que d'avoir recours aux énergies fossiles et nucléaires, et ce, de toute urgence. Elle affirmait que, rien que pour répondre à la demande mondiale, il faudrait construire une nouvelle centrale nucléaire tous les quatre ou six jours pendant cinquante ans.

La plongée

Will était impatient de se plonger dans ce grand modèle énergétique. Mais pratiquement dès le début, il rencontra tout un tas de problèmes avec les méthodes et les analyses utilisées pour produire les résultats chiffrés. Plus il les testait, plus cela empirait. Il lui semblait que les conclusions publiées « n'étaient rien moins qu'un jeu de divination, sous le couvert de calcul scientifique. Et on pouvait s'amuser à malaxer et tourner dans tous les sens les prémisses initiales, dans tous les cas le modèle disait *in fine* ce qu'on voulait bien lui faire dire. C'était un peu comme le Magicien d'Oz : sur le devant de la scène, un type faisait un show, mais derrière le rideau, c'était un petit gars qui tirait les ficelles. »

Will s'avançait sur un terrain miné. Le modèle de l'IIASA était d'une importance politique et économique capitale pour les géants de l'industrie nucléaire. Au cours des années précédentes, les activistes et les législateurs leur avaient mené la vie dure, à force de remettre en question avec vigueur les coûts et les risques de l'énergie nucléaire. De plus, les clients, confrontés à des coûts toujours plus importants, avaient commencé à retirer leurs commandes. Et les industriels du nucléaire eux-mêmes, terrifiés à l'idée que l'avenir puisse leur passer sous le nez, recherchaient ardemment les moyens de s'en sortir. Le modèle de l'IIASA répondait à tous ces besoins. C'était ce que le secteur attendait de tout son cœur.

« Ce fut une période de crise profonde pour moi », se souvient Will, « parce que je devins vite *persona non grata.* Je me suis senti vraiment perdu et complètement isolé. Des trois cents scientifiques de l'institut, seuls trois ou quatre personnes partageaient mon point de vue et tous les autres me traitaient comme si j'avais la peste. Comment pouvais-je oser critiquer un tel chef d'œuvre, reconnu et scientifiquement approuvé ? Il y avait donc cette immense pression de conformité : il fallait s'y plier, au nom de la vérité scientifique ».

Qu'est-ce qui l'empêcha de sombrer ou de céder à la pression ? « J'ai connu une période de trouble et de doute incroyable », nous a-t-il répondu franchement, « parce que les auteurs de l'étude étaient des scientifiques renommés, parmi les meilleurs au monde. Mais comme eux, j'avais un doctorat de mathématiques et de physique, et je *savais* certaines choses. Je savais entre autres reconnaître un travail bâclé, truqué, et je savais que je faisais confiance à mes calculs. Je voyais très bien si un résultat était bon ou non. Des étudiants auraient tout bonnement été recalés aux examens avec le genre de choses qu'ils essayaient de nous faire avaler. Je savais que c'était tout simplement faux. »

Mais la certitude de savoir ne rendait pas Will pour autant invulnérable à la forte pression qu'il subissait, à toute cette angoissante sensation de désapprobation qui le suivait partout. Après plusieurs mois d'agonie, il envoya à contre-cœur sa lettre de démission et fit ses bagages. Juste à ce moment-là, un scientifique britannique du nom de Brian Wynne débarqua avec un contrat de deux ans pour étudier les aspects politiques de la science. Wynne avait entendu parler, par des rumeurs souterraines, de problèmes dans le modèle énergétique, mais il n'avait encore rencontré aucune personne 'de l'intérieur' qui voulait bien le renseigner. Jusqu'à ce qu'il rencontre Will.

Révélations d'un initié

« Notre rencontre reste l'un des grands moments de ma vie, parce que Brian comprenait exactement ce dont je parlais », nous raconta Will, et il ajouta candidement : « Il me voyait comme quelqu'un qui allait cracher le morceau, avec une certaine crédibilité et un minimum d'autorité scientifique ». Quelques mois plus tard, Wynne embaucha Will. Et en moins de six semaines, Will avait écrit l'ébauche d'une critique du modèle énergétique. Ils le firent circuler dans le courrier interne du département de l'Institut, et comme on pouvait s'y attendre, cela provoqua un tollé général. Puis Brian annonça : « Ce que je vais faire, c'est consacrer les deux années de mon propre programme de recherche à la relation entre la science et la politique dans cet institut. Je veux étudier la réaction de cet institut à la critique de Will ». Et, au grand dam du directoire, c'est exactement ce qu'il fit.

Tandis que Wynne commençait à décrypter la réaction de l'Institut sous un angle sociologique, Will se mit à prouver par le menu ce qu'il avait affirmé dans son rapport préliminaire : que cette étude qui avait tant été vantée n'était en grande partie qu'un discours incantatoire, en bref, un travail biaisé. De plus, il démontra que la base mathématique du rapport était si fragile que les moindres modifications changeaient les conclusions du tout au tout. Les directeurs de l'IIASA et les directeurs du projet furent extrêmement perturbés et paniqués, et tout le monde était furieux, sous le choc. « Il y eut un mouvement de déni général, incroyable. J'ai même commencé à recevoir des menaces. »

Ce qui était en jeu, c'était entre autres les choix de carrière à long terme d'une bonne partie des ingénieurs et des physiciens. Si le modèle fonctionnait, c'était la justification idéale de la construction de centaines, voire de milliers de centrales nucléaires, avec la promesse de création d'emplois en masse et le perfectionnement continuel des technologies du nucléaire. Mais si la supercherie était décelée et reconnue, le secteur entier menaçait de stagner, voire de sombrer, et des milliers de personnes concernées allaient devoir trouver d'autres perspectives de carrière. Durant ces deux années, tandis que les autres scientifiques le fuyaient littéralement comme la peste, Will explorait les entrailles du modèle. Mais il était très perturbé. « J'étais vraiment intimidé, nous a-t-il confié, et en même temps j'étais assailli par le doute. »

En 1984, Will devint attaché de recherche à l'Académie Royale des Sciences de Stockholm, en Suède. C'est là qu'il termina son travail sur le modèle énergétique. Au mois de décembre de la même année, dans le langage typiquement concis et sobre des sciences, les travaux de Keepin et Wynne furent publiés dans la prestigieuse revue scientifique *Nature.*[1] Ils démontraient que les modèles et scénarios de l'IIASA en faveur des énergies nucléaire et fossile étaient passablement faussés, que les chercheurs à l'origine de ces recherches avaient volontairement omis de dire que les modèles utilisés n'étaient ni stables ni valides, et, pour combler le tout, que les procédés de validation que les chercheurs prétendaient avoir suivis n'avaient en fait jamais été utilisés. En bref, ce fut un scandale.

1.Bill Keepin et Brian Wynne, 'Technical Analysis of IIASA Energy Scenarios', *Nature* 312 (20-27 décembre, 1984), pp. 691-95.

Pratiquement dès que l'article fut publié, Will commença à recevoir des propositions de postes. Loin d'être considéré comme un paria, comme il l'avait craint, des instituts et des universités de divers pays voulaient faire appel à lui pour enquêter sur d'autres projets scientifiques jugés suspects. Pendant un moment, il les refusa tous. « Je voulais faire de ma vie quelque chose de constructif et de créatif. Je venais de révéler un cas déprimant de mascarade où la politique se fait passer pour de la science, dans le journal scientifique le plus renommé ! J'avais vu de mes propres yeux les interpénétrations malsaines de la politique et de la science au plus haut niveau. Je voulais me sortir de tout cela. » Ce qu'il ne voulait surtout pas, c'était devenir le 'tueur à gage' des mathématiques, le super héros qui dévoile les cas de fraude scientifiques.

Mais c'est justement ce qui s'est produit. Et si 'tueur à gages' est sans doute une description un peu légère de son rôle, son travail avec les environnementalistes du monde entier a de toute évidence eu un impact significatif sur le secteur nucléaire. En tant que professeur associé à l'Université de Princeton et, plus tard, en tant que directeur de recherche au Rocky Mountain Institute et à l'Energy Foundation, ses études sur le réchauffement de la planète et les énergies renouvelables ont aidé à repenser les politiques énergétiques dans la Communauté Européenne, en Australie et aux Etats-Unis.

Si c'était la fin de l'histoire, ce ne serait qu'un joli conte de plus : un jeune et honnête David affrontant le Goliath bicéphale des maîtres de l'énergie et de la science pour le bien de l'humanité. Le genre d'histoire qu'on ne serait pas surpris de voir à la télévision ou même adaptée à Hollywood. Mais Will était en fait en train de suivre un tout autre cheminement, qui commença pendant ses années d'isolement à l'IIASA, quand il faisait ses premiers pas dans l'Entre-deux.

Propulsé dans l'Entre-deux

Une fois que vous avez commencé à entrevoir les mensonges du discours dominant, vous avez le choix. Vous pouvez choisir de fermer les yeux, vous replonger dans le confort de la cécité et tout oublier. En d'autres termes, vous pouvez démissionner.

Vous pouvez aussi continuer à regarder, mais garder le silence, ne dire à personne ce que vous avez vu, mais néanmoins sans oublier. Vous pouvez vous isoler ou vous pouvez partir. Mais vous pouvez aussi décider de faire comme Will Keepin : garder les yeux grand ouverts et poser des questions, refuser de vous taire jusqu'à ce que la lumière soit faite sur les vieux mensonges. Si vous choisissez cette option, vous êtes quasiment sûr de vous retrouver propulsé hors du nid douillet de l'habitude, en plein dans la tourmente de l'Entre-deux.

En apparence, cela ne vous donne pas un air différent. En fait, pendant qu'il s'occupait à tracer les grandes lignes de son argumentation sur les lacunes et les erreurs du scénario et des modèles énergétiques, Will travaillait plus méticuleusement que jamais. Mais c'est à l'intérieur qu'il se passe des choses : un non-savoir qui vous donne soit le sentiment d'être ouvert et réceptif soit celui d'être complètement vide et mort, ou bien les deux à la fois. Dans tous les cas, vous êtes totalement démuni de vos anciennes certitudes.

L'Entre-deux, c'est le terrain inconnu. C'est le fossé entre ce qui auparavant était fiable et ce qui, dans un avenir plus ou moins proche, le sera peut-être aussi. Dans les mythologies des cultures du monde, c'est le royaume sous les océans ou par-delà les nuages, le territoire qu'il faut aborder si l'on veut qu'un vrai changement ait lieu. C'est le moment, comme l'écrit le mythologue Joseph Campbell, où le « centre de gravité spirituel d'une personne » doit être déplacé d'un ancien horizon de vie à un autre. [1]

« Il y a eu un moment précis où je me suis vraiment lancé dans un travail spirituel », nous a confié Will. Il avait écrit sa lettre de démission à l'IIASA et avait commencé à lire un livre de Krishnamurti *Think on These Things*. En tant que scientifique, il était attiré par ce penseur renommé qui avait déclaré que « la vérité est une terre sans tracé ni chemin... On ne peut l'approcher par aucune religion, ni par aucune secte », mais au lieu de cela, il faut y aller en suivant notre propre source intérieure d'autorité. « C'était comme une épistémologie de la quête de soi,

1. Joseph Campbell, *The Hero with a Thousand Faces* (Princeton, NJ : Princeton University Press, 1972), p. 58.

explique Will, qui en plus était cohérente avec la vision scientifique du monde selon laquelle on doit essayer, tester les choses par nous-mêmes. Cela, je pouvais l'accepter. » Il lut également l'essai d'Emerson *On Self Reliance*, qui lui permit d'exprimer sa propre vérité quand des centaines de scientifiques clamaient haut et fort « que j'avais tort et faisaient pression sur moi pour que je m'aligne sur le mensonge général ».

Alliés silencieux

Ces deux auteurs, parmi d'autres, furent les premiers soutiens de Will. En l'absence d'une communauté ou de vieux sages sur lesquels s'appuyer, ils l'ont guidé vers sa propre autorité interne. Cela fait partie du pouvoir des livres que de permettre cela. Ils proposent une logique différente de celle imposée par notre propre environnement culturel. Quand on a du mal à comprendre ce qui se passe, parfois les livres peuvent fournir de véritables clés, des indices, comme des mots de passe ou des plans de routes. L'écrivain Annie Dillard se souvient comment elle a pu survivre à l'environnement scolaire oppressant de son enfance, en se rappelant les passages de poèmes qu'elle mémorisait 'derrière les lignes ennemies'. Des passages qui disaient : « Il y a un monde. Il y a un autre monde ». [1]

Les livres sont des alliés, accessibles et silencieux. Dès que vous en avez le temps, vous pouvez vous plonger dans leur monde et, comme nous l'ont répété plusieurs personnes, « ils ne vous laisseront pas tomber ». L'activiste amérindienne Choqösh Auh-Ho-Ho décrit comment elle se procura sous le manteau un livre, *Religions of Man* de Huston Smith, dans le couvent où elle étudiait quand elle avait 15 ans et explique que c'est ce livre qui lui indiqua le « chemin de la survie » : « Assise sur le marbre froid du parterre de l'école, avec le dos aussi droit que je pouvais, je portais sur mes épaules le sweat-shirt de l'école comme un rideau pour cacher ce petit livre rouge, et je lisais... 'Il y a une essence, merveilleuse, parfaite... toute vie vient de cette essence, et je me réjouis dans son pouvoir.' » [2]

---

1. Annie Dillard, *American Childhood* (New York : HarperCollins, 1998), p. 243.

2. Sherry Ruth Anderson and Patricia Hopkins, *The Feminine Face of God* (New York : Bantam, 1992), pp. 148-49.

De nombreux Créatifs Culturels nous ont raconté de la même façon que généralement, au moment où leur vie commençait à changer du tout au tout, l'une des premières choses qu'ils faisaient était d'aller à la librairie et d'en revenir avec des tonnes de livres. Ils avaient faim d'une nouvelle perspective, de quelque chose qui leur permette de trouver les mots pour décrire leurs ineffables expériences. Nombreux aussi étaient ceux qui essayaient de remonter un peu leur estime de soi et le sentiment de leur propre valeur face à la critique et à l'hostilité des autres. Will Keepin, lui aussi, se reposait sur la compagnie cachée de ses livres. « Quand j'ai commencé à comprendre qu'il y avait quelque chose de radicalement faux et mauvais à l'IIASA et que j'ai commencé à m'intéresser un peu à ces recherches spirituelles, j'ai su qu'il fallait que je le fasse en secret et que je n'en parle à personne ».

Un nid solide

Une autre source de soutien lui vint d'une communauté spirituelle du nord de l'Ecosse, appelée Findhorn. Créée en 1962, elle était réputée pour ses magnifiques jardins où les plantes s'épanouissaient dans un gravier sablonneux, sous les vents rudes et secs qui soufflaient de la mer du Nord. Au début des années 80, à l'époque où Will commença à y séjourner, Findhorn était devenue une communauté internationale de plus de trois cents membres qui travaillaient dans des ateliers d'artisanat dans les arts du spectacle et l'édition. Elle proposait aussi des symposiums sur l'écologie, la psychologie et la spiritualité, avec une préoccupation constante pour le respect de la Terre. Pour un jeune scientifique tout frais débarqué du monde de manigances et de conflits de la politique institutionnelle de l'IIASA, l'expérience eut l'effet, selon ses propres termes, « d'une cassure radicale, d'un changement de paradigme ». L'IIASA et Findhorn avaient tous deux leurs supporters enthousiastes, mais il y avait une différence essentielle entre les deux. Will raconte qu'à Findhorn, ses questions les plus délicates étaient toujours les bienvenues. Au fil des ans, il y retourna plusieurs fois, non seulement pour y vivre ces « expériences à renverser votre vision du monde », mais aussi pour les idéaux qu'il y partageait avec l'ensemble des membres de la communauté.

Il mit quasiment 10 ans, la totalité des années 80, à se détacher de l'IIASA, et surtout à se séparer de la discipline qu'il trouvait si élégante et belle. Avec le recul, il est assez fascinant de voir avec quelle attention, avec quelle minutie Will s'est construit toute une séquence de 'boîtes' qui puissent le soutenir tout au long de sa traversée tumultueuse de l'Entre-deux, chose qu'il ne fait d'ailleurs pas de manière consciente. Quoi qu'il en soit, les activités qu'il choisit de mener durant cette période, les communautés qu'il rencontra et les livres dans lesquels il se plongea ressemblent aujourd'hui aux brins et aux herbes minutieusement sélectionnés par la sagesse de l'oiseau lorsqu'il construit un nid solide pour sa progéniture. Les livres en particulier, notamment *Le Tao de la physique* de Fritjof Capra et *Small is Beautiful* de Schumacher, lui fournirent des cartes et des logiques alternatives pour se repérer dans ce que la plupart des autres physiciens auraient considéré comme des expériences 'hors contexte'.

Après Findhorn, Will trouva d'autres communautés. Dans un centre zen de Vienne, il se mit à la méditation et apprit d'autres techniques de concentration et d'apaisement de l'esprit qui lui permirent d'être pleinement serein et de se focaliser sur sa quête de soi. Lorsqu'il réalisa qu'il était « très renfermé et psychologiquement aveugle », il se lança dans une profonde psychothérapie et un programme de formation de trois ans avec Stanislav Grof et s'inscrivit ensuite au California Institute of Integral Studies pour poursuivre ses études. Il se retrouva vite à pratiquer la psychothérapie et le travail spirituel tout à la fois, et « ma vision du monde s'en retrouva complètement bouleversée, grand ouverte ».

C'est à ce moment de l'histoire que les lecteurs qui n'ont pas connu cette traversée de l'Entre-deux commencent à grommeler, de manière tout à fait compréhensible : « Et c'est censé être une bonne chose ? ». De fait, la plupart des collègues et des amis de Will étaient très inquiets pour lui, déplorant qu'il ait « complètement détruit sa carrière, et pour quoi ? »

Will nous a expliqué : « Il faut dire que le simple fait de traverser une telle période, plutôt que de s'en protéger, finit d'une manière ou d'une autre par vous offrir, en récompense, des choses inestimables, qui vous bouleversent au plus profond de vous-même. C'est le fait de se protéger de cela, de se construire des barrières, qui vous enferme et finit par tuer votre esprit ». Et ce qui le porta dans sa traversée et continue à le soutenir aujourd'hui, c'est le très méthodique travail sur soi qui est désormais au cœur de sa vie.

Un changement au cœur de la culture

Vous pouvez vous retrouver dans l'Entre-deux, poussé par une maladie grave ou la perte de quelqu'un. Vous pouvez y être poussé, comme Will Keepin, par une institution ou une communauté qui ne respecte pas ses principes et fait chavirer votre foi en ces principes. Vous pouvez aussi y entrer par vous-même, à la recherche de quelque chose de plus profond que tout ce que vous avez vécu jusqu'alors. Ce qui compte, c'est de laisser le processus se dérouler à sa manière, et à sa vitesse. Lorsque nous avons rencontré Will Keepin en 1997, dix ans après qu'il avait officiellement abandonné sa carrière de physicien atomiste et achevé son programme de psychologie et de travail spirituel, il s'était trouvé une nouvelle vocation en tant qu'activiste du changement social. « Le travail que je fais maintenant repose *entièrement* sur la foi », nous a-t-il dit, insistant sur le mot 'entièrement'. Il nous expliqua que la crise qu'il avait connue l'avait « amené à découvrir un don tout nouveau que je n'avais jamais soupçonné. Cela m'a appris à faire confiance à l'inconnu. »

Tout d'abord, il nota une modification dans sa manière de travailler en tant que consultant sur les études scientifiques. Quand il était assis en face de comités de décisions sur l'énergie solaire, nous a-t-il par exemple raconté, il ne prenait plus sa posture conflictuelle habituelle. Défendant cependant toujours les intérêts et les avantages de politiques écologiquement viables, il remarqua qu'il se mettait à prendre en compte les intérêts et préoccupations de chacune des parties prenantes d'un projet. « Il y a un niveau où vous avez une position particulière, bien marquée. Mais à un autre niveau, plus en profondeur, ce que vous voulez c'est une solution *gagnant-gagnant*, une solution qui satisfait tout le monde. »

Comme Elisabet Sahtouris, Will a repris une vie active et engagée dans le monde, et comme elle, il a appris que cette réintégration prend du temps. En 1996, avec deux collègues, il créa ce qui est désormais connu sous le nom de Shavano Institute, dans le but de former et d'initier de nouveaux types d'agents du changement social. Selon Will, la prochaine étape décisive du changement social ne sera pas centrée sur les problèmes écologiques ou les symptômes sociaux mais sur les valeurs culturelles sous-jacentes. « Ce dont nous avons vraiment besoin désormais, c'est d'une transformation culturelle radicale, et ceux qui vont compter, ce sont des leaders capables d'initier et de faciliter un changement culturel en profondeur, au cœur même de la société. Ceux qui en seront capables seront ceux qui ont vécu eux-mêmes des bouleversements, ceux qui auront réussi à changer leur propre cœur. Les vrais leaders du 21e siècle seront ceux qui auront effectué un vrai travail sur eux-mêmes, une action spirituelle en profondeur, autant qu'ils auront mené des actions concrètes dans le monde, et qui seront capables d'allier les deux ».

Ce que Will expose ici concorde parfaitement avec la convergence que nous avons observée entre les mouvements d'éveil de la conscience et les nouveaux mouvements sociaux des quarante dernières années. Ce n'est que quand la conscience elle-même dessine les contours d'un certain sens de la justice sociale que ses effets sur la culture ont un impact réellement profond. Ainsi, la vie de Will Keepin est comme un reflet du grand mouvement de changement qui semble secouer la culture dans son ensemble. Et bien évidemment, pour Will en tout cas, il s'agit d'un mouvement en perpétuelle élaboration.

L'histoire vers laquelle nous nous tournons à présent raconte une expérience tout à fait exceptionnelle à notre époque, puisqu'il s'agit d'une jeune femme qui a été guidée à travers un véritable rite de passage. Ses guides ne furent pas les Anciens de la tradition, mais tout simplement des parents décidés à contrer les effets de la culture moderne. La manière dont ils s'y sont pris, avec l'aide du reste de leur famille et de leurs amis pour mettre en place une aventure d'un an nous semble être un exemple parfait de 'création culturelle'.

Le syndrome d'Ophélie

L'Amérique d'aujourd'hui est un pays qui détruit les jeunes filles. Partout on les encourage à sacrifier leur être véritable. Leurs parents peuvent toujours se battre pour les protéger, ils n'ont qu'un pouvoir limité. Bon nombre de jeunes filles perdent ainsi contact avec leur être véritable et quand cela se produit, elles deviennent totalement vulnérables à l'emprise d'une culture bien heureuse de pouvoir les utiliser à ses propres fins.

Mary Pipher [1]

C'était un dimanche après-midi, calme et baigné du soleil d'août. Nous étions assis à discuter avec Laure et ses parents Iris et Steve Katz. Cela faisait à peine plus d'un an que Laure avait achevé son 'initiation' et toute la famille avait l'air ravie de pouvoir nous en parler. C'était pour eux l'occasion de faire le point sur ce qui s'était passé, et également d'entendre les commentaires de chacun sur le sujet. Assis sur les chaises confortables de leur cuisine ensoleillée, buvant du thé et regardant les mouettes qui tournoyaient au-dessus du lagon que l'on voyait de leur fenêtre, nous étions prêts à les écouter.

C'est Iris qui a commencé. « Quand Laure avait dix ans, j'ai lu un rapport publié par Harvard. Il disait que les filles qui dans les petites classes, à l'école primaire et au collège, participent bien aux cours, ont de bonnes notes et, dans l'ensemble, sont bien meilleures élèves que les garçons, lorsqu'elles entrent au lycée, décident d'un seul coup que ce n'est 'pas cool' d'être bonne élève. Elles s'assoient au fond de la classe, restent bien sages et font 'les belles'. Puis, quand Laure a eu douze ans, j'ai lu *Reviving Ophelia* et j'ai été bouleversée. J'en ai parlé à Steve et à Laure et nous avons tous été d'accord qu'il était hors de question que Laure devienne une Ophélie, si tant est que l'on puisse l'en empêcher. »

Ophélie, un personnage du *Hamlet* de Shakespeare, est le thème central du livre de la psychologue Mary Pipher qui fit l'effet d'une onde de choc dans les familles américaines lors de

1. Mary Pipher, *Reviving Ophelia* (New York : Putnam, 1994), p. 44.

sa sortie au milieu des années 90. Petite fille, Ophélie est joyeuse et libre, mais adolescente elle tombe amoureuse du Prince Hamlet. A partir de là, elle perd le sentiment de sa propre valeur, l'estime de soi, et ne vit plus que par et pour l'approbation de ce jeune homme et de son père. Quand Hamlet la rejette, elle devient folle de chagrin. Elle meurt noyée dans une rivière de fleurs, empêtrée dans l'élégance de ses robes.

Cette histoire, dans tous ses détails, jusqu'aux robes élégantes, fit très forte impression auprès de nombreux parents. Pipher l'utilisait en effet comme illustration des effets de notre culture néfaste pour les filles. Se fondant sur des études des départements de santé qui montrent par exemple que dans sa propre ville de Topeka dans le Kansas, 40% des jeunes filles ont pensé à se suicider dans le cours d'une année, elle enrichit son argumentation de cas tirés de ses consultations de psy. L'adolescence, explique notre psychologue, a toujours été difficile, mais, de nos jours, elle l'est encore plus à cause d'une certaine évolution de notre culture populaire, notamment au cours des dix dernières années. Par le biais des médias, « toutes les jeunes filles vivent désormais dans la même ville — une ville de néons clinquants et glauques, une ville dangereuse, avec de l'alcool en vente à tous les coins de rue et très peu d'espaces protégés ». Au fur et à mesure, les femmes ont été 'sexualisées et instrumentalisées' par cette culture, leur corps « est devenu un outil de marketing pour vendre des tracteurs et des dentifrices — c'est la culture porno, le soft et le hard. Selon Pipher, les filles de nos jours sont plus vulnérables que jamais. Sa conclusion, c'est que ce mélange des anciens préjugés et des nouvelles pratiques culturelles a des effets totalement destructeurs sur les jeunes femmes de notre pays. [1]

Steve Katz a enchaîné : « Quand nous avons lu comment ces petites filles de dix, onze ans, qui sont de véritables sources de créativité et de joie de vivre, sont, d'une certaine façon, déformées psychologiquement, que leur esprit devient engoncé, coincé et difforme, nous nous sommes sentis vulnérables nous-mêmes. Non que Laure nous inquiète à ce sujet — elle ne montrait aucun signe 'd'ophélisation', mais simplement parce qu'il y avait tellement d'histoires dans ce livre à propos de ces gami-

1. Ibid., pp. 27-28.

nes qui avaient tout pour réussir et dont la vie, d'un seul coup, prenaient un tournant totalement désastreux. Nous sentions qu'on ne pouvait pas se dire 'ça n'arrive qu'aux autres'. Nous n'étions pas plus à l'abri que les autres. Nous nous sommes donc demandé : bon, qu'est-ce qu'on peut faire maintenant ? »

Il se sont donc mis à réfléchir aux rites d'initiation pour les jeunes de l'âge de Laure et en sont vite arrivés à la conclusion, que, pour la plupart des gamins de notre époque, « l'initiation se fait surtout le samedi après-midi au centre commercial ». Laure, une jeune femme tout à fait adorable au visage intelligent, éclata de rire — de toute évidence, Steve venait de mettre le doigt sur un sujet familier. Steve rit aussi mais visiblement il voulait en venir à quelque chose de précis. « Je pense que pour une jeune fille, l'âge de la puberté, et la pression sociale, notamment à l'école, qui accompagnent cette période, représentent et demandent une vraie énergie. C'est un vrai tourbillon, un ouragan intérieur. Il nous a semblé qu'il fallait utiliser cette période, assez courte, et cette énergie. Il nous a paru très naturellement que la bar-mitzvah était l'objectif parfait du parcours à mettre en place ».

Laure savait déjà qu'elle voulait faire sa bar-mitzvah. Sa passion pour l'hébreu, l'intérêt prononcé qu'elle montrait pour son héritage culturel était évident au cours de la conversation. Mais Steve et Iris, eux, voulaient beaucoup plus que cela. Steve s'exprima très franchement sur « le fait que j'avais du mal à fonder le rite de passage de Laure sur la seule culture, même la culture juive ». Cela provenait en partie de la grande déception qu'il avait connue lors de sa propre bar-mitzvah. Toute sa famille était venue à New York pour l'occasion, mais en fait très peu étaient présents à la synagogue le samedi matin, lors de la cérémonie. « Ce qui me surprit le plus, c'est que mes cousins et le reste de la famille, qui vinrent à la fête donnée le soir, n'étaient pas là pour m'entendre lire le passage de la Torah que je devais chanter. Ils avaient manqué ce que j'avais préparé d'arrache-pied pendant un an. Ils n'étaient pas là pour l'événement qui était la raison d'être de toute la cérémonie. Je me rappelle avoir pensé, alors que je n'avais que treize ans, 'C'est vraiment des foutaises !' »

Il eut un petit rire nerveux. L'événement était visiblement encore vif dans sa mémoire. « Donc même pour moi, qui était pourtant 'super préparé', la préparation n'avait visiblement pas été suffisante. Depuis Iris et moi nous sommes intéressés de près à pas mal de choses qui ont de l'importance pour nous, qui nous sont très précieuses et qui nous influencent et enrichissent notre vie, et nous nous sommes vraiment sentis obligés de partager tout cela avec Laure. »

Une année de défis

C'est Iris qui eut l'idée de créer une nouvelle 'carte des possibles', comme un menu de parcours à choisir. En tant qu'acupunctrice très occupée, elle a l'habitude de jongler entre sa vie professionnelle, son rôle de mère de deux jeunes filles dont une est à l'université, ses responsabilités de maîtresse de maison et sa passion pour le jardinage, auquel elle arrive à consacrer un peu de temps. Mais un jour elle s'est détachée de tout cela et s'est demandé : « Qu'est-ce qui se passera si mes enfants grandissent sans apprendre toutes les choses que je veux leur faire découvrir ? Ne serait-ce que la couture. Tout ce qu'on apprend de ses parents est tellement important par la suite. Je veux qu'elles puissent dire un jour : 'ma mère m'a appris cela' ou 'mon père m'a appris ceci' ».

Laure, à ce moment, prit la parole, apparemment impatiente de raconter la suite : « Ils sont venus me voir avec disons vingt défis à choisir et ils m'ont dit que je pouvais en retenir douze. Mais ils ont présenté cela de manière tellement drôle et intéressante que bon, le problème ne s'est même pas posé de savoir si j'allais accepter. Ils étaient super excités, optimistes et ils avaient l'air d'avoir vraiment envie que je le fasse, alors j'ai dit oui ».

Son 'année de défis' a débuté en mai 1996 avec, de manière assez appropriée, une échelle. Le fait que Steve soit chiropraticien apparaissait clairement dans ce premier projet. Il nous a expliqué comment ils voulaient en fait créer la structure physique qui servirait d'échafaudage symbolique pour le reste de l'année. C'est Laure qui a réalisé 95% du travail. C'est elle qui a manié les outils et pris les mesures, et, quand l'échelle fut finie, c'est elle aussi qui l'a peinte en marron chocolat et l'a décorée de perles et de cœurs. (A la fin de l'interview, nous sommes allés dans le garage et ils nous ont montré l'échelle : marron, décorée, et en effet très impressionnante).

En juin, Laure et ses parents participèrent à une journée de méditation pour adolescents dans un centre de retraite voisin. Cela consistait le matin en une séance dans une *sweat lodge*[1], puis un exercice de méditation assise l'après-midi, et enfin à jouer des percussions. Quand nous avons demandé à Laure si cela lui avait plu, elle nous a répondu : « Je ne sais pas si j'ai vraiment médité ou pas, mais bon, pour moi c'était tout nouveau et je me suis prise au jeu, j'étais assise là à réfléchir et à me demander ce qui se passait. C'était assez amusant, notamment le fait de pouvoir me plonger comme cela dans le monde de mes parents. » En juillet, Ariana, la sœur de Laure, fit la route depuis Stanford pour accompagner la famille dans une randonnée nocturne sur le Mont Tamalpais. Ensemble, ils ont gravi de nuit plus de dix kilomètres, accompagnés par les hululements des chouettes et les hurlements des coyotes. « Je crois que nous sommes arrivés au sommet vers deux heures du matin. Nous avons dormi deux bonnes heures. Au réveil, nous avons contemplé le lever du soleil ! » Laure nous a raconté tout cela visiblement ravie. « La montée était dure, mais comme je n'ai jamais eu peur du noir, le fait que cela se soit passé en partie la nuit m'a bien plu. A la fin j'avais des ampoules, ma sœur me chantait des chansons et nous nous racontions des histoires. Nous y sommes arrivés ensemble, et nous nous sommes rendus heureux les uns les autres. »

Neuf autres 'défis' ont suivi, certains particulièrement ardus et d'autres juste intéressants et nouveaux. Il y eut un mois où Laure et Iris suivirent des cours d'autodéfense pour femmes. Une autre fois, Laure apprit certains secrets traditionnels des femmes juives : faire une soupe de boulettes de matzoh et cuisiner un challah pour le repas du Shabbat. Une autre fois, Laure apprit à faire des massages et à en faire elle-même. « Ainsi, elle pouvait apprendre un peu à donner et recevoir du plaisir », nous expliqua Iris. Vers Noël, Laure avait prévu de passer une heure par semaine pendant trois semaines à travailler dans un foyer pour les sans-abri, à animer des ateliers artistiques avec de jeunes enfants. Mais cela lui a tellement plu qu'elle a continué pendant un an et demi.

---

1. Sorte de sauna indien, où l'on médite et prie dans une forte chaleur. (NDT)

Pour Yom Kippour, le jour du Pardon juif, Laure, Steve et Iris n'ont pas seulement jeûné, ils ont aussi gardé le silence toute la journée. « Je n'ai pas écouté de musique ni regardé la télé, et nous n'avions pas le droit de parler », se souvient Laure, intimidée. « Tout était calme. C'était agréable. Nous n'avions pas besoin de gaspiller notre énergie à parler et nous étions simplement relaxés. » Comme chacune des autres journées, cette journée de silence avait été soigneusement réfléchie. « L'idée de Yom Kippour, c'est de se détacher des plaisirs habituels, et un accent est mis en particulier sur la nourriture. Cela concerne un premier niveau auquel nous sommes éloignés de la vraie écoute de soi, de la vraie prière. Or, en fait, vous pouvez jeûner et en même temps passer la journée à jacasser et à vous plaindre. Mon expérience du yoga m'a donc fait penser qu'il serait très positif d'y ajouter une période de silence et de solitude. »

Durant toute l'année, le mardi était le jour de l'inversion des rôles entre guide et apprenti. Iris voulait lire le passage de la Torah accompagnant celui que Laure devait lire pour sa bar-mitzvah, mais elle ne savait pas lire l'hébreu ancien et ne voulait pas se contenter de mémoriser phonétiquement. Alors, une fois par semaine, Laure apprenait l'hébreu à sa mère. « Cela a contribué à modifier un peu notre relation, nous expliqua Iris, parce que c'était elle le professeur et elle me préparait pour quelque chose que je devais faire ».

Après avoir entendu le récit complet de cette année, il nous apparut clairement que tout avait été minutieusement préparé. Les défis avaient clairement été conçus dans une perspective 'cumulative'. Leur degré d'exigence allait croissant au fur et à mesure qu'augmentaient la confiance en soi et l'indépendance de Laure. « Ce qui comptait vraiment, c'était de traverser cette année tous ensemble » nous expliqua Steve, et ainsi, chaque jour était un défi, mais un défi accompagné, soutenu. L'idée était de procéder à un entraînement accompagné, un peu comme des étirements en yoga.

Vers la fin de l'année, Laure courut un 'vélothon' de 150 km pour la lutte contre le cancer du sein. Iris et Steve furent 'de fervents supporters'. « C'était magnifique de la voir dans son effort, de voir sa force se constituer », raconte Steve, tout rayonnant. « Laure est souvent comme ça : au début elle manque un peu d'assurance, mais, petit à petit, elle se laisse prendre par l'expérience, elle se donne à fond et son énergie augmente. Elle a commencé doucement, mais à un rythme soutenu, et puis elle a trouvé sa force. Le deuxième jour, elle volait littéralement, elle volait ! Jusqu'à Sacramento, puis jusqu'à Folsom Dam, puis retour à Sacramento. Elle n'arrêtait plus de tout donner ! » Cela faisait rire Laure de plaisir d'entendre son père raconter cela. Il s'arrêta et dit doucement : « J'étais fier d'elle ». Laure récolta la somme impressionnante de 2500 dollars grâce à sa course et ses parents s'arrangèrent pour qu'elle aille elle-même à San Francisco remettre les chèques au président du fonds de recherche contre le cancer.

L'étape finale du parcours initiatique de Laure fut de devenir membre, comme ses parents, de la communauté de Rodef Shalom, en effectuant sa bar-mitzvah, en devenant une fille de son peuple, une jeune femme honorée et honorant sa communauté.

Au-delà des frontières

Comment juger de la réussite d'une telle année ? Peut-on évaluer un rite de passage ?

A la fin de l'interview, Iris demanda à Laure si 'son année de défis' avait eu des effets qu'elle pouvait voir et ressentir. Laure prit un temps de réflexion. « Je ne pense pas que les expériences isolées aient eu beaucoup d'effet, mais je pense que le fait que vous vous soyez autant dévoués pour moi, que vous m'ayez tellement aimée et que vous ayez voulu me transmettre toutes ces choses, m'a sculptée. Parce que je me suis sentie tellement aimée, je sentais que vous vous occupiez tellement de moi... »

Elle nous a dit avec tristesse que bon nombre de ses plus proches amies 'étaient sur la mauvaise pente' et étaient parties 'dans des mauvais plans' au cours de l'année. Elle n'en a pas dit plus et Steve a juste ajouté que ces jeunes filles, « en bref, étaient en train de rejouer le drame d'Ophélie ». Laure nous a dit : « J'ai eu moi aussi plusieurs occasions de mal tourner ou de faire des trucs pas bien, mais s'il y a bien une chose que j'ai tirée de notre année, c'est le sentiment que je devais quelque chose à ma famille. Je n'avais pas le droit de les décevoir comme ça. J'avais le sentiment que nous avions créé ensemble quelque chose de bon et de solide et je ne voulais pas tout casser. »

L'Entre-deux donne à ceux qui le traversent des leçons profondes et puissantes. Qu'on s'engage vers des terres inconnues, qu'on parte en pèlerinage ou que l'on soit guidé tout au long d'une 'année de défis', effectuer la traversée signifie toujours subir un profond changement d'identité. On n'est tout simplement plus qui on croyait être. Et pour reprendre sa vie quotidienne, il faut une période d'intégration, de réintégration. Comme nous l'avons vu, il a fallu à Elisabet Sahtouris et Will Keepin plusieurs années avant que ce qu'ils avaient appris porte ses fruits. Elisabet est devenue conférencière et écrivain et Will développe toujours son institut de formation pour les activistes du changement social. Quant à Laure, elle est en train de mûrir avec les enseignements de son 'année de défis'.

Nous pourrions donner à cette dernière étape du rite de passage son nom traditionnel : 'intégration', ou 'retour' comme on le dit aussi. Mais nous pourrions tout aussi bien l'appeler 'les moissons de la sagesse'. Parce que lors de l'étape finale, vous métabolisez ce que vous avez appris durant l'Entre-deux, vous le digérez tellement bien que vous l'intégrez complètement dans votre corps, dans votre esprit, dans votre cœur et dans vos entrailles. La récolte ne se traduit pas par le gain d'une mince couche de compréhension supplémentaire. Il s'agit de l'acquisition d'une sagesse, d'une connaissance qui vient du cœur même du mystère. Plus nous sommes ouverts et plus notre chance de faire l'expérience de cette vérité est grande. Un altruisme plus grand, une empathie plus profonde et une confiance plus totale dans la vie elle-même sont les fruits que les gens semblent récolter à la fin de ce processus.

Traditionnellement, le « retour » est le moment où l'on apporte à la communauté les présents de l'initiation. Comme les étapes premières, le « retour » est également supervisé par les anciens, ceux qui sont les gardiens de la sagesse de la communauté. Mais aujourd'hui, alors que c'est notre société elle-même qui est au bord de l'Entre-deux, où allons-nous trouver la sagesse de nous guider vers une nouvelle intégration ? Nous allons voir que la recherche de la réponse à cette question fait partie de l'exploration dans laquelle les Créatifs Culturels se sont lancés, au moment où ils créent les espaces et les possibilités d'une nouvelle mythologie de notre temps.

Chapitre 10.

Une sagesse pour notre temps

Coyote marchait sur la route, il ne pensait qu'à manger. Cela faisait plusieurs jours qu'il n'avait rien avalé, et il était tellement affligé par son triste sort qu'il sanglotait, la tête enfouie dans ses bras. Son estomac faisait des bruits comme de l'eau qui bout, et il avait mal à la tête. Et d'un coup, là où pousse le sumac, il vit de grosses grappes de baies rouges ! Coyote, tout excité, se jeta dessus. Mais juste quand sa main les toucha, il se rappela une conversation qu'il avait eue avec le Vieux Sage. Au cours d'une de leurs nombreuses discussions, Coyote avait demandé : « Dis-moi, Vieux Sage, d'où nous vient cette terre ? Nous a-t-elle été donnée par les ancêtres ? ». Et le Vieux Sage répondit : « Bien sûr que non, Coyote. Nous avons emprunté cette terre à nos arrière-arrière-arrière-arrière-petits-enfants. Il faut y faire très attention parce qu'elle leur appartient. Pour nous le rappeler, les enfants du futur ont placé des grosses grappes de baies rouges là où pousse le sumac. Ces baies leur appartiennent, aussi, même si tu meurs de faim, tu ne dois jamais y toucher. Elles ne sont là que pour nous rappeler que cette Terre appartient aux enfants qui ne sont pas nés.

— Mais que nous arrivera-t-il, Vieux Sage, si on les mange ? »

Et le Vieux Sage répondit : « Je suis désolé Coyote, mais si tu manges ces baies, ton derrière va s'écrouler ».

C'est cela que se rappelait Coyote au moment où sa main touchait les baies. Il s'arrêta pour réfléchir un peu. La sueur coulait sur son front, et il se dit à lui-même : « J'ai toujours su que le Vieux Sage était un idiot. Qu'est-ce qu'il en sait ? Il essaie juste de se garder les baies pour lui. Et en plus, je ne vois pas comment je pourrais devoir quelque chose à des gens qui ne sont même pas nés. »

Et donc Coyote mangea les baies. Il en mangea autant qu'il pouvait, le plus vite possible. Et il se sentait bien ! Il regarda derrière lui, et son derrière était toujours là, il ne s'était pas effondré ! Il éclata de rire, très fort, et continua sa route en sautant. Il n'était pas allé très loin que son estomac commença à lui faire horriblement mal. Et c'est là qu'il eut la diarrhée, d'abord juste un petit filet et puis après, un vrai torrent ! Coyote était malade, malade comme il ne l'avait jamais été. Il se sentait terriblement mal. Il pensa aux enfants qui n'étaient pas encore nés, et il pensa au Vieux Sage, et il était très embarrassé. Coyote marcha jusqu'à la rivière, but un peu d'eau, puis il alla se cacher dans les buissons. Il ne voulait surtout pas qu'on sache qu'il avait oublié les enfants qui n'étaient pas encore nés, ni que son derrière s'était effondré. » [1]

Sacré Coyote ! Poser de la sorte nos questions les plus terribles, nous tendre un miroir sur le plus idiot, le plus mesquin de nous-mêmes ! Il est persuadé que le Vieux Sage veut garder ces délicieuses baies pour lui tout seul. Comme c'est dur pour lui — et pour nous — de comprendre la vision du Vieux Sage au sujet de ces enfants qui ne sont pas encore nés. Et pourtant, de toute évidence et sans aucun doute, cette sagesse nous est désormais absolument nécessaire, vitale.

Si nous faisons référence à Coyote, c'est que c'est un personnage qui parvient toujours à s'engager dans des désastres et des catastrophes, lui et tous ceux qui le suivent dans son incons-

1. Histoire amérindienne anonyme, racontée sur le livret du CD *Lou Harrison : A Portrait* (UNI/London Classics, 1997). Le texte de l'histoire n°3 de 'Three Coyote Stories' apparaît sur la symphonie n°4 de Harrison, *Last Symphony*.

cience. Nous, les humains, nous nous comportons souvent comme Coyote, et trop souvent nous pensons comme lui. Mais en tant que culture, on ne peut plus se permettre d'agir ainsi, parce que nous sommes vraiment au pied du mur. La population est de plus de six milliards d'habitants — au moins le double, certains disent le triple, que ce que la Terre peut supporter dans la perspective d'un développement durable. Etant donnée la structure de la population dans le tiers monde, la croissance ne s'arrêtera qu'aux alentours de 8 à 8,5 milliards, et elle atteindra en fait très probablement les 10 ou 11 milliards. A 10 milliards, la destruction des espaces naturels de la Terre pourrait bien être totale, et les seuls écosystèmes qui resteraient seront sans doute ceux cultivés par l'homme. Il y aurait d'ici là tellement d'espèces animales et végétales disparues qu'on peut très raisonnablement prédire un effondrement écologique et démographique général. Et après la mort de tous ces milliards d'êtres vivants, ce qu'il restera ne sera qu'un monde en ruines.

La surconsommation des ressources naturelles révèle à quel point la consommation humaine aujourd'hui n'est pas viable. Notre effet sur l'écologie demanderait l'équivalent de deux ou trois planètes Terre pour être viable sur le long terme, et l'impact des Etats-Unis sur l'écologie mondiale est 10 fois supérieure à ce que représentent leurs ressources naturelles dans le total mondial [1]. A ce niveau, nous sommes déjà bien au-delà des limites de la croissance. Si l'on ne change pas nos habitudes au cours des premières décennies du 21ᵉ siècle, on sera aux premières loges pour assister à la catastrophe.

Les problèmes dépassent notre entendement. Il nous faut aller au-delà des faits pour prendre en compte l'impact émotionnel de ce que nous savons. Pour ce faire, il nous faut être à l'écoute de notre cœur autant que de notre esprit. Mais on ne peut pas non plus ignorer notre côté 'Coyote avide', parce que nous avons déjà commencé à 'consommer' ce qui appartient à nos enfants, et à compromettre leur avenir.

Dans ce chapitre, nous allons nous intéresser à trois sources traditionnelles de sagesse vers lesquelles se tournent les Créatifs

1. William Rees et Mathis Wackernagel, *Our Ecological Footprint* (Gabriola Island, BC : New Society, 1995).

Culturels de nos jours : les anciens, la communauté, et le mythe. A une époque où bon nombre des ressources du passé ne nous sont plus accessibles, ou peuvent paraître inappropriées, les Créatifs Culturels se tournent vers les *porteurs de sagesse*, les anciens et les conteurs, dont on a tellement besoin aujourd'hui – quand ils ne deviennent pas eux-mêmes ces messagers de notre temps.

Fabriquer des Anciens

Jadis, et aujourd'hui encore dans certaines sociétés dites 'traditionnelles', la sagesse était toujours gardée et transmise par les Anciens. C'était eux qui guidaient les initiations, et eux aussi qui racontaient les histoires qui donnaient un sens à la vie, et qui la connectaient à un Tout plus large. Comme ils étaient vieux, ils pouvaient savoir le temps qu'il faut pour créer quelque chose de beau et de bon, et l'attention avec laquelle il faut protéger cette lente croissance. Les Anciens d'une part avaient une vision à long terme, mais en plus cette vision était large : ils ne s'inquiétaient pas seulement pour leurs propres enfants et petits-enfants, mais pour tous les enfants en général. Et ils savaient que la sagesse n'était pas seulement une question d'information. Car, bien que toutes les personnes âgées ne soient pas des sages, la sagesse était le pré carré de l'âge et de l'expérience.

Mais qu'en est-il de nos jours ?

Mutombo Mpanya est professeur au Zaïre, un homme à l'allure princière et aux manières impeccables. Il avait passé la quarantaine, nous a-t-il dit, quand il se mit à la recherche des Anciens d'Amérique. « Depuis mon arrivée dans ce pays, j'ai essayé autant que j'ai pu d'entrer en contact avec les personnes âgées. Je leur disais : « Excusez-moi, puis-je vous poser une question. Dans mon pays, les Anciens sont vénérés, et je sais que, du fait de votre grand âge et votre longue expérience, il y a certainement un grand nombre de choses que vous pourriez m'enseigner. J'aimerais savoir ce que vous répondriez à une question que pourraient vous poser vos petits-enfants. Imaginez que l'un d'entre eux vous demande : Mamie, ce monde est très compliqué. Chaque jour, je dois prendre des décisions difficiles. Avec ce que la vie t'a appris, ne peux-tu pas me dire comment tu fais pour décider de ce qui est important ? »

Mutombo s'est arrêté un moment pour retirer ses lunettes. Ses yeux brillaient comme la braise. « Ils me répondent généralement deux choses : d'abord, ils font toujours un commentaire, du genre : mes petits-enfants ne me poseraient jamais une telle question. De toute évidence, ils ne s'attendent pas du tout à ce qu'on vienne ainsi faire appel à leur sagesse, et ça les rend visiblement très tristes. Et puis ils me disent généralement quelque chose d'unique, quelque chose qui semble sortir tout droit du fin fond de leur propre expérience personnelle, et qui me paraît essentiel et profond. » Il remuait la tête doucement, comme si ce qu'il était en train de décrire le laissait perplexe. Il n'arrivait pas à comprendre comment l'Occident s'imaginait pouvoir fonctionner sans recourir à la sagesse des Anciens.

Et bien sûr il a raison. Notre culture n'a pas la sagesse que procure ce mélange d'empathie et d'intelligence qui caractérise habituellement les Anciens. La société moderne est réglée pour permettre le fonctionnement d'adultes dans leurs années productives – économiquement productives, qui plus est. Il suffit de regarder autour de soi pour voir combien les personnes âgées sont dévaluées et discréditées dans nos sociétés, et combien ils ne servent en rien à sa direction. Nous n'avons plus aucun récit de référence, plus aucun discours dans notre culture qui mette en avant la valeur de l'âge, les bénéfices de la vieillesse. Nous n'avons que des récits morcelés, partiels, un modèle fragmentaire de héros, et, plus récemment, sa légère variante féministe. Vieillir, c'est se retrouver en dehors de ce discours, exclu, et devenir invisible. Comme le dit, en rage, la Vieille de *Snake Talk* de Naomi Newman : « Combien de cheveux gris pour être exclu de l'humanité ? » [1]

Sans échafaudage, ni mode d'emploi

On a besoin des Anciens, pour les enfants et tout ce qui les concerne. On a besoin des Anciens pour les jeunes, qui ont eux-mêmes besoin d'initiations. Et on a besoin des Anciens pour

1. Newman et Boesing, op. cit.

les adultes au mitan de leur vie qui, incapables d'imaginer un ailleurs, un au-delà où la vie puisse les mener, restent dans cet 'âge moyen', ou s'évertuent à se comporter comme l'adolescent non-initié qu'ils se sentent être au fond d'eux-mêmes. Une femme d'une quarantaine d'années nous disait : « Dans ma vie, je ressens vraiment ce besoin des vieux, des Anciens — les mamies, je les appelle. Elles m'aident beaucoup plus qu'elles ne le pensent. Chacune a sa manière, me dit : Continue. N'abandonne pas. Tu es sur la bonne voie. On a besoin que tu parles, que tu enseignes, que tu écrives. » Selon elle, les Anciens peuvent ainsi servir à encourager les adultes à « réaliser que notre moi profond doit absolument s'emparer de notre vie, l'imprégner au quotidien. Mais il y a tellement peu de vrais Anciens aujourd'hui ».

Mais si nous avons tous besoin des Anciens, qu'en est-il de ceux qui sont sur le point de devenir des Anciens eux-mêmes ? Qui va les initier ? Y a-t-il des Anciens pour les Anciens ?

« Il n'y a pas d'échafaudage, pas de mode d'emploi qui explique comment devenir un Ancien de nos jours », nous a raconté Marilyn Ginsberg, le soir de son soixante-deuxième anniversaire. « Celles et ceux d'entre nous qui ont plus de soixante ans ont beaucoup de choses à dire, et un esprit débordant. Mais on ne sait pas comment formuler tout cela. C'est comme si l'on était chacun dans son cocon, incapable de voir ce qui se passe sous nos yeux, ni ce qui s'étend devant nous. Mais nous sommes sur le point d'écarter le voile qui recouvre les 'Nouveaux Anciens'. Pour la première fois, on est peut-être en train de s'approcher d'une nouvelle manière de vieillir et de mûrir que, pour la plupart, nous n'avions encore jamais imaginée. »

Et, selon elle, il faut que les Anciens acceptent de ne pas savoir à quoi ça va ressembler. Qu'ils restent ouverts. En d'autres termes, qu'ils acceptent de s'aventurer dans 'l'Entre-deux'. « Bien caché derrière le clinquant des publicités pour les jolies villas sur les cours de golf, et les joyeux couples grisonnants en tenue de tennis, derrière tout cela il y a la terreur de la tombe », nous a dit Marilyn. « Devenir des Anciens ? Continuer à mûrir et se bonifier dans la vieillesse ? Vous pouvez tout de suite oublier ! On a l'impression d'être des ratés. Des idiots. Des nuls. Si seulement on avait pris plus de vitamines, si l'on avait fait plus de sport, passé moins de temps au soleil, mangé moins de viandes rouges, alors on aurait la pêche, on serait en forme et fort et l'on n'aurait pas toutes ces rides, et plus que tout, on serait encore jeune ! »

Ce manque d'honnêteté et de soutien de l'ensemble de la société la rend furieuse. « Toutes ces foutaises avec lesquelles on nous rabat les oreilles sur la jeunesse, le dynamisme, la productivité, cette adulation de la puissance et de la richesse... Comment dans ces conditions trouver la force et le courage d'affronter de manière réaliste le déclin de notre force, de notre capacité à fonctionner, comment arriver à être honnête au sujet de nos pertes de mémoires, nos problèmes d'audition, le fait qu'on ne puisse plus gagner autant d'argent qu'on pouvait auparavant. C'est d'anticiper cette inutilité et cette faiblesse qui est si terrifiante ; qui est prêt à parler de ça, ou même à l'entendre ? »

Donner naissance aux nouveaux Anciens

Le problème vient en partie de la constante fuite en avant du Modernisme face à la vieillesse et la mort. Ne pas fuir, être capable d'affronter, de face, la perte de ce que l'on croyait être notre essence même, c'est, pour reprendre les vers de T.S. Eliot « être des explorateurs/... découvrir une autre intensité/... une communion plus intense » [1]. La vieillesse, c'est un Entre-deux que la vie nous offre. Tout le monde y a accès, tous ceux qui vieillissent et qui supportent de rester conscients et éveillés tout au long de cette traversée. C'est cela l'initiation que doivent subir les vieux pour devenir des Anciens, pour qu'ils aient la sagesse qui leur permette de guider les autres au travers de l'Entre-deux et que ceux-là guident à leur tour leur communauté.

Mais le problème est que les Anciens eux-mêmes n'ont souvent pas subi cette initiation, ils n'ont eu que très peu de bases qui leur permettent d'affronter le changement en toute confiance. Ils n'ont généralement pas trouvé ni même expérimenté ce moment de sécurité interne et absolue qui murmure à l'oreille du shaman Caribou : « N'aie pas peur de l'univers »,

---

1. T. S. Eliot, 'East Coker', *Four Quartets* (New York : Harvest/HBJ, 1971), II, 202-206.

ou qui dit à Elisabet Sahtouris qu'un « système, une intelligence supérieure nous entoure et travaille pour nous ». Sans un soutien qui vienne de l'intérieur, du mystère lui-même, et sans un échafaudage culturel, un mode d'emploi fourni par la société, il est quasiment impossible d'affronter la vieillesse en toute confiance, sans paniquer. Il n'est donc pas du tout surprenant que nous ayons si peu d'Anciens de nos jours.

Mais notre peur de la mort et de la vieillesse n'est qu'une partie du problème. En fait, la sagesse du passé, quand les Anciens s'inquiétaient des étrangers et se rappelaient leurs blessures et les ennemis qui les leur avaient infligées, ce genre de sagesse n'est pas vraiment ce dont nous avons besoin. Notre mission, ce qu'il faut pour que notre époque réussisse, c'est de trouver notre propre sagesse, et de 'fabriquer' nous-mêmes des Anciens qui puissent la porter, la garder et la transmettre.

Mais où va-t-on les trouver ? Dans la logique des rites de passage, la réponse est claire : les Anciens seront ceux qui ont traversé l'Entre-deux et en sont revenus pour aider les leurs. Suivant cette logique, Elizabet Sahtouris est désormais une Ancienne, et sa vision de la planète dans son ensemble est le fruit de son parcours initiatique. Will Keepin est sur le point d'atteindre le statut d'Ancien, avec son action de formation et d'initiation d'activistes sociaux après sa propre traversée de l'Entre-deux. Et Willis Harman, Joe Kresse, Sandra Martigian, Betty Friedan, Vincent Harding, Adrienne Rich, Thomas Berry et les 'Ancêtres' comme William Kent, Rachel Carson, John Muir ou Martin Luther King [1] sont tous devenus des Anciens suivant leur propre parcours initiatique, créant de nouvelles voies au fur et à mesure qu'ils avançaient et défrichaient l'avenir. Et pour chaque nom sur cette liste, il y en a des centaines de milliers d'autres, peut-être même des millions qui sont en train, tout seuls ou à

1. Martin Luther King avait en fait des 'Anciens' qui le bénirent et lui parlèrent avec franchise, et il y eut aussi d'autres Anciens qui le critiquaient et conseillaient aux autres de ne pas le suivre. Mais il ne disposait par contre pas de l'entourage d'un cercle de personnes qui soient passées directement avant lui, mis à part celles des générations d'un siècle avant lui. C'est beaucoup, beaucoup plus que la plupart des autres personnes qui se lancent dans une telle traversée, à moins qu'elles ne fassent d'elles-mêmes l'effort d'atteindre ces générations lointaines afin d'établir leurs propres connexions.

l'aide de leurs amis, de trouver leur chemin en suivant leur propre voyage 'transformatif', leur propre parcours initiatique. Mais ce n'est pas l'idéal. Effectuer la traversée accompagné de ses amis n'est pas la même chose que d'avoir à ses côtés des Anciens qui ont déjà fait le chemin avant vous et qui peuvent vous offrir un réel soutien, et servir de véritables guides.

Le point de vue des Anciens

Jusqu'à présent, la plupart des histoires qui ont été racontées l'ont été du point de vue d'initiés qui ont abandonné leur ancien mode de vie, traversé l'Entre-deux, et petit à petit ont trouvé un moyen de partager leurs dons avec ceux qui le veulent. Si nous n'avons pas plus souvent raconté d'histoires du point de vue des Anciens, c'est tout simplement parce qu'elles sont nettement moins faciles à trouver ! Pourtant, c'est un point de vue qu'essaient d'adopter de plus en plus de Créatifs Culturels, au fur et à mesure qu'ils progressent dans leur traversée.

L'un des moyens de devenir un Ancien est par invitation. Dans tout le pays, des Créatifs Culturels invitent leurs amis et connaissances à participer à de nouvelles formes d'initiation — ou parfois ce sont eux qui sont invités. A Portland, dans le Maine, un groupe de femmes plutôt jeunes a demandé à l'une de ses membres plus âgée de devenir une 'Ancienne', le jour de ses cinquante-six ans. « Mais je ne sais pas comment on fait pour être une Ancienne », a-t-elle objecté. Et ses amies d'insister : « Et bien tu n'as qu'à apprendre ! »

Un autre exemple est ce qui s'est passé avec Laure Katz, dont nous avons décrit l'année initiatique au chapitre précédent. Au cours de cette initiation, Laure et sa mère Iris ont invité une quinzaine de femmes, parmi leurs amis et parents, à participer à un rituel de sagesse. Et comme dans toutes les histoires de ce genre qu'il nous a été donné d'entendre, où une telle invitation a lieu, il s'est passé quelque chose de toujours surprenant : les guides elles-mêmes se sont retrouvées initiées.

Un cercle de sagesse au féminin

La plupart des femmes qui avançaient, ce soir de printemps 1997, sur le sable de la plage de Muir Beach en Californie, se rendaient à un événement qui était totalement nouveau pour elles, et plusieurs d'entre elles ne savaient pas trop quoi penser. La plus jeune d'entre elle était Ariana, la sœur de Laure, qui avait participé à un cercle du même genre sept ans auparavant, quand elle avait elle-même treize ans. Les deux plus âgées étaient deux cousines d'Iris, des femmes de plus de cinquante ans qui avaient fait tout le chemin depuis Manhattan. Tout le monde était venu avec un petit cadeau, et tout le monde avait préparé une histoire à raconter.

Le cercle débuta avec une femme qui tapait un rythme doux sur un tambour. Les cousines de Manhattan, qui passaient pour des 'Anciennes confirmées' de par leur expérience avec le cercle d'Ariana en son temps, souriaient sereinement. Parmi les Californiennes, quelques-unes avaient l'air un peu mal à l'aise. La femme qui jouait du tambour demanda au cercle de chanter, comme en incantation, le nom de leurs propres mères et filles, ainsi que celles du lignage familial de Laure — des ancêtres et des amies qui aimaient Laure et qui voulaient témoigner de son passage à l'état de femme. Il y avait quelque chose, dans le fait d'appeler ainsi les noms des personnes de la famille, d'invoquer ainsi des connexions rassurantes, qui ancra le processus et mit tout le monde à l'aise. Au rythme du tambour, chacune des femmes raconta son histoire. Certaines racontaient ce qu'elles avaient appris à propos de leur féminité ; d'autres racontèrent des anecdotes à propos de la petite enfance de Laure. Quelques-unes lurent des poèmes ou des passages de leurs livres préférés. Les détails n'étaient pas importants. Plus tard, les femmes confièrent qu'accueillir ainsi une jeune fille parmi elles leur semblait une chose tout à fait naturelle. Laure, alternativement rayonnante et intimidée, baignait de bonheur dans cet accueil chaleureux.

Au coucher du soleil, Laure se déshabilla, enfila un maillot de bain et courut se baigner dans l'océan. Elle s'arrêta un moment, plongea, refit surface, plongea à nouveau, puis refit surface à nouveau, sautant les bras en l'air, riant avec l'air triomphant d'une nageuse olympique qui aurait franchi la ligne d'arrivée. Les femmes se relevèrent et applaudirent, l'encourageant de cris et d'applaudissements. Laure courut hors des vagues sur la plage et rejoignit le cercle, où sa mère l'attendait avec une grande serviette dans laquelle elle s'enroula.

Peu après, autour de tasses de café et de tartelettes aux fruits, les femmes tombèrent toutes d'accord sur le fait que deux initiations différentes avaient eu lieu. L'une, bien sûr, était celle de Laure. Mais l'autre, celle qui les surprit le plus, fut leur propre initiation en tant que... Femmes ? Anciennes ? Elles n'étaient pas sûres du nom qui convenait. Mais ce qu'elles savaient, c'était qu'elles avaient toutes franchi un seuil, accédant à un nouveau sentiment, une nouvelle perception de leur propre rôle et signification, quelque chose comme une raison d'être. Elles avaient cru qu'il ne s'agissait que de Laure, qu'il suffisait de faire appel à leur propre sagesse sans être vraiment sûres qu'elles devaient aider Laure à passer ainsi les étapes de sa vie, mais ce qu'elles découvrirent était tout à fait différent : c'était une tendresse et une affection générale, non seulement pour Laure, mais aussi pour leurs propres filles et petites filles, et toutes les jeunes filles qui allaient devenir des femmes. Et elles découvrirent aussi une nouvelle appréciation d'elles-mêmes, en tant que femmes mûres qui ont des choses à partager. Et en pensant à cela, elles pensèrent aussi à leurs propres mères et grands-mères et tantes et professeurs et ressentirent jusqu'où leur lignage pouvait ainsi s'étendre.

Elles parlèrent ensemble de tout cela, calmement. Comme Laure, elles étaient presque intimidées, comme quelqu'un qui parle de quelque chose d'intime et de vrai. En partant, bon nombre d'entre elles déclarèrent qu'elles comptaient bien organiser le même genre d'événement pour leurs propres enfants et leurs amis. « Parce que, disaient-elles, chaque initiation est une double bénédiction. C'est une bénédiction pour qui la reçoit, et c'est une bénédiction pour qui la donne. Cela signifie plonger dans la plénitude de sa propre maturité — que l'on ait treize, trente ou soixante ans, et offrir à tout le monde l'occasion de vous contempler dans cette plénitude. Ne pas se cacher. Ne pas prétendre être moins que ce que l'on est. Cela veut dire se tenir droite, debout, comme Laure le fit dans les vagues, entourée d'un cercle d'autres personnes comblées de joie, ravies d'être les témoins de cette plénitude. C'est une bénédiction, conclurent-elles, et une bénédiction beaucoup trop rare.

Un trou dans le tissu culturel

A chaque époque, les Anciens ont une mission fondamentale à accomplir pour leur société. C'est de 'porter' la sagesse : parler en son nom, la protéger, la préserver, et la transmettre aux générations futures. Si aucun Ancien n'est reconnu comme sage ou si aucun Ancien n'est prêt à accepter ce rôle, alors la société perd sa sagesse. Elle se retrouve véritablement avec un manque, comme un trou dans son tissu culturel.

Le Modernisme est ainsi : une culture avec un manque, un trou à l'endroit où il devrait y avoir 'de la sagesse'. On le sait bien. On sait que l'on s'est fait rattraper par la vitesse de nos avancées technologiques, malgré tout le génie de nos inventions. On en rigole. Le *New Yorker* a publié une fois un dessin qui montre deux yogis assis dans la position du lotus au sommet d'une montagne. Ils ont de toute évidence été interrompus en pleine méditation par le vol d'un 747 au-dessus d'eux. Le plus vieux dit au plus jeune : « Ah, ils ont le savoir-faire, mais est-ce qu'ils en connaissent la finalité ? »

On voit bien que notre société manque de sagesse quand on voit nos enfants privés de l'air pur et de l'eau propre dont on jouissait quand on avait leur âge. Mary Fold nous a raconté ainsi comment, un jour qu'elle parlait à son fils Daniel des milliers de petits crabes qui vivaient sur la plage du Maryland mais qui avaient aujourd'hui tous disparu, il éclata en sanglots et cria : « Je ne les verrai jamais, c'est vraiment trop injuste » !

Il nous faut des Anciens qui puissent s'occuper de Daniel et des petits crabes des plages, et des océans et des bords de mer, des Anciens qui posent les grandes questions, ardues et visionnaires, pour le bien-être de tous les enfants. La question qui présidait à toutes les prises de décision des Cherokee : « Est-ce que ça sera bon pour la septième génération ? » doit aujourd'hui être combinée à une autre question, liée : « Est-ce que ça sera bon pour la planète ? » Sans Ancien qui pose ces questions, sans une communauté qui soit prête à les entendre et à chercher des réponses, notre société sera toujours en 'manque' de sagesse.

Michael Meade, un écrivain et conteur qui travaille avec des hommes dans tout le pays, s'inquiète de ce que représente ce manque d'Anciens et de processus initiatiques pour les jeunes hommes et femmes de la nation. « Si l'on ne 'produit' pas d'Anciens, de vrais Anciens avec des ressources intérieures et de l'autorité, c'est toute la génération prochaine, et celle encore après qui seront perdues. » Mais 'produire' des Anciens n'est pas chose facile. Comme il le dit, cela veut dire encourager des gens « qui peuvent transformer la déception en sérénité, qui savent porter le deuil, et qui ont appris à écouter. » Il dit franchement qu'il souhaiterait devenir ainsi lui-même, « mais il y a comme une réaction automatique qui me tire sans cesse vers mes vieux réflexes : jouer au dur, être cynique, tout avoir. Comment trouver le courage de laisser mourir le héros en nous pour laisser naître l'Ancien ? » [1]

A chaque fois que la vie s'embourbe ou s'enferme dans une impasse, à chaque fois que les gens tombent dans la dépendance ou sont abattus par le chagrin, Meade voit cela comme une preuve flagrante de ce manque d'Anciens. Quand les rites de passage disparaissent, « ils refont surface dans la société comme des tentatives mal gérées et difformes de changer notre propre vie. Ils deviennent des actes avortés, dépourvus de sens, tragiques et vides ». [2] Certains psychologues et sociologues sont d'accord avec lui. Ayant étudié les gangs urbains ou ceux qui sévissent dans les prisons, ou les adolescents qui traînent dans les centres commerciaux, ils concluent que les jeunes gens ont une énorme soif d'initiation et de rites de passage, mais que les pseudo-initiations sont très souvent des échecs. L'un de ses observateurs appelle nos prisons surpeuplées « des maisons d'initiations ratées ». [3]

Pour Sylvia Maracle, une Ancienne mohawk, le lien entre le manque d'Anciens et le nombre croissant de jeunes gens en prison n'est pas surprenant. Son peuple a l'habitude, par tradition, de tracer les relations et connexions de l'univers sur *la roue de médecine*. Les Anciens se trouvent, sur cette roue, à l'exact opposé des adolescents. « Quand un segment de la roue a des problèmes, ou n'est plus respecté par la société, vous pouvez être sûr que très vite le segment opposé va lui aussi avoir des problèmes et se détériorer. » Quand, dans notre société, les

1. Michael Meade, lors d'un atelier au Nord de la Californie, 1967.

2. Michael Meade, dans Mahdi et al, p. 29.

3. Louise Carus Mahdi, Introduction dans Mahdi et al.

Anciens ne sont plus honorés, très vite les jeunes gens vont avoir des problèmes. Et si l'on ne trouve pas un remède à cela, alors les segments adjacents à ces deux-là vont eux aussi se détériorer : et ainsi, petit à petit, le mal se propage d'un segment à l'autre et à ceux d'en face, jusqu'à détériorer tous les segments, les enfants, les grands-parents et les adultes dans la force de l'âge. Elle nous met ainsi en garde : « Il ne faut pas que vous laissiez une telle catastrophe se produire : sur la roue, la vie de chaque segment dépend de celles de tous les autres ».[1]

On retrouve là un trait de la sagesse de plusieurs cultures anciennes : le réseau des obligations et du respect réciproques qui est caractéristique de tous les systèmes vivants. Si une quelconque des parties de cette toile est abîmée, alors c'est la toile toute entière qui se détériore. Mais cela marche aussi dans l'autre sens : si l'on soigne une partie du réseau, n'importe laquelle, alors c'est tout l'ensemble qui guérit.

Un cœur de sagesse

Nos années se comptent en soixante-et-dix
Ou, à raison de force, quatre-vingt
Et pourtant leur fierté n'est que travail et vanité ;
Car elles sont vite écoulées et envolées...
Aussi, apprends nous le nombre de nos jours,
Que l'on puisse gagner un cœur de sagesse.

Psaumes, 90:10-12

Miriam McGillis, une sœur dominicaine qui a créé la Ferme de la Genèse à Caldwell, dans le New Jersey, sait bien à quel point, quand les temps sont durs, il est important de pouvoir se référer à des histoires qui apportent de l'espoir et nous éclairent au travers des ténèbres. Selon elle, ce qu'on vit aujourd'hui, c'est l'histoire d'une Terre « qu'on ne contrôle plus », qui se détache d'un processus long de cinq milliards d'années dans lequel les hommes n'ont jusqu'ici eu aucun rôle. Et dans cette histoire, on se comporte exactement comme des adolescents,

1. Sylvia Maracle, conférence donnée à Toronto, 1996.

« dotés de pouvoirs extraordinaires mais dépourvus de l'expérience nécessaire qui permette d'intégrer ces pouvoirs dans un contexte plus large ». La question qu'elle pose alors est la suivante : « Sommes-nous suffisamment proches de la maturité pour prendre des décisions qui nous permettent de rester en vie — nous et le reste des êtres vivants. »

A nouveau, cette maturité n'est pas une question de connaissances factuelles. Si l'on n'est pas capable de trouver nos connexions les uns avec les autres ainsi qu'avec le reste de la planète, les 'faits', la connaissance factuelle, ne veulent plus rien dire. On croit que l'on sait, ce qui n'a rien à voir avec le vrai savoir. C'est ce qu'a découvert Joanna Macy en 1978.

Joanna poursuivait ses études quand ses trois enfants étudiants à l'université l'ont invitée à assister à une conférence sur la biosphère présentée par la Fondation Cousteau. Bien qu'elle n'apprit rien de nouveau ce jour-là, au total l'effet cumulé fut assez ravageur : « Tout le monde parlait de la courses aux armements et des puits de pétrole et de la destruction de la forêt amazonienne. D'un seul coup j'ai réalisé que c'était peut-être bien la fin du show pour nous tous : générique, rideau. Cela m'est apparu si clairement que je ne savais même pas comment j'allais pouvoir supporter cette idée. » Ce qui la choquait le plus, ce n'était pas les informations, mais leurs implications cumulées sur tout ce qu'elle aimait.

« L'année qui suivit, j'étais au désespoir. Je travaillais chez moi, et d'un seul coup je me retrouvais par terre, dans la position du fœtus, toute tremblante. En compagnie je me contrôlais un peu plus, mais même là, au début, le simple fait de voir une aigrette s'envoler au bord des marais, ou d'entendre du Bach au piano me déchirait le cœur — parce que je me demandais combien de temps il restait encore avant que ces merveilles ne disparaissent à jamais. »

Cette année-là, Joanna connut une initiation qui, en laissant saigner ses blessures, lui a permis de les refermer et de trouver en elle une force toute particulière. Vivre ainsi avec ce sentiment d'impuissance et d'abandon et de rage, et les laisser éclater, et laisser éclater aussi les stades suivants d'émotions et de sentiments — elle pleurait seule sur notre sort à tous. Cela l'a amenée à affirmer que l'on est vraiment paralysé, tant que l'on n'a pas accepté en soi la souffrance. « On a peur de ressentir le chagrin, la crainte, le remord, et l'on ne peut pas passer à l'étape suivante. On ne peut pas ressentir cette peine pour le monde, pour soi-même et pour les autres. Mais s'il se passe quelque chose qui fait craquer cette espèce d'engourdissement psychique, alors les réactions les plus profondes peuvent briser la glace. Les sentiments les plus humains peuvent s'exprimer librement, et l'on revit enfin. »

Il n'y eut aucun Ancien pour accompagner ce passage. Les professeurs de Joanna dans son département d'études des religions étaient abasourdis par l'intensité de ses émotions. Beaucoup avaient l'air embarrassés, et l'un d'entre eux suggéra même qu'elle avait peut-être besoin d'un soutien psychologique. Elle se rendit effectivement chez un thérapeute, qui avait l'air tout aussi intrigué. « Vous avez de beaux enfants, un mari merveilleux et une maison adorable. Pourquoi n'arrivez-vous pas à être heureuse ? »

Tout cela se passait il y a trente ans, bien avant la convergence entre les mouvements sociaux et les mouvements psychospirituels présentée au chapitre 7. Le sacré n'était pas censé jouer un rôle dans les émotions, et ni l'un ni l'autre n'étaient considérés comme ayant quoi que ce soit à voir avec le social. Mais aujourd'hui, pour les Créatifs Culturels spiritualistes, il ne fait plus aucun doute qu'une réaction profondément intime et émotionnelle au sort de la planète est le fondement essentiel, sans doute le mieux approprié et le plus intelligent, à tout engagement sérieux pour la sauvegarde de la planète, l'amélioration de la société et la survie de l'humanité.

Joanna fut l'une des premières à réaliser cela. On ne pouvait se contenter 'des faits', et sûrement pas de l'information 'à l'état pur'. Les 'faits' étaient connectés à tout ce qu'elle aimait et tout ce qu'elle espérait. Et quand on mettait ces faits ensemble, ils faisaient clairement apparaître la direction qu'allait prendre sa vie par la suite. A l'écrivain Stephan Bodian, Joanna a déclaré : « Nous sommes la première génération à avoir perdu la certitude qu'il y aura un avenir. Jusqu'à présent, toutes les générations de l'histoire ont toujours vécu avec cette certitude que d'autres générations viendraient après elles, et que les réalisations de leurs mains, de leurs cerveaux et de leurs cœurs seraient perpétuées par leurs enfants et les enfants de leurs enfants. Et cette certitude donnait un sens à leur vie, un sentiment de continuité. Les échecs, la souffrance, même la mort, tout était englobé, comme recouvert par cette assurance de continuité. » [1]

Par la suite, Joanna fit ce que tous les initiés ont toujours fait à toutes les époques : elle prépara un chemin pour ceux qui viendraient après elle. Elle organisa des ateliers intitulés « Désespoir, responsabilisation et engagement à l'ère nucléaire ». Beaucoup se demandaient : « Mais pourquoi diable est-ce que quelqu'un voudrait suivre un truc pareil ? Qui peut bien avoir envie de ressentir le désespoir ? » Mais très vite des Américains et plus tard des Canadiens, des Français, des Allemands et même des Australiens et d'autres encore qui n'en pouvaient plus de ce désespoir et qui n'en pouvaient plus de vivre dans le déni, le refoulement et l'aveuglement affluèrent à ses ateliers. Ils y racontaient des histoires personnelles et intimes, des histoires de l'âme, des choses qu'ils n'avaient jamais dites à personne parce qu'ils n'étaient même pas sûrs de pouvoir supporter d'exprimer ce qu'ils ressentaient — et aussi parce qu'ils ne pensaient pas que quiconque serait prêt à les écouter.

Ayant vécu avec sa propre angoisse, Joanna était capable d'aider les autres. La première étape était de réussir à aller au-delà de ce qu'elle appelle 'le plus grand danger' — l'engourdissement mortel du cœur et de l'esprit. Aidant les gens à exprimer et à traverser ce qu'ils avaient jusqu'alors considéré comme insupportable, Joanna organisait des exercices de méditation et de prise de paroles dans ces ateliers du week-end. Plus tard elle écrivit même des livres afin que tous ceux qui souhaitent effectuer cette traversée puissent suivre ses instructions et faire de même. [2]

---

1. Joanna Macy, entretien avec Stephane Bodian, 'Visions of a Peaceful Planet', dans son ouvrage *Timeless Visions, Healing Voices* (Freedom, CA : Crossing Press, 1991), p. 9.

2. Le premier livre, celui dont Joanna explique qu'il fut « plus dur que tout ce que j'ai jamais entrepris », était *Despair and Personal Power in the Nuclear Age* (Philadelphia : New Society Publishers, 1983). Dans une section de l'un des livres de Joanna écrit ave Molly Young Brown, *Coming Back to Life* (Gabriola Island, BC : New Society, 1998), on dit aux guides : « Soyez sûrs d'avoir ef-

Même aujourd'hui, à moins d'avoir soi-même effectué cette traversée ou subi quelque chose de semblable, il est assez difficile de s'imaginer que des dizaines de milliers de personnes ont pu suivre un tel parcours et aller jusque dans ses développements les plus poussés, traversant ensemble l'Entre-deux, le temps d'un après-midi ou d'une journée avec des gens qu'ils n'avaient jamais rencontrés auparavant. Des personnes qui refusent de se taire, qui refusent de se dire « Allez c'est bon, oublie et continue ta vie », mais qui décident de se tirer de cet engourdissement cérébral pour atteindre un degré de véritable sagesse dans leur cœur. C'est tout simplement incroyable. Mais pas pour Joanna. Le chagrin et la crainte, selon elle, ne sont pas simplement des émotions intimes ou privées. Ce sont des réactions sensibles à ce qui se passe, ce qui nous arrive à tous. Savoir que la douleur que vous subissez est une douleur partagée, découvrir que votre espoir pour un monde meilleur est un espoir partagé : cela fait une différence, cela change tout. Ce qui est incroyable, et qui n'est pas raisonnable, c'est d'être obligé d'effectuer la traversée tout seul, comme trop souvent les Créatifs Culturels y sont contraints de nos jours.

Le processus qui consiste à retravailler et reformuler les expériences et les sentiments, comme dans les ateliers de Joanna, prend des années. Il ne suffit pas d'un seul rituel, ni d'un atelier pour mener le processus à sa fin. Pour chaque personne, le chemin est unique. Il y a toujours plus de révélations et de découvertes à venir. Mais ce qui est important, c'est le commencement, et le fait de commencer dans un contexte culturel particulier. Et parce que Joanna et ses collègues accompagnent au travers de ce commencement les personnes qui viennent les voir, il nous semble qu'ils jouent par-là le travail des Anciens de notre temps. L'une des tâches assignées à ce rôle, c'est de soutenir et guider chacun au travers de ce rite de passage. Une autre tâche consiste à provoquer l'expression, et à faire apparaître les récits et les histoires qui doivent être dites et qu'il nous faut

---

fectué une bonne partie de votre propre travail de désespoir avant d'essayer de le faciliter chez les autres ». On peut traduire cela, en terme de rites de passages par « vous ne pouvez devenir un Ancien qu'à condition d'avoir vous-même connu votre propre initiation ».

aujourd'hui entendre. Ce sont ces récits qui vont nous guider sur ce nouveau territoire, cette terre inconnue, dont tout le monde pensait qu'elle débouchait sur un gouffre, là où le monde finit et tombe dans un abîme de désespoir. Ces récits sont des récits vivants et porteurs de vie, qui nous transportent bien au-delà des limites des vieux discours et nous encouragent à prendre de nouveaux engagements pour un nouvel avenir.

Tisser un nouveau mythe

En 1982, par un jour de novembre glacial, nous étions assis à boire du café avec le mythologue Joseph Campbell dans sa chambre d'hôtel à Montréal. Nous étions en train de préparer un documentaire pour la CBC sur le changement de paradigme qui, nous semblait-il, était en train d'apparaître dans le monde occidental. Nous espérions que Campbell allait nous donner une vue d'ensemble de ce qui se passait dans notre culture, vers où elle allait, et pourquoi pas un mythe ou deux pour asseoir le contexte. En guise d'introduction, il plongea dans sa mallette pour en sortir un article qu'il avait lu dans *Foreign Affairs*, intitulé 'Entretien et Réparation du Mythe Public'.[1]

L'auteur de cet article prétendait qu'une société ne peut fonctionner de façon cohérente sans avoir un mythe commun, partagé de tous. Sans un cadre de références partagées de tous, sans un ensemble de croyances sur les nations et le cosmos acceptées par tout le monde, une société se morcèle et s'effondre. Campbell était d'accord avec ces points de départ, mais selon lui il manquait deux éléments qui lui semblaient essentiels pour comprendre ce à quoi notre culture était confrontée à l'époque. « Il n'y a pas de mythe s'il n'y a pas d'ouverture sur la transcendance. La première fonction d'une mythologie est d'ouvrir le cœur et l'esprit des gens sur le mystère absolu que représente le fait d'être dans l'univers. » L'article ne mentionnait absolument pas cet aspect, ce qui semblait être une énorme erreur aux yeux de Campbell. Si l'on ne reconnaît pas l'univers et les na-

---

1. William McNeill, 'The Care and Repair of Public Myth', *Foreign Affairs*, vol. 61 (automne 1982), pp. 1-13

tions et nous-mêmes comme des manifestations « du mystère fondateur de tout être », alors, selon lui, il n'y a rien sur quoi l'on puisse compter.

Le deuxième élément qui manquait à l'article selon Campbell, c'était « la fonction pédagogique du mythe : éduquer l'individu, donner des indices sur les étapes successives de la vie, depuis l'enfance jusqu'à la maturité et l'âge responsable, jusqu'à la traversée de la dernière porte. Si le mythe ne sert pas à vous accompagner à travers toutes ces étapes, nous dit-il, alors c'est un mythe qui ne fonctionne pas. »

Pour nous ces idées étaient neuves, et nous discutâmes énergiquement avec ce professeur éminent et éminemment patient. Comment pouvait-il prétendre que les mythes étaient tellement essentiels à la cohérence d'une société quand il était évident que nous n'avions plus à notre époque, en tant que société justement, de tels mythes ? Il était évident qu'il n'y avait aucune histoire qui serve de guide à notre génération au travers des différentes étapes de la vie, ni qui nous ouvre sur les connexions sacrées de l'univers.

« C'est précisément le problème, dit-il génialement.

— Bon, très bien, mais où est-ce qu'on peut se procurer de telles histoires ? On voulait savoir.

— L'éventail des possibilités a rendu impossible la 'mythologisation', nous annonça-t-il calmement. L'individu est en train de se '*crudifier*', abandonné à lui-même, réduit à sa plus simple expression. Tout ce que vous pouvez faire, c'est suivre votre vie intérieure et rester fidèle à cela, *vrai* à vous-même.

— Ça n'est pas d'une grande aide.

— Je ne suis pas fait pour corriger le monde, nous répondit-il. Je peux vous dire ce qu'est une mythologie, mais si vous me demandez comment faire pour en trouver une nouvelle, vous allez bien au-delà de mon degré d'incompétence ». Et il se renversa sur sa chaise et éclata de rire.

Vrai de l'intérieur

Les mythes contiennent, et expriment, la vérité spirituelle d'une culture. Quand cette vérité commence à changer, c'est que nous avons soif de nouvelles images, de nouvelles histoires : pas seulement pour nous aider à comprendre les changements, même si c'est d'une importance capitale, mais pour nous aider à retrouver nos connexions les uns avec les autres, avec la nature et avec notre passé et notre avenir. Sans ces histoires et ces images, l'on perd ses connexions. C'est comme si l'on était coupé en morceaux, comme nous l'explique l'analyste jungienne Marion Woodman, comme si nos mondes étaient d'un seul coup cassés en deux, le physique séparé de l'imaginal. « Il nous manque alors le cosmos, qui nous relie à la réalité de l'univers. Sans ces récits, nous n'avons plus aucun moyen de nous en sortir quand nos mondes personnels s'effondrent ». [1]

Est-ce vraiment le cas ? Se pourrait-il que notre impression très moderne d'être déconnectés, notre manque de continuité avec le passé et notre manque de responsabilité envers l'avenir, se pourrait-il que tout cela soit causé par le simple fait qu'il nous manque une 'histoire' ? Ou, plus incroyable encore, un mythe ? N'importe quel écolier vous dira que les mythes sont des histoires qui ne sont pas vraies. Mais comme l'explique la conteuse Erica Meade, un mythe est une histoire qui est vraie *de l'intérieur*. Et c'est le rôle d'un conteur que de révéler les vérités intérieures d'une culture. [2] C'est là un aspect de ce que les Créatifs Culturels recherchent : une façon de se rappeler qu'ils ne sont pas seuls, une manière de tisser de nouveaux modèles, de nouvelles figures dans le grand tissu social, tisser des lignes de vie qui relient les générations entre elles.

Devenir les nouveaux conteurs

Jadis, les Anciens étaient des conteurs précisément parce qu'ils étaient les gardiens de la sagesse. Garder la sagesse, ça voulait dire raconter comment les choses avaient toujours été et pourquoi elles avaient toujours été comme ça, et aider les gens, à chaque étape de leur vie, à comprendre leur rôle et leurs responsabilités vis-à-vis de la communauté. Comme le dit Campbell, le Modernisme ne dispose d'aucun mythe partagé qui lui donne sa cohérence, aucune histoire qui guide et éduque l'indi-

1. Marion Woodman, entretien avec l'auteur à Toronto, 1985.

2. Erica Helm Meade, *Tell it By Heart* (La Salle, IL : Open Court, 1995).

vidu à chaque étape de sa vie, ni qui puisse inscrire la communauté dans le grand mystère de l'être. Comme il le dit, on se *crudifie*.

Mais on peut voir cela autrement. Ce n'est pas seulement que l'on a perdu notre histoire, notre discours, c'est surtout qu'on a été obligé, forcé de les perdre, parce que chaque période a besoin de sa propre sagesse. Se raccrocher aux vieilles histoires, aux vieux discours, n'est pas seulement dangereux et stupide, ça rend aussi une culture morbide et sans imagination. Puisque nous vivons à une époque d'Entre-deux, on ne peut pas se permettre de se laisser bercer à écouter les vieux discours *ad vitam aeternam*. Ce qui signifie que les gardiens de la sagesse aujourd'hui ne peuvent plus se contenter d'être des conteurs. Il faut qu'ils soient aussi des écouteurs d'histoires, qu'ils *suscitent* les histoires, qu'ils soient comme des artistes ou des professeurs de toutes sortes qui évoquent, invoquent et font apparaître les récits dont on a besoin aujourd'hui.

Quand un individu perd son histoire, comme Jung a pu l'observer pendant les périodes troubles de la deuxième guerre mondiale, il en résulte une forte dose de confusion et de désorientation. Mais quand c'est une société entière qui perd son histoire, c'est la société entière qui souffre d'étranges pathologies.[1] Et nous vivons dans les décombres de cette perte depuis des siècles. Au début de ce nouveau millénaire, notre paysage ressemble toujours au premier printemps après un feu de forêt. Mais des cendres refroidies s'élèvent déjà de jeunes pousses vertes, qui apparaissent un peu partout entre les troncs calcinés.

C'est précisément là l'une des merveilles de notre époque : cette croissance nouvelle qui ne ressemble à rien qu'on ait connu auparavant. Après l'Holocauste des nazis, Hiroshima et Nagasaki, et les tragédies des peuples indigènes d'Amérique du Nord et du Sud, de nombreuses sagesses traditionnelles ont été perdues. Mais l'on a aussi brûlé le bois mort des systèmes féodaux, le pouvoir absolu de l'église et des empires agraires. Et pour toutes ces tristes disparitions, et tous ces fardeaux levés, il s'est créé un espace pour l'innovation et la créativité.

---

1. Thomas Berry, discours au Santa Sabina Convent, San Rafael, CA, 22 février 1992.

C'est ce sol fertile que travaillent les Créatifs Culturels, préparant la route pour une nouvelle culture. Et parmi ces nouvelles pousses, comme on l'a vu, il y a les nouveaux mouvements sociaux et psychospirituels des quarante dernières années. Mais il y a aussi l'une des plus anciennes et des plus puissantes formes d'expression de la vie sociale humaine : le mythe. Leurs fruits : images et histoires, arts visuels et représentations, théâtre et chansons, musiques, métaphores et rituels. De nouvelles formes de mythes apparaissent aujourd'hui, cultivées par une immense variété d'artistes et d'expérimentateurs de toutes sortes. De plus, une culture mondiale de musique et d'histoires est en train de se développer, au fur et à mesure que les Modernes se réapproprient les enseignements des Anciens en les réinterprétant [1]. Et partout où apparaissent ces signes avant-coureurs d'une nouvelle mythologie, les Créatifs Culturels sont là, derrière, à préparer le chemin.

Lignes de vie

« Ce qui m'intéresse, ce sont les pièces écrites par des personnes qui sont sorties du rang », déclarait le metteur en scène George C. Wolfe à propos de la pièce de Broadway *Angels in America*, écrite par Tony Kushner. « Ce qui m'intéresse, ce sont les gens qui ont dû rester en contact avec leur force et qui ont effectué des voyages d'analyse intérieure parce qu'ils n'étaient pas, comme j'aime à dire, de la partie. Aussi ils ont dû rester en contact avec tout un tas de vérités, et travailler tout un tas de muscles que ceux 'de la partie' avaient délaissés et négligés parce qu'ils étaient au pouvoir. » Ces gens et leurs histoires, selon Wolfe, ne sont pas seulement des témoins et des sources de compréhension de qui on est et où l'on va. Ils sont de véritables 'lignes de vie'.[2]

Certaines de ces lignes de vie viennent des rêves. Des femmes découvrent des textes sacrés pleins de pages blanches, at-

---

1. Voir Sobonfu Somé, *The Spirit of Intimacy* (New York : William Morrow, 1997) et Malidoma Patrice Somé *Ritual* (Portland, OR : Swan/RAven & Co., 1993) pour deux discussions profondes et détaillées de ce genre d'interconnexions.

2. George Wolfe, entretien à la télévision publique, 1995. Nous remercions Dirk Velten pour cette citation.

tendant que de nouvelles histoires viennent s'y inscrire. Des enfants initient les Anciens, parce qu'ils ont besoin des Anciens et que les vieux ne savent pas comment faire. On prend des photographies de choses qu'on n'avait jusqu'à présent jamais vues, mais le fluide qui permet de développer la pellicule n'a pas encore été inventé. De nouveaux logiciels sont mis au point, mais on n'a pas encore le matériel pour les lire.

Ces images de la nuit révèlent un véritable besoin d'aller au-delà des rôles traditionnels et des règles traditionnelles et des vieilles hiérarchies du pouvoir. D'être plus comme de l'eau que comme de l'acier, c'est ce qu'elles nous conseillent. Soyez souples et curieux plutôt qu'armés pour la bataille ou paralysés par la peur. N'ayez pas peur de ne pas savoir, nous disent-elles. Dans l'esprit d'un débutant, il y a des milliers de possibilités. Dans celui de l'expert, seulement quelques-unes.

Notre planète maison

Partout, des personnes portent avec elles des fragments de cette nouvelle mythologie, des impressions et des mémoires, des visions et des métaphores. De tous ces trésors, il y a un ensemble d'images qui nous semblent particulièrement enchanteresses aujourd'hui. Ce sont les photographies de la Terre vue du ciel. La futurologue Barbara Marx Hubbard a une explication à proposer : si l'on trouve ces images aussi fascinantes, selon elle, c'est que ce sont là nos premières 'images bébé' : les premières représentations de notre relation à l'univers comme celle du fœtus plongé dans le liquide amniotique.

Chaque photographie de la Terre depuis l'espace et chaque histoire des hommes et des femmes qui sont allés dans l'espace nous plonge dans ce que l'astronaute Rusty Schweickart appelle « l'expérience d'une nouvelle relation ». Ce qui ne demande aucune analyse scientifique, ni traitement laborieux, c'est ce contraste sidérant « entre notre maison claire et colorée et l'infini profondément obscur », ainsi que cette « inévitable et fantastique relation, soudainement réalisée, avec toute vie sur cette planète fantastique... La Terre, notre maison ».

Et le fait de réaliser cela a accéléré un certain nombre d'actions innovantes et créatives. L'une d'entre elles fut la publication d'un livre que les experts considéraient comme impubliable pour des raisons aussi bien économiques que politiques. Le projet fut initié parce qu'un certain Kevin W. Kelley ne pouvait se sortir de la tête ces photographies de la Terre vue de l'espace ; il ne pouvait pas non plus oublier les histoires de ces astronautes et cosmonautes dont la vie avait été bouleversée par ce voyage dans l'espace. Après des années durant lesquelles il se demanda si ces expériences, rassemblées dans un livre, auraient ce même pouvoir de bouleverser la vie d'autres gens, et des années où il douta de sa capacité à réaliser un tel livre ; après avoir décidé de se lancer et de voir ce que ça donnerait ; après trois ans de négociations complexes et d'une coopération exceptionnelle entre l'Association des Explorateurs de l'Espace, l'Institut des Sciences Noétiques, Les Editions Mir de Moscou, les éditions Addison-Wesley et tout un tas de traducteurs, Kelley réussit à sortir *The Home Planet*. Publié simultanément en russe et en anglais, c'est la collection la plus complète jamais réalisée de photographies de la Terre depuis l'espace, accompagnées de commentaires des explorateurs de l'espace écrits dans leur langue maternelle, y compris l'arabe, le chinois, le vietnamien, l'hindi et le mongol. Face à un tel ouvrage, on ne peut pas ne pas saisir d'un coup le sens de « notre planète, notre maison ».

Nous avons parlé tout à l'heure, à propos des conseils tirés de ces rêves qui nous ont été confiés, d'être plus comme de l'eau que comme de l'acier. Mais lorsque nous avons rencontré Kevin Kelley en 1999, ce n'est pas vraiment l'image d'un liquide qui nous est venue à l'esprit. Avec son franc-parler, cet homme tout en muscles nous a plus fait penser à du vieux cuir bien solide, quelqu'un qui a pu endurer les coups durs de la vie et être souple juste ce qu'il faut pour mener à bien un bon travail — si tant est qu'il le veuille bien. Et il n'y avait rien qu'il ne souhaitait plus au monde, de toute sa vie, que de publier un livre suffisamment beau pour évoquer la beauté de la Terre vue du ciel.

Mais pourquoi cette passion pour des photos de la Terre ? Qu'est-ce qu'il croyait que ça allait changer ? lui a-t-on demandé. Il nous répondit que les visions d'ensemble, les 'vues du ciel' étaient d'une importance primordiale, et il cita l'astronaute Fred Hoyle. « En 1946, l'année où je suis né, Hoyle a dit : le jour où sera publiée la première photo de la Terre vue de l'espace, ça va changer le monde ». Et c'est précisément cela l'objectif de Kevin : changer le monde en lui présentant de nouvelles images de lui-même. De voir la planète comme un tout, nous a-t-il expliqué, sans les frontières que l'homme a dessinées pour séparer les pays entre eux, ça ouvre de nouvelles perspectives sur qui on est. « Je voulais créer une image plus claire, une image mieux formée, mieux renseignée, avec une meilleure définition, et je voulais que cette nouvelle image de la Terre puisse devenir comme un nouveau contexte pour l'épanouissement de la conscience des gens. J'étais persuadé que c'était ce dont le monde avait besoin. Désespérément. »

Mais il y avait un petit problème dans sa grande vision. « C'est simple. J'étais un homme de trente-huit ans, sans aucune référence. J'avais été constructeur de bateau, ouvrier, fermier, pêcheur et à chaque fois que j'arrivais à la fin d'un projet, je me disais : 'Je n'ai pas envie de faire ça jusqu'à la fin de mes jours !' J'avais l'impression que j'étais en train de gâcher toute ma vie ». Le fait est, nous a-t-il confié, que personne ne voulait croire que quelqu'un qui n'était jamais allé à l'université, qui n'avait jamais rien publié, qui n'avait jamais rien fait d'impressionnant ou de grand, puisse publier un livre qui représentait des millions de dollars et demandait la coopération d'éditeurs soviétiques et américains, des agences de l'espace, et des héros les plus en vue des deux superpuissances mondiales.

Et il avait raison. Pratiquement personne ne l'a cru. Kevin se heurta à de nombreux refus, et même ses meilleurs amis lui conseillèrent d'abandonner le projet. Sa persévérance — ses critiques diraient son entêtement ou pire encore — fut phénoménale. Kevin fut l'exemple même de celui qui se démène pour ce en quoi il croit, et en même temps cette conviction lui donne des forces presque surnaturelles. Non seulement il apprenait un tas de choses nouvelles, mais en plus il découvrit que les aspects de sa personnalité qui l'embarrassaient le plus, ces aspects de lui-même dont il pensait qu'ils l'avaient desservi beaucoup trop souvent, il découvrit donc qu'ils pouvaient se transformer en avantages de manière tout à fait inattendue. Il raconta avec beaucoup d'humour et d'honnêteté la manière dont tout cela s'est déroulé.

« Pendant que le livre s'écrivait, je réalisais que je n'étais pas la personne idéale pour le faire. Je me sentais beaucoup trop bourru, impétueux, parfois même trop présomptueux. Il y eut même un moment où l'un des astronautes voulut me retirer le projet. Il dit : 'Pourquoi on n'arrête pas tout et on se trouve un vrai éditeur, quelqu'un qui sache vraiment ce qu'il fait.' Mais quand tout fut fini, notre avocat m'a confié : 'Kevin, un vrai éditeur n'aurait jamais publié ce livre. Après les deux premières difficultés, il aurait dit 'ça suffit' et aurait abandonné le projet.' »

Parfois j'avais l'impression d'être un bonhomme de l'âge de pierre avec une hache en train d'essayer de pratiquer la chirurgie moderne sans avoir de scalpel. Mais je ne voulais pas abandonner. Tous ceux qui se sont interposés sur mon chemin ou qui ont essayé d'empêcher que le livre se fasse, et qu'il soit beau, tous ont abandonné, parce que moi je ne voulais pas abandonner. »

Tandis qu'on s'approchait de la porte, il nous a demandé : « Dites aux gens de ne pas abandonner. Si j'y suis arrivé, tout le monde peut y arriver. » En écrivant ce livre, ces mots nous sont souvent revenus à l'esprit. Ils nous rappelaient une chose de toute première importance : le pouvoir des gens ordinaires quand il s'agit de changer les choses, juste par la force de leur persévérance. Parmi ceux qui participèrent aux mouvements sociaux et psychospirituels, beaucoup savent bien cela. Et leur persévérance et leur ténacité n'affectent pas seulement la culture, mais les individus eux-mêmes. Si parmi les Créatifs Culturels, certains ont l'air de gens extraordinaires, ils vous diront que c'est uniquement le processus qui les a rendus comme ça, et qu'ils ne sont pas nés 'extraordinaires'. Au départ ils étaient comme tout le monde. Comme le dit le dicton médiéval : « Le fou qui persiste dans sa folie s'approche de la sagesse ». Ce que normes et conventions regardent comme de la folie est souvent la vraie sagesse pour ceux qui la suivent. Jim Lawson, l'homme qui enseigna les tactiques non violentes aux premiers leaders des mouvements de libération des Noirs, formule cela différemment : « En agissant sur votre conscience, disait-il à ses étudiant, vous allez être transformés ». Et souvent c'était le cas.

La plupart des récits de la vraie vie n'ont pas de conclusion, mais celle-là en a une, au moins pour Kevin Kelley et quiconque est tombé amoureux du merveilleux livre qu'il a produit. Vous tenez le livre dans vos mains et vous contemplez la beauté à peine imaginable de notre planète, et là vous savez que la ténacité de Kevin a porté d'excellents fruits.

Le contexte de la communauté

Comment raconter une histoire qui n'a jamais été racontée ? Pour de nombreux Créatifs Culturels, la réponse est : en créant des espaces et des occasions où ces récits seront les bienvenus. Cela veut dire construire l'équivalent de nouveaux feux tribaux autour desquels les gens peuvent s'asseoir et dire la vérité de ce qu'ils ont vu, ce qu'ils ont vécu personnellement, et comment ils le comprennent. Raconter ces histoires en présence d'auditeurs attentifs était auparavant quelque chose que l'on faisait en communauté, guidé par les Anciens. C'était une manière de partager tout ce que vous aviez appris, d'intégrer ce que vous aviez découvert en traversant la Terre Inconnue. Les Créatifs Culturels ont besoin de ce type d'intégration, et c'est pour ça qu'ils mettent en place les cadres propices à son accomplissement.

Les ateliers d'écriture sont un exemple de ces endroits où les fils de ces nouveaux récits sont tissés ensemble. Une femme demande : « Quand les chroniques officielles sont pleines de manques et de distorsions et que votre soif de vérité n'est pas assouvie, qu'est-ce que vous faites ? » Pour certains, la réponse est : on s'assoit en cercle et on écrit. On retire le masque que l'on porte en public et l'on creuse jusqu'à trouver cet endroit où l'on puisse dire : « C'était ainsi. Ça s'est vraiment passé ». Et puis on écoute ce que les autres ont à dire, et avec un peu de chance on trouve le courage de lire tout haut ce qu'on a écrit. Au passage, on a probablement changé en qui et en quoi on faisait confiance. L'authenticité devient essentielle, ainsi que les caractéristiques uniques de l'expérience de chacun(e) et de tout ce qui est original et nouveau, aventureux ou inattendu.

Certains de ces endroits de rencontres sont destinés à ceux qui souffrent de maladies, ceux qui ont affronté la mort, ou la perte d'un proche, toutes choses insupportables dans la solitude. Au chapitre 6, nous avons décrit les cercles pour celles et ceux qui ont souffert ou souffrent encore de maladies mortelles, et il y a encore bien d'autres exemples similaires. Mais certains de ces endroits de rencontres sont en fait comme de véritables livres, des recueils d'histoires, de photos ou de poèmes — des témoins de tout ce que l'on ne peut dire en deux mots, tout ce qui demande au contraire à être assemblé lentement, avec une infinie patience.

Le livre de Charles Garfiels, *Des fois mon cœur s'engourdit : l'Amour et les soins au temps du sida,* est un peu comme un conseil des Anciens qui partageraient leur sagesse autour du feu. L'un de ces Anciens, un soignant nommé Eric Schifler, aurait très bien pu avoir en tête les commentaires de Jung sur les pathologies culturelles quand il explique pourquoi il s'est fait 'soignant'. « La vraie pathologie, c'est l'accumulation du chagrin, dit-il. [1] C'est pourquoi il faut rentrer dans ce chagrin », le déplier et trouver ce qu'il signifie. « Parce que j'étais plongé dedans depuis le début de l'épidémie, des fois j'ai l'impression d'être une archive vivante. Comme un Ancien des tribus. » Il raconte ces histoires pour témoigner de ce qui a été perdu, et de ce qui perdure. « Dans les récits de l'holocauste, vous entendez toujours des gens qui parlent de survivre afin de pouvoir perpétuer la mémoire, raconter l'histoire. Moi j'ai tous ces souvenirs désormais, toutes ces histoires, et j'aide les gens atteints du sida et leurs familles et leurs amis et leurs amants à survivre afin qu'ils puissent raconter la leur. » [2]

Mais certains de ces endroits de rencontre ne sont pas seulement consacrés au pouvoir des mots mais aussi au pouvoir de la voix. Reg E. Gains, co-auteur du livre *Bring In Da Noise, Bring In Da Funk*, parle de ce besoin croissant des gens, cette volonté de plus en plus courante de lire de la poésie à des inconnus. C'est le jour où Gains entendit le poète Willie Peromo lire ses poè-

1. Charles Garfield, Cindy Spring et Doris Ober, *Sometimes My Heart Goes Numb* (San Francisco : Jossey Bass, 1995), p. 24.

2. Ibid., pp. 15-16.

mes en public au Nuyorican Poets Café qu'il a réalisé « combien j'étais en fait dépourvu de parole ».[1] Et c'est cela le procédé, en partie : pas seulement exprimer ce que vous savez et ce dont vous vous souvenez et ce à quoi vous aspirez, mais aussi découvrir ce que vous n'avez jamais dit et que vous pensiez que personne n'aurait envie d'entendre — découvrir votre voix, vous constituer une parole.

Ce ne sont là que quelques exemples parmi des milliers, voire des millions, de ces endroits et occasions où les gens peuvent raconter leurs histoires et trouver leurs voix — retrouver la parole. Ce qui est impressionnant, d'un point de vue culturel, c'est que cet échange donner/recevoir n'est pas seulement une histoire d'individus. C'est aussi une histoire de communauté : en latin *cum* et *munis*, c'est-à-dire donner ensemble. Dans une vraie communauté, les gens partagent leurs expériences personnelles. Ce n'est pas du jargon de relations publiques comme 'la communauté de l'agrobusiness' ou 'la communauté pharmaceutique' ou les projets immobiliers qui s'appellent eux-mêmes des 'communautés' mais où les voisins ne se connaissent même pas entre eux.

Si l'on est vraiment en train de vivre un rite de passage au niveau culturel, alors les communautés, plus que jamais, prennent toute leur importance. C'est au niveau des communautés que ceux qui reviennent de l'Entre-deux font les premiers pas de leur réintégration. C'est là que les fruits du voyage sont appréciés, reconnus et accueillis. S'il n'y a nulle part où recevoir et donner ces fruits, nul espace propice à leur éclosion, alors le processus de réintégration pourrait bien être suspendu, et rester à jamais inachevé, inutile. La perte serait énorme pour l'individu, mais plus encore pour la communauté. Car en effet, une communauté qui ne 'réintègre' pas ceux qui ont effectué de telles traversées ne peut pas bénéficier de ces nouveaux enseignements, ni être revitalisée par les fraîches inspirations et les énergies nouvelles de ceux qui reviennent.

---

1. Reg E. Crains cité par Michel Marriott, 'From Rap's Rythms, a Retooling of Poetry', *New York Times*, 29 septembre 1996.

Créer un monde dans lequel je puisse être heureuse de vivre

Comme beaucoup de Créatifs Culturels, Celia Thompson Taupin essaie de rassembler ce dont elle a besoin dans sa vie, et, ce faisant, met en place les éléments d'une nouvelle culture. Elle crée des environnements favorables pour l'improvisation et le jeu des mythes dans le contexte de sa communauté. Célia TT, comme elle aime qu'on l'appelle, est une personne-passerelle, une originale qui a dû développer sa propre synthèse pour pouvoir garder la tête sur les épaules — rester équilibrée et entière. Elle est le fruit de la rencontre entre une femme du Midwest qui passa son enfance dans les campagnes de l'Ohio, et un artiste californien dont l'atelier se trouve à San Francisco. Elle adore façonner des choses de ses mains et ne tolère quasiment pas le factice, le manque d'authenticité. Elle est aussi, comme elle le reconnaît presque à contrecœur, une espèce de prêtresse qui crée des endroits et des occasions où se donnent des cérémonies d'un nouveau genre.

A quoi ressemblent ces endroits ? Cela dépend en fait de quand on vient la voir. A San Francisco, depuis seize ans, quasiment tous les jeudis soirs, si vous descendez Market Street jusqu'au croisement avec Cesar Chavez Avenue, vous vous garez devant une ancienne usine transformée en ateliers d'artistes, et là vous pouvez vous laisser guider par le son des flûtes et des cloches et des percussions qui résonnent ensemble dans une improvisation extatique : vous êtes arrivé à 'Soup and Bread', la soupe et le pain, l'une de ces cérémonies organisées par Célia. Là vous la trouverez entourée d'une vingtaine, parfois une quarantaine de musiciens, chauffeurs de taxis, thérapeutes, artistes multimédia et autres 'incrustés' et visiteurs de passage.

Célia nous a raconté comment ces 'réunions' ont commencé : « Tout simplement, j'ai toujours aimé improviser la musique et les sons. J'ai commencé en amenant toujours avec moi un sac d'instruments quand j'allais à des fêtes, espérant toujours que je trouverais sur place des gens que ça intéresserait d'aller dans un coin jouer avec moi. J'étais comme une gosse avec ses jouets. Je voulais faire ça plus souvent, alors j'ai envoyé un jour une lettre à tout le monde. 'Je vais organiser ça tous les jeudis soirs, et je vous offrirai de la soupe et du pain. Vous amenez ce que vous voulez, et voilà l'adresse. Et ce n'est pas la peine de m'appeler. Si vous venez c'est cool, mais sinon ne m'appelez pas pour savoir si ça a lieu. Ça a lieu.' »

Le ton sérieux de Célia, du genre « ça ne rigole pas, on ne perd pas de temps » était contrebalancé par son désir de trouver des partenaires, des gens avec qui improviser. Mais le plus impressionnant, c'est la continuité de Soup and Bread, qui est devenu une véritable institution. Quand Célia est ailleurs, en voyage ou en congés, d'autres prennent le relais. Les gens viennent avec leurs parents, leurs enfants, leurs amis ou leurs amants. Certains viennent toutes les semaines, d'autres une fois de temps en temps, certains avec des intervalles de plusieurs mois, d'autres de plusieurs années. Il y a un homme de quatre-vingts ans qui fait tout le chemin depuis Santa Cruz, et des artistes qui traversent le pont depuis Berkeley. « Beaucoup d'entre eux sont artistes dans leur tête, même si ce n'est pas leur métier, nous explique Celia. Un des plus fidèles participants habite juste à côté. C'est un chauffeur de taxi et un musicien, un artiste dans son cœur. On ne s'occupe pas de savoir qui est un artiste reconnu ou pas. »

Il y a beaucoup plus d'hommes que de femmes. Ils sont très excentriques, nous dit Célia. « Sans la musique, ce truc ne fonctionnerait jamais. C'est le fait de faire de la musique ensemble, de danser ensemble, de bavarder qui nous rassemble. Parce qu'en dehors de ça, on n'a pas nécessairement les mêmes idées sur le monde, la vie, la politique ou quoi que ce soit. C'est la musique qui nous rassemble, et ce festival en particulier. »

C'est une culture

Quand certains des participants de Soup and Bread ont voulu aller plus loin dans l'exploration de leurs expériences personnelles et être les témoins les uns des autres dans cette exploration, Célia décida de mettre en place une nouvelle structure appelée 'Improv Arts Weekends'. Si vous avez la chance de vous rendre à l'une de ces réunions bi-annuelles, vous allez vous trouver devant un mélange de théâtre d'improvisations, de jeux et de rituels sacrés, tous conçus par et pour les membres de la communauté. L'un des membres les plus anciens nous a confié que « Célia maîtrise absolument la création d'une structure, elle fait cela parfaitement, et dans ce cas précis c'est une démarche qui demande la participation de beaucoup de gens, mais en même temps ça se passe dans une atmosphère très enrichissante et douce et tout se passe bien. » Les week-ends commencent avec la présentation, par les participants, d'une œuvre d'art qu'ils ont réalisée, et ils doivent la présenter suivant un rituel précis, utilisant l'expression spontanée, ou l'improvisation de chants et de danses. Le point culminant, c'est le samedi soir, où chacun donne une petite représentation théâtrale.

En écoutant Célia et d'autres membres nous raconter ces week-ends, le plus surprenant c'était ce mélange de rigueur structurelle et de spontanéité. La préparation des week-ends, auxquels participent tout de même entre vingt et trente personnes, demande une bonne dose de planification et d'organisation, le tout effectué par un groupe de quatre ou cinq bénévoles. En même temps, c'est un processus libre, flottant, sur la base d'un canevas principal qui prend parfois des tournures surprenantes et inattendues. Une fois, un de ces week-ends commença avec la fabrication par chacun des membres d'une grande poupée qui représentait l'un de leurs ancêtres. Dans la présentation du soir, la 'poupée-ancêtre' et le créateur de la poupée dialoguaient. Chacun parlait avec sa propre voix, puis alternait avec la voix de son ancêtre. A la fin de la soirée, c'était comme si tous ensemble se trouvaient en face de leurs ancêtres collectifs. L'expérience fut très impressionnante, un mélange de crainte et de respect. Tous ressentirent profondément cette sensation de continuité et d'appréciation envers tous ceux qui les avaient précédés et leur avaient donné la vie.

Mais que font vraiment les gens dans ces drôles de réunions, à la fois amusantes et terriblement sérieuses, qui ont lieu régulièrement depuis une dizaine d'années ? Une femme, pour qui ces week-ends sont « un merveilleux mélange de profondeur et de légèreté », nous a répondu ainsi : « C'est une culture, c'est comme une société : ceux qui ont de l'expérience transmettent la culture aux nouveaux venus, et les nouveaux venus apprennent non seulement le théâtre et la représentation de cette culture, mais aussi l'importance de la gentillesse envers son prochain, la chaleur, le fait de prendre certaines choses au sérieux, mais pas trop. »

Cela nous a fait penser à un commentaire que Scott Peck fit une fois, comme quoi la psychothérapie est sans doute l'une des choses les plus étranges que notre culture ait inventé. C'est tellement bizarre, selon lui, de s'imaginer que vous allez guérir quelqu'un en le ou la retirant de sa communauté et en le ou la plaçant dans un cabinet avec un professionnel. Depuis des millénaires, la guérison et les soins se font toujours dans le contexte de la communauté. Il n'est donc pas surprenant, avec cette idée en tête, de voir que les week-ends Improv Arts et les soirées Soup and Bread fassent tellement de bien, et procurent tellement de plaisir à leurs participants.

Le Camp Salamandre

De tous les endroits que Celia a mis en place, le plus époustouflant est un endroit où l'on se rend en voiture, en descendant la Nationale 17, qui serpente depuis la Silicon Valley jusqu'au Pacifique. Vous tournez sur la droite sur un ou deux miles, vous vous garez au pied d'une colline. Là, il faut marcher quelques centaines de mètres vers l'ouest jusqu'à une étendue de gazon très vert, et vous serez accueilli par un décor qui semble tout droit sorti d'un livre de contes du Moyen-Age. Trois énormes chapiteaux, avec des drapeaux qui flottent au vent, sont installés côte à côte. Chaque chapiteau est entouré d'une jolie structure en bois et est relié aux autres par des chemins de fleurs. C'est le Salamander Camp, quatre hectares de terrain que Célia et ses partenaires ont transformés en camp de retraite à très bas prix pour les artistes et d'autres groupes aventureux qui veulent découvrir de nouvelles formes de créativité collective.

Le premier week-end où nous sommes arrivés, il y avait un groupe de wiccas amoureux de la Terre déjà installés, qui chantaient et jouaient des percussions. La fois suivante, nous nous sommes retrouvés avec une quinzaine de femmes âgées, certaines des villes avoisinantes et d'autres qui étaient venues en avion de différentes régions plus éloignées. Celles qui venaient de loin nous expliquèrent qu'elles avaient pu s'offrir de prendre l'avion justement parce que cette 'retraite' coûtait si peu cher. Quand nous nous joignîmes à elles dans la yourte pour le dîner — c'est ainsi qu'on appelait les chapiteaux, qui étaient construits suivant le modèle des tentes circulaires mongoles — elles nous racontèrent avec enthousiasme leur émerveillement de se trouver dans un tel endroit. « Non seulement le paysage est magnifique, mais la décoration est superbe, et tout rayonne d'un tel sentiment d'abondance et de générosité : la piste de danse en bois et à ressort, les paniers remplis d'instruments, les peignoirs de bains dans la salle bains...

— C'est comme si quelqu'un nous avait attendu depuis longtemps et avait tout préparé, en pensant à tout ce dont on peut avoir besoin et tout ce qu'on aime, tout ce qui nous ferait plaisir », nous dit l'une d'entre elles.

Une autre ajouta : « C'est beaucoup plus que tout ce qu'on avait pu imaginer, toute cette beauté, toute cette nature qui ne semble être là que pour nous ».

A voir ce que Celia et ses amis ont créé et continuent à créer, nous fûmes très impressionnés. Car cela illustre tout ce que peuvent réaliser les Créatifs Culturels à l'aide de leur imagination et de leur persévérance. Beaucoup de gens ont des visions d'avenir, des projets, mais donner une forme concrète à ces visions, et qui plus est une forme qui soit belle et gracieuse, c'est une autre histoire. Ce qui compte aussi, c'est le côté 'processus intégré' de Margaret Mead : suivre son rêve tout du long et jusqu'au bout, depuis le commencement jusqu'à sa réalisation et son re-commencement. La manière de faire aussi compte énormément : comment on construit et on donne forme à cette nouvelle réalisation. Et puis il y a le résultat : les réunions, les camps de retraite, les week-ends et même la musique des jeudis soirs. « Comment faites-vous ? » a-t-on demandé à Célia.

Elle nous a répondu que ce qui comptait, c'était d'essayer de construire le genre d'endroits qui correspondent à ses désirs, où elle-même serait heureuse d'être, ou bien le genre de fêtes où elle serait heureuse d'être invitée. Concevoir Salamander Camp, ce fut un procédé biologique, organique, une affaire de communion, exactement comme de faire les improvisations musicales. « Vous commencez avec un motif de base, vous avez aussi les ingrédients principaux, puis tout le monde se joint au groupe, chacun avec ses instruments et chacun exprime ce qu'il a en lui ». Le constructeur et les hommes qui ont travaillé sur les yourtes et aménagé le paysage, et les dizaines d'amis, tous

« ont fini par se constituer comme un collectif d'artistes », nous a-t-elle dit, rayonnante. « C'est pour ça que Salamander Camp est aussi joli ».

Puis elle nous a confié ce qui, finalement, semble être le secret de tout cela, en nous disant très simplement : « J'essaie juste de créer un monde où je puisse être heureuse de vivre ».

Une sagesse de connexion

Les Anciens, les récits, la communauté : les trois sont intimement connectés. Et chacun n'existe qu'avec la vérité de l'Esprit le reliant aux autres. Les Créatifs Culturels qui travaillent avec l'une de ces 'fonctions de sagesse' travaillent nécessairement avec les deux autres, bien que les points de contact ne soient pas toujours évidents. Dans le cas de l'artiste Vijali Hamilton, le mélange et le tissage de ces éléments entre eux est par contre tout à fait frappant. En 1987, elle fit le rêve de sculpter la pierre et de créer des rituels communautaires dans un cercle immense qui englobe la planète entière. Depuis, elle a travaillé des falaises de Malibu jusqu'aux rives de la Mer Morte et aux parcs nationaux de Chine et au-delà, se créant un grand réseau de connexions tout autour du monde.

Dans l'Entre-deux

Si jamais il y a une quelconque sagesse qui anime ma vie désormais, dans mon passage sur Terre, elle me vient d'avoir écouté le Grand Silence des pierres, des arbres, de l'espace, des animaux sauvages, d'avoir su écouter la grande pulsation de toute vie comme le battement de mon propre cœur.

Vijali Hamilton [1]

« Ecouter le Grand Silence », comme dit Vijali, ce fut une expérience de cinq ans, entre 1982 et 1987 quand elle vécut dans les solitudes de la Boney Mountain, le plus haut sommet de la

1. Vijali Hamilton, *In the Fields of Life* (Castle Valley, UT : Earth Mandala Press, 1999), prologue.

chaîne de Santa Monica qui s'étend vers l'est de l'Océan Pacifique. Elle s'y était rendue dans un état proche du désespoir, après une période intense d'éveil spirituel et la libération des énergies de la kundalini que les vieux mystiques indiens ont décrit en détails.

De quatorze à vingt-cinq ans, Vijali avait vécu dans un couvent indien du sud de la Californie. Elle était la nonne védanta la plus jeune des Etats-Unis et son entrée au couvent fut la réponse à ses prières — à l'époque, elle rêvait d'un lieu calme et paisible propice aux pratiques spirituelles. Mais lorsqu'elle en sortit, elle était impatiente d'aller au devant du monde. Elle dit à son professeur Swami Prabhavananda : « Ici je n'ai pas le droit de faire des erreurs, et cela me donne l'impression de ne pas grandir, de ne pas progresser ». Elle voulait aller étudier les arts à l'université. Alors elle se rendit à Montréal, où ses talents lui permirent d'obtenir une bourse.

Trois ans après, elle retourna en Californie, se trouva un mari avec des enfants et devint artiste à plein temps. Puis un jour, alors qu'elle passait son temps à organiser des spectacles et des expositions, des lectures de poésie et qu'elle menait pleinement sa vie d'artiste très populaire, tout a basculé : « Un soir, j'étais chez des amis, on écoutait de la musique, c'était plutôt calme, j'ai ressenti une lente chaleur dans mon cœur qui m'envahissait. Ça me brûlait tout le long de ma colonne vertébrale jusque dans mon crâne, et tout disparaissait dans un grand océan de lumière. »

Après cette expérience, tout changea dans la vie de Vijali. Elle voyait qu'il « n'y avait plus ni frontières, ni limites. C'était comme si mon esprit s'était, depuis longtemps, inventé une histoire où les objets sont séparés par des frontières mais que cette histoire d'un seul coup apparaissait dans toute sa fausseté : un mensonge. L'histoire vraie, c'était qu'il y a une énergie spacieuse, lumineuse qui traverse tout, tout le temps. Elle est dans la matière, dans les choses mêmes autant que dans l'espace, et on peut s'y connecter à tout moment, exactement de la même façon qu'on change de fréquence sur une radio. Il n'y a pas de distance entre notre moi profond et cette essence énergétique. Ce n'est pas quelque chose qui vient d'un autre monde, de l'au-delà. C'est juste ici, tout près, plus près que notre propre chair ».

Bien évidemment, c'était plutôt déroutant de sentir cette énergie et cette lumière brûlante éclater dans son corps à toute heure de la journée et de la nuit. Bien que la sagesse traditionnelle indienne enseigne généralement que cette énergie soit produite progressivement, par degré, par la pratique du yoga ou d'autres pratiques spirituelles, dans le cas de Vijali cela n'eut rien de progressif. Finalement, dans un effort d'intégration et de stabilisation de ce qu'elle était en train de vivre et de découvrir, elle trouva refuge dans la Montagne Boney.

Ce fut une époque d'apprentissage en profondeur, et sa vie prit un tournant de simplicité nouvelle. Réglant ses journées sur le rythme du soleil, elle accueillait le soleil tous les matins depuis un haut plateau près de sa caravane et y retournait tous les soirs pour lui dire au revoir. Tous les actes de la vie quotidienne devinrent l'équivalent de rituels, aller chercher de l'eau et se baigner au dehors, rassembler des herbes pour la salade et pour le thé — et ainsi, elle apprit qu'un lieu sacré, « ça peut être n'importe où, pas seulement ceux qui ont été désignés par les ancêtres, pas seulement un endroit avec une énergie particulière. On peut créer des lieux sacrés partout, comme je l'ai fait dans la montagne, rien qu'en se pénétrant de l'esprit de ce lieu et en faisant des actes simples, avec révérence et respect. »

Ses années sur la Montagne Boney furent une période de béatitude perpétuelle. « Parfois, nous raconte-t-elle, je m'asseyais dans le noir pendant des heures, et je sentais comme un courant qui, partant de mon cœur, s'échappait dans l'univers, prenait une pause bien loin dans l'espace, puis revenait à moi et repartait à nouveau. Il y a des courants, des matrices, des lacis de lumière qui doivent correspondre à un motif universel. Parfois on le voit, parfois on ne le voit pas. Mais quand vous vous relaxez, c'est là, devant vous, comme une énorme toile qui relie tout à tout. Et ça a l'évidence de ce qui est là de toute éternité. » [1]

1. Vijali Hamilton, entretien avec Sherry Anderson et Patricia Hopkins, Boney Mountain, 1987.

Le retour

Comme on l'a vu, en l'absence d'Anciens qui puissent nous guider, le 'retour' est toujours difficile, pour tout le monde. Ce fut difficile pour Vijali aussi, et il lui fallut plusieurs années avant de « trouver comment faire pour avancer en sachant que je faisais partie de cet océan de conscience et de lumière. » Mais après ces cinq années, les rêves commencèrent à revenir, et à appeler son retour dans le monde. Il y avait un rêve particulièrement convaincant. « Je me voyais en train de faire cet immense mandala tout autour du monde, creusant et sculptant, et je me retrouvais avec des gens qui parlaient des langues que je n'avais jamais entendues, et qui avaient ces visages étranges de gens que je n'avais jamais vus. On travaillait ensemble à la création d'une communauté et de cérémonies. »

Elle décida qu'elle voulait créer un 'Théâtre de la Terre' Dans chaque nouveau pays où elle se rendrait, elle espérait trouver une cave, ou une niche dans la montagne ou une falaise ou même la Terre elle-même où elle puisse ressentir l'appel de l'Esprit de la Terre. Alors si les habitants de cet endroit et des alentours se montraient intéressés par la création d'un rituel connecté à la Terre, Vijali s'engagerait à s'installer pour plusieurs mois afin d'aider à mettre en place une cérémonie pour la communauté entière.

Mais par où commencer ? Comment quelqu'un peut-il espérer faire apparaître une mythologie qui soit particulière à chaque endroit et chaque communauté, en particulier quand il s'agit d'un étranger ? La solution que trouva Vijali fut directe et simple. Dans chaque endroit où elle se rendrait, elle poserait les trois mêmes questions : Qui sont les gens qui vivent ici ? Qu'est-ce qui vous fait souffrir ? Qu'est-ce qui vous fait du bien ? Et les réponses influenceraient son travail, en ce qu'elles révèleraient l'essence de chaque communauté. Et en ce qui concerne le lieu en lui-même, elle écouterait l'esprit de chaque lieu en sculptant la pierre.

Cela aurait déjà l'air à peine faisable si l'artiste se lançant dans une telle aventure était riche, ou avait beaucoup de relations, ou était capable de parler plusieurs langues. Vijali n'était rien de tout cela. Ses amis, inquiets, la pressaient de rester à la maison, de ne pas quitter la Californie. Mais c'est là la force de l'expérience de l'Entre-deux : vous ne faites plus confiance qu'en cette vérité que vous connaissez directement, que vous ressentez en vous. Vijali nous dit qu'elle voulait « retourner dans le monde suivant mes propres priorités, pas celles de la société ». Ce n'était plus suffisant pour elle de rester assise sur une pierre et de ressentir les interconnexions universelles par elle-même. Elle voulait que les gens, tout autour de la planète, puissent ressentir ce caractère sacré de la Terre. C'était cela sa priorité, et rien ne pouvait l'arrêter. Au cours des années qui suivirent, elle commença à réaliser des spectacles beaux et émouvants dans de nombreuses communautés dans le monde entier.

La grande roue du monde

Elle débuta près de sa Californie, à Malibu, sur un terrain proposé par les petits-enfants de Frank Lloyd Wright. De là, la Grande Roue du Monde se déplaça vers la réserve Seneca, au nord de l'Etat de New York, puis à Alicante, sur la côte méditerranéenne de l'Espagne, puis la forêt ombrienne à côté de Gubbio en Italie. La Roue continua de tourner en passant par l'île de Tinos en Grèce, puis les bords de la Mer Morte en Israël. Dans un petit village du Bengale occidental, Vijali construisit une maison communautaire avec l'aide de tout le village, et dans une grotte au nord-est de Lhassa, au Tibet, elle sculpta une très belle figure féminine de bodhisattva arc-en-ciel. De son passage à Xisan, un parc naturel de Kunming en Chine, il reste d'énormes sculptures sur la surface d'une montagne, traces des rituels de communion qu'elle y a effectués. Elle effectua aussi des représentations sur les bords du lac Baïkal en Sibérie et finalement, en octobre 1993, la Grande Roue acheva son grand tour dans un ancien autel shinto au Japon.

Ainsi, le monde entier est devenu l'atelier de Vijali. Et comme dans son rêve, l'art est devenu un effort vivant, sacré, un effort de communion. Presque sans argent et sans relations, elle s'est créée des connexions dans le monde entier. Nous lui avons parlé en 1998, alors qu'elle venait de revenir aux Etats-Unis et de s'installer dans la Castle Valley, dans l'Etat d'Utah. Avec cet effort de création de nouvelles sculptures autour de la

Terre, de nouvelles danses, de nouvelles musiques et de nouvelles cérémonies, les communautés de la Grande Roue du Monde, comme elle nous l'a expliqué, sont en train de créer « une nouvelle mythologie pour notre époque. On revient toujours aux plus anciens rites que l'on puisse trouver, mais on les transforme de manière à ce qu'ils puissent correspondre aux préoccupations contemporaines. Il ne faut pas s'en tenir à la tradition, mais l'utiliser comme une racine, et c'est ainsi que l'on permet à une nouvelle mythologie contemporaine, une mythologie de notre temps, de s'imposer. » A chaque endroit, tout le travail était effectué en un week-end, quand les amis, les voisins et les familles des villages avoisinants étaient invités à jouer leur histoire. La mythologie était évoquée par les gens, pour les gens, et pour la Terre, les ancêtres et les enfants de demain.

Mais cet enchevêtrement de grandes complexités et de grands talents ne s'est pas arrêté là. Vijali transportait, dans chaque endroit, un peu de terre des endroits où elle s'était rendue auparavant et elle apportait aussi les histoires, et les photos des gens et des sculptures qu'ils avaient réalisées ensemble. Ainsi, explique Vijali, ce fut une véritable conversation entre la voix de la Terre et les voix des communautés, entre les traditions des ancêtres et les problèmes sociaux et environnementaux du monde d'aujourd'hui. Mais ce fut aussi une conversation entre les habitants de différents pays, « de façon à ce que la démarche puisse mûrir et évoluer — alors que dans le cas où ça se fait isolément, ça n'est pas possible ». Et cette conversation continue encore aujourd'hui, puisque Vijali fait tourner une deuxième fois la Grande Roue, qu'elle appelle désormais le Mandala de la Terre, en commençant par la vallée Otavalo en Equateur.

Dans tous les pays, les gens ont un véritable désir d'être connectés aux autres peuples du monde. Un bon exemple de cela, c'est ce qui s'est passé sur la minuscule île grecque de Tinos. Ses amis à Athènes lui avaient dit de « ne surtout pas aller sur les petites îles, les gens sont tellement provinciaux ! On ne peut même pas y aller en avion. Les gens ne font qu'aller à l'église et aux fêtes de l'église. » Mais Vijali s'est quand même rendue à Tinos et elle a adoré ! Pendant des mois, elle a travaillé avec les gens de l'île et d'autres artistes pour créer et mettre en place un nouveau rituel. Tout le monde est venu, nous a-t-elle dit.

Le maire, et les deux prêtres, le prêtre orthodoxe et le prêtre catholique, qui se disputaient depuis des années. « Après la cérémonie, les gens étaient très émus. Beaucoup pleuraient. Et ils ont organisé une autre cérémonie en échange, pour exprimer leur gratitude. Ils avaient écrit des poèmes et ils ont dansé. Ce qui les émouvait le plus, m'ont-ils confié, c'est qu'ils se sentaient désormais connectés au reste du monde, comme faisant partie d'une grande communauté planétaire, une famille mondiale. »

Une fois, quelqu'un a demandé au poète zen vietnamien Thich Nhat Hanh : « Que doit-on faire pour sauver le monde ? », et cette personne attendait une réponse qui identifie des stratégies d'actions sociales et environnementales. Le poète a répondu : « Ce qui est le plus urgent, c'est d'écouter en nous les pleurs de la Terre. »[1] Quand le généticien canadien David Suzuki a rencontré E.O. Wilson, il a posé une grande question à cet éminent biologiste : « Que peut-on faire pour mettre fin à l'extinction des espèces qui atteint désormais des proportions catastrophiques ? » Wilson surprit le jeune homme en répondant : « Il nous faut découvrir et être à l'écoute de notre parenté », a-t-il simplement dit. « Il nous faut découvrir nos proches, les autres plantes et animaux auxquels nous sommes reliés par l'ADN. Parce que les connaître, c'est apprendre à les aimer et à les chérir ».[2]

A l'heure actuelle, plus de 70% de la population est persuadée qu'il est grand temps d'entreprendre quelque chose de sérieux à propos des dangers de la planète. Les conditions semblent bonnes pour que l'on puisse enfin prendre un tournant radical, et aller dans les directions indiquées par Thich Nhat Hanh et Wilson. L'humanité, dans sa grande majorité, veut désormais savoir comment changer les choses. Nous sommes à l'un de ces points cruciaux où les choses peuvent changer incroyablement vite — une fois qu'est apparue une communauté qui puisse prendre en main ces changements.

Comme nous l'avons vu, cela n'a rien à voir avec la qualité de l'information ou de la politique. C'est une question d'ima-

---

1. Thich Nhat Hanh, cité par Joanna Macy et Molly Young Brown, *Coming back to Life* (Gabriola Island, BC : New Society, 1998), p. 91.

2. David Suzuki, 'Listening to the Elders', *New Dimensions*, cassette n°2359 (Ukiah, CA : New Dimensions Foundation, sans date.)

gination morale, de sagesse du cœur. Et c'est dans cette direction que vont la plupart des Créatifs Culturels, droit au cœur des problèmes de notre monde d'aujourd'hui.

Chapitre 11.

Une culture en création

A des intervalles de plusieurs centaines d'années, la société occidentale connaît des transformations radicales. En l'espace de quelques décennies, la société dans son ensemble — sa vision du monde, ses valeurs de base, ses structures politiques et sociales, ses arts et ses institutions clés — se réorganise. Et celles et ceux qui naissent à ces époques de changement ne peuvent même plus imaginer le monde dans lequel vivaient leurs grands-parents et dans lequel sont nés leurs parents. Il semblerait que nous soyons précisément en train de vivre une telle transformation.

Peter Drucker, *La société post-capitaliste*

Au vu des villes médiévales, mornes et basses, d'avant la fin du premier millénaire, qui pouvait imaginer que des cathédrales gothiques et leurs hautes flèches seraient bientôt élevées vers le ciel ? En 1705, en voyant les moulins à vent ou même la première machine à vapeur de Newcomen qui servait à pomper l'eau des mines, qui était en mesure de prédire que la révolution industrielle allait survenir quelques décennies plus tard ? En 1890, le plus grand problème de santé publique de la ville de New York était l'accumulation du fumier des millions de chevaux utilisés pour les transports. Qui pouvait alors prédire l'avènement de l'automobile, la désertion des villes en faveur des banlieues, les infrastructures autoroutières complexes, la pollution de l'air, ou une dépendance telle vis-à-vis du pétrole importé que nous avons fait la guerre pour protéger nos approvisionnements ? En 1960, les premiers ordinateurs étaient des monstres de plusieurs tonnes qui occupaient des étages entiers d'un même immeuble et on y accédait avec des cartes à perforation ; personne ne pouvait imaginer qu'en 2000, l'internet et les gigantesques réseaux de communication et de commerce planétaires seraient développés à partir d'une simple connexion entre ordinateurs personnels et réseaux téléphoniques.

Voici donc une série d'exemples d'inventions technologiques et sociales qui ont entraîné avec elles toute la société dans des directions inattendues et imprévisibles. Des inventions qui reposaient sur des tendances et qui ont provoqué d'autres tendances. Mais plus encore que de cela, il s'agissait de transformations. Remettre ainsi en cause et en question des tendances démographiques, écologiques ou technologiques peut provoquer des réactions qui créent une nouvelle culture. Or précisément, ce type de changements est déjà en marche. Dans ce chapitre nous allons étudier un certain nombre de grandes tendances dans lesquelles les Créatifs Culturels sont fortement impliqués, ainsi que des développements plus surprenants encore que les Créatifs Culturels mettent en place dans la foulée.

Quand les effets de ces tendances s'accumulent et que les pressions ont atteint un niveau suffisant, il en résulte une transformation sociale. Ici, le mot 'transformation' désigne un changement des structures sociales et des croyances culturelles. Sous l'effet d'une telle pression, certaines personnes, seules ou en groupe, vont créer de nouvelles communautés et de nouvelles formes de commerce (comme l'internet), de nouvelles formes de réflexion, d'engagement et d'action politiques, voire même un nouvel ensemble d'institutions politiques (comme de transformer les treize colonies britanniques en Etats-Unis d'Amérique). Les utilisations des avancées technologiques peuvent être absolument fascinantes et inattendues — comme l'exploration de l'espace par exemple, que personne n'imaginait ne serait-ce que quelques décennies auparavant. Et les significations culturelles, les symboles et les visions du monde, en particulier dans les périodes de renaissance des arts et de la littérature, peuvent changer du tout au tout en l'espace d'une vie. A notre époque sans précédente dans l'histoire de l'humanité, où la planète entière est confrontée à un enchaînement de crises significatives, il nous faut provoquer des changements de cette ampleur, avec des solutions plus intelligentes encore. C'est cela que l'on appelle la transformation sociale.

Mais ce besoin de créativité nous plonge tout de suite dans l'inconnu. Ce qui vient ensuite, on ne peut pas le tracer à la règle sur le graphique de l'avenir. A chaque étape il est toujours plus difficile d'anticiper le futur, puisqu'il n'a pas encore été inventé. On peut considérer cette incertitude comme une chose absolument terrifiante, ou bien la voir comme un élément essentiel de notre traversée de l'Entre-deux. En réalité, la plupart des développements présentés dans ce chapitre vont sans doute surprendre énormément par rapport aux attentes et prédictions habituelles de la pensée Moderne.

Au 21e siècle, c'est une ère entièrement nouvelle qui est en train de s'imposer. Les plus gros défis concernent la préservation et le maintien de la vie sur cette planète, et la recherche d'une nouvelle façon de se tirer du vide psychologique et spirituel de la vie moderne. Ces problèmes sont apparus il y a un siècle déjà mais ce n'est que maintenant que l'Occident les considère comme des éléments centraux de la vie publique et politique. Et les Créatifs Culturels réagissent à ces nouveaux défis par la mise en place d'une nouvelle culture. Proposant des réponses et des solutions qui vont dans le sens de la guérison, du réconfort et de l'intégration plutôt que du conflit et de la confrontation, ils sont sans doute déjà en tête du peloton : ils nous montrent le chemin.

Le problème au cœur de tous ces défis, c'est la croissance. Au cours des deux cents dernières années, on a toujours présenté la croissance, économique et technologique, comme un bien indiscutable. C'est même le dogme central de l'économie moderne, le principe qui régit tout le commerce international. Pourtant la croissance représente une partie importante, centrale, des problèmes auxquels nous sommes confrontés. Ce n'est pas seulement l'ampleur de la croissance qui pose problème, c'est aussi le taux de croissance, son allure. Les financiers de Wall Street exigent que les profits augmentent d'au moins 10% chaque année, et ils s'arrangent pour se débarrasser des chefs et cadres d'entreprise qui ne sont pas capables de maintenir un tel niveau de performance. Mais rien dans le monde naturel et physique ne peut supporter de tels taux de croissance pendant très longtemps — ils ne sont tout simplement pas viables.

Le Modernisme a tendance à penser que la vie sociale et économique peut être résumée en chiffres : recensement des populations et montants financiers. On discute des tendances de croissance dans toutes les publications, comme si celle-ci était ce qu'il y a de plus fascinant et de plus réel dans la vie de tous les jours. Or, derrière ces discussions se cache un présupposé très fort, même si généralement il reste inavoué : la société et ses structures ne changeront pas. C'est en effet bien réconfortant de se dire que le monde dans lequel on a grandi ne va jamais disparaître ou changer, et conserver ses traits les plus familiers. Mais ce n'est pourtant certainement pas le cas.

Certaines tendances entraînent en effet directement l'apparition de nouvelles structures. Comme on l'a déjà dit, le commerce électronique sur internet est en train de remplacer toutes les entreprises et tous les commerces 'brique et mortier'. Selon certains, plus on dépense de dollars sur le Net, plus les magasins tels qu'on les connaît vont disparaître. Ça pourrait changer en profondeur la vie de votre bourgade, comme elle est déjà en train de changer avec la disparition des magasins indépendants, et la multiplication des franchises et chaînes de distribution. C'est peut-être dur à imaginer, mais tout ce que l'on connaît si bien, tout ce à quoi l'on s'est habitué, tout ce qui est proche et familier — les commerces de proximité, les rues marchandes, les cafés et les gens qui s'y retrouvent — tout cela pourrait bien se retrouver complètement effacé de notre quotidien par des 'tendances' abstraites et lointaines.

Parallèlement, les progrès de la médecine et de la biotechnologie nous promettent une meilleure qualité de vie et une longévité plus grande d'ici quelques décennies. Mais les nouveaux centenaires seront-ils des citoyens fragiles et faibles, à la charge d'une population de travailleurs épuisés ? Ou bien allons-nous nous trouver en face d'une population de seniors en pleine forme et productifs — qui resteront donc dans la population active, empêchant peut-être par là que de plus jeunes viennent les remplacer ? Va-t-on vers une société de « Struldbrugs », comme celle décrite dans les *Voyages de Gulliver*, où les poids morts du passé pèsent sur la société plus lourdement et plus longtemps, et où les gens deviennent de plus en plus rapaces et cupides au sein de leurs petites communautés bien protégées ? Ou peut-être les Créatifs Culturels vont-ils donner naissance à une nouvelle culture de sagesse, dans laquelle Anciens et vieux sages insisteront pour que naissent de nouvelles valeurs, et tenteront toujours d'imposer une vision à long terme qui toujours tienne compte des besoins de la septième génération à venir.

Grandes tendances et défis pour notre civilisation

Parmi les tendances les plus importantes de notre époque, certaines ont un double effet : d'un côté elles créent des pressions sociales, de l'autre, elles ouvrent des portes et créent des opportunités. Parmi ces tendances à double tranchant, on compte notamment les changements technologiques, la mondialisation, les crises écologiques, les guerres culturelles et les justifications de moins en moins convaincantes de la modernité. Bien sûr, il y a de nombreuses autres tendances, mais celles que l'on vient de nommer sont celles dans lesquelles les Créatifs Culturels sont généralement les plus impliqués. Les progrès permanents de la technologie ont des implications révolutionnaires, des implications qui représentent souvent une promesse plus riche que tout ce qu'activistes et experts ont pu, pour la plupart, imaginer jusqu'à présent. Les nouvelles technologies pourraient bien permettre de trouver enfin des solutions aux nombreux problèmes planétaires, si tant est qu'elles soient développées dans un contexte de coopération et de valeurs constructives. De la même façon, si d'un côté la mondialisation renforce indéniablement le pouvoir et la richesse des grandes entreprises, des médias et de la finance et menace la survie des économies et des communautés locales de par le monde, elle peut aussi représenter des opportunités tout à fait positives et intéressantes, si tant est que les peuples du monde parviennent à se mettre d'accord sur des principes écologiques et des valeurs coopératives. Le problème, à nouveau, réside dans l'institutionnalisation de ces nouvelles valeurs.

Pour l'instant, les tendances de croissance 'du passé' ont toutes les chances de se prolonger. Mais avec les pressions de plus en plus fortes qui pèsent sur notre société, il sera de plus en plus difficile de justifier la culture Moderniste. Parmi les technologies et les entreprises de la modernité, un certain nombre pourraient s'avérer tout à fait utiles dans la culture en marche, mais uniquement à condition qu'elles soient 'au service', qu'elles agissent plus comme des serviteurs que comme des maîtres. Si les Créatifs Culturels jouent un rôle important dans la mise en place de cette nouvelle culture, s'ils arrivent à imposer leurs vues, alors la technologie et l'économie deviendront des instruments au service de l'environnement, de la réduction des inégalités et du soutien à l'intégration des communautés et de la planète entière, et non des fins en soi.

Si l'on ne parvient plus à justifier le Modernisme, nous assisterons à des modifications profondes dans la composition des trois sous-groupes culturels. Le nombre des Traditionalistes va diminuer considérablement, au fur et à mesure que les jeunes de ce groupe se dirigent vers les Modernistes ou les Créatifs Culturels. Les Traditionalistes âgés continueront à disparaître sans être remplacés. Quant aux Modernistes, même s'ils recrutaient d'un côté de nouveaux membres parmi les jeunes Traditionalistes, ils verront de l'autre côté un certain nombre de leurs membres plus âgés rejoindre les Créatifs Culturels. L'effet serait au final une diminution remarquable du nombre de Modernistes, précisément parce que le Modernisme ne sera plus perçu comme le groupe des 'battants'. Les espoirs de la culture se reporterait sur les Créatifs Culturels dont le nombre et l'influence vont continuer à augmenter.

Si cette tendance continue, que va-t-il en résulter ? Voici un exemple de ce sur quoi cela pourrait déboucher — nous présentons ici quelques développements 'type' qui ont déjà commencé. (Nous allons les traiter comme s'ils étaient déjà achevés).

Challenges et opportunités des décennies à venir

Accélération continue des changements technologiques dans quatre domaines : technologies de l'information, communications, technologies matérielles, biotechnologies, nanotechnologies. Toutes mènent à :

- la société de l'information, qui entraîne une nette amélioration des communications de par le monde.
- le renforcement de la mondialisation des marchés et l'intensification des menaces sur les économies locales
- un changement des bases matérielles de la civilisation :
  . plus grande facilité d'invention de solutions aux problèmes planétaires
  . menaces plus grandes de désastres techno-industriels sans précédent

Mondialisation des grandes entreprises, des médias et de la finance

- l'avènement du marché ; marchés et intérêts individuels ; disparition des contraintes sur les entreprises
- croissance du pouvoir des médias, des grandes entreprises, des marchés financiers, le tout combiné à une réduction du pouvoir des gouvernements
- renforcement des inégalités des revenus

Crise écologique, liée au dépassement de la capacité de charge de la planète

- destruction de l'environnement et disparition des espèces au niveau planétaire
- changement climatique global
- conséquences néfastes sur la santé humaine et sur les écosystèmes, notamment à cause des produits chimiques fabriqués par l'homme
- surpopulation dans les pays pauvres, surconsommation dans les pays riches

Intensification de la guerre des cultures entre les Traditionalistes et les Modernistes

- Le néo-traditionalisme et le fondamentalisme se renforcent en réaction au Modernisme
- la crédibilité du Traditionalisme diminue dans le reste de la société
- les tentatives conservatrices de renverser les tendances sociales, notamment en terme de protections sociales, droits de l'homme, féminisme et nouvelles spiritualités, se multiplient
- les nationalismes ethniques gagnent du terrain, en réaction à la culture 'mondialisante'

Difficulté croissante de la justification de la culture Moderniste

- destruction de l'environnement et des espèces dans le monde entier
- inégalités croissantes entre riches et pauvres, partout
- sécularisation croissante, anomie, cynisme

L'émergence des Créatifs Culturels

Dans l'ensemble du monde occidental, la visibilité croissante des Créatifs Culturels va avoir un impact considérable. De savoir que leurs visions sont partagées par plusieurs millions de personnes va renforcer la légitimité de leurs manières de voir et de penser, qui, de plus en plus, seront considérées comme normales. D'autres vont apprendre l'existence des Créatifs Culturels, et cela va provoquer en eux de nouvelles intentions, de nouvelles idées au service de la société. Certains objecteront, d'autres approuveront et viendront grossir les rangs de cette nouvelle catégorie. Un grand nombre d'entreprises vont se créer pour satisfaire les besoins des Créatifs Culturels, ainsi que des associations civiques qui refléteront leurs convictions, et sans aucun doute, les politiciens aussi vont essayer de s'attirer leurs faveurs en tant qu'électeurs. Les artistes de la littérature, du cinéma documentaire, des mass médias et d'autres formes traditionnelles et nouvelles d'expression artistique vont se mettre à représenter les valeurs et les symboles des Créatifs Culturels. Et ainsi va se créer une spirale d'expressions et de réactions. Et la nécessité de l'adoption d'un mode de vie durable et responsable, ainsi que d'une plus grande prise en compte de nos besoins 'spirituels' va apparaître, de plus en plus, comme une évidence. Mais le rôle des Créatifs Culturels ne va pas s'arrêter là.

En effet, toute tendance culturelle qui se développe en Occident de façon significative à de fortes chances de se propager dans le reste du monde à la vitesse de l'éclair. Ainsi, à l'aide des nouveaux réseaux de communication planétaires, les valeurs et préoccupations des Créatifs Culturels vont pouvoir se répandre dans le monde entier. Les femmes vont pouvoir renforcer leur rôle sur la scène internationale, de même que les ONG. En créant une espèce de 'pool' politique, en coordonnant leurs efforts, les organisations vont pouvoir bénéficier d'une base de soutien de plus en plus large. Et si cette base est bien établie, alors ces nouveaux réseaux d'organisations et d'associations civiques vont permettre une propagation toujours plus large des valeurs des Créatifs Culturels.

Se fondre dans la masse

En 1999 l'Eglise Episcopale, sous l'impulsion de son leader la révérende Sally Bingham, tentait d'obtenir de l'ensemble de ses églises et congrégations de San Francisco et Los Angeles qu'elles se mettent à l'énergie 'verte'. « Préoccupées par les changements climatiques à l'échelle planétaire et conscientes de leurs responsabilités collectives envers les générations futures, celles-ci utilisent désormais des sources d'électricité propres et renouvelables. Le fait de faire ainsi appel à des valeurs spirituelles pour prendre une décision comme l'approvisionnement en électricité est une avancée considérable qui ouvre une nouvelle ère. Les églises apprennent ainsi à éduquer leurs membres et les sensibiliser à la complexité du problème de la production, la transmission, la distribution et la consommation d'électricité, et au passage, réexaminent leur rôle dans la société. » Au même moment le Conseil National des Eglises mettait en place une série de groupes de travail sur l'éco-justice au sujet du réchauffement climatique planétaire. [1]

Ce type d'environnementalisme religieux inscrit ainsi l'éthique environnementale dans un système de croyances sacrées qui fait partie de notre culture. De nos jours, les églises, aussi bien protestantes qu'évangéliques ou fondamentalistes sont à la recherche de nouvelles bases d'action qui leur permettent de mieux vivre leur foi. La National Association of Evangelicals et la Conférence Américaine des Prêtres Catholiques se préoccupent désormais toutes les deux de questions écologiques. Même les groupes conservateurs se sont dans certains cas écartés de leurs partenaires privés du monde des entreprises à cause de problèmes liés à l'environnement. Les Créatifs Culturels, dans leur grande majorité, sont membres de religions conventionnelles, comme la plupart des Américains. Ils ont joué un rôle capital dans la prise de conscience de ces problèmes environnementaux au cours des vingt-cinq dernières années et ces initiatives sont sans doute l'un des résultats de leurs actions.

Certains groupes religieux développent ainsi de plus en plus de notions nouvelles comme le conseil personnel, la méditation et une plus grande prise en compte de la vie personnelle, la vie

1. Peter Asmus, *Earthlight* (automne 1999), pp. 8-10.

'intérieure' de chacun, mettant ainsi un bémol à leurs préoccupations jusqu'alors exclusivement tournées vers les histoires de rédemption individuelle. On a vite fait de tout mélanger, les liturgies et doctrines traditionnelles avec ce qui à une certaine époque aurait été considéré comme New Age. Mais c'est ce que veulent les gens. Ainsi, on va vers toujours plus de sophistication spirituelle et psychologique, couvrant des horizons de plus en plus variés. Et les vieilles doctrines, plutôt que de casser, semblent aujourd'hui plus à même de s'adapter et de se plier à cette nouvelle réalité culturelle.

Selon nous, le Modernisme va très probablement effectuer un glissement de sa culture centrée sur la consommation et la réussite vers une autre, plus centrée sur les valeurs et les manières de voir le monde des Créatifs Culturels spiritualistes d'aujourd'hui. Les préoccupations pour l'environnement, la planète et la spiritualité vont devenir aussi 'normales' et 'naturelles' que la maternité ou les tartes aux pommes. Et au passage, on a des chances d'assister à une transformation radicale des aspects religieux de la culture occidentale.

Hybrides culturels

Mais les manières de voir, les préoccupations et les valeurs des Créatifs Culturels peuvent-elles vraiment devenir des éléments à part entière de la vie sociale, permanents, ordinaires et 'allant de soi' — en d'autres termes, s'imposer comme une nouvelle culture ?

Très probablement, un tel changement ne va pas se produire d'un seul coup. On a plutôt des chances de voir apparaître des hybrides culturels, étranges et dérangeants pour nos esprits modelés par le 20e siècle. Ces hybrides seront par exemple des réseaux d'organisations qui ne seront ni publics ni privés mais plutôt le fruit d'un mélange inhabituel entre des motivations d'ordre 'vocationnel' (sens du devoir, de la 'mission', inspiration...) et d'autres plus financières — la recherche du profit. Ils pourraient ainsi renforcer plus encore la fusion entre les mouvements sociaux et spirituels. Bon nombre de ces hybrides feront partie de ce que Peter Drucker appelle le 'secteur social', une combinaison complexe entre d'un côté l'aspect 'service' du monde des églises, des ONG, des organisations de charité et d'actions non lucratives, et de l'autre côté le caractère 'entrepreneurial' du monde des entreprises. Cela pourrait aussi prendre la forme de groupes d'actions et d'écoute en faveur des exclus à l'échelle planétaire, ou de nouvelles communautés de fidèles, qui trouveraient de nouvelles manières de subsister.

« The Natural Step »

Imaginons que le jour arrive enfin où les scientifiques de la planète se mettent d'accord sur les causes de nos problèmes écologiques. Ils définiraient alors les 'conditions non négociables' de la survie de l'humanité. Ils feraient une liste précise des actions à prendre. On enverrait des kits éducatifs à toutes les écoles et tous les foyers du pays qui expliqueraient leurs conclusions et recommandations. Les célébrités du moment passeraient à la télévision pour promouvoir et encourager cet effort, et les autorités nationales le mettraient en œuvre. Par la suite, des dizaines de multinationales se plieraient au programme.

Cela vous semble délirant, un rêve irréalisable, un vœu naïf pour les enfants ? Et bien merci de laissez vos haussements de sourcils aux vestiaires, parce que cela a déjà lieu – en ce moment même ! Le projet s'intitule *The Natural Step*. Il a débuté en Suède en 1989 pour se développer ensuite dans la plupart des pays développés de la planète, y compris aux Etats-Unis. Karl-Henrik Robert, un médecin et scientifique respecté de la recherche contre le cancer, en est le père fondateur.

Afin de nous expliquer comment est né le *Natural Step*, le Dr Robert nous a raconté ce qui avait tout l'air d'être une situation inextricable : il essayait d'obtenir des scientifiques qu'ils se mettent d'accord sur un ensemble de principes qui puissent guider la société vers « un avenir plus juste et plus viable » [1]. Dans l'ensemble, le débat sur l'environnement ressemblait à « des disputes de singes autour de la chute des feuilles d'un arbre mourant, chaque feuille représentant un problème spécifique et isolé ». Les gens se concentraient de manière trop étroite sur ces problèmes isolés, du genre : est-ce que les pots catalytiques sont une

1. *The Natural Step News*, n°1 (hiver 1996).

menace pour l'air ? Est-ce que la croissance économique est mauvaise en elle-même ? Ou même est-il vraiment nécessaire de résoudre les problèmes écologiques ? !

Alors que, selon le Dr Robert, il faut prendre en compte le système dans son ensemble : « Le tronc et les racines de l'arbre écologique sont en train de se détériorer en conséquence d'un processus sur lequel il ne peut y avoir de controverses. Il y a une entente générale de base dans la communauté scientifique sur les causes de cette détérioration depuis près d'un demi-siècle, et il devrait être possible d'ancrer, de fonder des décisions fondamentales pour l'ensemble de la société sur la base de ce consensus scientifique. Il nous faut apprendre à traiter les problèmes de l'environnement au niveau du système dans son ensemble : si on s'occupe du tronc, des racines et des branches, alors les bénéfices pour les feuilles en découleront naturellement. » [1]

D'abord en Suède, puis dans d'autres pays industriels, le Dr Robert a réussi à persuader des gens à s'intéresser aux systèmes dans leur ensemble, et pas seulement aux détails. Il a obtenu d'eux qu'ils se mettent d'accord sur un premier ensemble de principes fondamentaux qui puissent servir de base au citoyen ordinaire dans ses actions. Il voulait unifier ainsi les connaissances fragmentaires et fragmentées des différentes disciplines et il a travaillé à mettre tout le monde d'accord sur « la conclusion éthique qu'il n'est pas bon de détruire la capacité de la Terre à porter, supporter et soutenir la vie ».

Avec insistance et ingénuité, Robert a patiemment obtenu ce consensus parmi ses collègues scientifiques en leur envoyant vingt et une versions successives de ces principes, pour intégrer leurs commentaires et corrections. Puis il obtint des entreprises et leaders communautaires suédois de se rassembler autour de quatre principes de base que tout écosystème doit respecter s'il veut survivre. Ceux-ci ont servi de base pour définir pour la première fois un ensemble d'objectifs communs pour l'avenir, avec lesquels il est difficile de ne pas être d'accord. Et à la surprise générale, tout le monde, entreprises, citoyens, gouver-

---

1. Karl Henrik Robert, 'Educating a Nation : The Natural Step', in *Context*, n° 28 (sans date).

nements et scientifiques ont été capables de discuter ces principes en profondeur sans s'empêtrer dans les détails de chaque spécialité ou les débats idéologiques.

Les quatre conditions se résument comme suit. Si nous voulons que la vie continue sur la planète, il faut :

1) recycler toutes les énergies minérales et fossiles que l'on puise sous la croûte terrestre, ou réduire leur utilisation à zéro.

2) faire de même avec toutes les ressources non naturelles, toutes les substances produites par l'homme et non biodégradables (ou alors très lentement).

3) arrêter d'endommager la nature, que ce soit en exploitant la mer et les forêts, en polluant, en créant des déserts ou en causant l'extinction des autres espèces.

4) s'assurer que les conditions 1 à 3 sont respectées grâce à a) une plus grande efficience dans notre utilisation des ressources, et b) une promotion plus intense et élargie de la justice pour tous les peuples de la terre (voir encadré p.479).

Selon le Dr Robert, si l'humanité ne parvient pas à se mettre d'accord et à joindre ses efforts à propos de ces conditions, alors toute vie sur Terre va disparaître. Nos procédés industriels modernes vont continuer à détruire les structures vitales que nous procurent les communautés d'êtres vivants. Nous allons nous appauvrir et finalement disparaître en tant qu'espèce. Voici les termes cinglants du Dr Robert : « Puisque ces conditions ne sont pas négociables ou discutables, il n'y a que deux alternatives : soit on décide de fermer les cycles de matières dans notre société la tête haute ; soit on le fait en rampant à terre, plus tard. Mais de toutes façons on n'échappera pas à l'obligation de passer à l'acte. »[1]

L'élément essentiel de *Natural Step*, c'est sa manière d'insister sur l'idée que chaque déchet doit servir de 'nourriture' à un autre procédé, et que cela, seules les entreprises peuvent le réaliser. Contrairement à bon nombre de groupes environnementaux, *The Natural Step* n'est pas opposé aux entreprises. La première entreprise américaine à s'être engagée à respecter la charte de *Natural Step* fut l'entreprise de revêtements de sol

1. Karl Henrik Robert, Entretien, in *Context*, n° 28 (sans date).

Interface, dont le PDG, Ray Anderson, a déjà été présenté au chapitre 1 (à ce niveau, les Européens sont loin devant les Américains). Les entreprises ont rejoint le mouvement parce que, disaient-elles, elles se rendaient déjà bien compte que leur secteur était en train d'aller droit dans le mur, mais elles ne savaient pas exactement comment s'en sortir. Et ces principes leur ont servi de tremplin pour prendre d'autres mesures et aller de l'avant.

Toujours selon le Dr Robert, on ne peut attendre des pays du tiers monde qu'ils mettent en place de nouvelles technologies par eux-mêmes. C'est aux pays industrialisés de développer les technologies les mieux appropriées. Autrement, « les Chinois et les Indiens vont se mettre à polluer autant que nous, les forêts tropicales vont être détruites encore plus vite, et cela va tout simplement annihiler toute possibilité de survie. Les industries doivent arrêter de se protéger, et au contraire essayer de devenir des héros, en avance sur tout le monde, qui se battent pour les marchés et les technologies de demain. D'ici une dizaine d'années, le marché ne sera plus concerné que par la durabilité et la viabilité.

C'est cela que nous enseignons aux industriels et aux entreprises. Et ils nous croient. Nous leur proposons en quelque sorte une boule de cristal qui leur parle thermodynamique, mise en place de structures, et qui leur raconte comment, puisque ces structures sont la base de notre économie, leur démolition entraîne nécessairement la détérioration de l'économie dans son ensemble. Nous leur parlons aussi en termes très concrets en leur montrant comment se multiplient les coûts — et ils sont d'accord, ils ont déjà pu constater par eux-mêmes l'augmentation de ces coûts depuis bien longtemps. »

Quand même le secteur des assurances déclare à plusieurs reprises et sur un ton qui révèle une crainte réelle, qu'il ne pourra pas survivre aux dégâts climatiques qui vont accompagner (et accompagnent déjà) le réchauffement de la planète, il est grand temps que les Modernistes changent leurs habitudes. En 1999, la *Harvard Business Review* a publié un article important sur comment faire pour rendre la production industrielle viable et durable. Beaucoup de grandes multinationales comme Electrolux,

Les quatre 'conditions systémiques' sur lesquelles la communauté scientifique s'accorde

• La nature ne peut pas supporter l'accumulation systématique de matières dispersées extraites de la croûte terrestre (par exemple les minerais, le pétrole, le charbon, etc).

Parce que : Ces matières ont des effets néfastes sur la nature et ne doivent pas être extraites ni répandues plus vite que leur lente réintégration dans la croûte terrestre. Autrement, il est certain que le niveau de ces substances à la surface de la terre va atteindre ses limites — même si elles sont inconnues — et causer des dégâts irréparables. Ce n'est pas seulement une menace pour notre prospérité. C'est une menace pour toute vie sur terre.

• La nature ne peut pas supporter l'accumulation systématique de substances non biodégradables (ou trop lentement biodégradables) produites par l'homme (par exemples les PCB).

Parce que : Ces substances aussi ont des effets néfastes sur la vie. On ne peut pas continuer à produire des substances artificielles plus vite qu'elles ne se détruisent ou ne se recyclent, ou plus vite qu'elles ne peuvent être absorbées par la croûte terrestre. Autrement, les quantités et concentrations de ces produits non naturels et non biodégradables (ou trop lentement biodégradables) sont certaines d'atteindre leurs limites — même si elles sont souvent inconnues — et causer des dégâts irréparables. Ce n'est pas seulement une menace pour notre prospérité. C'est une menace pour toute vie sur terre.

• La nature ne peut pas supporter une détérioration systématique de sa capacité de renouvellement (par exemple pêcher les poissons plus vite qu'ils ne se reproduisent, ou convertir des terres fertiles en désert).

Parce que : Notre santé et notre prospérité dépendent de la capacité de la nature à transformer nos déchets en nouvelles ressources à l'aide de procédés qui recyclent tout, plutôt que de laisser la nature se détériorer. Plus on attend pour initier le renouvellement, plus il va être douloureux et coûteux, et si nous ne parvenons pas à endiguer cette détérioration, nous allons disparaître, et il en sera de même de la plupart des autres espèces.

• Donc, si nous voulons que la vie continue sur Terre, il nous faut **a)** être plus efficient dans notre utilisation des ressources et **b)** promouvoir la justice sociale.

Parce que l'humanité, et en fait toute vie sur cette planète, nécessite de pouvoir reposer sur un '*métabolisme ressource*' qui puisse satisfaire les trois conditions ci-dessus. Et afin d'effectuer à temps les changements nécessaires à notre survie, la stabilité sociale et la coopération sont absolument nécessaires. Si l'on ignore la pauvreté, les pauvres, pour leur survie à court terme, vont détruire les ressources dont nous avons besoin à long terme (par exemple les forêts tropicales).

ABB, Mitsubishi Electric, toutes membres de *Natural Step*, sont déjà convaincues qu'elles doivent changer si elles ne veulent pas aller droit dans le mur et mourir. Et en conséquence, elles commencent à adopter des pratiques responsables. [1]

Il est intéressant de remarquer que les entreprises acceptent les visions d'ensemble et les perspectives à long terme si on les leur présente en terme de leur propre survie. Le bien-être de l'ensemble du système sur le long terme devient ainsi une partie essentielle de leur nouvelle manière de voir, mais *in fine* leur motivation reste leur propre intérêt — une nouvelle façon, plus réaliste, de réaliser des profits et d'éviter les instabilités. Au fur et à mesure que se sont développées notre connaissance et notre compréhension de la société et de la planète au cours des vingt-cinq dernières années, nous avons réalisé qu'en dépit de son dynamisme et sa rentabilité, la modernisation a été un courant très instable et perturbateur. Du point de vue de la sagesse des Anciens, l'habitude qu'ont les marchés financiers et les entreprises de ne s'intéresser exclusivement qu'aux profits à court terme, aux dépens de tout le reste, ne peut en aucun cas être bon pour l'avenir de nos petits-enfants. Et quand les entreprises font plus attention à ce qui se passe sur Terre, alors seulement elles commencent à se rendre compte que ces objectifs à court terme entraînent des dégâts catastrophiques dans bon nombre des pays en voie de développement. Aujourd'hui, l'intrication étroite et complexe des marchés mondiaux et des communications signifie que littéralement « tout ce qui est émis/produit, revient en retour » — c'est l'effet boomerang — effectuant le tour du globe à la vitesse de l'éclair, et revient donc à la face des pays développés. Les entreprises qui ont adopté les principes du *Natural Step* les ont acceptés comme structure de base de compréhension de la réalité mondiale et se sont adaptées en fonction.

---

1. Amory B. Lovins, L. Hunter Lovins et Paul Hawken, 'A Road Map for Natural Capitalism', *Harvard Business Review*, mai/juin 1999. The Natural Step, The Presidio, Thoreau Center for Sustainability, P.O. Box 29372, San Francisco, CA, 94129-0372

Capitalisme naturel

En 1999 est paru un livre intitulé *Natural Capitalism* écrit par Amroy B. Lovins, L. Hunter Lovins et Paul Hawken. Cet ouvrage va de toute évidence fixer le cadre de référence des innovations industrielles, commerciales et entrepreneuriales du 21e siècle. Partant des mêmes problèmes et questions que *Natural Step*, il expose de plus comment repenser chaque procédé industriel ou entrepreneurial de façon à le rendre écologiquement efficient et à protéger la biosphère, tout en restant rentable. Il y a à l'heure actuelle, selon les auteurs, un nombre important de mouvances et de tendances, aux niveaux technologique et commercial, qui vont exactement dans ce sens. Tout ce qu'il reste à faire est de les intégrer toutes ensemble dans un système cohérent. Amroy B. Lovins et L. Hunter Lovins sont connus pour leurs stratégies d'efficience énergétique : nous avons décrit les travaux de Lovins sur l'hypercar ou sur le design d'une nouvelle banque dans les chapitres précédents. Le troisième auteur, Paul Hawken, a fondé l'entreprise Smith and Hawken qui produit des outils de jardinage de haute qualité et a écrit *l'Ecologie de marché* [1], un livre qui établissait le lien entre le succès à long terme des entreprises et les principes écologiques.

Les auteurs commencent leur travail avec « l'idée que l'économie mondiale est en train d'évoluer de stratégies centrées sur la productivité humaine vers des stratégies centrées sur la productivité des ressources », ce qui signifie une utilisation des ressources quatre, dix, voire cent fois plus efficiente. Ils illustrent leurs propos à l'aide d'un impressionnant catalogue d'exemples d'inventions technologiques qui permettent précisément une telle efficience — et ces exemples sont « réels, pratiques, mesurés et documentés ». Parmi ces inventions, on retrouve les piles à combustible pour les voitures, destinées à remplacer les moteurs à pétrole que l'on utilise aujourd'hui ; ces mêmes piles à combustible peuvent également servir de générateurs pour l'électricité de tous les foyers domestiques et les aménagements publics. « Il existe déjà des bâtiments conçus de telle sorte qu'ils produisent de l'oxygène, de l'énergie solaire et même de l'eau potable ». En suivant de nouvelles techniques d'utilisation des fi-

1. Edité en français aux éditions Le Souffle d'Or.

bres, en même temps qu'en utilisant de nouveaux types de papier et d'encre, « on pourrait satisfaire toute la demande mondiale en pulpe et en bois avec une surface de production à peine grande comme l'Iowa. Les herbes peuvent servir à produire des médicament puissants ; les plastiques à base de cellulose (plutôt qu'à base de pétrole) se sont montrés forts, résistants, réutilisables et on peut même les réutiliser sous forme de compost ; et l'on peut fabriquer des revêtements de sol luxueux à l'aide des déchets d'autres industries. Les toits et les fenêtres, et même les routes, peuvent faire double emploi en captant et stockant l'énergie solaire, et à l'heure actuelle des villes 'sans voitures' fonctionnent déjà efficacement, où les hommes et les femmes ne passent plus leur temps coincés dans les embouteillages à essayer d'obtenir toujours plus. »[1]

Il y a quatre stratégies qui semblent essentielles si l'on veut conserver un monde viable, respecter l'écologie et faire des affaires tout en même temps :

- *Productivité radicale des ressources* : cela signifie rendre 4 à 100 fois plus efficients les processus industriels, les transports et les constructions, principalement en utilisant des principes de design et de construction plus efficaces et meilleurs, avec des technologies qui existent déjà. Ce principe permettrait de ralentir la disparition des ressources naturelles et artificielles, réduire la pollution, créer des emplois et réduire les coûts pour les entreprises. Ingénieurs et scientifiques aujourd'hui sont déjà engagés dans cette voie.

- *Biomimique* : aujourd'hui on utilise trop de matières, matériaux et énergies uniquement pour les activités humaines. Les déchets représentent un bon 94% de ce que produit l'industrie américaine. Il n'y a donc que 6% de ce qu'on 'traite' qui finit en tant que 'produit'. Et les produits 'durables' ne représentent que 1% de ce que l'on traite. L'idée est d'éliminer l'idée même de 'déchets' ; à la place, imaginer un système où chaque matériau utilisé soit réutilisé ailleurs. Il doit servir de 'nourriture' pour d'autres procédés. Cela veut donc dire qu'on ne peut ni ne doit plus produire ni utiliser des produits chimiques toxi-

1. Paul Hawken, Amory Lovins, et L. Hunter Lovins, *Natural Capitalism : Creating the Next Industrial Revolution* (Boston : Little, Brown, 1999), p. 20.

ques, et cela veut dire aussi qu'il nous faut réfléchir à des procédés de production qui reproduisent, qui imitent la Nature. Les pressions de la concurrence poussent déjà les entreprises à se lancer dans la biomimique, mais si en plus on élimine les substituts des déchets, alors la réduction des coûts permettra d'accélérer encore le mouvement.

- *Economie de flux et de service* : Dans une telle économie, on sort des logiques de vente et de production : une entreprise, plutôt que de vendre un produit, propose de 'louer', ou de donner le droit à son utilisation. Et quand le consommateur a fini de s'en servir ou quand il est trop usé, elle le récupère et le recycle. Une telle conception de l'économie est fondée sur l'idée plutôt intelligente que les gens n'attachent pas d'importance à un poste de télévision en lui-même, mais au service qu'il procure : celui de diffuser des programmes télé. On pourrait ainsi acheter le droit d'utiliser une voiture pour son 'service de transport', tandis que la voiture 'physique', l'objet lui-même, resterait sous la responsabilité du fabricant. Ce glissement vers le modèle de 'services' entraînerait sans doute une modification significative dans la manière même de produire les téléviseurs et les voitures. On se rapprocherait sans doute de méthodes et conceptions qui correspondent à la manière de voir des Créatifs Culturels : plutôt que de concevoir l'affluence en termes de biens et de produits, ce qu'on désire c'est une certaine qualité de vie et de bien-être. La durabilité écologique devient beaucoup plus facile quand on n'est plus attaché aux 'biens'. Certaines entreprises se sont déjà engagées dans cette voie, que devront suivre toutes les entreprises qui veulent fonctionner suivant les principes du capitalisme naturel.

- *Investir dans le capital naturel* : un tel investissement est basé sur l'idée « d'inverser la tendance de destruction de la planète en réinvestissant dans le maintien, la restauration et le développement » de tout le monde naturel et vivant. Du point de vue des entreprises, le capital naturel est cet aspect de l'environnement qui produit tous les services et les ressources dont nous disposons.

De manière très surprenante, le livre propose des solutions dans des domaines comme la réinvention de l'automobile, l'élimination des déchets industriels, les nouvelles manières de penser et de construire les maisons, l'optimisation de systèmes entiers plutôt que simplement leurs parties, l'utilisation plus efficiente des fibres pour des produits comme le papier ou les tissus, l'amélioration des techniques agricoles, notamment pour l'alimentation, et la résolution des problèmes liés à l'eau. Il résume même de nouvelles approches très techniques pour faire en sorte que les marchés 'économiques' fonctionnent mieux. En d'autres termes, c'est un abrégé pratique pour le développement durable, vu du côté des entreprises. Les entreprises qui décident d'ignorer les problèmes écologiques sont mises en garde : une telle attitude menace leur viabilité financière. Les activistes qui sont habitués à penser que toutes les entreprises sont des ennemis doivent désormais apprendre à considérer certaines d'entre elles comme des alliées potentielles.

Pour celles et ceux qui se sont toute leur vie intéressés aux problèmes de l'environnement, s'entendre dire que les technologies et les modes de management qui permettent la durabilité écologique existent déjà ne paraît pas croyable — c'est trop beau pour être vrai. « Comment est-il possible que l'on ait créé un système économique qui nous dit qu'il coûte moins cher de détruire la terre et d'épuiser son peuple plutôt que de les nourrir ? » demandent les auteurs. Leur réponse est que l'économie actuelle est basée sur des conceptions et des raisonnements obsolètes et inadaptés. « Pour améliorer le sort des gens, nul n'est besoin de nouvelles théories : tout ce qu'il faut c'est du bon sens. Il faut se baser sur la proposition toute simple que *tout* capital doit être valorisé... Et s'il y a des doutes sur la valeur d'un arbre de plus de sept cents ans, il suffit de se demander combien cela pourrait coûter d'en faire un nouveau. Ou une nouvelle atmosphère. Ou une nouvelle culture. »

Un autre hybride : le Commerce Ethique

Voici un exemple qui illustre bien comment le commerce et la conscience peuvent converger. En 1998 et 1999, *Le Roi Lion*, la plus grosse vente de films en vidéo, a vu ses scores dépassés par une cassette d'une autre catégorie — une vidéo éducative pour le yoga ! Cette cassette s'est vendue à plus d'un million d'exemplaires. En fait, parmi les dix meilleures ventes de vidéos de la librairie en ligne *Amazon.com*, sur ces deux mêmes années, on comptait deux autres cassettes de yoga. C'est le genre de succès commercial que chérissent les entreprises modernes. Mais pourtant, les personnes qui produisent et vendent ces cassettes ne sont pas des Modernistes. Ils font partie de ces entreprises d'une nouvelle espèce, créées par des Créatifs Culturels, et basant toute leur stratégie de développement sur la conquête du marché des Créatifs Culturels. Les vidéos sont produites par une entreprise du nom de Living Arts, et quand leur entreprise mère, GAIAM, a fait une offre de cotation en bourse, elle a déclaré à Wall Street que son objectif était de développer « l'éthique dans les affaires ».

Il ne s'agit pas ici de l'exemple isolé d'une entreprise qui a réussi. C'est juste un exemple, parmi tant d'autres, des liens étroits entre le business et la pratique du yoga, l'un faisant progresser l'autre et réciproquement. Dans les années 50 et 60, le yoga était « dans la ligne de mire de la majorité cynique, et '*health nut*', obsédé de la santé, était presque une insulte » nous explique Phil Catalfo, de *Yoga Magazine*. A l'époque, on voyait le yoga comme une mode passagère. Aujourd'hui, le yoga passe à la télé tous les matins à 6 heures dans presque toutes les grandes villes d'Amérique du Nord et un nombre incalculable de magazines, de livres, de cassettes vidéos et de cours disponibles sur le marché lui sont consacrés. Il existe même des instituts de formations qui proposent des cours pour devenir professeur certifié, et au moins un cours intitulé « Le Yoga-Business : gagner sa vie en enseignant ». Le yoga est enseigné et pratiqué dans les clubs de sport, les centres de fitness et les centres communautaires, et est désormais considéré comme une activité normale et saine qui fait partie du mode de vie de bon nombre de gens — dont une bonne partie sont des Créatifs Culturels. Après trente ans d'une croissance soutenue et discrète, le yoga comptait 4 millions de licenciés en 1990, 6 millions en 1994, puis la courbe de croissance effectue un bond jusqu'à 8 millions en 1998. On prévoit 28 millions de pratiquants 'yoguistes' d'ici à 2002.[1]

1. Ces chiffres sont tirés de *Yoga Journal*. Ils sont extraits de l'étude Roper Starch de 1990 et celle de 1994, toutes deux commandées par le *Yoga Journal* ; le sondage de juin 1998 du *Wall Street Journal/NBC* ; et la recherche menée par Mind Over Media en 1999, utilisant interviews, analyse de données et analyses de tendances.

Le 'marché de la conscience' connaît un taux de croissance supérieur à quasiment tous les autres secteurs de l'économie, mis à part peut-être l'informatique et l'internet. En conséquence, les Créatifs Culturels apparaissent de plus en plus comme des consommateurs potentiels très attirants — les « consom'acteurs », comme les appellent certains observateurs — pour bon nombre d'entreprises. Contrairement à ce que prétendent râleurs et grincheux qui accusent le 'commercialisme crasse' de systématiquement tout gâcher (même si c'est parfois effectivement le cas), dans ce cas-ci la rencontre des mouvements psychospirituels et du commerce fait l'effet d'une spirale bénéfique, un cercle vertueux où chacun alimente en retour la croissance de l'autre. Et de plus, dans la plupart des cas, le résultat semble être d'une grande qualité.

L'un des indicateurs de l'ampleur des changements qui ont lieu depuis les années 70, c'est la croissance du secteur dit des 'Styles de vie préoccupés de bien-être et de durabilité' (LOHAS : Lifestyles of Health and Sustainability [1]). L'encadré suivant résume les résultats d'une enquête à grande échelle sur ce 'nouveau' secteur.

Nouveau secteur LOHAS aux Etats-Unis.

SEGMENT	VENTES POUR L'AN 2000
Economie durable	76,5 milliards de dollars
Modes de vie 'écologiques'	81,2
Vie saine	32
Médecines douces	30,7
Développement personnel	10,6
Total	**230 milliards**

(estimé à 500 milliards de dollars pour le monde entier)

Source : *Natural Business*

1. Le terme Lifestles of Health and Sustainability, traduit ici par 'styles de vies préoccupés de bien-être et de durabilité', a été inventé par Natural Business Communications, Inc. et GAIAM, Inc. Il a apparemment été adopté avec enthousiasme par les analystes de Wall Street.

La catégorie 'ÉCONOMIE DURABLE' **recouvre** :
- Les services, audits et solutions de management 'écologiques'
- Les énergies renouvelables — solaire, éolienne, et géothermique.

Ces chiffres de ventes auraient tous été nettement inférieurs pour les années 60. Et la chose la plus frappante, c'est que la seule catégorie 'Business to Business' est celle de 'l'économie durable'. Les quatre autres segments sont des segments de marché de 'grande consommation' et les chiffres de ventes représentent les ventes aux particuliers. L'analyste qui a rassemblé ces données perçoit clairement les Créatifs Culturels comme le

---

- Les produits et services de conservation de l'énergie, y compris les produits qui font une utilisation efficiente de ces ressources, et les procédés alternatifs de génération d'énergies.
- Les procédés de production durable.
- Le recyclage et les produits fabriqués à partir de matériaux recyclés (papier, textiles, plastiques, caoutchouc, verre, métaux...).
- Les services d'information sur le sujet : sites web, cds, cassettes vidéos, à l'usage autant des particuliers que des entreprises.
- Les livres, cassettes audios et manuels : outils pédagogiques qui demandent de l'argent et du temps.

La catégorie 'Modes de vie écologiques' recouvre :
- Produits naturels et écoproduits : produits de lavage, d'entretien, et de jardinage qui protègent l'environnement, produits non alimentaires fabriqués à base de produits naturels et non toxiques, et équipements écologiques, autant pour les particuliers que les entreprises (par exemple les hôtels).
- Ecotourisme : forme de voyage responsable dans les régions naturelles, qui cherche à respecter et protéger l'environnement et à soutenir et préserver le bien-être des locaux — environ 7% de la catégorie tourisme dans son ensemble, menée par des Créatifs Culturels.
- Les services d'information sur le sujet : sites web, cds, cassettes vidéo, à l'usage autant des particuliers que des entreprises.
- Les livres, cassettes audio et manuels : outils pédagogiques qui demandent de l'argent et du temps.

La catégorie 'Bien être' recouvre :
- Produits naturels : alimentation naturelle et biologique, suppléments diététiques, produits de soins corporels.
- Les services d'information sur le sujet : sites web, cds, cassettes vidéos, à l'usage autant des particuliers que des entreprises.
- Les livres, cassettes audio et manuels : outils pédagogiques qui demandent de l'argent et du temps.

La catégorie 'Soins et Médecines Alternatives' recouvre :
- Solutions de santé et de bien-être : filtres à air et à eau, ventilateurs, chauffage, purificateurs et humidificateurs, produits de soins du dos, produits pour les yeux (lunettes, etc.) et soins d'urgence qui sont compris dans l'ensemble 'soins alternatifs'.

marché principal pour ces 154,5 milliards de dollars de biens et de services. Ces chiffres ne sont en aucune façon des indicateurs de changement culturel, car ils ne font que refléter une demande de biens et de services. Mais si l'on met ce tableau à côté de celui des croyances, valeurs et modes de vie des Américains, on voit que les deux vont dans le même sens. Comme on pouvait s'y attendre, la 'culture matérielle' des Américains suit les mêmes modifications que leurs croyances, mais avec un léger décalage temporel. [1] Ainsi, de nouvelles habitudes sont en train de s'imposer dans la vie américaine, portées en cela par un réel courant commercial d'offre et de demande, efficace et en pleine croissance.

- Services de santé naturelle : traitements alternatifs 'extérieurs' : massage, chiropraxie, acupuncture, biofeedback, aromathérapie, etc. estimé à 27 milliards de dollars en 1997. Voir David Eisenberg et al., 'Trends in Alternative Medicine Use in the US., 1990-1997', *Journal of the American Medical Association* 280, n° 18 (11 novembre 1998), pp. 1569-75.
- Les services d'information sur le sujet : sites web, cds, cassettes vidéos, à l'usage autant des particuliers que des entreprises.
- Les livres, cassettes audio et manuels : outils pédagogiques qui demandent de l'argent et du temps.

Note : Cette catégorie est plus centrée sur les soins de la personne dans son ensemble, ainsi que sur les médecines préventives et la guérison, et pas seulement l'intervention en cas de maladies soudaines et dramatiques. Les données de l'étude montrent que la plupart des utilisateurs de soins alternatifs les utilisent en plus d'autres traitements médicaux, et non comme substitut. (Sources : Eisenberg 'Trends' ; Paul H. Ray, The Integral Culture Survey, Institute of Noetic Sciences, 1996).

La catégorie 'Développement de la personne' recouvre :
- Un large éventail d'expériences personnelles, de solutions, d'information et de services centrés sur le développement de l'esprit, du corps et de la spiritualité ; comme le yoga, la méditation, la relaxation, la spiritualité et la réalisation du potentiel humain.
- Equipements, objets, vêtements.
- Studios, ateliers et clubs.
- Conférences, formation, séminaires.
- Les services d'information sur le sujet : sites web, cds, cassettes vidéos, à l'usage autant des particuliers que des entreprises.
- Les livres, cassettes audio et manuels : outils pédagogiques qui demandent de l'argent et du temps.

1. Un tel décalage temporel est plus dû à l'incapacité des entreprises de satisfaire les besoins des consommateurs qu'à l'absence du changement.

Ce changement vers des modes de vie préoccupés de bien-être et de durabilité est largement sous-estimé par la presse grand public, si bien que la plupart des gens n'ont aucune conscience de son ampleur.

Au cours des années 90, la plupart des secteurs regroupés sous l'appellation 'vie saine' (produits bio, naturels et de santé, parmi lesquels l'alimentation, les vitamines et les produits de soins personnels) ont connu une croissance de plus de 20% par an, soit 5 fois plus que le reste de l'économie américaine.[1] Et cet intérêt pour les modes vie 'naturels' et 'sains' n'est aucunement confiné aux Etats-Unis. En 1999, la marché mondial des produits alimentaires 'bio', naturels et de santé était estimé à 65 milliards de dollars — 36% aux Etats-Unis, 31% en Europe et 16% au Japon.

Quant à la catégorie 'médecines douces', deux études réalisées à Harvard montrent qu'un pourcentage croissant d'Américains se sont rendus dans des centres de soins alternatifs, passant de 61 millions de personnes en 1990 (33,8% de la population adulte) à 83 millions en 1997 (42,1%). Le nombre de leurs visites est passé de 427 millions à 629 millions, et leurs dépenses ont augmenté de 14,6 milliards de dollars à 21,2 milliards de dollars sur la même période. Cela représente une augmentation de 47,3% pour le nombre de visites et de 45,2% pour les dépenses sur ces sept années, soit des taux de croissance d'un peu plus de 5% par an. Ça n'a peut-être pas l'air énorme, sauf si l'on sait que les établissements médicaux 'conventionnels' ont vu leur nombre de visites diminuer de 388 millions à 386 millions sur la même période. Le modèle médical 'conventionnel' a en face de lui une sérieuse concurrence.

En 1997, 85% des Américains avaient eu recours à au moins l'une des 23 sortes de médecines alternatives étudiées. Il s'agit

1. Source : *Natural Foods Merchandiser* et *Natural Business*, #41, octobre 1999. L'industrie des produits naturels croît à un taux de 21%/an (en dollars constants), de 5 milliards de dollars en 1991 à 15 milliards en 1997. De la même façon, les ventes de produits biologiques augmentent à un taux de 22%/an, de 1,2 milliards de dollars en 1991 à 4,8 en 1998. Les ventes de produits naturels de soins personnels augmentent à un taux de 28%/an, de 0,8 milliard de dollars en 1991 à 4,2 en 1998. Les pentes d'accélération des trois courbes sont les mêmes. Les suppléments diététiques connaissent un taux de croissance qui n'est 'que' de 13,3%/an.

là d'une véritable demande nouvelle de soins, et pas seulement d'une médecine qui traite les maladies : plus de la moitié des soins alternatifs en question furent utilisés à des fins de prévention, et non de guérison. De plus, il est intéressant de remarquer que les Américains n'ont pas remplacé la médecine conventionnelle par les soins alternatifs, mais utilisent l'un en complément de l'autre.[1] Il ne s'agit donc pas d'un désaveu ou d'un désintérêt de la médecine scientifique, comme certains Modernistes veulent le croire, mais simplement d'une nouvelle manière de chercher à être en bonne santé. Comme nous l'avons dit plus tôt, les Créatifs Culturels ont beaucoup plus de chances que les deux autres sous-groupes d'être à la fois utilisateurs et fournisseurs de ces soins alternatifs.

Si une bonne partie de la catégorie 'modes de vie écologiques' concerne les produits de grande consommation 'écologistes', un nouveau sous-segment, récent et en plein développement, est celui qu'on appelle désormais l'écotourisme ou le tourisme vert, un courant qui a émergé dans les années 90 et qui se veut une alternative au vieux modèle du tourisme occidental qui exploite les populations locales et leurs pays. C'est, comme le définit *The Ecotourism Society* (TES), une forme de voyage spécialisé centré sur la nature et la culture, « un mode de voyage responsable dans des régions naturelles, qui se soucie de ne pas détruire l'environnement et de préserver, voire de soutenir le bien-être des populations locales ». American Lives a réalisé en 1996 une enquête auprès des personnes qui partent souvent en vacances. 25% d'entre elles disaient avoir envie de vacances 'écotouristiques', mais, de manière encore plus spectaculaire, ce chiffre s'élève à 64% pour les Créatifs Culturels. En fait, les Créatifs Culturels représentent la majorité (53%) des clients de 'l'écotourisme ».[2]

Les vacanciers qui se disent intéressés par l'écotourisme ont pour caractéristiques de vouloir des vacances qui comportent

1. Eisenberg, 'Trends'.

2. La taille de l'échantillon était de 753 personnes. Seuls 21% des Modernistes, et 34% des Traditionalistes choisissaient l'Ecotourisme. Les Modernistes représentaient 60% des voyageurs fréquents, les Créatifs Culturels 30% et les Traditionalistes seulement 10%. Mais même ainsi, les Créatifs Culturels représentaient 53% des personnes qui choisissaient l'écotourisme.

les éléments suivants (mais pas nécessairement tous en même temps !) :

Nature et camping	69%
Epanouissement personnel et spirituel	65%
Activités/lieux exotiques	61%
Soins corporels et sanitaires, sports	54%
Minimalisme (faire et dépenser peu)	53%
Expériences intenses	51%

L'écotourisme est le type même de ces secteurs d'activités développés par les Créatifs Culturels pour les Créatifs Culturels. A écouter Will Weber, un entrepreneur de l'écotourisme, décrire son travail, on croirait entendre tous les Créatifs Culturels s'exprimer d'une seule voix : « C'est un secteur assez génial. On a la chance immense de s'occuper de mettre en contact des voyageurs intelligents, curieux, responsables et respectueux, avec des gens sur place tout aussi responsables et sympathiques, le tout dans un esprit de bienfaisance et d'empathie. Et plus on présente avec authenticité les lieux de destination, leur culture, environnement naturel et populations, plus nos voyageurs apprécient l'expérience. Je ne vois pas d'autre secteur qui permettent à ce point de participer à la préservation de l'environnement et à une meilleure entente entre les cultures. »[1]

Ces tendances sont en fait plus intéressantes pour ce qu'elles nous apprennent sur les évolutions des styles de vie que sur la croissance des dépenses des consommateurs. L'écotourisme présente exactement le même genre de courbe de croissance rapide que celles de l'utilisation des ordinateurs. Mais malgré cela, malgré cette croissance accélérée et le fait que ce secteur promette d'être énorme, on n'en parle que très peu dans la presse, y compris la presse économique.

Les entreprises modernes, elles aussi, sont intéressées par les Créatifs Culturels en tant que marché, à défaut de s'y intéresser en tant que personnes. Le problème, c'est qu'elles sont vite très frustrées dans leurs ambitions, parce que leurs techniques de communication et de publicité, 'testées et approuvées'

1. Will Weber, 'Journeys', présenté sur le site web de l'Ecotourism Society : *www.ecotourism.com.*

déplaisent profondément à cette population — et les repoussent même carrément. De plus, les entreprises 'modernes' essaient de leur vendre des 'biens', des objets de consommation distincts et séparés, alors que les Créatifs Culturels sont intéressés par des 'expériences' qui leur permettent d'essayer d'améliorer leur vie.

Cette croissance du secteur des 'styles de vie préoccupés de bien-être et de durabilité' provient de la demande des Créatifs Culturels et d'autres pour ce type de produits et services. Mais elle résulte aussi des efforts effectués du côté de l'offre. Bon nombre de Créatifs Culturels ont créé des entreprises, ou ont mis au point des manières de travailler qui leur permettent non plus simplement de gagner leur vie, mais aussi de 'rendre leur vie plus juste'. Certains l'expriment explicitement en termes bouddhistes, d'autres appellent juste cela 'passer à l'acte', 'concrétiser ses idéaux' ou 'mettre ses paroles en action', tout comme les activistes qu'on a rencontrés plus tôt.

Ce qu'ils veulent, c'est gagner leur vie d'une façon qui respecte et soutienne leur manière de voir le monde et corresponde à leurs 'objectifs de vie' plus généraux, leur manière de comprendre pourquoi ils sont sur terre, qui transforme en fait leurs activités en véritable vocation. Bon nombre de ces professionnels hautement qualifiés que nous avons rencontrés ont souvent accepté de renoncer à des salaires très élevés pour faire ce qui pour eux était le plus important. Et la plupart du temps, ils essaient de faire de leur lieu de travail un endroit de respect et d'engagement responsable.

Spike Anderson, de l'entreprise Monday Morning Solution, est un chasseur de tête de la Silicon Valley. Il nous a décrit ainsi les chercheurs d'emplois avec lesquels il travaille : « Pratiquement toutes les personnes à la recherche d'un emploi avec qui j'ai eu des entretiens préfèrent trouver un boulot qui ait un sens, une signification pour eux, et qui serve d'une manière ou d'une autre des objectifs altruistes plutôt qu'un emploi qui n'a rien de tout ça mais qui rapporte plus. Certains sont même prêts à faire des sacrifices. D'autres moins. Mais s'ils trouvent une place où ils sentent qu'ils peuvent 'faire le bien', ou participer à améliorer les choses, ils vont la prendre ».

Collisions de principe

Quand vous vous avancez dans l'Entre-deux, bon nombre des 'panneaux de signalisation' du passé ont disparu, et ceux qui restent prennent souvent un tout autre sens que celui que vous aviez l'habitude de leur donner. Par contre, il y a de nouveaux signes, de nouveaux panneaux qui ont été posés par les éclaireurs, ceux qui ont fait le chemin avant vous, qui ont trouvé ou sont en train de créer de nouveaux sentiers. Et tous ceux qui s'avancent sur ce territoire inconnu, non encore cartographié, ont leur idée sur les chemins qu'il faut prendre et ceux qu'il vaut mieux éviter, ceux qui *devraient* aboutir et ceux qu'il vaut mieux ne même pas considérer. Et pourtant chacun n'est qu'un voyageur ici, qui vient tout juste de quitter les chemins tout tracés de la vieille culture pour s'aventurer sur les terres inconnues de nouveaux modes de vie.

C'est ce qui se passe pour les Créatifs Culturels aujourd'hui. Ils partagent un ensemble de valeurs communes et une vision du monde, mais tous ne sont pas d'accord sur la meilleure manière de mettre ces valeurs en application. Comme les Hébreux fuyant l'Egypte et traversant le désert, les Créatifs Culturels voient leurs anciens paradigmes et catégories en pleine collision. C'est le signe certain d'un peuple en pleine transformation culturelle. Les véritables innovations entraînent toujours des réactions violentes, et quelques-unes sont nécessairement négatives.

Il n'y pas trop de querelles en ce qui concerne les hybrides culturels qui traitent des produits et services 'verts'. A partir du moment où les entreprises s'engagent vraiment et font des promesses qui ne sont pas mensongères, la plupart des Américains les considèrent d'un très bon œil, quand ils ne sont pas carrément enthousiastes au sujet de ces nouveaux développements. Le papier hygiénique, les détergents, les produits en papier recyclés, les filtres à eau — rien à redire. En revanche, presque tout ce qui concerne le 'commerce éthique' déclenche des controverses.

C'est un secteur qui est basé sur la vente 'd'expériences', où les produits et services sont secondaires. Cela va des voyages de vacances aux psychothérapies, en passant par les week-ends ateliers, les livres, les disques et les cassettes vidéos, et tout un tas de start-up de l'internet en pleine expansion. Le but de ces nouvelles entreprises, c'est de vous remonter le moral, de vous éduquer l'esprit, d'apaiser vos émotions et se plonger dedans, de s'adresser à l'artiste (ou l'enfant) qui sommeille en vous et de l'encourager, et d'éclairer votre conscience, et tout ça parfois juste en un week-end bien ficelé.

Le 'commerce éthique' : zones d'ombre, pièges et dangers

La culture américaine a le sens des affaires et de l'entreprenariat. Aussi, quand les mouvements d'éveil de la conscience se sont trouvés en manque de soutien institutionnel, ce sont les entreprises qui furent la source d'inventivité, ce sont elles qui tâchèrent de combler ce manque. Quand le 'commerce conscient' commença à se développer, personne ne s'y attendait, et personne ne s'y était préparé. C'est là qu'apparaissent vraiment les problèmes passionnels d'amour et de haine qui accompagnent les changements culturels d'une certaine ampleur.

Comme on l'a déjà dit, le mélange du commerce et de 'la conscience' déplaît fortement à beaucoup de gens. Ça déplaît à ceux de gauche qui voient toutes les entreprises comme des monstres cyniques et cupides, mais ça déplaît tout autant à ceux de droite qui détestent les 'nouveaux paradigmes' et qui souhaitent que 'tous ces contestataires de la contre-culture' restent à leur place. Cela déplaît à ceux qui pratiquent la méditation, le yoga et les médecines alternatives qui ne veulent pas se mêler de 'business', et ça déplaît aux vrais hippies de la contre-culture qui voulaient juste s'occuper d'une coopérative d'alimentation naturelle. Et d'un seul coup on leur demande de s'occuper de marketing et de publicité, de tenir leurs comptes et d'embaucher et de licencier des gens, autant de choses absolument repoussantes auxquelles ils auraient aimé ne pas avoir à se mêler ! Mais quand on innove, comme dans presque tous les aspects de la culture humaine, on conserve souvent dans notre avancée d'anciennes pratiques et habitudes, parce qu'on nous a toujours dit que « c'est comme ça qu'il faut faire ».

Traditionnellement, les murs des monastères séparaient et éloignaient de l'agitation du marché celles et ceux qui étaient en quête de spiritualité, mais de nos jours, la plupart de ces murs ont été détruits. Dans notre paysage actuel, plus aucune palissade ne sépare la spiritualité du matérialisme.

Regardez par exemple le courrier. Chaque jour, les Créatifs Culturels reçoivent dans leur boîte aux lettres des catalogues qui leur promettent une 'satisfaction garantie' avec des vêtements en fibres naturelles, des cadeaux fabriqués par les artisans du tiers monde, et aussi des brochures qui leur promettent de leur « révéler les vérités profondes des traditions spirituelles du monde entier ; il vous suffit d'acheter ces dix superbes cassettes audio ou de vous inscrire à ce week-end de conférences. (et ce superbe cadeau bonus vous est offert sans obligation d'achat) ». Mais quelle est vraiment la différence entre ces 'offres spéciales' et les dizaines d'autres catalogues habituels que l'on reçoit tous les mois ? Ils font appel aux mêmes techniques graphiques et aux mêmes mises en page. Cela s'appelle 'la publicité aspirationnelle.' Le piège ici, c'est de laisser le matérialisme moderne gérer à sa manière le 'Commerce conscient'.

Un autre problème empoisonne la communauté. Quand ceux qui, parmi les auteurs et conférenciers Créatifs Culturels qui ont réussi, se mettent à rêver de reconnaissance nationale et cherchent à rallier un public de plus en plus large, ils deviennent des 'experts' du marketing direct, des relations publiques ou de la publicité. Parfois, ils vont jusqu'à se faire faire des publireportages diffusés sur le câble. Pourquoi ? Parce qu'ils ne savent plus quoi faire. Parce qu'en bons enfants du Modernisme, ils confient leurs affaires à des 'experts', qui leur disent : « C'est comme ça qu'on fait. Vous voulez toucher le plus de monde possible ? Alors c'est comme ça qu'il faut faire. » C'est là que les habitudes automatiques du Modernisme reprennent le dessus. C'est un peu comme un processus inconscient, qui nous pousserait à suivre les rails bien tracés de procédures standardisées.

Comment réagissent les Créatifs Culturels qui reçoivent de tels courriers ? De la même façon que les gens réagissaient dans les années 70, quand ils recevaient des lettres de sollicitation des grandes organisations de protection de l'environnement qui leur demandaient de l'argent. Quand il y a trop de ces courriers, lettres et catalogues 'pour la bonne cause', ou plutôt pour 'les bonnes causes', alors apparaît comme un sentiment de trahison. Les connexions ou l'intérêt que l'on pouvait ressentir pour ces causes diminuent petit à petit, en même temps que disparaissent nos espoirs de voir un jour ces problèmes qui nous tiennent à cœur être traités de manière honnête. Et la connexion authentique et originelle, le sentiment de se sentir accepté et reconnu comme membre d'une communauté, disparaît aussi.

Altruisme ou intérêts individuels ?

Il y a quelque chose qui a l'air compromis au niveau de l'éthique — mais quoi ? Vous attendez qu'une nouvelle organisation fasse comme les autres, s'inscrive dans la culture du « donne-moi de l'argent » des associations à but non-lucratif, et au lieu de cela elle se met à faire de l'argent toute seule, avec un mélange d'altruisme et d'intérêts individuels. Peut-être qu'elle fait partie d'un nouveau réseau d'organisations lucratives et non lucratives qui s'entraident mutuellement ? Mais de quel type d'entreprise s'agit-il exactement, c'est ça que vous vous demandez. Y a-t-il conflit d'intérêts, et ceux qui y participent compromettent-ils ainsi leur intégrité ?

Il y a de fortes chances que plusieurs couches de la société se sentent outrées de voir ainsi franchies les frontières du passé par ces Créatifs Culturels qui développent de nouveaux modes de vie. Le plus dur, quand vous mettez en place une nouvelle culture, c'est de se débarrasser des présupposés habituels inconscients avec lesquels vous avez grandi. Là où l'on sait qu'une innovation est vraiment innovante, dans le sens où elle appartient vraiment à une nouvelle culture, c'est quand on est incapable de savoir si on l'aime ou la déteste. Cette réaction d'amour et de haine se produit non seulement parce que l'innovation en question propose un mélange de choses que vous aimez et d'autres que vous détestez, mais surtout parce qu'elle fait voler en éclats tous vos critères de jugement, tous vos anciens paradigmes et vos catégories habituelles. C'est pour ça que les vraies innovations culturelles provoquent quasi systématiquement des réactions négatives aussi violentes.

Le nouveau réseau culturel qui se met en place regroupe non seulement des professionnels des médecines douces et des disciplines psychospirituelles, et pas seulement non plus des maîtres et des disciples 'spirituels', mais aussi un grand nombre de managers qui aident tous ces gens à s'organiser et à faire en sorte que ces organisations puissent assurer elles-mêmes leur propre fonctionnement. L'internet va sans doute jouer un rôle déterminant dans cet effort. Certains éléments du modèle de management privé (et lucratif) sont inévitables, mais au lieu de se retrouver avec des entreprises comme on les connaît déjà, on va assister à l'apparition d'un modèle hybride public/privé, qui va s'imposer comme la norme — un hybride qui serve à la fois des objectifs commerciaux et communautaires, tout en conservant un lien très fort avec sa clientèle.

De nombreuses organisations communautaires, religieuses ou non, sont déjà en train de rassembler et d'aider des groupes de soutien et d'action plus petits, comme les associations d'anciens, les associations pour la jeunesse, contre la drogue, pour l'emploi ou pour aider les personnes atteintes de maladies mortelles. A l'avenir, on peut s'attendre à ce qu'elles soient financées à la fois par leurs membres et par le gouvernement ou les institutions religieuses. Ces institutions d'un nouveau genre allieront sans doute la recherche et l'enseignement avec des actions diverses de soutien communautaire. C'est ce modèle que suit par exemple le programme de l'association Commonweal. De même, l'internet a déjà commencé à remplacer les réseaux de diffusion morcelés et rigides des mass médias par de nouvelles formes plus participatives de communication publique.

Les anciennes distinctions vont devenir floues, les opposés vont se mélanger : public et privé, religieux et séculier, église et commerce, gauche et droite, spiritualité et psychothérapie. Dans chacune de ces paires, le Modernisme a toujours voulu que la frontière soit claire et respectée. Brouiller cette frontière ne peut que causer confusion et désorientation.

Mais dans cette séparation entre public et privé, les organisations non-lucratives et non gouvernementales ne sont en fait ni publiques ni privées et ont de fait toujours eu un troisième 'statut'. Supposons qu'ensemble elles constituent un 'secteur social' à qui l'on confie des responsabilités publiques et des fonds publics pour fournir des services que le gouvernement ne peut plus assurer, et qu'on ne peut confier non plus aux entreprises, trop soucieuses de leurs propres profits pour adopter l'attitude altruiste adéquate. Les lignes seront nécessairement brouillées, et encore plus si en plus certaines de ces associations sont liées à des églises. Le côté 'business' est sûr de choquer. Mais si en plus la religion s'en mêle, c'est le tollé général ! (Cela dit, si les 'services' en question sont confiés à des associations laïques, les organisations 'religieuses' seront tout autant 'fâchées'.)

En ce moment, la majorité des gens refusent de s'identifier comme de droite ou de gauche. Colorions la gauche en rouge, et la droite en bleu. Apparaît, comme on l'a vu, une nouvelle tendance politique qui ne veut rien avoir à faire avec le spectre gauche/droite habituel. Colorions-la en vert. Quand les journalistes ou politiciens vont leur demander : « Bon, vous êtes libéraux ou conservateurs ou bien vous êtes juste au milieu ? », leur réponse sera toujours « non ! ». Supposons qu'apparaisse un puissant parti 'vert' : quand les mêmes journalistes ou politiciens insistent pour étiqueter leur programme politique à droite ou à gauche, et concluent que ce programme n'est pas cohérent ou qu'il ne tient pas la route, est-ce vraiment surprenant que les Verts les envoient promener ?

Et que faire du psychothérapeute qui exerce aussi en tant que 'conseiller spirituel' ? Est-ce que ses soins sont remboursés par la sécurité sociale ? Est-ce que cela compromet la tradition spirituelle ? Est-ce que la justification scientifique de ses 'conseils' est une arnaque totale ? Est-ce que les autres membres de l'Association des Psychologues Américains doivent agir ?

Une autre source de désapprobation vient peut-être du fait que les innovateurs ont parfois l'air de débutants en public et n'ont pas toujours l'air bien préparés. Mais le fait est que ce qui est vraiment nouveau est vraiment difficile. Souvent les novices n'ont pas eu le temps de répéter avant de passer en prime-time. C'est un peu comme si vous débutiez votre show sur Broadway sans le tester d'abord à New Haven (ce qui vous laisse la possibilité de réécrire la moitié du script). Souvent les petits nouveaux sur scène sont loin de la perfection lisse et glacée des stars du cinéma — juste des gens ordinaires, avec tous leurs défauts apparents. Est-ce que les médias doivent les traiter comme des professionnels ?

Vers une plus grande respectabilité

Pendant près de deux siècles de vie américaine, ce sont les associations qui ont effectué le travail de la société civile. Les associations, ce sont les familles, les quartiers, les communautés, les clubs et fraternités, les syndicats, les églises et toutes les autres organisations à but non lucratif qui agissent dans cet espace entre les entreprises et le gouvernement. Comme le faisait déjà remarquer de Tocqueville en 1835, les associations, c'est ce que créent les Américains quand ils veulent agir, au lieu de s'en remettre à une aristocratie ou au gouvernement. Mais bon nombre d'associations aujourd'hui tout à fait respectables et établies ont commencé en tant que mouvements contestataires et contestés, similaires à ceux que nous avons étudiés dans la deuxième partie. Et aujourd'hui, les Créatifs Culturels franchissent ce premier pas en concrétisant leurs désirs dans les murs de leurs cliniques alternatives, leurs salles de yoga, leurs bureaux de conseil en environnement, les locaux de leurs nouveaux partis politiques ou de leurs nouvelles ONG, pour ne citer que quelques exemples. Soutenus enfin par des structures qui semblent parties pour durer, ils prennent courage et se donnent enfin les moyens d'atteindre des objectifs sur le long terme, tout en conservant la sagesse de ne pas sous-estimer l'importance des réalisations à court terme. C'est probablement une image de ce qui nous attend dans le futur.

Pendant un peu plus d'un siècle, les associations de la société civile ont permis à l'engagement citoyen de dépasser le stade des manifestations et regroupements sporadiques pour les intégrer dans notre vie quotidienne en tant qu'éléments 'normaux', avec lesquels il faut compter : les groupes de lobbying, les partis politiques, les clubs civils, les groupes de réflexion, les instituts, les fondations, les syndicats, les associations caritatives, les cliniques et les églises. Parmi ces associations, certaines ont connu une réussite telle qu'elles sont devenues des institutions à part entière de la vie américaine, avec tous les bénéfices et les inconvénients que cela implique. Et leurs innovations ont été adoptées par la société dans son ensemble, renforçant souvent ainsi la conscience de sa propre pluralité.

Pour beaucoup d'activistes de gauche, créer des associations et des institutions représente une compromission, une trahison.

Alors qu'en réalité, c'est un moyen de consolider les changements et de permettre une continuité qui empêche les volontés de s'effriter. Les associations sont souvent le meilleur moyen d'introduire des changements culturels dans le quotidien des foyers de la classe moyenne. Elles sont aussi le meilleur moyen de préserver les acquis des luttes passées — ce qui n'est pas négligeable, à une époque où les conservateurs essaient constamment de revenir sur les avancées sociales, par exemple en matière de droits des femmes, de droits civils, d'écologie, d'émancipation des homosexuel(le)s, ou des progrès du pacifisme et des mouvements en faveur de l'alimentation biologique ou des médecines douces.

La deuxième génération du mouvement d'éveil de la conscience a installé ce qui n'est un paradoxe qu'en apparence : le modèle de la 'bonne cause' bien établie et défendue par des ONG à but non lucratif faisant constamment appel à la bonne volonté des gens pour récolter ses fonds n'est plus celui qu'on recherche. Les mouvements pour l'alimentation bio ou les médecines douces, eux, sont passés directement à l'étape 'business', en sautant la case 'association à but non lucratif'. Tout ce qui fonctionne suivant les lois du marché et qui rapporte de l'argent est systématiquement suspect aux yeux de la plupart des gauchistes. Une entreprise socialement responsable est peut-être un idéal, en tout cas ce n'est sûrement pas 'le peuple au pouvoir'. Ce qui est amusant, c'est que les gens de droite, qui ont un profond mépris pour tous ces mouvements, n'apprécient pas non plus ce genre d'entreprises. En fait, c'est le penchant des Etats-Unis pour le commerce qui se trouve ici affiné et précisé, entraîné dans de nouveaux développements, dans la direction d'un 'commerce responsable' comme l'appellent les entreprises des Créatifs Culturels.

Petit à petit, c'est la leçon qui s'est imposée aux différents mouvements et organisations : il arrive toujours un certain moment où s'opposer à quelque chose que l'on juge mauvais n'est plus suffisant. Il faut proposer des valeurs positives ou bien proposer un service qui a de l'importance aux yeux de celles et ceux qui les défendent.

Et maintenant qu'est-ce qu'on fait ?

Hourra, on a gagné l'approbation du peuple, dans leurs cœurs et dans leurs têtes !

... pause pour faire la fête... *O mon dieu, qu'est-ce qu'on fait maintenant ?*

Avec entre 70 et 90% de la population qui soutient même les positions les plus radicales en faveur de l'écologie, on peut dire que les mouvements écologistes et environnementaux ont enfin conquis le cœur et l'esprit de la population occidentale. Mais il faut à présent affronter une réalité difficile. Il n'est plus suffisant de dire aux gens combien les choses vont terriblement mal ou de leur ouvrir les yeux. Tout le monde le sait, mais en plus tout le monde est globalement d'accord. Il est désormais temps que ce consensus donne lieu à des actions concrètes.

Notre étude révèle qu'une immense majorité des Américains veulent des produits et des services 'verts' écologiquement responsables, mais la plupart ne sont pas prêts à payer plus cher pour des produits qui de toute façon n'auraient jamais dû avoir de tels effets destructeurs sur l'environnement. De la même façon, ils veulent que les entreprises cessent de détruire l'environnement, et ils pensent qu'une meilleure utilisation des technologies pourrait très bien permettre cela sans conséquence négative pour l'économie (et comme on le verra, ils ont raison). Ils attendent du gouvernement, à tous ces niveaux, qu'il prenne des initiatives proactives qui ne soient pas des concessions éhontées aux intérêts du grand capital. Et ils attendent des propositions concrètes sur ce qu'ils doivent changer dans leur comportement en tant que consommateur et dans leur style de vie. Mais personne ne répond à ces attentes.

De toute évidence, des intérêts financiers importants et certains gros secteurs industriels (le pétrole, le gaz, le nucléaire, les produits chimiques, les autos, l'agrobusiness) utilisent leur pouvoir pour contrôler les médias et les gouvernements dans un sens qui leur est favorable : en paralysant les tentatives d'action concrète. Mais ça ne représente qu'une partie du problème. Ce qui se passe aussi, c'est qu'aucune institution n'a été créée qui puisse transformer en actions concrètes l'approbation de l'opinion publique en faveur de la durabilité écologique — et parmi les tâches d'une telle institution, il faudrait évidemment inclure les négociations avec les élites et les groupes de pouvoir, ainsi qu'avec les magnats de la finance et de l'industrie. Les activistes verts, uniquement habitués aux campagnes de 'prise de conscience', n'ont jamais mis en place de telles institutions.

Nous connaissons un scientifique pro-environnement qui travaille pour un important département de service public. Il participe à de nombreux comités qui regroupent les industries, le gouvernement, les écologistes, et il réfléchit à cette question depuis longtemps : « Depuis des années j'essaie de mettre d'accord tous ces acteurs, et là on dirait que c'est en train de marcher. Bon nombre d'entreprises qui jusqu'à présent refusaient d'admettre qu'il fallait vraiment faire quelque chose reconnaissent désormais cette nécessité d'agir et montrent une véritable volonté de suivre les recommandations des écologistes. Mais vous savez quoi ? Maintenant ce sont les groupes environnementalistes qui font marche arrière, ils ont peur. Ils ont peur de ce qui peut se passer si les entreprises leur disent : « Ok vous avez raison, et maintenant ? » On dirait qu'ils craignent que les entreprises reprennent à leur compte leurs positions, entraînant ainsi la mort de leur mouvement. J'ai peur que les environnementalistes ne soient pas prêts à continuer à pousser les entreprises à passer à l'étape suivante — parce que cette étape consistera à analyser en profondeur ce qu'il faut faire concrètement du côté des entreprises, ce qui marche vraiment, et à changer aussi profondément les modes de vie. Or ils n'ont aucune idée de la manière dont fonctionne une industrie, ils ne savent absolument pas comment fabriquer ni vendre des produits adaptés à un nouveau style de vie, et ils n'ont pas réfléchi aux modifications profondes que peut entraîner la durabilité écologique sur l'ensemble de la société. »

La durabilité écologique et le commerce doivent marcher main dans la main, comme l'ont bien compris les entreprises 'vertes', même si l'un et l'autre se sont entredéchirés depuis des années. Il faut modifier nos manières de penser, afin que le 'commerce responsable' devienne une réalité, unifiant l'intérieur et l'extérieur, le privé et le public. Mais le problème est que ceux qui savent faire des affaires sont souvent les mêmes qui méprisent écologie, spiritualité, conscience, engagements et responsabilité, et ceux qui travaillent dans ces domaines préfèrent éviter les bilans comptables et les profits. Qui peut faire confiance en l'honnêteté d'un homme d'affaires ou au sens pratique d'un écolo ? Il va pourtant bien falloir que chaque partie se fasse à ces idées, et que se développe une confiance mutuelle si l'on veut aller dans le sens de la communauté.

Nouvelles communautés on-line

L'internet est un phénomène de la société mondiale de l'information, qui crée des connexions tout autour du monde. Les entreprises des médias le poussent dans la direction du commerce et du divertissement, mais son potentiel de création de nouvelles communautés ou pour l'éducation on line se développent presque aussi vite. Bientôt, on pourra se voir et s'écouter en direct par internet, et pas seulement s'envoyer des textes et des images. Et la qualité des relations personnelles via internet va être considérablement améliorée, parce qu'il sera possible de personnaliser beaucoup plus sa connexion.

L'internet détient un potentiel d'intégration planétaire tout simplement remarquable. Une fois que les bonnes connexions sont en place, souvent par satellites, il devient dès lors possible de mettre des bibliothèques entières en ligne à disposition du monde entier, à bas prix et à grande vitesse. Les connexions directes entre les gens, en tête-à-tête, mettent les autorités et les 'experts' hors jeu, incapables de contrôler ces contacts. On peut à peine en imaginer les conséquences.

Tous ces développements dépendent de modems câblés et de connexions ultrarapides. Câbler le monde entier ou le connecter par satellite sera sans doute l'un des grands défis du 21e siècle. Quand toute l'humanité regardera le reste de l'humanité comme de vrais êtres humains, et non comme des 'Autres' dangereux ou des signes indéchiffrables et sans visages, alors une nouvelle ère aura véritablement commencé. Si l'on ajoute à cette 'connectivité' du monde le développement et la propagation des techniques de résolution de conflits et des solutions écologiques et sanitaires, alors il sera sans doute de plus en plus difficile aux grandes inégalités et aux vieilles inimitiés de se maintenir.

A quoi pourrait bien ressembler cette 'connectivité' dans un avenir proche ? Imaginons un portail web qui soit autant une communauté on-line qu'une entreprise. Il proposerait des séminaires et des ateliers et rechercherait dans tout le World Wide Web des informations à partager. Il proposerait aussi un 'quartier commercial', avec tout un tas de magasins on-line qui partageraient les valeurs et visions du monde de la communauté. Afin de pouvoir gagner de l'argent, on demanderait aux entreprises de fournir des informations, des services et un soutien à quiconque souhaiterait intégrer ce portail, aussi bien qu'aux consommateurs. Et ça vaudrait le coup, parce que les 'magasins' pourraient ainsi s'acheter la fidélité des membres de la communauté.

Dans ce scénario, a-t-on affaire à une entreprise commerciale ou à une communauté ? Lucrative ou pas, intéressée ou altruiste ? Tout à la fois. Les vieilles dichotomies s'effondrent. En janvier 2000, il y a déjà une dizaine de sites web et de portails qui envisagent de correspondre à la description ci-dessus ou qui se sont déjà engagés dans cette voie et en sont à différentes étapes de planning et de développement. Il y aussi bon nombre de magazines 'papier' et de chaînes de télé câblées qui fonctionnent selon le même modèle. Tous ont été créés avec la même cible en tête : les Créatifs Culturels. Et tous veulent promouvoir à la fois l'esprit communautaire et le commerce, et encouragent le type de changements introduits par les mouvements sociaux et psychospirituels. Certains ne décolleront jamais, d'autres ne seront sans doute pas exempts des défauts habituels des entreprises commerciales. Mais il est très probable que certains vont réussir. Construire une communauté sur des bases électroniques ne remplacera jamais une communauté physique, mais ça pourrait bien permettre d'aller plus loin dans la prise de conscience collective des Créatifs Culturels, par eux-mêmes, en tant que communauté.

Si les Créatifs Culturels parviennent à mettre ainsi en place de véritables communautés on-line, alors on ne sera sans doute plus très loin de l'apparition d'une nouvelle forme de politique. Et peut-être aussi d'un nouveau courant éducatif. Jusqu'où pourra-t-on aller ?

Une image positive pour l'avenir

« L'homme est un animal qui s'invente des futurs », écrivait le futurologue Fred Polak en 1955. Notre avenir n'est pas simplement quelque chose qui nous arrive, mais quelque chose que nous créons en partie. Et si l'on s'y met consciemment, en faisant attention, on peut peut-être créer un monde 'qui marche'. Avec en tête une image positive de cet avenir, nous allons pouvoir nous occuper pleinement de l'éducation de nos enfants, et investir dans des routes, des écoles, des ports, des ponts, des réseaux sanitaires, des réseaux de communication électriques et électroniques, et créer de nouvelles entreprises et de nouvelles institutions. Et même s'il s'avère que nous nous sommes peut-être trompés dans les détails de ce que nous imaginons, le résultat ne peut-être que positif.

Polak a démontré ainsi, dans deux volumes d'une étude magistrale de 1500 années de croyances occidentales au sujet du futur, le pouvoir des images que se fait une culture de son avenir. Il a montré comment ces images sont souvent des prophéties 'auto-réalisantes', et il a participé à la mise en place de la futurologie en tant que discipline. Son énorme étude extrêmement minutieuse ne fut pas un simple exercice académique. Polak était un juif hollandais qui durant toute la guerre, vécut 'en fugitif', tentant d'échapper aux persécutions des nazis. Son œuvre est le résultat d'années de luttes et de confrontation à la question la plus urgente et la plus nécessaire de notre temps : comment l'humanité peut-elle créer un avenir meilleur ?

Si une culture ne dispose pas d'une vision positive de son avenir, selon Polak, son pouvoir créatif commence à s'effriter et la société elle-même commence à stagner pour, *in fine*, disparaître. Les images négatives ont des effets encore plus destructeurs, car elles plongent la société dans un état d'abandon où l'on ne sait plus quoi faire ni où aller, et on n'investit plus dans l'avenir. Un tel pessimisme collectif provoque généralement des comportements de 'fin du jeu', où chacun gratte et attrape tout ce qu'il peut pour lui-même avant que tout ne s'effondre. Et c'est ce comportement lui-même qui entraîne l'effondrement qu'ils craignaient.

Aujourd'hui, alors que nous sommes assaillis de problèmes planétaires, le risque est grand de nous voir nous comporter exactement de la même façon. Pétrifié par la terrifiante image de notre propre déclin à venir, on pourrait bien le provoquer par notre propre inertie. Une vision positive pour l'avenir, selon l'écrivain David Spangler, « provoque la culture en défi, la force à oser, à s'ouvrir au changement et à accepter un esprit de créativité qui pourrait la modifier dans ses structures mêmes ».[1]

Il n'y a rien d'inévitable dans le genre de vie que nous subissons aujourd'hui dans la société moderniste, et rien d'inévitable dans le genre d'avenir qu'on nous promet. Les Créatifs Culturels sont clairement décidés à ne pas vivre dans un monde aliéné et déconnecté. Leurs images de référence, qui les guident dans leur avancée, parlent sans cesse de complétude, de totalité — le Grand Tout. Ils répètent sans cesse que chacun d'entre nous est un système vivant inscrit dans un système vivant plus grand encore, une parenté qui nous connecte les uns aux autres au-delà de tout ce qu'on est capable d'imaginer. Et si nous nous préoccupons de cette totalité, on peut commencer à imaginer une culture qui peut guérir les fractures et les destructions de notre temps. L'apparition des Créatifs Culturels, selon nous, représente précisément cette promesse : une vision créative de l'avenir est en train de se mettre en place. C'est une résurrection de l'espoir, de l'imagination, de la volonté d'agir au nom de l'amélioration de notre civilisation. Cette action en faveur d'une réintégration et d'une 're-conception' d'une nouvelle culture peut avoir un impact important sur l'imagination collective. Notre volonté, et nos choix, peuvent transformer notre avenir.

1. David Spangler, *Emergence* (Le Souffle d'Or, 1985).

Les dix mille miroirs

Plus personne aujourd'hui ne se souvient du temps où Amaterasu Omikami, la Grande Mère Soleil, s'était cachée dans la Grotte du Paradis et refusait de sortir. Mais pour ceux qui connaissent cette histoire, tous les miroirs sont là pour leur rappeler qu'en des temps reculés, tous les esprits des choses vivantes se sont rassemblés et unis pour ramener la vie sur Terre.

En cette époque très lointaine, l'esprit de chaque chose vivante était appelé son kami. Le kami de la montagne, c'était la lavande et la grandeur. Le kami des arbres était grand et vert. Le kami des animaux était doux comme de la soie. Le kami des rochers et des rivières était silencieux comme la lune. Et toute la force de ces kamis découlait de Amaterasu Omikami, et c'est en son honneur que l'on tissait le grand motif des saisons et des récoltes.

Un jour, il arriva que Amaterasu Omikami sombra dans le désespoir à cause des méfaits de son frère Susanowo. Certains racontent qu'il avait trahi la Grande Déesse en ravageant les rizières, poussé par la rage et l'alcool, jusqu'à ce que chaque plant de chaque rizière soit détruit. D'autres se souviennent de la fois où il fit voler en éclat les fenêtres du grand atelier de tissage céleste, donnant de grands coups dans les métiers à tisser et détruisant les fils sacrés qui reliaient entre eux tous les êtres vivants. Mais si chacun raconte des versions différentes, tout le monde s'accorde sur ce qui se passa ensuite.

Amaterasu Omikami se réfugia dans la Grotte du Paradis et s'enferma à l'intérieur. Sans sa lumière, tous les royaumes du Ciel et de la Terre étaient plongés dans les Ténèbres. Le kami du riz se dessécha. Les kamis des oiseaux, des animaux et des montagnes, des arbres et des poissons, tous devinrent de fragiles fantômes gris. La Terre et tout ce qu'elle contenait était en train de mourir.

Finalement, juste avant qu'il ne soit trop tard, les kamis se rassemblèrent pour discuter de ce qu'il fallait faire. « Il faut que nous allions pleurer devant sa grotte », disaient les uns. « Ça ne marchera jamais », répondaient les autres. « Qui veut se mêler à une foule qui pleurniche ? » Finalement, quelqu'un proposa : « On n'a qu'à faire une grande fête avec des chansons qui nous fassent rire et de la musique qui nous fasse tous taper du pied. Et on va danser en sautant et en tournant. C'est sûr que ça va faire sortir la Grande Mère Soleil de sa grotte. »

Tout le monde se mit d'accord, mais ils convinrent qu'il fallait encore autre chose : un gigantesque miroir. « Si l'on renvoie à Amaterasu sa propre radiance, ça lui réchauffera le cœur — peut-être qu'elle va prendre courage et qu'elle se souviendra de nous. Peut-être qu'elle rejoindra la grande Ronde de la Vie. »

Mais sitôt qu'ils s'accordèrent sur la nécessité de ce grand miroir, leur courage faillit. Parce qu'aucun d'entre eux n'avait la force de soulever un tel miroir. Alors l'un d'eux murmura, d'une voix si basse qu'il fallait vraiment tendre l'oreille pour l'entendre : « Il faut que chacun de nous amène un petit bout de miroir et qu'il le cache dans ses habits. Ainsi, dès que Amaterasu Omikami sortira de sa Grotte, on brandira tous nos petits miroirs en même temps — et nos dizaines de milliers de tessons feront un énorme miroir. »

Et c'est exactement ce qu'ils firent. Dès le lendemain, tous les kamis du monde se rassemblèrent devant la Grotte du Paradis et, tout doucement, de façon presque inaudible, se mirent à chanter. Petit à petit, leurs voix se firent plus fortes et riches et s'élevèrent avec puissance dans la nuit. Mais tout le temps qu'ils tapaient sur leur tambour des rythmes irrésisti-

bles, qu'ils tapaient du pied, sautaient et dansaient dans de formidables valses, tous gardaient les yeux rivés sur l'entrée de la Grotte. Finalement, très tard dans la nuit, l'entrée de la Grotte s'ouvrit, et il en sortit un unique rayon de lumière. Instantanément, les kamis brandirent leurs petits bouts de miroir qui reflétèrent le rayonnement d'Amaterasu.

La Déesse n'en revenait pas. Fascinée, elle fit un pas vers l'avant. Puis un deuxième. Bientôt elle était dehors. Riant et tapant des mains en voyant son reflet dans toutes ces dizaines de milliers de miroirs, la Grande Mère Soleil quitta son refuge en dansant et rejoignit l'immensité bleue du ciel.

A nouveau le kami de la montagne retrouva sa grandeur et sa lavande, à nouveau le kami des arbres était grand et vert. A nouveau les animaux retrouvèrent leur kami doux comme de la soie. A nouveau le kami des rochers et des rivières, des poissons et des fleurs découlait de la Grande Mère Soleil. Et en son honneur le grand motif des saisons et des récoltes à nouveau fut tissé. Et il en est ainsi jusqu'à aujourd'hui. [1]

Parfois une vieille histoire comme ce mythe japonais de la déesse Soleil peut évoquer une réalité tellement proche qu'elle s'adresse directement à nos attentes et nos désirs les plus profonds. Les images de cette histoire vibrent de la vérité de notre temps. Quelque part, la trahison qui entraîne la mort de toutes les plantes évoque directement la destruction de notre environnement. Et la destruction des fils sacrés, du tissu des connexions, nous rappelle comment, au nom du progrès, nous sommes en train d'user et d'abuser de ce qui appartient à nos enfants. Peut-être aussi le manque de force et de sagesse des kamis dans leurs tentatives de sauver la Terre ressemble à notre incapacité à inventer un avenir qui puisse garantir le bien-être des générations à venir.

---

1. L'histoire d'Amaterasu est tirée et adaptée de Jalaja Bonheim, *Goddess : A Celebration in Art and Literature* (New York : Steward, Talori and Chang, 1997) et Carolyn Mc Vickar Edwards, *The Storyteller's Goddess* (San Francisco : HarperCollins, 1991). Elle s'inspire de textes shinto et bouddhiste japonais datant du 8e siècle.

Mais, comme le dit l'histoire, d'une manière ou d'une autre, pour telle ou telle raison qu'on en soit arrivé là, ce n'est pas ça qui compte. Ce qui compte c'est la solution : les êtres innombrables qui se rassemblent et s'unissent pour créer un miroir collectif qui puisse sauver la Terre. Imaginez-les tous, assemblés comme une gigantesque antenne parabolique tournée vers la Grotte du Paradis, chantant et dansant et attendant le moment exact pour renvoyer le feu de création de la Déesse Soleil droit sur elle-même. Il ne s'agit pas d'une réflexion passive. Quand le soleil à la fin sort de sa grotte et se mêle au jeu, ça se passe très vite. Les kamis doivent donc avoir tous leurs sens en alerte, rester à l'écoute, très attentifs, afin de suivre précisément le moindre de ses mouvements. Autrement ils risquent de rater la danse du soleil. Ici, on a besoin de l'esprit de tous : rester à l'écoute, en éveil, chanter et danser et aider à créer, à provoquer cette splendide émergence qui permettra de retisser les connexions entre chacun d'entre nous.

Il y a en Arizona un endroit où cette histoire vieille de plus de mille ans prend vie. C'est un récepteur d'énergie solaire construit par les Israéliens, constitué d'un gigantesque arrangement de miroirs autonomes. Chaque miroir reflète la lumière du soleil et la dirige sur une tour réceptrice où l'eau est chauffée à plus de mille degrés afin de faire tourner les turbines qui produisent de l'électricité. Chaque miroir est légèrement incliné et pivote indépendamment, contrôlé très précisément par des ordinateurs afin de suivre au plus près les rayons du soleil et de les maintenir dirigés vers la tour. Et tous ensemble, ils forment l'équivalent d'un immense miroir parabolique.

Dans le mythe ancien comme dans son analogie hi-tech, c'est la même solution qui est proposée : concentrer les efforts individuels de dizaines de milliers d'éléments sur un même feu créatif, les laisser bouger et agir indépendamment mais avec un objectif commun, et obtenir ainsi une énergie de vie au-delà de toute espérance. L'énergie que l'on peut obtenir ainsi en coordonnant des milliers de miroirs est énorme, tandis que celle obtenue par des actions individuelles sans coordination n'a qu'un effet très limité. Les réalisations d'un individu isolé sont peut-être très valorisantes et satisfaisantes au niveau personnel, et représentent sans doute un témoignage de grande valeur, mais comme des miroirs qui seraient dirigés dans toutes les directions, les actions isolées ne peuvent pas provoquer de changements d'une ampleur suffisante par rapport à ceux dont nous avons besoin aujourd'hui. Dans une culture aussi individualiste que la nôtre, les implications sont claires.

Aujourd'hui, dans notre monde où tout va si vite, ce qu'il nous faut, ce sont des réactions dynamiques et sensibles, des solutions intelligentes qui ne ressassent pas les vieux discours du passé. Il est clair que les Créatifs Culturels sont déjà en train de travailler à ces solutions, mais il est clair aussi que leurs efforts séparés ne seront pas suffisants. Ce qu'il faut, c'est que chacun d'entre nous, avec ses qualifications particulières, ses savoirs et sa sagesse les plus précieux, sa curiosité, son empathie et son intelligence, s'implique. Avec un seul grand miroir, ça ne pourra pas marcher. Le nouveau discours qui se met en place, la nouvelle histoire que nous sommes en train d'écrire demandent des dizaines de milliers de conteurs, et dix fois plus encore de personnes qui s'en inspirent. Notre nouveau visage a besoin de dizaines de milliers de miroirs, chacun avec un angle de vue unique qui capte et reflète l'énergie créatrice dont nous disposons désormais. Et la coordination de toutes ces histoires individuelles et de toutes ces visions nouvelles, ainsi que leur mise en œuvre, permettra aux nouvelles conceptions et aux nouvelles technologies de prendre toute leur ampleur — et rendra enfin possible la création d'un monde meilleur et durable.

Mais, comme on l'a dit, l'habileté et la technologie ne seront pas suffisantes. Dans le monde d'aujourd'hui, chacun d'entre nous doit adopter un point de vue double. Il faut lire l'histoire d'Amaterasu Omikami en se plaçant des deux côtés : d'une part du côté des dizaines de milliers de kami, de tous les êtres vivants de la Terre, mais d'autre part aussi du côté de la Déesse Soleil. Si l'on se contente d'adopter le point de vue des kamis, on se retrouve dans la position des initiés perdus dans l'entre-deux — hésitants entre la crainte et la confiance, incertains de qui ils sont et d'où elles vont. Mais si l'on adopte aussi le point de vue de la Déesse Soleil, notre complétude rayonnante et génitrice sera reflétée dans chaque être vivant. Et l'on reflètera alors la vérité éternelle et personnelle de qui nous sommes vraiment.

A chaque période de l'humanité où les peuples ont dû traverser des périodes de changements intenses, cette traversée s'est accomplie avec l'aide de la sagesse traditionnelle des Anciens, le soutien de la communauté et un discours de référence, un mythe qui les guide et les aide à focaliser leurs énergies sur la vie et l'espoir. Dans le récit de l'Exode, les « Poussiéreux » comme les appelle Thomas Cahill, ont erré « au travers du paysage lunaire du Sinaï, dénudés et déconnectés de la toile habituelle de la vie, brûlés sous une chaleur absolue et une lumière sans merci » [1], mais portés par la vision d'un pays où coulent le lait et le miel. Dans le Nouveau Testament, c'est la ville rayonnante sur la colline qui appelle le peuple. Dans le bouddhisme tibétain, c'est le Shambhala, tandis que le bouddhisme japonais a sa Terre Pure. Athènes, Venise et Byzance furent des villes idéales pour les peuples de la Méditerranée. Et dans chacun de ces exemples, cette vision du Possible était à la fois un phare, le signal d'une terre promise, et un lieu de repos, quelque chose qui vous porte quand les temps sont durs et lorsqu'on doute de la vie — quand on arrive à peine à se souvenir du bonheur.

Quand on en aura fini avec le Modernisme et qu'on aura bien pavé la route et préparé le chemin pour l'avènement d'une nouvelle société, notre vision de l'avenir, et du monde qu'il est possible de créer, nous guidera au travers des déserts de l'entre-deux. On peut dès maintenant se mettre à imaginer une culture qui ait suffisamment de sagesse pour réussir à trouver son chemin et effectuer cette traversée jusqu'au bout, et réfléchir au rôle que nous voulons jouer dans ce processus. Ce n'est que le premier pas.

1. Thomas Cahill, *The Gifts of the Jews* (New York : Nan Talese/Doubleday, 1998), p. 142.

Vieilles rivières égarées

Rivières de fange, rivières de boue, lentes rivières
Vieilles rivières, rivières de sable et de poussière
Louisiane, Mississippi, Oklahoma
Nous avons sondé les rivières égarées et c'est comme si nous sondions
Depuis des années.

Alberta, Montana, Idaho
Rivières de montagnes glacées et sèches
Couleur d'acier, couleur os
Rivières glacées qui nous échouent.
Implacables rivières, mortes rivières
Nous sommes perdus ici — on ne sait plus quoi faire.

Il ne reste plus rien à présent.
Les nerfs se tendent. Se relâchent. Se tendent à nouveau.
Et si. .. Non. On ne peut rien y faire.
Lentes rivières. Rivières égarées. Rivières sèches et glacées.

Les jours passent. Les semaines.
Notre défaite certaine,
Les héraults
Arrivent dans la montagne.

On ne sait plus écouter
On n'entend pas
Les craquements
De temps en temps.

En l'espace de quelques journées,
Qu'on écoute ou pas
Regarde ou pas
Qu'on reste immobile, angoissé, en attente
Ou pas
Il y a comme un fin roulement de pierres
Qui s'agitent sous les couches de feuilles
Au travers des courants de glace

Là où les yeux se posent et là où ils ne se posent pas
Là où coulaient les flots et là où ils n'ont jamais coulé
Là où il y avait auparavant un quelque part
Et là où ce ne fut jamais le cas
Flaques bouillons tourbillons remous
S'ouvrent devant nous
Et débordent de bassins cachés

Ils courent tourbillonnent soufflent chantent tonnent
Les joyeux qui célèbrent
Qui s'approchent en courant
En criant.

Ce qui était perdu est retrouvé,
Ce qui était gelé a fondu.
Ce qui était attaché, libre.
La guerre est finie.
Et la voix de la tortue résonne enfin dans tout le pays.

Sherry Ruth Anderson

Impression réalisée sur CAMERON par

BUSSIÈRE CAMEDAN IMPRIMERIES

GROUPE CPI

à Saint-Amand-Montrond (Cher)
en février 2001

N° d'impression : 010474/1.
Dépôt légal : février 2001.

Imprimé en France